나의 작가주의

정성일

나의 작가주의

왕빙, 영화가 여기에 있다

마음산책

나의 작가주의

왕빙, 영화가 여기에 있다

1판 1쇄 인쇄 2024년 9월 20일
1판 1쇄 발행 2024년 9월 25일

지은이 | 정성일
펴낸이 | 정은숙
펴낸곳 | 마음산책

담당 편집 | 김수경
담당 디자인 | 오세라
담당 마케팅 | 권혁준 · 최예린
경영지원 | 박지혜

등록 | 2000년 7월 28일(제2000-000237호)
주소 | (우 04043) 서울시 마포구 잔다리로3안길 20
전화 | 대표 362-1452 편집 362-1451   팩스 | 362-1455
홈페이지 | www.maumsan.com
블로그 | blog.naver.com/maumsanchaek
트위터 | twitter.com/maumsanchaek
페이스북 | facebook.com/maumsan
인스타그램 | instagram.com/maumsanchaek
전자우편 | maum@maumsan.com

ISBN 978-89-6090-895-6 03680

* 책값은 뒤표지에 있습니다.

왕빙의 출발은 분명하다.

누군가 역사에 대해서 말한다.

그러면 거기에 영화가 있어야 한다.

왕빙, 당신은 누구십니까

1

　어떻게 받아들여야 하는 것일까. 질문. 더도 덜도 아닌 이 질문. 영화 앞에 가면 질문하게 된다. 아니, 항상 이 질문을 하는 것은 아니다. 좀 더 정확하게 말하겠다. 이 질문은 내가 하는 것이 아니다. 이 질문을 내게 하는 영화가 있다. 그때 나는 둘 중 하나를 결정해야 한다. 환대할 것인가, 저항할 것인가. 이름도 모르는 상태에서, 당연하다, 이 영화가 그 사람의 첫 번째 영화니까, 그 사람과 만나는 첫 번째 영화니까, 그러므로 제목도 듣지 못한 채, 왕빙의 〈철서구鐵西區 West of the Tracks〉를 보았다. 그렇다. 이 영화가 내가 본 첫 번째 왕빙 영화이다. 가끔, 아주 가끔, 거의 드물게, 다시 시작하게 만드는 영화가 있다. 영화를 보는 나를, 그렇게, 질문 앞으로 데려가는 영화. 그렇게 나를 다시 한번 처음으로 데려가는 영화가 있다. 1년에 수백 편에 가까운 영화를 보면서, 어떤 해에는 1000편이 넘는 영화를 보면서, 돌이켜 셈을 해보니 10년에 한 번 정도 있는 일. 나는 그때 지쳐 있었다. 아무 일도 잘되지 않았고, 영화 앞에 앉는 건 습관에 지나지 않았고, 영화를 본 다음 답답하다고 여기고 있었으며, 영화에 관한 글을 쓸 때마다 가라앉는 기분이 들었다. 그 상태에서 〈철서구〉를 보았다. 하루 종일 보았다. 여기가 시작이었다.

2

이 책에 왕빙의 모든 영화에 관해서 쓰지는 않았다. 나는 여기서 작가 연구la politique des auteurs의 관점으로 다가가지 않았다. 오해하지 말길 바란다. 왕빙이 작가가 아니라는 뜻이 아니다. 나는 통상적인 의미에서의 작가, 라는 말 저 너머의 어떤 의무라고 할까, 이제까지 영화에서 미루어왔던 문제 앞에 마침내 마주 섰다고 할 수밖에 없는 자리에 오게 되었다. 어떤 자리? 왕빙의 영화는 내게 당신은 영화를 왜 봅니까, 라고 물어보았다. 이 질문의 자리가 시작이 되었다. 그의 영화(들) 앞에서 나의 기쁨을 위해서, 라고는 대답할 수 없었다. 누군가 의무를 갖고 영화를 만들 때 반대편 자리에 앉은 사람은 책임 앞에 서게 된다. 나는 영화가 주장하는 모든 권리를 밀쳐내고, 그 권리의 바깥에 놓여 있는 거기, 그 장소, 그 장소에 있는 사람에게로 향할 때 비로소 영화와 세계 사이의 관계가 회복될 수 있을 것이라는 믿음을 회복할 수 있었다. 믿음에 대한 책임. 거기를, 그 장소를, 그 사람을 영화로 환원하지 말고, 그 자체로 머물게, 그렇게 만들기 위해 '여기'를 포기하는 방법을 배워야 한다. 이제까지 영화는 세계를 포위하기 위해 시청각 기호들을 애써서 사용해왔다. 이 때 암암리에 전제된 방어는 여기가 피난처라는 생각이다. 아니다. 그렇지 않다. 영화는 위태로운 상태여야 한다. 영화는 영화를 보는 나와 집 안에 편히 있는 상태가 아니다. 왜냐하면 영화는 집 바깥에서 만들어지고 있기 때문이다. 그럴 때 비로소 집 바깥에 있는 영화 속의 거기, 그 장소, 그 장소에 있는 사람, 그 사람이 머무는 세계, 그 세계와 이어져 있는 내 세계는 집 안에서 그 사람의 집 안으로 이어지는 것이다. 그 끈을 놓쳐버린다면 나는 영화 속에 유폐될 것이다. 영화관은 동굴이 되어서는 안 된다. 거기서 빛은 세상 바깥으로 나갈 수 있는 유일한 단서이다. 이 빛을 세상으로부터의 소외를 정당화하기 위한 거짓 판단, 기만적인 상상, 무엇보다도 자만에 찬 주관적인 역량을 내세워 만들어낸 가상의 개념과 바꿔치면 안 된다. 그건 빛이 아니다. 그러기 위해서 마주쳐야 한다. 그리고 마주치기 위해서 먼저 바깥을 긍정하고, 인정하고, 그런 다음에 이해해야 한다. 나는 그걸 왕빙 영화를 보면서 배웠다.

왕빙의 영화를 보았고, 영화가 질문을 던져오면 대답을 찾기 위해 애썼다. 어떤 영화는 대답을 미루었고, 또 다른 영화는 그 현장에 찾아가 옆에 서서 지켜보았으며, 때로는 문자 그대로 질문하였다. 왕빙은 질문을 피하는 법이 없었고, 대답을 우회하지 않았다. 그러므로 질문은 고스란히 내게 다시 돌아왔다. 때로는 내가 지나쳤고, 때로는 미루었다. 그때마다 나 자신에게 말했다. 아마 다시 돌아오게 될 거야, 결국 다시 그렇게 될 거야.

여기서 나는 비평을 중단하기로 결심했다. 그 대신 주석을 달기로 하였다. 왕빙의 영화에서는 그저 바라보는 것만으로는 눈에 보이지 않는 것들이 계속해 나타났다. 나는 형식 때문에 난해한 영화는 우스꽝스러워 보이는데 카메라 앞의 사람 때문에 낯선 영화 앞에서는 부끄러워진다. 사방에 조언을 구했다. 중국인들, 중국에 대해서 잘 알고 있는 사람들, 중국을 연구하는 사람들, 그들이 내게 권해준 책들. 그리고 중국에서 죽의장막 너머로 소식을 알리려 고생하며 활동하는 여러 익명의 정보원들. 하지만 나에게는 한계가 있었다. 분명히 거기 왕빙이 있고, 왕빙의 카메라가 있고, 그 카메라 앞에 인민들, 서로 다른 여러 인민, 노인, 남자, 여자, 아버지, 어머니, 노동자, 농민, 민공, 청년, 소년, 소녀, 아직 열 살이 안 된 아이들이 있었다. 다시 한번 말하겠다, 인민들이 그 앞에 있었다. 나는 그들의 신분은 알았지만 정체를 알지는 못했다. 그들의 역사. 거기에 이르기까지의 역사. 모든 걸 보여주고 있으면서도 모든 걸 알 수는 없는 인민들. 왕빙 영화 앞에서 한 가지는 알겠다. 나는 지금 지옥을 마주 보는 중이다. 물론 우리 세기에 지옥은 사방에 펼쳐져 있다. 그 중의 하나. 하지만 하나를 포기하면 전체를 포기하는 것이다. 그걸 파울 첼란의 시 「손님」이 가르쳐주었다. 내가 읽고 또 읽은 시.

3

왕빙은 대부분 상영시간이 긴 영화를 찍었지만, 반대로 지나치게 짧은 영화로 마무리하기도 했다. 한 편의 영화를 셋으로 나누기도 했으며(〈사령혼〉〈청춘〉), 때로는 하나의 촬영본을 서로 다르게 편집하기도 했다(〈청춘〉〈15시간〉). 이 말이 좀 이상하긴 하지만 왕빙은 자신의 작품 목록이 어떻게 쌓여가는지 별 관심이 없는 것처럼 내게 보였다. 왕빙이 자신의 작업에 대해서 갖는 하나의 태도라고 나는 생각한다.

처음에는 이 책에서 모든 영화를 다루어야 한다고 결심했다. 마땅히 이 책에 포함되어야 했을 두 편의 영화를 두 번째 책으로 미루게 되었다(왕빙은 새 영화를 계속 만들고 있고 나는 계속해서 따라갈 것이다). 한 편은 〈허펑밍和鳳鳴Feng Ming, A Chinese Memoir〉이다. 나는 이 영화를 2007년 집행위원장으로 몸담았던 시네마디지털서울영화제 경쟁 부문에 초청했었다. 그리고 왕빙은 서울을 방문했다. 왕빙은 낯선 사람들과 어울리는 걸 즐기지 않았다. 경쟁 부문의 다른 감독들, 그중에서 중국 감독들과 대화를 나누었을 뿐이다. 내가 처음 쓴 왕빙에 관한 글은 〈허펑밍〉에 대한 것이었다. 나는 그때 허펑밍에 대해서도, 허펑밍이 경험한 대약진 시대에 대해서도, 대약진 시대의 강제노동수용소에 대해서도, 강제노동수용소에 대한 중국공산당의 정치적 입장에 대해서도 잘 알지 못했다. 짧은 관객과의 대화에 참석해서 들었고(심사의 공정성을 위해서 나는 경쟁 감독의 어떤 영화 GV도 진행하지 않았다), 즉각적으로 내가 쓴 글을 폐기하였다. 글을 완성했지만, 그 글은 완성되지 않았음을 깨달았다. 그 글을 미루면서 차례로 영화에 도착한 다음 영화에 관한 글을 쓰기 시작했다. 〈사령혼死靈魂Dead Souls〉 3부작이 모두 완성되면 나는 〈허펑밍〉으로 돌아올 생각이다.

다른 한 편은 왕빙의 유일한 극영화인 〈자볜거우夾辺溝The Ditch〉이다. 나에게 이 영화는 어딘가 수수께끼처럼 여겨졌다. 몇 번이고 이 영화에 관해서 글을 썼지만, 그 안으로 들어갈 수 있는 열쇠를 찾지 못했다. 〈자볜거우〉는 상상으로 글을 쓸 수 있는 영화가 아니었다. 아니, 다른 영화들도 모두 마찬가지였다. 나에게는 왕빙의 대답이 필요했다. 그래서 이 영화는 인터뷰로 써야겠다고 생각했고, 이 생각을 전하자 왕빙은 허락했다. 원래의 계획대로라면 〈사령혼〉 첫 번째 편을 본 다음 베이징에서 인터뷰를 진행할 예정이었다. 상황이 복잡해졌다. 〈사령혼〉이 칸영화제에서 2018년에 '기습적으로' 상영된 다음 왕빙은 파리에 머물게 되었다. 2022년에 〈청춘靑春Youth: 봄春Spring〉을 들고 부산에 방문하긴 했지만, 심사위원으로 초청받은 것이었다. 약속은 미뤄졌고, 그때 부산에서 나눈 짧은 대담은 이 책에 실려 있다. 아마 자리가 있을 것이다.

4

　이 책은 긴 시간 동안 쓴 글을 모아놓았다. 주로 영화잡지《필로》에 실려 있는 글들이며, 왕빙이 카메라를 들고 '톄시취鐵西區'에 가기까지의 이력, 그리고 〈철서구〉〈이름 없는 남자無名者Man with No Name〉〈세 자매三姉妹Three Sisters〉〈광기가 우리를 갈라놓을 때까지瘋愛'Til Madness do Us Part〉에 관한 글은 이 책을 위해 썼다. 마감을 독촉하고 잡지에 실린 글을 재록하도록 허락한 이후경 편집장에게 감사한다. 또한 중국에서 왕빙에 관한 자료를 부탁할 때마다 보내준 유정아 선생, 중국에 대해 잘 알지 못하는 세부 상황을 전해준 박연 씨에게 감사한다. 왕빙과 관련하여 여러 가지 도움을 준 왕양, 사진 자료 도움을 준 아시안섀도스Asian Shadows 대표 이자벨 글라샹에게도 감사한다. 그리고 국내에 단 한 편의 영화도 개봉하지 않은 감독에 관한 책을 용기 있게 출판하기로 결심해준 마음산책 정은숙 대표에게 왕빙과 함께 감사의 마음을 전한다. 또한 감동할 만한 인내력으로 서로 다른 시기에 쓴 글에 일관된 교정의 통일성을 부여한 김수경 편집자에게 별도로 감사한다.

　이 책에서 가장 까다로운 문제 중의 하나는 영화 제목 그리고 중국 지명과 인명 표기였다. 영화 제목은 중국어 원제와 영어 제목이 다르고, 국내 영화제에는 영어 제목을 번역하는 경우가 대부분이었다. 여기서는 가능하면 중국어 원제를 번역했고, 국내 영화제와 시네마테크에서 여러 차례 상영된 경우는 번역 제목을 따랐다. 〈광기가 우리를 갈라놓을 때까지〉가 그 경우이다. 원제는 "미친 사랑瘋愛"

인데, 영어 제목 ""Til Madness Do Us Part"의 번역으로 널리 알려져서 영어 번역에 따랐다. 반대로 〈자볜거우〉는 부산국제영화제에서 〈바람과 모래〉로 상영했지만, 원제를 따랐다. 영어 제목은 "The Ditch"이고, 프랑스어 제목은 "Le Fossé"이다. 양쪽 모두 한자 '구溝'를 문자 그대로 옮긴 것이다. 일본어 제목은 "무언가無言歌"이다.

중국 지명과 인명은 국립국어원 외래어표기법에 따라 통일하였다. 지난 2024년 3월 17일 중국 정부에서 지명 표기의 경우 '지명 관리 조례 실시 방법'에 따라 5월 1일부터 중국이 인정한 표기법을 사용해야 한다고 발표했지만 여기서는 국내 표기법 기준을 따른다.

5

교정을 보는 중에 왕빙의 〈청춘〉 3부작 중 두 번째 영화 〈청춘靑春Youth: 고생苦Hard Times〉이 8월 로카르노영화제에서 상영되고, 9월에는 베니스영화제에 세 번째 영화 〈청춘靑春Youth: 귀향歸Homecoming〉이 초청되었다고 발표했다. 이 책은 왕빙에 관한 나의 첫 번째 책이며, 한편으로는 다음 책에서 보충하고 다른 한편으로는 다음 영화들을 따라가면서 이어갈 것이다. 아마 시간이 걸릴 것이다. 더 열심히 왕빙의 영화를 볼 것이며, 더 많이 배울 것이다. 무엇보다 길을 잃지 않을 것이다. 아마 왕빙의 영화가 틀림없이 빛을 밝혀줄 것이다. 나는 그것만을 믿고 따라갈 것이다.

2024년 9월 몹시 더운 여름이 끝나는 비가 내리는 아침
정성일

차례

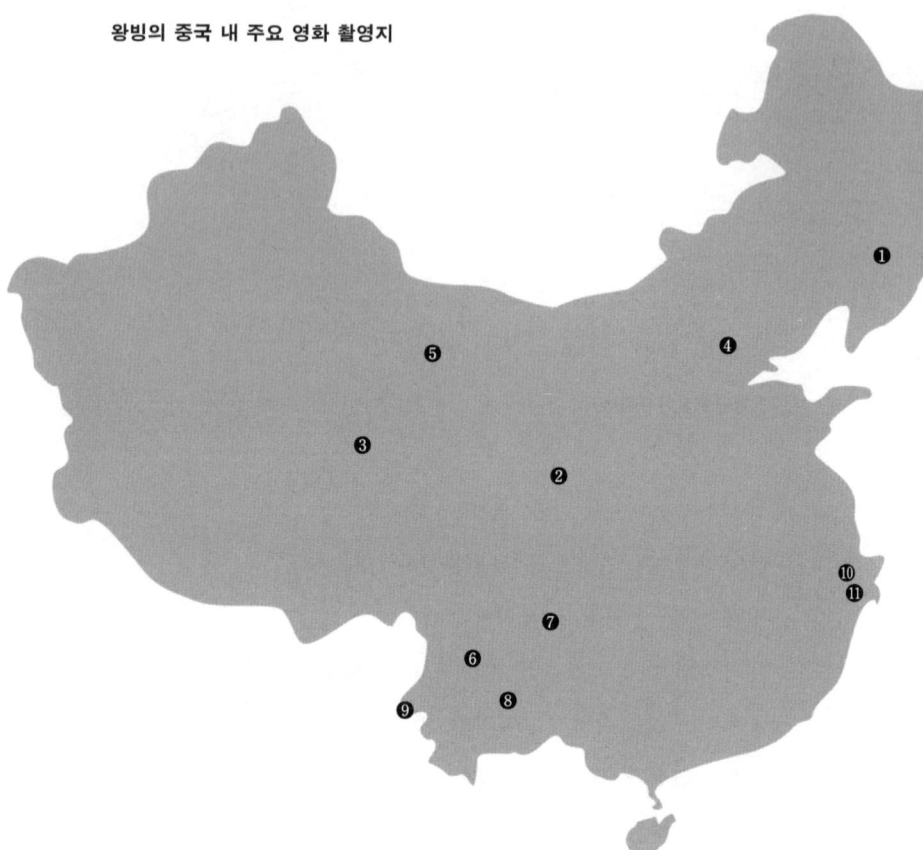

왕빙의 중국 내 주요 영화 촬영지

① **철서구**West of the Tracks(2003)
랴오닝성 선양시

② **허펑밍**Feng Ming, A Chinese Memoir(2007)
간쑤성 란저우시

③ **원유**Crude Oil(2008)
칭하이성 화투거우

④ **이름 없는 남자**Man with No Name(2009)
허베이성 장자커우시

⑤ **자벤거우**The Ditch(2010)
흔적들Traces(2014)
사령혼Dead Souls(2018)
간쑤성 주취안시

⑥ **세 자매**Three Sisters(2012)
윈난성 시양탕촌

⑦ **광기가 우리를 갈라놓을 때까지**'Til Madness do Us Part(2013)
윈난성 자오퉁시

⑧ **아버지와 아들**Father and Sons(2014)
윈난성 푸민현

⑨ **타앙**Ta'ang(2016)
중국 윈난성과 미얀마 코간 접경 지역

⑩ **비터 머니**Bitter Money(2016)
15시간15Hours(2017)
청춘Youth : **봄**Spring(2023)
청춘Youth : **고생**Hard Times(2024)
청춘Youth : **귀향**Homecoming(2024)
저장성 후저우시

⑪ **팡슈잉**Mrs. Fang(2017)
저장성 후저우시

"내 유일한 능력은 삶을 관찰하는 것입니다,
그게 제일 중요합니다."

일러두기

1. 외국 인명·지명·작품명·독음 등은 외래어표기법을 따르되 관용적인 표기와 동떨어진 경우 절충하여 실용적인 표기를 따랐다. '신^{scene}'과 '숏^{shot}'은 저자의 요청에 따라 '씬'과 '쇼트'로 표기하였다.

2. 국내에 소개된 작품명은 되도록 번역된 제목을 따랐고, 국내에 소개되지 않은 작품명은 원어 병기 후 제목을 독음대로 적거나 우리말로 옮겼다.

3. 저자 주는 글줄 상단에 맞추어 작게 표기하였고, 영화 관련 용어는 글줄 하단에 맞추어 연하게 표기하였다.

4. 영화·노래·곡·그림 제목은〈 〉로, 잡지·신문 등의 매체명은《 》로, 책 제목은『 』로, 연설문·편명 등은「 」로 묶었다.

왕빙이 왕빙이 되기까지

1

문화대혁명이 이미 진행되고 있었다. 보황파와 조반파로 나뉜 홍위병들 사이에서는 맹렬한 투쟁이 벌어지고 있었다. 부주석의 자리에 있던 류사오치 그리고 덩샤오핑, 펑더화이를 비롯한 공산당 내 지도부 간부들은 차례로 숙청되었다. 천안문의 지도자는 만족스럽게 당내 경쟁자들의 탄압을 바라보고 있었다. 전국에서 홍위병들의 학살에 가까운 타도 투쟁이 벌어지고 있었다. 대혼돈이 멈출 줄 모르면서 타오르고 있었다. 1966년 8월 8일 중앙문혁 소조장 천보다의 이른바 「문혁 16조中國共産黨中央委員會關于無産階級文化大革命的決定」가 발표되고, 뒤이어 10월 16일에 "형세는 아주 좋다"라는 문장으로 시작하는 「프롤레타리아 문화대혁명 중의 두 가지 노선」에 대해 마오쩌둥은 승인했다. 피비린내 나는 숙청과 무자비한 자아비판이 벌어지는 세상을 형세는 아주 좋다, 라고 정의 내렸다. 인민해방군이 나서서 이 혼란을 진압하려고 했지만 천안문의 지도자는 막지 말라는 명령을 하달하였다. 이 소식을 들은 조반파는 군대의 무기까지 탈취하여 반대파 홍위병들을 공격하기 시작했다. 사방에서 자신들을 반대하는 자들을 사회주의혁명에서 이탈한 반동분자라며 불법적으로 신문하거나 제국주의자들의 간첩이라고 부르면서 군중대회 앞에 세워 자아비판을 요구하였다. 1967년 1월 1일《인민일보》와 당 이론지였던《홍치紅旗》에「프롤레타리아 문화대혁명을 끝까지 수행하자」라는 사설이 실렸다. 이 사설은 마오쩌둥의 서면 승인을 받은 것이었다. 하지만 상하이의 홍위병들은 파리코뮌을 흉내 낸 '상하이코뮌'을 선언하였다. 이에 마오쩌둥은 자신에게 허락받지 않은 이 선언을 즉시 철회하라고 명령했다. 사인방 중 한 명이자 상하이코뮌의 지휘자였던 장춘차오는 그 명령에 따랐다. 1967년은 '상하이 1월 폭동'의 소동으로 시작되었다. 이 사건은 마오쩌둥의 심기를 크게 거슬렀다. 점점 더 혼란이 불길처럼 커지기 시작했다. 이 모든 일이 천안문 앞에서만 벌어진 것은 아니다. 난징, 충칭, 우한에서는 서로 경쟁하듯 자신들이 "진정한 좌파"라고 주장했고 자경단은 무장 시위대로 변모하기 시작했다. 지도자는 천안문에서 사태를 곰곰이 고민하던 끝에 저우언라이를 복권시킬 결심을 했다. 이는 중앙문화혁명소조의 몰락을 예고하는 신호탄이 되었다.

2

　　왕빙은 산시성陝西省 시안西安에서 1967년 11월 16일에 태어났다. 문화혁명이 시작되고 2년 뒤이다. 왕빙의 아버지는 그 당시로는 드물게 대학 교육까지 받았다. 대학에서는 건축학을 공부했고, 기계 엔지니어로 훈련받았다. 졸업한 다음 건축설계원建築設計院에서 일을 시작했다. 어머니도 건축설계원에서 근무하고 있었다. 두 사람은 여기서 만났다. 어머니는 대약진 시기인 1960년, 시안에서 북서쪽으로 70킬로미터 떨어진 고향으로 돌아갔다. 거기에는 어머니의 부모 님과 친인척이 살고 있었다. 아버지는 시안에 혼자 남았다. 그리고 문화혁명이 시작되었다. 1966년 아버지도 시안을 떠나 시골로 왔다. 왕빙이 태어난 후 가족은 어머니 외삼촌이 사는 셴양咸陽에 머물다 가 아버지의 부모가 사는 저우즈현周至縣으로 다시 이사했다. 이 지 역은 황토가 펼쳐진 광활한 고원지대이다. 왕빙의 집은 위태롭게도 낭떠러지 근처 불과 50미터 떨어진 자리에 세워져 있었다. 왕빙 가 족도 중국 다른 지역 사람들과 마찬가지로 예외 없이 기근에 시달렸 고, 궁핍한 생활을 하면서 지냈다. 이 지역의 토질은 건조했지만 비 교적 비옥한 편이었다. 어린 시절에 남아 있는 기억은 한없이 펼쳐 진 밭의 풍경이었다. 당시 중국의 농촌발전 구호는 자연에서 배워 라, 였다. 그중 하나가 "농업은 (24절기 중의 하나인) 대한大寒에서 배워 라"라는 말이었다. 아직 농업은 산업화되지 않았고, 손으로 하는 일 이었다. 학교에서는 수업보다 자아비판 투쟁 대회가 열리면 선생의 인솔을 따라 투쟁 대회에 참관하는 나날을 보냈다. 지역에서는 밀과 고구마를 경작했다. 어린 왕빙은 평소에는 목동으로 지내면서 농번 기에는 농사일을 했다. 아버지는 항상 신문을 읽었다. 1970년대 내 내 여기 머물렀다. 문화혁명이 진행되고 있었지만 아버지도 어머니 도 집에서는 정치 이야기를 전혀 하지 않았다. 중학생이던 왕빙은 수학은 잘했지만, 작문과 국어는 잘하지 못했다. 하지만 전체적으로 보통의 학생이었다. 아버지는 마오쩌둥이 죽고 문화혁명이 끝나자 1979년 시안에 돌아가 직장을 구했으나, 2년 뒤에 작업장에서 보일 러 가스 누출로 인한 일산화탄소중독으로 사망했다. 아버지의 나이 는 마흔다섯 살이었다. 그때 왕빙은 중학교 2학년이었다.

중국은 아버지가 세상을 떠나면 국가정책에 따라 장남이 아버지의 일을 이어받아서 하는 '제반接班' 제도가 있다. 일을 이어받으려면 열여섯 살이 되어야 하는데 왕빙은 열네 살이었다. 어머니는 집안의 누군가는 생활비를 벌어야 했기 때문에, 시안에 돌아와 호구 등록 제도인 후커우戶口에 등록하면서 왕빙의 나이를 속였다. 누이동생은 학교에 다니고 있었고, 막내는 너무 어렸다. 학교를 중퇴하고 직장에 출근해야 했다. 왕빙은 자신이 직장에 출근한 첫날을 기억한다. 1981년 12월 28일. 사인방 재판이 끝난 이듬해, 돌아온 덩샤오핑은 1981년 7월 공산당 창당 60주년을 맞이하여 문화대혁명을 린뱌오와 사인방의 책임으로 돌리면서 마오쩌둥의 과오에 대해 선언했다. 70퍼센트는 성공했고, 30퍼센트는 실패했다고.

3

왕빙은 직장에서 자신만 그런 처지가 아니라는 걸 알았다. 직장에 다니는 주변의 청소년들이 모두 비슷한 상황에 놓여 있었다. 하지만 그들 사이에서 왕빙이 가장 어렸다. 첫 월급으로 29위안을 받았고, 이듬해부터 37위안 50전을 받았다. 당시로서는 평균임금이었다. 거기서 13위안 50전은 식비로 사용했고, 5위안은 여가비로 썼으며, 남은 돈은 모두 가족에게 보내주었다. 아버지 일을 이어받는다곤 하지만 교육을 받은 적이 없었기 때문에, 출근해서 하는 일은 차 심부름이나 전화를 받고 청소를 하는 게 전부였다. 왕빙은 자신의 친구들이 나이가 들면서 대학교에 진학하는 걸 지켜보았다. 하지만 대학에 진학하려면 중국의 대학 입학시험인 가오카오高考를 통과해야 했다. 왕빙은 시골에서 학교를 다녔고 열네 살에 학업을 중단했기 때문에, 이 시험을 통과하려면 열심히 준비해야만 했다. 그때부터 책을 읽기 시작했다. 1984년부터 예술에 관한 책을 읽어나갔다. 이폴리트 텐이 1865년에 쓴 『예술철학』은 왕빙에게 하나의 이정표가 되었다. 프랑스 문예비평의 고전적 양식을 확립한 샤를 오귀스탱 생트뵈브와 논쟁을 벌인 비평가. 에밀 졸라가 탐독했던 비평. 마르셀 프루스트의 『잃어버린 시간을 찾아서』에도 인용문이 등장하는 책. 이폴리트 텐은 생트뵈브가 주장하는 작가의 '사회적 자아'에 맞서서 '창조적 자아'로 그리스 조각과 르네상스의 대가들, 그리고 플랑드르 회화를 다시 설명했다.

왕빙은 직장 기숙사에서 친구 왕이를 만났다. 왕이는 구이저우성貴州省에서 온 사람이었다. 그는 왕빙에게 서양 고전음악의 아름다움을 알려주었다. 그와 함께 바흐에서 드보르자크까지 들었다. 그들은 가난해서 비싼 하이파이 오디오는 가질 수 없었다. 그 음악들을 모두 카세트테이프로 들었다. 당시 카세트테이프는 하나에 10위안이나 했다. 하나를 사려면 왕빙 월급의 3분의 1을 지불해야만 했다. 하지만 아까운 줄 모르고 사서 들었다. 중국은 덩샤오핑의 개방정책과 함께 서방세계를 향해서 죽의장막을 열어가고 있었다. 중국 바깥의 영화들을 처음 볼 수 있었다. 할리우드 영화는 대형 스크린이 설치된 극장에서 상영했지만 이른바 아트하우스 예술영화들은 VHS 비디오카세트로 작은 소규모 좌석의 극장에서 영사하였다. 그때 중국에서는 그런 극장들을 '카세트 극장'이라고 불렀다. 새로운 문화가 빌려들어 왔을 뿐만 아니라 중국 안에서도 새로운 문화가 지하에서, 거리에서, 사방에서 퍼져나가기 시작했다. 중국에서 록 음악이 울려 퍼졌다. 그때 젊은이들은 누구나 추이젠崔健의 노래를 들었다. 덩샤오핑의 실용주의 경제 노선은 상인들을 사업가로 만들었고, 노동자는 가난한 자가 되었다. 사회주의 안에서 자본주의가 시작되었다. 추이젠이 부르는 〈아무것도 가진 게 없다—無所有〉는 모두의 비통한 송가였다.

4

난 이미 쉴 새 없이 물었지,
넌 언제 나와 함께 갈 거니?

하지만 넌 오히려 내내 내가
아무것도 가진 게 없다고 웃었지.

너에게 내가 추구하는 걸 줄게.
내 자유 또한 줄게.

하지만 넌 오히려 내내 내가
아무것도 가진 게 없다고 웃었지.

아! 넌 언제 나와 갈 거니?
아! 넌 언제 나와 갈 거니?

발아래 이 땅이 지금 달려가고 있어.
내 주위로 이 물이 지금 흘러가고 있어.

하지만 넌 오히려 내내 내가
아무것도 가진 게 없다고 웃었지.

왜 넌 끝내 그런 웃음만 짓고 있는 거야?
왜 내가 너만 따라가야 하는 거지?

설마 너의 앞에서 내가 영원히
아무것도 가진 게 없을까?

아! 넌 언제 나와 갈 거니?
아! 넌 언제 나와 갈 거니?

발아래 이 땅이 지금 달려가고 있어.
내 주위로 이 물이 지금 흘러가고 있어.

내가 오래도록 널 기다렸다는 걸 고백하지.
내 마지막 바람은 바로 너라는 걸 고백하지.

내가 너의 두 손을 잡아 올리면
넌 바로 나랑 함께 가는 거야.

지금 네 손은 떨고 있구나.
이 시간 너는 눈물 흘리고 있구나.

너 지금 나한테 고백하는 거지?
내가 아무것도 가진 게 없음을 사랑한다고.

아, 이제 나와 함께 가자!

아, 이제 나와 함께 가자!*

5

　1989년 6월 4일 '천안문사건'이 있던 그해, 왕빙은 자신에게 일어난 두 개의 사건을 기억한다. 하나는 4월 20일 혹은 22일 저녁에 있었던 일이다. 그때 왕빙은 시안에 있었다. 천안문 광장에서의 집회는 중국 전역으로 퍼져나가고 있었다. 시안에서도 집회가 열렸고, 왕빙은 거기에 참석했다. 밤 11시, 아니면 12시경에야 돌아왔다. 다음 날 시위대 일부가 집회 장소 부근의 대형 옷 가게에 무단침입해, 옷을 훔쳐 달아났다. 그들은 공안에 체포되었고, 왕빙은 그중 한 명이 집회에 함께 참석했던 친구라는 걸 알게 되었다. 범행을 저질렀다는 사실이 너무나 분명했기 때문에, 의심의 여지도 없었다. 거기서 셔츠를 훔쳤다. 친구는 몇 달 동안 감옥에 보내졌다. 왕빙은 루쉰미술학원魯迅美術學院에 입학해 시안을 떠나 있었다. 몇 년 뒤 고향에 돌아왔을 때 그 친구가 이미 세상을 떠났다는 걸 알게 되었다.

　또 하나의 사건은 5월 19일에 있었다. 그때 건축협회 교통부 팀장과 기숙사 같은 방을 쓰고 있었다. 그 남자는 왕빙과 나이 차이가 크게 나는 사람이었다. 상황을 먼저 설명해야 할 것 같다. 4월 17일 천안문 앞에는 이미 시민들과 학생들이 모여들고 있었고, 정오에는 베이징 내 다섯 개 대학 학생들이 천안문을 향한 행진을 시작하였다. 이는 덩샤오핑과 함께 개방정책을 추진하면서 중국 민주화를 향한 정책을 시행하려고 했다가 당내 보수파의 비판으로 총서기직

---

* 추이젠, 〈아무것도 가진 게 없다〉, 1998.

에서 사임한 뒤 곧 사망한 후야오방의 추모행사 때문이었다. 천안문 광장에 모인 학생들과 시민들은 공산당에 민주화에 관련한 일곱 개 조항을 요구하였다. 왕빙이 머물던 시안에서는 300여 명의 시민이 모여 관공서 자동차를 불태우고 시의회를 공격하면서 시민과 민공民工 공장노동자가 되기 위해 도시로 들어온 농민을 부르는 말이 연합하여 공산당의 폭정을 타도하자, 라는 구호를 내걸었다. 4월 26일 덩샤오핑은《인민일보》에 이를 "반혁명 폭란"으로 규정하는 사설을 발표했다. 이 사설은 천안문 광장 시위대를 격분시켰다. 그리고 5월 18일 신임 총리 리펑이 시위대 지도부와 협상을 시도했지만 결렬되었다. 그날 저녁 팀장은 1층 강당에 앉아서 텔레비전을 보고 있었다. 그때 베이징에서 벌어지는 상황을 볼 수 있는 방법은 텔레비전밖에 없었다. 팀장이 볼륨을 최대로 높이자 바로 위층 방에 머물던 왕빙은 강당에 내려와보았다. 그 넓은 강당에 앉아 있는 사람은 팀장 단 한 명이었다. 그는 넋을 놓고 근심에 가득 차서 텔레비전을 보고 있었다. 세상 사람들이 무엇을 원하고 있는지 모르면서, 무엇을 바꾸어야 하는지 모르면서, 무엇을 해야 하는지 모르면서 공산당이 전하는 소식을 듣기 위해 텔레비전 앞에 혼자 앉아 근심하는 공산주의자를 왕빙은 바라보았다. 그리고 그런 종류의 인간이 존재한다는 사실에 실망했다. 왕빙은 말했다. "1989년은 세상을 바라보는 나의 순진함이 끝나는 해였습니다."

6

왕빙은 사진을 공부하기로 결심했다. 아마도 스물한 살, 아니면 스물두 살이었던 것으로 기억한다. 친구 왕이의 조언에 따른 것이었다. 그때 중국에서는 갑자기 사람들 사이에서 사진을 찍는 것이 유행했다. 왕빙은 카메라가 비쌌기 때문에 처음에는 왕이나 다른 친구의 카메라를 빌렸다가 나중에 돈을 모아서 카메라를 샀다. 무엇을 찍어야 할까. 그때 왕빙의 눈길을 끈 것은 시골 지방을 찍은 사진 전시였다. 노동하는 사람들, 그들이 보내는 여가, 계절의 풍경, 추수를 하는 장면 그리고 축제의 광경. 아직은 농촌에서 하는 농사는 손으로 하거나 가축으로 땅을 일궈야만 하는 힘겨운 중노동이었다. 여전히 기후는 변덕스러웠고, 날씨가 한 해의 농사를 결정했다. 1990년대에 들어서자 농사에 농기구가 도입되기 시작했고, 1000년을 넘게 이어온 농사의 풍경이 사라지기 시작했다. 전시에서 본 사진들은 사라져가는 풍경을 담고 있었다. 카메라가 손에 들어오긴 했지만 왕빙은 어떻게 찍어야 할지 몰랐다. 그때 《중국촬영보中國撮影報》라는 잡지를 읽으면서 공부를 하였다. 그리고 이 잡지를 센양에 있는 루쉰 미술학원에서 출간하고 있다는 걸 알았다. 이 학교의 입학시험을 보기로 했다. 하지만 곧 시험을 칠 수 있을 만큼 카메라에 대해 아는 게 없을 뿐만 아니라, 실기시험을 보기에도 경험이 부족하다는 것을 알았다. 1990년에 사진 스튜디오에 입사했다. 일자리는 산둥성山東省 이멍沂蒙에 있었고, 정부 보조금을 받을 수 있었다. 여기서는 사진기자들이 일하고 있었다. 왕빙이 머문 지역은 타이산泰山(우리가 흔히 태산이 높다 하되, 라고 말하는 그 산), 루산魯山, 이산沂山으로 둘러싸인 산악지대 지형이었다. 이 지역 사람들은 가난했고, 산악 지역이라서 생활이 시대에 뒤떨어져 있었다. 왕빙은 이 지역을 취재하는 기자들을 따라다니면서 배웠다. 여기서 왕사오춘이라는 전문 사진작가를 만났다. 왕빙은 왕사오춘의 조수를 자청했다. 서른 즈음한 왕사오춘은 왕빙에게 카메라에 관한 많은 것을 가르쳐주었다.

왕빙은 1992년에 시안으로 돌아와서 입시 준비를 시작해 시험을 봤으나 그해에 불합격했다. 그래서 먼저 준비반에 들어간 다음 이듬해에 다시 시험 볼 계획을 세웠다. 그렇게 해서 루쉰미술학원에 준비생으로 입학했다. 준비생이었기 때문에 왕빙은 기숙사를 배정받을 수 없었다. 그가 머문 방은 작은 방이었다. 그 방에는 책상 하나와 침대 하나가 전부였고, 창문도 없었다. 벽을 따라 작은 잡초 넝쿨들이 자라고 있었다. 행정적인 제도에 따라 학교 정문으로 드나들 수 없었으며, 다른 문으로 등하교를 해야 했다. 왕빙은 1994년에 정식으로 루쉰미술학원 입학생이 되었다. 그리고 비로소 여기서 체계적으로 미술사와 문학사뿐만 아니라 역사에 대해 배우게 되었다. 가장 인상적인 수업은 1학년 2학기에 독일에서 초빙된 독일인 교수의 강의였다. 이 수업은 독일에서 4년 동안 배우는 내용을 한 학기 동안에 배우는 것이었다. 첫 한 달 동안 이제까지 배운 것과 전혀 다르게 카메라가 대상과 만나는 과정을 설명하는 철학적 설명 때문에 왕빙은 몹시 힘들었지만 거기서 충격을 받았다. 독일인 선생은 매 수업 시간을 엄격하게 관리했고, 서방세계 사진 이론을 차례로 소개했다. "나는 이 수업에서 대상의 공간과 어떻게 맺어져야 하는지를 진정으로 사고하는 방법이 무엇인지 발전시켜나갈 수 있었어요. 그 과정은 나 자신의 시각적인 체계의 바탕을 이루는 것이 되었어요. 그리고 그 과정을 통해 이미지의 세계에 스며들고, 이미지의 세계를 관통하고, 꿰뚫어 보고, 간파하는 인상을 얻게 되었어요." 처음에는 카메라에 관한 기술을 배우기 위해 입학했지만, 이 과정은 왕빙이 근본적인 질문과 마주할 수 있게 만들었다. "나는 비로소 이미지와 대상, 대상이 놓여 있는 장소, 사진을 찍는 나와 대상이 놓여 있는 틈 사이에 무엇이 있는지 보기 시작했어요. 이제 내게서 모든 이미지는 리얼리티를 향하고 있다는 걸 알았어요. 그건 작가가 결정하는 것이 아니라 사실, 이라고 부르는 세상입니다. 그리고 세상은 언제나 사실 그 이상의 것이었습니다. 나는 그 이상의 것을 찍어야 했습니다. 이제 나에게 찍는다는 것은 내 즐거움을 위한 것이 아니라 카메라를 든 내게 내려진 의무라는 걸 알았습니다. 나는 여기서, 사진과 나, 세상과 나 사이에서 태도를 바꾸었습니다. 그리고 이 태도를 믿고 지켰습니다."

7

루쉰미술학원에 등록하기 전까지는 입학이 문제였지만 입학을 하고 나자 졸업을 하고 나면 무엇을 할 것인가, 라는 문제와 만나게 되었다. 당연한 이야기이다. 중국에서는 실용주의 노선 이후 1980년 대에 상업사진의 수요가 갑자기 늘어났다. 졸업생들은 대부분 신문사 또는 각종 매체에 취직하였다. 왕빙은 처음부터 그 길을 포기했다. 그러기 위해서는 '관시關係'가 필요했는데, 왕빙에게는 어떤 관시도 없었기 때문이다. 잘 알려진 대로 중국은 관시 문화의 나라이다. 물론 우리에게도 학연, 지연, 혈연의 문화가 있지만 관시는 이와 다르다. 중국인들이 자주 사용하는 말 중에 '멀리 있는 물은 가까운 불을 끄기 어렵고, 먼 친척은 가까운 이웃만 못하다遠水難救近火 遠親不如近鄰'라는 표현이 있다. 중국은 넓은 나라이고, 사람들은 일을 구하기 위해 고향을 떠나 도시로 몰려들었다. 도시에서는 서로 다른 지역, 다른 지방, 다른 곳에서 온 사람들이 서로 만나 장사를 해야 했다. 그래서 낯선 사람들 사이에 신뢰의 네트워크를 만들어야 했다. 관시를 만들어야 했다. 한국이 신뢰를 만들면서 가치를 둔 학연, 지연, 혈연이 과거에 뿌리를 둔 것이라면, 중국은 그런 것을 무시하고 앞으로 갖게 될 미래의 신뢰를 서로 약속하였다. 관시를 설명하면서 가장 자주 드는 예는 삼국지에서 유비, 관우, 장비가 오가다 우연히 만나 형제의 '관시'를 맺기로 결의한 다음 그 약속을 평생에 걸쳐 지켜간 도원결의이다. 물론 아름다운 이야기만 있는 건 아니다. 관시는 이 네트워크 바깥에 있는 사람들에게는 닫힌 벽과 같은 것이 되어갔다. 그리고 그걸 열고 들어가려면 돈과 시간, 인맥이 필요했다. 그 문은 완강했고, 아무것도 가진 게 없는 왕빙에게는 벽처럼 여겨졌다.

학업 과정은 1995년에 모두 마쳤지만 왕빙은 졸업 이후의 막연한 진로 때문에, 학교에 머물렀다. 공식적으로는 1997년에 졸업하는 일정이었기 때문이다. 그해 베이징으로 가 베이징전영학원北京電影學院 촬영과에서 1년 동안 청강생으로 수업을 들었다. 새로운 여섯 번째 중국 영화 세대가 시작되고 있었다. '제5세대'라고 부르는 천카이거의 〈패왕별희〉가 1993년 칸영화제에서 제인 캠피언의 〈피아노〉와 공동 황금종려상을 받았다. 또 천카이거의 첫 번째 영화 〈황토지黃土地〉의 촬영감독이었던 장이머우의 첫 번째 연출 영화 〈붉은 수수밭〉이 베를린영화제에서 황금곰상을 받았다. 그리고 '천안문사건' 이후 다시 새로운 세대가 나타났다. 그 맨 앞에 장위안이 디지털카메라로 게릴라처럼 촬영한 〈북경 녀석들〉이 있었다. 이 영화는 '제6세대'의 신호탄이 되었다. 이 세대의 영화는 이전 영화들과 달리 불법으로 촬영하고 검열받지 않은 채 서방세계 영화제에 소개된다고 해서 '지하전영地下電影'으로도 불렸다. 이때 왕빙은 중국 영화들보다 서방세계의 영화를 보았다. 미켈란젤로 안토니오니, 잉마르 베리만 그리고 누구보다도 피에르 파올로 파솔리니와 안드레이 타르콥스키를 발견했다. 파솔리니의 〈마태복음〉과 〈아라비안 나이트 Il Fiore delle Mille e una Notte〉에서 영화에서의 리얼리즘을 발견했고, 타르콥스키의 영화에서 감정을 표현한다는 것은 진정한 삶의 경험에 다가간다는 것을 보았다. 타르콥스키를 처음 만난 영화는 〈노스텔지어〉였다. 그 어떤 장면보다도 고르차코프가 촛불 한 자루를 들고 토스카나의 물이 빠져나간 온천장을 세 번에 걸쳐 가로질러 걸어가는 장면을 보면서 모두가 어렵다고 말하는 '가장 진실한 순간은 가장 단순하게 찍어야 한다'는 것을 배웠다.

그런 다음 다시 루쉰미술학원으로 돌아와서 1997년에 정식 졸업증을 받았다. 하지만 그때까지만 해도 왕빙은 영화감독이 되겠다는 생각을 전혀 품지 않았다. 왜냐하면 촬영감독으로 훈련을 받았기 때문에 연출에 대해서는 아무런 지식도 경험도 없었기 때문이다. 첫 직장은 허난성河南省 정저우시鄭州市에 자리한 텔레비전 방송국이었다. 연출자와 면접을 잘 마쳤고 제작 준비한 시나리오도 훌륭했다. 촬영하면서 몇몇 장면에 대해 롱테이크 촬영을 제안했고, 또한 연출이 준비한 것과 다른 카메라 이동을 제시하면서 자연광 촬영을 대안으로 내놓았다. 연출자는 왕빙의 의견에 동의하지 않았다. 그 대신 촬영 현장에서 해고했다. 몇 달 뒤에 국립영화제작소 중의 하나인 '다큐멘터리 영화 주간 제작 스튜디오新聞週刊記錄片電影制片廠'에 입사했다. 이곳은 1930년대부터 공산당 선전용 기록영화를 제작하는 곳이었다. 여기서 마오쩌둥 전기물, 저우언라이 전기물을 제작하기도 했다. 왕빙은 이 스튜디오가 선전용 영화를 만드는 거대한 공장처럼 여겨졌다. 제작하는 내용에는 아무 관심도 없었지만, 제작 기술과 과정, 특히 녹음과 현상, 사운드 믹싱 그리고 포스트프로덕션의 관점에서 왕빙에게 하나의 교실이었다. 1년 반 정도 일했을 때 뜻밖의 제안이 왔다. 상하이에서 35밀리미터 카메라로 촬영하는 극영화를 제작하는데 촬영감독을 해보겠느냐는 친구의 연락을 받았다.

감독은 연락한 친구의 친구였다. 항상 자신을 촬영감독이라고 생각한 왕빙은 제안을 받아들이고 상하이로 향했다. 현장에서 만난 감독은 어떤 의논도 하지 않았고, 어떤 조언에도 귀 기울이지 않았으며, 촬영감독을 카메라 오퍼레이터처럼 다루려고 했다. 왕빙은 여기 더 머무르는 건 시간 낭비라고 생각했다. 현장을 떠나며 이제 더는 누구의 명령도 따르지 않으면서 자기의 영화를 만들어야겠다고 결심했다. 왕빙은 DV 카메라 한 대를 빌려서 셴양으로 향했다. 〈철서구〉는 그렇게 시작되었다.

8

······작가들은 이들이 몸담고 있는 동일한 기호嗜好를 가진 세상이라고 하는 보다 광범위한 전체에 속해 있다. 왜냐하면 풍속과 사고방식은 대중이나 예술가 모두에게 똑같이 작용하기 때문이다. 이들은 고립된 채로 존재하지 않는다. 지금 이 순간 우리는 여러 세기 저 너머로부터 들려오는 이들의 목소리를 들을 따름이다. 하지만 우리는 우리에게까지 들려오는 이들의 찬란하고 떨리는 목소리의 저변에서 일종의 웅성거림, 이를테면 이들 주변에서 군중이 한목소리로 내는 은연하면서도 가없는 커다란 소리를 듣게 된다. 이들이 위대한 까닭은 바로 군중과 한 몸을 이뤘기 때문이다. 이 점을 인정하지 않을 수 없다.*

---

* 이폴리트 텐, 『예술철학』, 정재곤 옮김, 나남출판, 2013, 18쪽.

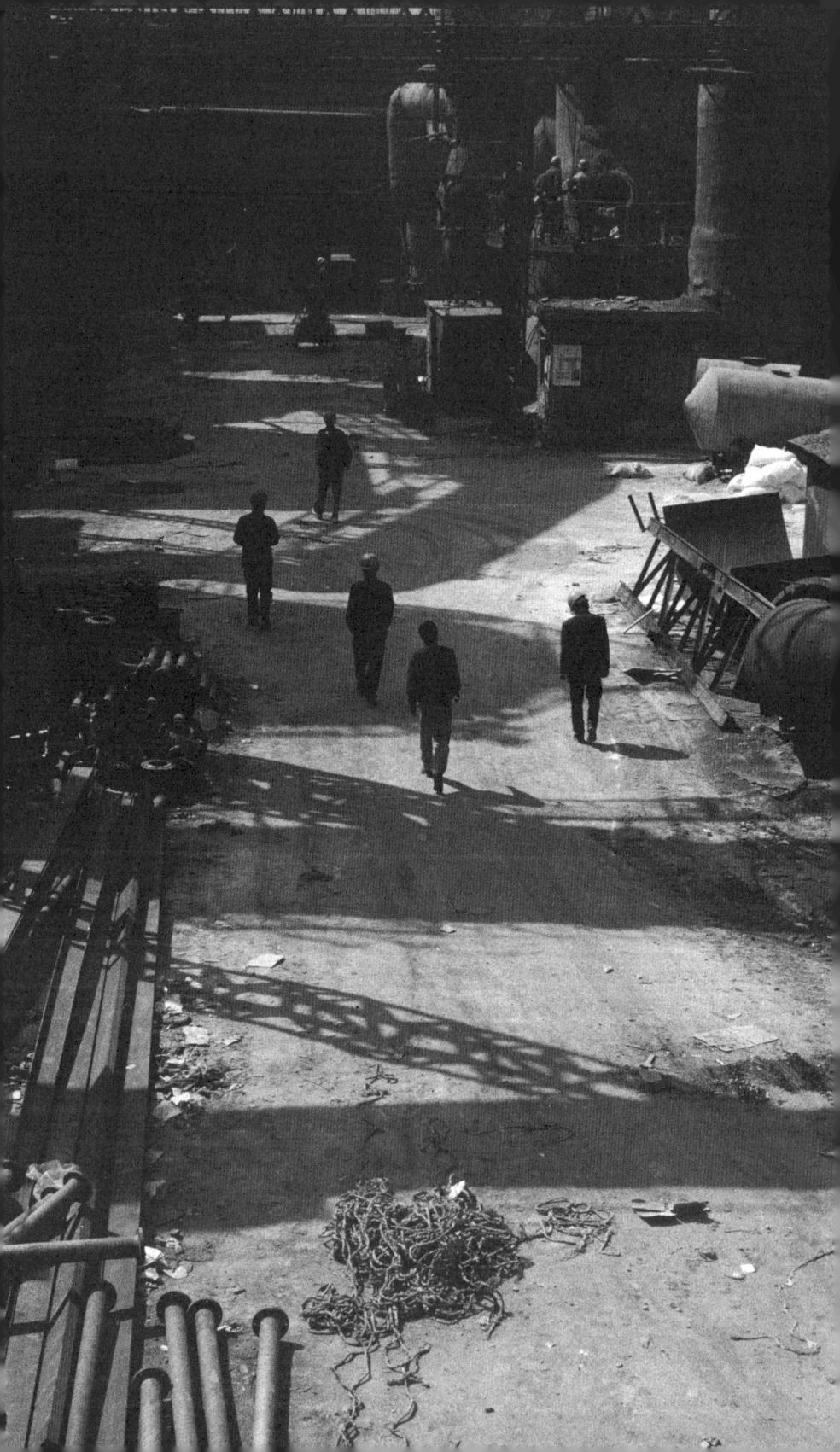

톄시취에 들어오는 열차

철서구

1

"좌다팡샤오抓大放小큰 것은 잡고 작은 것은 내버려두어라." 1997년 제
15차 공산당 전당대회에서 당시 중국공산당 중앙정치국 상무위원
회 위원이자 부총리였던 주룽지가 근대화 재정 경제계획으로 이
말을 했을 당시, 사람들은 어떤 뜻인지는 알았지만, 현실에서 무
슨 일이 벌어질지는 몰랐다. 그때 알지 못했던 이 말의 가장 간단
한 번역은 '중국식 신자유주의'이다. 이듬해 주룽지는 중국 총리
가 되었고, 이 정책은 후퇴 없이 추진되었다. 1998년 한 해 동안 중
국에서(추정컨대, 항상 그렇듯이 중국의 통계자료는 서방세계 경제학자들
의 관점에서 추정인데) 2300만 명에서 3100만 명이 해고되었다. 갑작
스러운 상황은 아니었다. 주룽지는 1990년대에 들어섰을 때 덩샤
오핑의 '사회주의식 현대화의 올바른 노선'에 따른 개방정책 이
후 중국의 경제성장이 그동안 지나치게 빨랐고, 그런 다음 반대
로 지나치게 완만해지는 걸 보았다. 가장 나쁜 방법을 선택했다.
이윤을 발생시키는 가장 빠르고 쉬운 수단을 자본주의에서 배웠
다. 인건비를 제일 먼저 손댔다. 좀 더 거시적인 관점에서 통계 지

표를 바라보겠다. 1993년에서 2006년 사이에 중국 정부는, 그러니까 중국공산당은, 국영기업에서 6000만 명을 해고했다. 화폐의 자본으로의 전화轉化와 노동력의 상품으로의 전화, 양쪽의 관점에서 사회주의 생산양식은 무의미해졌다. 이제 사회주의는 중국에서 더 이상 노동자를 방어하는 정치적 장치가 아니었다. 여기서 쟁점은 천안문의 지도자, 그 지도자 주변의 관료들이 이제까지 혁명을 이끌어온 노동자를 버렸다는 것이 아니라, 사회주의 중화인민공화국 건설 이후 막연하게 믿어온 시장경제의 '보이지 않는 손' 역할을 해온 주인이 사라졌다는 것이다. 자본주의는 한번 작동을 시작하면 자기모순을 극복하기 위해 사적소유와 사회적 생산 사이에서 서로를 잡아먹으며 복잡한 약탈 관계로 옮겨 갈 것이다. 그걸 끌어들인 사람은 누군지 알 수 있지만 그걸 관리하는 사람이라는 건 없다. 총사회자본의 운동은 이윤율의 경향적 저하 법칙에 따라 확대재생산을 요구할 것이며, 그 과정에서 가변자본이 감소하고 일반적 이윤율은 하락하면서 이를 상쇄하기 위하여 서로 상이한 자본이 자기에게 유리한 잉여가치를 얻어내려고 하므로 시장에는 모순과 위기가 반복될 것이다. 법칙과도 같은 역사.

하지만 이 단순한 설명만으로는 공장, 철로, 노동자, 그러니까 〈철서구〉의 이미지를 설명할 수 없다. 이미지를 일반화하지 마라. 왕빙은 이미지를 찍기 위해서 여기에 온 것이 아니다. 이미지의 하부구조를 역사의 경험으로 환원시켜놓아야 한다. 이미지는 이데올로기의 착란적 신기루가 아니다. 그 이미지 안에 피와 살을 가진 인간, 지금 여기서는 인간 중에서도 노동자가 살고 있다는 생각을 해야 한다. 그러므로 여기는 역사의 진리가 상연되는 극장이다. 어떤 진리, 라는 질문보다 먼저 해야 하는 질문은 무엇인가.

어떤 역사. 중국이라는 역사. 그 안에서도 구체적인 토픽. 이걸 내게 가르쳐준 사람은 누구인가. 마오쩌둥. 모순의 일반성과 특수성의 대립, 주요모순과 부차적 모순. 그 안에서 동일성과 통일성, 일치성, 상호 침투, 상호 관통, 상호 의존, 상호 연결, 여러 명사, 여러 개념이 하나의 자리에서 비로소 상호 전화한다고 말했다. 어떤 자리? 이 모든 명사, 여러 개념을 요청하는 구체적인 역사, 그 역사를 만들어낸 상황. 「실천론」에서 이것 말고 달리 또 한 말이 있는가. 그러므로 나는 새로운 관점을 제시하는 것이 아니라 내가 배운 것을 다시 돌려주려는 중이다.

〈철서구〉에서는 여러 종류의 사람을 만난다. 그들의 교집합은 무엇인가. 노동자. 여기가 시작이다. 그리고 다음을 호명해야 한다. 노동자, 그들 자신이거나, 방금 해고된 노동자이거나, 노동자의 아내이거나, 노동자의 아들이거나, 노동자의 딸이거나, 노동자의 부모이거나, 노동자들의 휴게실에서 허드렛일을 하면서 먹고사는 노동자이거나, 그 노동자의 아들이거나, 그 노동자의 친구이거나, 그 노동자의 여동생이거나, 그렇게 계속 관계가 관계를 맺으면서 이어진다. 그리고 이어진 선들이 하나의 '구區'를 형성한다. 그들은 어디서 왔는가. 중국은 마오쩌둥과 홍군紅軍인민해방군이 대장정을 떠난 1934년 10월까지도 (중국사 교과서의 표현을 빌리면) 농민층 분해가 이루어지지 않았으며, 노동자는 아직 기술자工人의 단계에 머물고 있었다. 국공내전이 끝났을 때 근대화를 향한 모든 준비가 순조롭게 시작한 것은 아니다. 예기치 않게 항미원조抗美援朝 전쟁 '미국에 맞서 조선을 돕는다'는 뜻으로 중국에서 한국전쟁을 부르는 말에 참전해야 했으며, 휴전으로 끝나자 천안문 안에서의 기나긴 권력투쟁이 기다리고 있었다. 하지만 중국은 근대화가 시급했다. 대약진 시대가 참혹한 실패로 끝났지만, 이 기간은 노동자들이 근대화의 모델iconography로 이상화되던 하나의 전환을 맞이하는 새로운 국면이기도 했다. 노동자는 미학적으로뿐만 아니라 실제로 그러해야만 했고 또 이데올로기적으로 그러해야만 했다. 구호처럼 반복된 문장은 "혁명과 생산의 새로운 승리를 기쁘게 영접하라"였다. 이 문장은 포스터에서, 그리고 벽에서, 또 교실에서 마치 인민들을 포위하듯이 돌아다녔다. 노동자는 해방군과 농민 그리고 지식인 곁에 나타나야 했다. 전쟁이 끝나자 기다리던 것은 경제였다. 시급했던 공산당은 노동자를 우리 시대의 '영도계급領導階級지도하고 이끄는 계급'이라고 찬양하였다. 그림 속의 청년들은 낫과 망치를 들었다. 농업과 공업. 지식인들이 책을 들고 있을 때 젊은 남녀는 귀를 기울이면서 공장 작업복을 입고 있었다. 하지만 1966년 문화혁명은 노동자들에게 사회주의혁명 교육을 다시 배워라, 라는 교시를 내리며 농촌에 가서 농민에게 배우라고 하방下放했다. 기술에 관한 지식을 쌓고 작업에 대한 교육이 필요한 학생들도 농촌으로 보내서 노동자가 될 기회를 잃었다. 이 기간이 너무 길었다. 문화혁명은 마오쩌둥이 세상을 떠나는 1976년 9월 9일까지 멈추지 않고 계속되었다. 거의 두 세대에 걸쳐 그들을 농촌의 단순 노동자로 만들었다. 노동자가 될 기회를 잃은 그들에게 덩샤오핑은 '실사구시實事求是'를 내세워 수정주의 노선 이후 다시 공장으로 불러들였다. 이때 동시에 세대교체가 진행되고 있었다. 새로운 세대가 노동시장에 진입하기 시작하였다. 게다가 그들 중 교육받은 새로운 세대는 문혁 하방에서 돌아온 나이 든 세대의 관리자가 되었다. 생산기술은 새로운 지식과 훈련을 요구했다. 마오쩌둥의 유명한 교시. '불파불립不破不立'. 파괴 없는 건설은 없다. 나이 든 세대는 새로운 세대에게 새로운 중국의 건설과 전진을 가로막고 있는 파괴되어야 할 장해물이었다. 불파불립은 이중의 구호가 되었다. 여기서 파괴는 먼 과거의 대상을 가리키는 것이 아니다. 이미 그건 충분히 때려 부쉈다. 새로운 중국이 되기 위해서 이제는 먼저 마오쩌둥 시대의 근대화를 부숴야 했다. 낡은 것이 새로운 것의 전진을 방해하고 있다, 고 사방에서 외쳤다. 경제 문화 혁명이 벌어졌다. 새로운 세대는 오래된 세대를 숙청하듯이 시장에서 쫓아냈다. 여기에 마오쩌둥 시대 노동자의 파괴가 중심에 있다는 것을 읽어내야 한다. 주룽지는 불파불립의 불길에 기름을 쏟아부었다. 공산당의 명령에 따라 하방되었다가 돌아온 문화혁명 세대의 노동자들은 국영기업에서 일하게 되었을 때 그들의 운명을 공산당이 책임지고 있다고 믿었다. 무엇보다도 그들은 자본주의를 경험해본 적이 없었다. 그들이 일하는 공장이 국가라고 믿었고, 그래서 공장의 운명과 국가의 운명과 자신의 운명을 삼위일체로 놓았다. 왜냐하면 공장은 국영이었기 때문이다. 그들의 월급은 국가에서 지급되었다. 경험해보지 못한 상황이 벌어졌다. 공장과 노동자의 관계가 계약관계로 바뀐 것이다. 그러자 고용 상태가 불안정한 조건에 던져지게 되었다. 국영기업인 집산화集産化 공장은 1993년부터 해체가 시작되었고, 그 자리에서 개인 사기업과 자유주의경제가 시작되었다. 1990년대에는 이상한 풍경을 중국 사방에 펼쳐놓았다. 계속해서 새로운 건물이 시공되었지만 많은 건물이 완성되지 못하고 중단된 채 남겨졌으며, 사방팔방으로 고속도로 건설이 시작되었지만 많은 길이 어딘지 알 수 없는 데서 그냥 끝났다. 옛것을 쉴 새 없이 부쉈고, 새로운 것은 난장판이 되어갔다. 노동자들은 자신들이 어제까지 일하던 곳이 내일은 낯선 곳이 되는 걸 매일 경험하였다.

　여기서 실직이라는 말 대신 해고라는 단어를 선택한 건 이들이 국영기업 공장에서 일하던 노동자들이었고, 일하던 공장이 폐업 수순을 밟으면서 이직을 할 수 있는 기회가 사실상 없었기 때문이다. 이때 선양시瀋陽市에 있는 철강 공장단지인 '톄시취(이하철서구)'는 이 경제계획이 가장 강도 높게 실행된 지역이다. 철서구는 중국에서 가장 오래된 공업단지였다. 이 단지에는 중소 규모 이상의 232개 공장이 있었으며, 문화혁명 기간에 하방했다가 돌아온 학생들이 취업하기 위하여 대거 이곳으로 이주하였다. 전성기를 누렸을 때 이 공장단지의 노동자는 100만 명에 이르렀다. 셈을 여기서 멈추면 안 된다. 노동자들은 여기서 가정을 꾸렸고, 아이를 낳았다. 그리고 아이들이 자라났다. 단순하게 말할 수는 없겠지만 100만 가구가 있었다는 뜻이다. 철서구의 공장 70퍼센트가 국영기업이었다. 공산당 정부는 해고 노동자에 대한 아무런 대비 없이 강도 높은 구조조정을 시작했다. 주룽지가 재정 경제 정책 구조조정을 시작한 1997년 한 해에 선양에서 35만 명이 실직하였다. 1998년에는 철서구의 철강 공장 27퍼센트가 조업을 중단하였다.

　이듬해 왕빙은 DV 카메라를 들고 철서구에 도착했다. "철서구에서 내가 목격한 것은 장소가 아니라 눈앞에서 역사가 몰락하는 모습이었어요." 1999년 10월부터 촬영을 시작했고, 2001년에 촬영을 마쳤다. 왕빙이 이 기간에 철서구를 찍은 분량은 모두 270시간에 달한다.

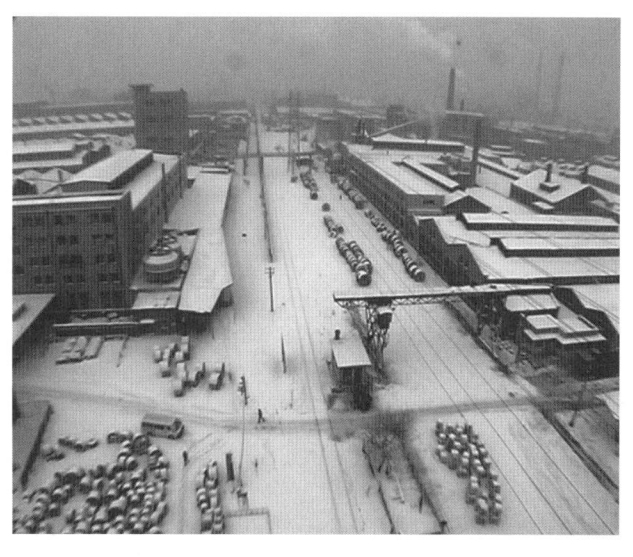

2

　눈이 내리고 있다. 철서구의 전경이 내려다보인다. 얼핏 흑백 장면처럼 보인다. 하얀 눈이 쌓인 풍경. 검은 공장들. 점처럼 사람들이 움직인다. 나는 처음 〈철서구〉를 보면서, 벌써 이 영화를 몇 번째 다시 보았는지 모르겠는데 하여튼, 시작하면서 마주한 이 첫 장면을 보자마자 대大 피터르 브뤼헐의 그림이 떠올랐다. 무엇보다도 1565년에 그린 〈눈 속의 사냥꾼Jagers in de Sneeuw〉. 그해와 그 이듬해에 브뤼헐은 눈 덮인 풍경을 몇 점 더 그렸다. 아마 이 그림일 것이다. 이 그림에서 영감을 받고 타르콥스키는 그의 영화 〈거울〉에서 한 장면을 연출했다. 왕빙이 타르콥스키의 영화만이 자신에게 예술적 좌표를 열어주었다고 내 질문에 대답했을 때(〈천당의 밤과 안개〉) 흩어진 세 개의 프레임이 하나가 되는 것 같았다. 여기서 시작한다. 그러면서 자막으로 상황을 소개한다.

"중국 랴오닝성遼寧省 선양시의 '철서구'는 중국에서 가장 오래된 기계 제조업의 중심지이다. 1934년 일본 점령기에 건설되었고, 일본군의 무기, 장비 등 군수물자 공장으로 기계설비를 갖추고 생산하였다. 1949년 중화인민공화국이 건립된 이후 민수民需 공장으로 전환되었다. 1950년대 후반 소비에트는 '157 대중對中 투자 기획'에 따라 공장을 재정비하였다. 대부분 제2차 세계대전 중에 독일에서 노획한 기계설비로 철서구와 주변 공업지대를 수선, 보수하였다. 1960년대 초 다수의 공장노동자가 내륙으로 이주하였고, 100여 개의 대형 공장이 남아 조업하였다. 1980년대 공장 고용이 최대 규모에 이르렀다. 문화혁명 기간에 하방되었던 노동자들이 돌아와 철서구 일대의 노동자 숫자는 100만 명에 이르렀다. 그러나 1990년대 초 대다수의 국영 공장이 불안정한 상태로 적자 조업을 했고, 1999년 말까지 대부분 공장이 조업을 중단했다."

　〈철서구〉의 제1부 제목은 "공장"이다. 영어 제목은 "Rust녹"이지만 중국어 제목은 "工場공장"이다. 영어 제목은 철서구의 철강 제조 공장들이 조업을 중단하면서 철이 녹슬어간다는 비유적 설명을 하고 있다. 중국어 제목은 그런 비유가 필요 없다는 듯이 '공장'이라고 했다. 선양시 '철서구'라는 제목 아래 '공장'이라는 부제가 있는 것만으로 충분히 설명되었을 것이다. 이미지가 치열한 싸움을 벌이는 곳. 공식적인 역사와 현실이 명령에 대항한다. 지명地名은 해석을 요구하는 잠재성을 갖고 다가올 것이다. 왜 잠재되어 있는가. 무엇이 거기 담겨 있는가. 거기엔 현실화의 형식이 은폐되어 있다. 하나가 아니라 둘이 될 때, 그 둘이 서로 만날 때, 그 둘이 서로에게 질문을 시작할 때, 바로 거기서 질문의 조건에 관한 문제 제기가 시작된다고 가르친 사람은 누구인가. 마오쩌둥이 그의 동지들과 함께 국민당에 쫓기면서도 읽은 책, 1844년에 『경제학-철학 수고』를 쓴 마르크스가 아닌가. 여기는 사회주의 중화인민공화국이다. 문제의 경제학적 조건들. 노동자들. 공장. 철서구. 왕빙은 철서구 공장지대를 바라보며 어디서 첫 장면을 시작해야 할지 계속해서 찾았다. 물론 왕빙은 선양에 있는 루쉰미술학원에 다녔기 때문에 매일같이 공장지대를 보고 또 보았다. 학교 과제로 공장지대를 찍어서 제출하기 위하여 철서구 주변을 돌아다니기도 했다. "이상하게도 제 동기들은 누구도 철서구 공장지대에 관심이 없었어요. 〈공장〉에서 제조 공장 노동자들이 모여 신년을 맞이하며 노래를 부르는 가라오케 가게는 영화를 찍기 이전에 나도 방문해서 알고 있는 장소였어요." 왕빙은 질문했다. 철서구의 심장은 어디인가. 이 질문을 정확하게 이해해야 한다. 중심이 어디냐고 물어보지 않았다. 철서구를 활동하게 만드는 피와 산소를 나르는 곳은 어디인가. 공장들을 순환하는 통로를 열어주고 닫는 곳은 어디인가. 무엇이 멈추면 철서구는 멈추는가. 철서구의 감정은 어디서 표면적으로 반응을 보여주는가. 긴장하면 근육이 경련을 일으킬 것이다. 두려우면 신체가 경직될 것이다. 공장이 조업을 중단할지도 모른다는 걱정, 공장이 폐쇄될지도 모른다는 소문, 공장을 국가가 포기할지도 모른다는 불안, 공장 문을 닫을지도 모른다는 공포는 어디서 표현되는가. 왕빙은 철서구를 돌아다니는 열차에서 표현을 보았다. 열차는 철서구의 물리적인 양태이자, 정념의 표상이었다.

첫 장면을 찾자 왕빙은 촬영을 시작했다. 〈철서구〉의 첫 장면은 왕빙이 이 영화를 찍기 시작한 첫 씬이다. 왕빙은 파나소닉 미니 DV 카메라를 들고 철서구를 순환하는 열차에 올라탔다. "이 카메라는 가볍고, 다루기에 매뉴얼이 간단했고, 내구성이 견고했어요." 왕빙은 이 카메라에 14~24밀리미터 사이의 와이드렌즈를 장착해 처음부터 끝까지 찍었다. 1999년 겨울의 일이다. 철로 총길이 1만 9553미터, 여덟 개의 노선, 일흔 개의 교차 지점, 그중 다섯 개의 노선은 다리를 건너갔다. 오늘도 눈이 내리고 있다. 카메라 렌즈에 눈발이 날려서 묻는다. 아마도 맨 앞에 타고 있었을 것이다. 열차는 빠른 속도는 아니지만, 철서구 한복판에 이어져 있는 철로를 따라 달린다. 이때 우리가 보는 것은 두 가지이다. 하나는 물론 풍경이다. 이제부터 보게 될 철서구, 다섯 개의 쇼트로 이루어진 이 첫 장면은 〈공장〉 전체의 설정 쇼트establishing shot라고 해야 할 것이다. 왕빙은 여기서 본 공장들을 차례로 방문할 것이다. 그리고 그 안에서 일하는 노동자들을 만날 것이다. 그리고 그 작업장에서 사라져가는 노동자들을 지켜볼 것이다. 다른 하나는 직진하는 카메라의 운동이다. 운동이라는 시간의 지속. 때로는 멈춰서 지켜보고, 때로는 따라가면서 바라보지만, 하여튼, 자기 앞의 노동자들을 단편화하지 않기 위해 시간 안의 지속을 경유해서 그들 곁에 머물 것이다. 그러므로 여기서 물리적인 운동이 아니라 신체적인 경험을 보라. 왕빙은 오직 그것만을 따라갈 것이다. 왜냐하면 노동자는 물질이 아니기 때문이다.

셋으로 나눈 〈철서구〉에서 첫 번째 〈공장〉의 상영시간은 셋 중에서 가장 긴 네 시간이다. 그리고 〈공장〉은 다시 둘로 나뉜다. 정확하게 1부와 2부로 나눈 것은 아니지만 중간에 "휴식"이라는 자막이 나온다. 두 번째 시작하면 첫 번째 시작했을 때와 동일한 내용의 자막이 한 번 더 나온다. 하지만 단지 보는 쪽을 위한 물리적인 휴식은 아니다. 첫 번째와 두 번째가 다른 리듬으로 진행되기 때문이다. 여기서 차이는 형식이 아니라 바탕에서 온 것이다. 그러므로 나는 이걸 앞부분과 뒷부분으로 분리해서 부르고 싶은데, 앞부분은 철서구의 공장들을 차례로 방문한다면 뒷부분은 차례로 문을 닫는 공장들을 보여준다. 이유로서의 근거. 촬영 방식이나 편집을 바꾸지는 않았지만, 내용이 다르기 때문일 텐데 거기서 어쩔 수 없이 쇼트의 성격, 공장을 바라보는 카메라의 위치, 공장의 공간적인 성질의 변화가 담기면서 이질적인 리듬을 형성한다.

왕빙이 첫 번째로 방문한 공장은 구리 제련 공장이다. 촬영을 허락받는 게 쉬운 일은 아니었다. 어떤 과정을 거쳤고(설명을 들었지만 이걸 옮기기에는 적절치 않다) 공장장들은 허락하고 난 다음에는 더 이상 궁금해하지 않았다. "그들은 둘 중 하나예요. 허락하느냐, 거절하느냐. 결정하고 나면 그 이상은 묻지 않았어요." 작업장에 카메라를 들고 온 왕빙을 노동자들은 둥베이東北 지역 대학교에서 산업을 연구하기 위해 온 대학생으로 생각했다. 그렇게 시작하였다. 그리고 이 과정은 공장을 옮겨 갈 때마다 반복되었다. 왕빙은 공장을 찍으면서 공간을 둘로 나눈 것처럼 두 개의 장소를 오간다. 하나는 공장 작업장이고, 다른 하나는 휴게실이다. 왕빙은 작업장보다 휴게실에서 더 많은 시간을 보낸다. 물론 이 말은 그렇게 편집되었다는 뜻이다. 작업장은 기계들이 작동하는 소리로 엄청나게 소란스럽다. 차라리 기계 소리가 쉴 새 없이 다른 소리를 모두 게걸스럽게 먹어치운다, 라고 말해보고 싶다. 게다가 이 커다란 소리는 공장 안에서 메아리처럼 울려 퍼지기까지 한다. 메아리는 한군데서만 들리는 것이 아니다. 여기의 소리와 저기의 소리. 그래서 노동자들의 대화 목소리는 거의 들리지 않고, 왕빙은 이 대화를 녹음하기 위해 구태여 보조장비를 사용하지 않았다. 대신 휴게실에서 노동자들 사이의 대화에 귀 기울인다. 거기서 무슨 사건이 생기거나 그들이 무슨 비밀을 알려주는 것은 아니다. 노동자들은 휴게실에서 도시락을 먹고, 잡담하고, 마작을 하거나 내기 장기를 두거나 때로 카드를 하고, 그러다가 말다툼이 일어나고, 상대방에게 욕을 한다. 그걸 왕빙은 틀림없이 카메라를 들고 있는데도hand_held 마치 세워놓은 것처럼fixed 바라본다. 여러 명의 노동자. 그렇게 바라보다가 관심이 이 사람에서 저 사람에게 옮겨 가면 재빨리 시선을 돌린다pan_shooting. 노동자와 인물 사이의 거리distance는 장소가 물리적으로 허락하는 만큼 물러나 있다. 하지만 이 거리의 감각은 화어華語권 영화에서 우리가 마주치는 허우샤오시엔 혹은 에드워드 양, 그들의 계보를 중국에서 이어가는 지아장커의 극영화와 완전히 반대로 진행된다. 필요하다면 왕빙은 줌 촬영도 망설이지 않는다. 가끔 혼잣말을 하는 건지 왕빙에게 말을 거는 건지 알 수 없는 대목들이 있지만 왕빙은 아무 대꾸도 하지 않는다. 그렇게 노동자들은 카메라를 잊어버린 것처럼 말하고 행동한다. 혹은 왕빙을 노동자 중의 한 명처럼 여긴다. 트랜지스터라디오가 틀어져 있고, 거기서 인터넷기업 주식에 관한 뉴스가 흘러나오고, 그런 다음 대중 유행가가 흐른다. 노동자 중의 한 명이 따라 부른다. 이미 공장이 문을 닫게 될지도 모른다는 불안이 노동자들 사이에 퍼져 있다. 라디오를 듣다가 무표정하게 기계처럼 말한다. "주식이 오른대."* 옆에 앉아 있던 노동자가 그 말을 듣고 말한다. "다음 달 월급이 안 나온대." "교대근무나 할걸." 그러자 옆에서 덧붙인다. "병가나 낼걸." 누군가 다른 직장을 말하면서 싼샤三峽댐에 새로

---

* 영화 속에서 노동자들이 나누는 대사는 전체가 아니라 발췌 형식으로 채록했다. 내용이 너무 많고, 영화에서도 사투리를 사용하는 노동자의 대사는 부분적으로만 자막을 넣었다. 이하 같은 원칙에 따라 인용하였다.

운 일자리가 생겼다는 소문을 전한다. 1994년 12월에 시작된 대공사. 만리장성 이래 중국 최대의 공사라고 알려진 토목 건설. 이 공사는 2006년까지 이어졌다. 우리는 이 댐의 폭력적인 풍경을 지아장커의 영화에서 두 번 보았다. 〈스틸 라이프〉 그리고 〈강호아녀〉. 지금은 1999년이다. 누군가 다른 일자리를 말하면서 주석을 달듯이 덧붙인다. "군 경력이 일을 찾는 데 도움이 안 돼. 밖에서 다 싫어해."

작업장과 휴게실을 연달아 보고 있으면 공장에 왔다기보다는 마치 SF영화 세트장에 온 것처럼 느껴진다. 〈공장〉에서 왕빙은 낮에서 저녁으로 바뀌거나 중간에 촬영 장소를 이동하기 위해 다시 열차에 올라타는 장면을insert_scene 제외하면 거의 대부분 공장 바깥으로 따라 나가지 않기 때문에 낮인지 밤인지 알 수가 없다. 휴게실엔 창문이 없다. 화면은 모노컬러로 찍은 듯 조명등 색으로 뒤덮여 있다. 게다가 DV 카메라가 저화질이라 조명등 색과 이미지가 화면 안의 장소를 구성하는 면과 선, 인물과 인물 사이, 얼굴의 모습, 구체적인 경계를 구별하기 힘들도록 흐릿하게 만들면서 화면 내용보다는 흘러내리는 장소의 형상을 바라보게 만든다. 〈철서구〉를 보고 있으면 가장 먼저 떠오르는 영화는 타르콥스키가 아니라 미켈란젤로 안토니오니가 밀라노에 가서 공장지대를 찍은 〈붉은 사막〉이다. 아름다운 색채와 황폐한 대상으로서의 공장. 여기서 공장이 뿜어내는 공해의 색채는 얼마나 신비롭고 아름다운가. 안토니오니처럼 컬러 색채로 촬영했다기보다는 컬러를 화면에 입힌 것처럼 보인다. 하지만 여기서 이 화면에 미학적으로 다가가면 안 된다. 이 흐릿한 형상은 노동의 환경을 표현하는 것이다. 〈철서구〉는 계속해서 매 순간, 매 장면을 유물론적인 노동의 조건으로 돌려놓아야 한다. 때로 누군가 카메라 앞에 느닷

없이 지나치게 가까이 다가오기도 한다. 그럴 때 순간적으로 화면 전체가 흐릿해진다out_of_focus. 왕빙은 자신의 카메라 초점거리를 방어하지 않는다. 자기가 원하는 게 그 순간shot에 있으면 그 장면을 망설이지 않고 편집에서 사용한다. 그래서 왕빙 영화는 하나의 씬 안에 기술적 에러가 있는 쇼트가 포함될 때가 있다. 여기서 작업장과 휴게실의 차이는 간단히 알 수 있다. 작업장을 찍을 때는 노동자들을 무리 지어서 찍는다면 휴게실에서는 노동자들을 한 명씩 분리해내고 구별하려고 애쓴다. 물론 그들이 마주 앉거나 옆에 앉아 있기 때문에 영화에서 그렇게 진행되고 있는 구도와 이동은 설명처럼 단순하지 않다. 하지만 설명을 위한 예를 들 수 있다. 작업장에서는 노동자들의 나이를 구별하지 못했다. 휴게실에서는 외모와 말투, 행동을 통해 정확한 나이를 알 수는 없어도 그들 사이를 구별해낼 수는 있다. 누군가는 여기서 일하기에 너무 어리고, 누군가는 너무 늙었다. 작업장에서 일은 몹시도 고되어 보이고, 유독가스는 안개처럼 가득 차고, 용광로에서 흘러나오는 쇳물을 계속 쏟아붓는 환경은 비참하다. 얼마나 뜨거운지 바깥에 눈이 내리는데도 작업장에서 바깥으로 향하는 커다란 문을 활짝 열어놓았다. 겨울바람이 문안으로 밀려들어 오고 있다. 그래서 눈앞에는 용광로 쇳물이 흐르지만 노동자들의 입에서는 입김이 새어나온다. 쇳물이 뿜어내는 뜨거운 열기. 차가운 겨울바람. 그 사이에 서 있는 노동자들. 그들 사이의 공통점은 단 한 가지이다. 여기서 일하고 있다. 작업장 반장이 카메라 앞에서 말한다. "보호 마스크를 해야지요. 위험직종이니 알아서 해야지요. 태반이 임시직이에요. 정규직은 대부분 나갔어요. 아니면 다른 지방으로 옮기거나 일하는 장소를 옮겼지요. 나야 장사할 돈도 없고, 그러니 뭐." 이 말을 듣고 다시 보면 마스크를 한 노동자는 거의 없거나, 썼더라도 턱에 쓰고 있다.

사무실에서 임금을 나눠 주고 있다. 주는 쪽에서도 받는 쪽에서도 밀린 임금을 언제 모두 지급할 것인지 이야기한다. "내 월급이 안 나와도 자네 건 챙겨줄게." "밀린 월급이나 줘요." "나오면 집으로 보내줄게." "안 돼요, 그만두면 연금이 안 나와요. 그러면 모든 게 다 물거품이야." "30년이라니, 30년을 일했으면 연금을 줘야지." "그러다 도산하면." "설마……." "다 실직이지." "춘제春節중국 설날 지나면 일 시킬 거야." "무슨 일?" "시키겠지, 놀리겠어?" 이 대화는 많은 것을 설명한다. 공산당 정부가 운영하는 국영기업 도산이 눈앞에 다가오고 있다. 노동자들은 나라가 운영하는데 설마 도산할까, 라는 막연한 희망을 안고 있다(하지만 1년 후에 모두 도산하였다). 사회주의에서의 도산. 공산당 국가에서의 실직. 자본주의가 사회주의 안으로 저벅저벅 걸어 들어오고 있다.

왕빙은 공장에서 사건을 찍지 않았다. 혹은 사건을 기다리지 않았다. 물론 특별한 장소, 특별한 시간에 도착했다. 그건 분명한 사실이다. 중국 자본주의가 신자유주의경제로 이행되는 바로 그 시간. 중국 최대 규모 철강 제조 공장 단지 철서구에서 연이어 폐업하는 상황이 사건이 아니라면 달리 무엇이 사건이란 말인가. 하지만 왕빙은 시위나 충돌하는 사건을 찍지 않았다. 또한 공장 안에 들어가서 특별한 모습을 찾아다니지 않았다. 이미 한 말을 한 번 더 하겠다. 노동자들이 휴식하고, 먹고, 웃고, 샤워하고, 말싸움하는 일상을 찍고 또 찍었다. 그러면서 그들은 임금에 대해서 말한다. 임금 지급은 기약 없이 미뤄지고 있고, 지금 일을 그만두면 연금은 "물거품"이 된다. 유일한 기대, 가련한 희망. 한편으로는 노동시장의 새로운 경쟁자들이 공장 문 바깥에서 대기하고 있고, 다른 한편으로는 공장이 언제 조업을 중단할지 모르는 상태에 던져져 있다. 왕빙은 무엇을 찍고 있는가. 공장의 풍경을 찍는 것이 아니다. 한가로운 미학자들의 잡담을 여기서 쫓아내야 한다. 더도 덜도 아닌 단 한마디. 노동자의 운명을 담고 있다. 그 운명이 중국 신자유주의가 이행하는 폭력적인 과정을 가시적인 형상으로 드러내줄 것이다. 잉여가치의 순환이 눈에 보인다.

제련 공장으로 옮겨 간다. 휴게실에서 두 노동자가 장기를 두고 있다. 다른 노동자들은 장기판을 바라보지만 서로 나누는 대화는 장기판과 상관없는 말이다. 카메라 앞에서 하소연하듯이 말한다. "이게 일류 국영기업이에요? 다 납중독이에요. 병원에서 두 달을 보내요. 우리만 남았는데 언제 나가라고 할지 몰라요. 대부분 삼십대, 사십대이고 가족이 있어요. 다 부지런하고 열심히 일해도 구직자가 너무 많아요. 집안에 한 명씩은 해고된 사람이 있어요. 여자는 여기 없고, 남자만 있어요. 아내는 관두고 채소 팔러 다녀요. 새벽 3시에 시장이 열려요. 나도 4시에 일어나요. 북촌 시장이 더 싸요. 한 짐씩 실어 오죠. 무거워서 집까지 한 시간이 걸려요. 시장까지 5, 6킬로미터 돼요. 몇 년을 그렇게 했어요. 밤에 네댓 시간 자고 공장에 나와 하루 종일 일하면서 점심에 잠깐 눈 붙이기도 하고, 그래서 10, 20위안 벌어요. 헛일한 거지. 집마다 자식이 하나씩은 있는데, 공부를 잘 시켜야죠. 안 그러면 우리 짝 나요. 중학교만 나오면 좋은 일자리를 못 구해요. 요즘엔 군대도 고등학교를 졸업해야 한단 말이지요. 많이들 나갔어요. 남들보다 한 발 앞서간 거지." 다른 노동자가 벌거벗고 샤워하러 가면서 작별 인사를 한다. 작업반장과 싸워서 내일부터 나오지 않을 거라고 한다. 아무도 여기를 노동자의 천국, 프롤레타리아의 유토피아라고 부르지 않을 것이다. 단순하게 사회주의는 실패했다는 말로는 충분하지 않다. 이것은 책에만 있는 몽상인가. 현실은 지독한 협잡인가. 모두 사기꾼에게 속아 넘어간 것인가. 아니면 자본주의의 침략 공세에 패배한 것인가. 혹시 그건 알리바이가 아닌가. 한 가지는 분명히 알겠다. 무시무시한 일이 펼쳐지고 있다. 위대한 사회주의를 찬양하는 수많은 그림. 그 이미지를 영화가 긁어내고 있다. 지도자에게 찬사를 바치는 노래 가사. 공장의 기계 소리가 삼켜버리고 있다. 우리가 듣는 것은 해고를 두려워하면서 피로에 잠겨버린 노동의 하소연이다. 무엇을 하소연하는가. 잠을 자고 싶어요. 지친 육신. 하지만 자면 안 된다. 해고당하면 안 된다. 집에서 기다리는 가족.

왕빙은 1943년에 건설된 판금 공장을 찾아간다. 한때 노동자가 4000명에 이르렀던 이곳은 일본 제국군의 총검을 제련했고, 중국공산당이 국공내전에서 승리한 다음 민수용 못을 생산했다. 1970년대 말, 그러니까 문화혁명이 끝날 무렵 현재 규모로 확장하였다. 1993년에 최고 매출을 달성한 다음, 1995년부터 적자가 발생하였다. 그리고 1997년 9월 17일 조업을 중단하였다. 뜯겨 나간 지붕, 어디에서도 이 공장의 전성기를 찾아볼 수가 없다. 왕빙은 여기저기를 돌아다니면서 들여다본다. 조업장은 어지러이 흩어져 있고, 먼지가 사방에 쌓여 있다. 노동자들이 작업장을 떠났다기보다는 그저 폐허처럼 보인다. 뜯겨 나간 지붕 위로 계속 내린 눈이 고드름이 되어 실내에 매달려 있고 거기서 물이 흘러내려 공장 안을 진흙탕으로 만든다. 고드름에서 물이 작은 폭포처럼 쏟아져 내린다. 이것은 탐색도 관찰의 시선도 아니다. 왕빙이 여기서 찍고 있는 건 몰락의 시간이다. 이 풍경을 가능하게 만든 시간. 여기서 풍경을 본다면 이 장소가 몰락이 진행되고 있는 시간의 공간이라는 점을 놓친 것이다. 원래의 모습과 현재의 외양 사이를 구별해내고 그 안에 담겨 있는 내적인 과정의 종합을 읽어내야 한다. 여기서 멈춘 것은 단 하나뿐이다. 노동의 시간. 차라리 이렇게 말해야 할 것이다. 여기서 부서진 것은 과거의 시간이다. 그리고 현재는 그것을 담고 있다. 이때 하나의 장소에 과거와 현재가 대립하고 있지만, 그 둘 사이를 연결하는 과정을 잊으면 안 된다. 그래서 왕빙은 공장 벽을 바라본다. 거기에 표어가 쓰여 있다. "일인안전一人安全 전가행복全家幸福 엄격공예嚴格工藝 산품창우産品創優한 사람의 안전이 온 가족의 행복, 엄격한 가공 기술로 우수한 제품을 만들자." 중국에서 벽은 항상 말하고 있었다.

1934년에 건설된 전선 공장에 한 여성 노동자가 출근한다. 그 출근길을 왕빙이 따라간다. 한때 여기서 1만 2000명이 일했지만, 지금은 대부분 가동이 중단되었고 소수의 노동자만이 남았다. 휴게실에 여성 노동자들이 모여 있는데 관공서에서 난방비를 받으러 왔다. 노동자들은 과장이 회의하러 가서 여기 없다고 대답한다. 여기서도 임금 지급이 문제이다. 휴게실에서 털실을 감고 있는 여자가 말한다. "새천년을 축하해요." 그러자 맞은편의 여자가 대꾸한다. "새천년은 불길해요." 새해가 다가오는데 어디서도 희망을 말하지 않는다. 들리는 것은 신음소리에 가깝다. 월급은 언제 주나요. 밀린 임금은 언제 주나요. 공장은 내년에도 돌아갈까요. 왕빙은 여기서 하루를 보냈다. 왕빙은 출근하던 노동자를 따라 나간다. 해가 저물어가고 있다. 한 해가 저물어가고 있다.

춘제를 앞두고 식당에 노동자들이 망년회를 하기 위해 모였다. 돌아가면서 덕담을 나눈다. "우리 모두 함께 있었으면 좋겠어요. 아무도 안 나갔으면 좋겠어요. 바라는 건 그것뿐이에요." 하지만 누군가 다른 말을 한다. "공장은 자식을 키우는 것과 마찬가지예요. 언젠가는 떠나보내야 해요. 제 갈 길을 가야죠. 더 이상 돌봐줄 수 없게 되면, 그동안 최선을 다해 키웠으니, 이젠 알아서 떠나야죠. 민영화를 해야 할 거예요. 다른 방법이 없어요. 올해는 작년보다 더 힘들 거예요." 한 여자가 마이크를 잡고 노래를 부른다. "우리는 새 시대를 이끈다. 새 시대를 달려가자. 미래가 우리에게 달렸다. 봄날을 이야기하자. 개혁과 개방, 대변혁. 깃발을 높이 들어라." 한 남자가 흥에 겨워 나와서 목청껏 함께 부른다. 자신들이 부르는 가사의 내용을 알고 있는 것일까, 정말 잘 알고 있는 것일까. 그저 가사라서 부르는 것이 아닐까. 새 시대가 무엇을 향해 나아가고 있는지를 알고 있는 것일까. 개혁과 개방이 무엇을 향해서 변혁을 요구하는지 알고 있는 것일까. 내년 봄날이 오면 자신들이 어디 있을지 알고 있는 것일까.

납 제련 용광로가 있는 공장. 굴뚝에서 연기가 나고 있다. 이제는 우리도 장면을 읽을 수 있다. 이 공장은 조업 중이고, 작업장에 노동자가 있다는 뜻이다. 아마 춘제가 지났을 것이다. 〈철서구〉는 지금 보고 있는 장면의 계절을 경험하는 것처럼 보게 만들었지만, 계절이 가고 있는 건 거의 보이지 않는다. 계절은 노동자들의 옷에서만 볼 수 있다. 하나둘씩 빗는 두꺼운 외투. 서의 느껴지지 않는 계절은 마치 공장에 시간이 고여 있는 것처럼 보이게 만든다. 아니면 공장의 문턱에 시간이 길게 늘어져서 정지한 것처럼 여겨진다. 지나치게 비유적일지도 모른다. 하지만 공장에서 시간이 길을 잃은 것처럼 보이는 것은 사실이다. 장면을 바라보고 있으면 어제도 오늘과 마찬가지였을 것이고, 내일도 오늘과 같을 것이라고 짐작하게 된다. 거기에 무엇이 없는가. 어제에 대한 추억이 없고, 내일을 향한 희망이 없다. 노동자에게 시간이 여기 멈춰 서 있다는 의미가 무엇인지 생각해야 한다. 아마도 그것이 이 장소의 가장 혹독한 조건일 것이다. 그들은 자신들의 시간을 사용한 적이 없다. 주어진 일 앞에서 그들은 시간에 잡아먹힌다. 그때 노동자들은 최면에 걸린 것처럼 같은 일을 반복할 것이다. 노동자들이 면바지에 스웨터를 입었다. 땅이 질척거린다. 아무도 개의치 않는다. 아마 봄비일 것이다. 여기서 〈공장〉의 앞부분이 끝난다. 그리고…….

3

……그리고 〈철서구〉의 제1부 〈공장〉의 뒷부분이 시작한다. 구리 제련 공장에서 사고가 났다. 용광로에서 쇳물이 흘러나와서 작업장 바닥에 흐른다. 온 사방에 연기가 자욱하다. 사고 장면을 편집에서 삭제했거나 못 찍었거나, 하여튼 어느 쪽이건, 사고가 벌어지는 순간은 영화에 없다. 대신 사고를 수습하는 장면을 본다. 오히려 인상적인 것은 노동자들의 반응이다. 아무도 놀라거나 당황하지 않는다. 이런 사고가 자주 일어났는지도 모른다. 대신 왕빙을 향해서 경고한다. "조심해요, 잘못하면 쇳물이 튈 수도 있어요." 정리를 하던 노동자들은 휴게실에 모여서 성토하듯이 말한다. "공장 돌리면서 자기들만 부자가 됐어. 먹느냐, 먹히느냐 생사의 투쟁이야. 먹이사슬이고, 서로 살려고 의존하고, 똑같이 투쟁해요. 여기 이야기를 하는 거예요. 약자는 멸종해요. 그럼 이제 역사 속으로 사라져가는 거지." 왕빙은 카메라를 내려놓고 맞

은편에 앉아 듣고 있는 것 같다. 이 말을 하는 남자를 경사 앵글로 찍었다. 이 구도가 무언가를 의도했다기보다는 누군가 듣고 있을 사람이 필요해서 이 남자의 말을 경청하면서 카메라를 곁에 놓아둔 것처럼 보인다. 이따금 왕빙은 자기가 카메라를 들고 있다기보다는 카메라와 동행한다는 인상을 준다. 한 남자가 도시락을 먹으면서 말한다. "지난달부터 소문이 돌아요. 공장이 파산할 거래요. 이전에는 열차로 석탄을 날랐어요. 이제는 트럭으로 조금씩 날라요. 용광로도 제대로 못 돌려요." 다른 남자가 캐비닛에서 술병을 꺼내 들어 마신다. "몇 시나 됐어?" "12시 반쯤 됐나?" "12시네." 아직 일이 끝나지 않았다. 노동자들은 점심부터 술을 마신다. 기분이 좋은지 노래를 부른다. "용기를 내라, 이게 실패는 아니다." 누가 물어본다. "내일 몇 시에 나오지?" "나오면 뭐 해, 할 일도 없는데." "공장이 망했는지 나와서 봐야지." 팔에 감각이 없다면서 진료소 전화번호를 물어본다. "진료는 몇 번이지?" "어차피 다 해고야." 이 절망적인 대화. 산재 환자가 나오고 있다. 그런데도 아무도 관심이 없다. 심지어 팔에 감각이 없다고 말하는 노동자 자신조차 아무렇지도 않게 말한다. 그저 후렴구처럼 반복된다. 공장이 문을 닫을 것이다. 그러면 모두 해고될 것이다. 하지만 덧붙이지 않는다. 그러면 다음은 어떻게 될 것인가. 두려워서 아무도 다음 말을 꺼내지 못한다. 자본주의에서도, 사회주의에서도 같은 풍경을 본다. 그렇지 않은가요.

왕빙이 다른 공장으로 옮겼는지 아니면 같은 공장의 다른 장소인지는 분명치 않다. 높은 위치에 올라가서 내려다본다. 공장 입구에서 노동자들이 포대 자루를 옮기면 포클레인으로 그걸 운반한다. 황토 먼지가 흩날린다. 얼마나 많은지 마치 모래사막에서 황색 바람이 부는 것 같다. 아니, 그 정도가 아니라 옐로 필터로 촬영하는 것 같다. 아름다운 이미지이다. 하지만 그 먼지 속에서 일하는 노동자들의 호흡기를 생각하라. 이 장면을 미동도 없이fixed 내려다보면서 끝날 것 같지 않게 지켜본다long_take. 보고 있으면 보는 쪽에서 호흡이 막힐 것처럼 황색 먼지바람이 고통스럽게 느껴진다. 그저 포클레인 장비만이 규칙적으로 아무렇지도 않다는 듯이 포대 자루들을 옮기고 또 옮긴다. 노동자들은 열심히 일한다. 여기서 열심히, 라는 말은 고통스러운 부사이다.

아연 제련 공장 휴게실에서 한 남자가 긴 의자에 눕듯이 비스듬히 앉아서 한탄하듯 말을 시작한다. "2년 가까이 하방을 갔어요. 학생이라 힘들었지. 그땐 선생들이 공부도 안 시켰어요. 중학생인데도 그랬으니까. 시험만 치르면 졸업을 시켰어요. 시험도 안 봐요. 졸업하고 하방시켰지. 기술도 없고, 배운 것도 없어요. 지금도 초등학교 교과서 보면 읽기는 해도 그게 전부예요. 성조聲調도 안 배웠어요. 과학이나 물리는 무슨 내용인지도 몰라요. 역사, 문예, 지리는 남만큼 알아요. 그거야 일반 상식이니까. 수학은 영 아니고, 덧셈, 뺄셈, 곱셈, 나눗셈은 해요. 함수나 방정식은 모르고." 그러더니 자리를 고쳐 앉는다. "그때는 시험 시간에 백지를 내면 영웅이었죠. 야단을 치면, 그랬다가는 타도하라, 라고 대자보를 내걸었지요. 시험문제를 미리 알려줬어요. 그러면 집에 가서 답을 찾아보고 외워서 다음 날 학교에 왔죠." 그때 휴게실에 다른 남자가 들어와 말을 끊는다. "공장을 닫는대." "어?" "이틀 뒤에." 중학생이었을 때 문화혁명의 교시에 따라 하방되었다가 돌아와 철서구에서 일하던 이 남자는 공장이 문을 닫으면 어디로 가야 할까. 아무도 관심이 없다. 공산당도 관심이 없다. 모든 노동자는 각자 알아서 살아남아야 한다. 새로운 노동의 상황에서 노동자는 낯선 대상이 되어간다. 이것이 마르크스가 『경제학-철학 수고』 첫 번째 초고 「임금」에서 말한 노동의 소외가 아니면 무엇이 소외겠는 가. 남자에게 조언하듯이 다른 남자가 말한다. "공구 가져가려면 (훔쳐 가려면) 지금 해, 이틀 뒤에 문 닫는대." "일도 안 하는데 그걸 가져가서 뭘 하게." "안전한 데 감췄다가 마지막 날 가지고 나가." "감출 데가 없어." 무슨 일이 있는지 모두 나간다. 하방되었다가 돌아왔다고 말한 남자가 혼자 남아서 넋두리를 늘어놓듯 말한다. "이렇게 빨리 닫다니, 참." 탄식이 오랫동안 텅 비어 있는 공간에 맴도는 것만 같다.

〈공장〉의 앞부분과 뒷부분의 가장 큰 차이는 진행 사이에 반복해서 검은 화면black_out이 나온다는 것이다. 2000년 4월 29일 아연 제련 공장은 문을 닫고 노동자들을 귀가시켰다. 좀 더 쉬운 말, 모두 해고했다. 왕빙은 구리 제련 공장으로 찾아간다. 같은 해 6월 9일. 그 넓은 공장이 지금 텅 비어 있다. 여기도 지난 5월 30일 문을 닫고 노동자들을 귀가시켰다. 같은 말을 한 번 더 하겠다. 모두 해고했다. 지금 여기에 있는 건 왕빙과 왕빙의 카메라뿐이다. 휴게실에 가보니 몇 명의 노동자가 있다. 카메라 앞에서 말한다. "끝났어요. 도산한 거지요. 때맞춰 왔네요. 우리가 마지막으로 조업하는 공장이고, 내일 문 닫아요." 덧붙인다. "정부에 돈이 없대요. 아무도 못 받았어요. 일단 밀린 사람은 연말에 준대요. 우린 더 걸리지." 옷을 갈아입고 모두 퇴근한다. 오늘이 마지막 퇴근일 것이다. 계속해서 검은 화면이 이어지다 공장 폐업을 알리는 소식을 전해준다.

갑자기 이제까지와는 전혀 다른 평화로운 풍경과 조용한 분위기의 병원으로 옮겨 간다. 여기서 조용하다는 건 공장 소음으로 가득하던 풍경에 비하면 상대적으로 그렇다는 뜻이다. "이후 노동자들은 30킬로미터 떨어진 병원에서 마지막 진료를 받았다. 진료는 한 달 동안 계속되었고, 1년에 네 번이다." 2000년 6월 13일에 납 제련 공장 노동자들이 병원에 도착한다. 화창한 날씨. 창문에서 도착한 노동자들을 내려다본다. 병실에서 한 남자가 색소폰을 불자 다른 환자들이 합창하듯이 노래 부른다. "강호 위에 떠다니는 작은 대나무 배처럼, 나는 전선으로 간다, 당의 부름을 받고." 나는 이 노래가 군가인지, 아니면 유행가인지 알지 못한다. 하지만 유명한 노래라는 건 알겠다. 그러니까 환자들이 합창하듯이 부를 수 있을 것이다. 환자들은 치료소에서 약물을 배급받아 각자 주사기를 손에 들고 링거병으로 수액을 주입하듯 팔목에 주삿바늘을 꽂은 다음 나란히 앉는다. 설명에 따르면 "킬레이트제 주사액은 혈관 속의 납과 다른 유해물을 없애지만 유익한 미네랄도 없앤다. 그래서 한 달 동안 요양한다." 환자들은 주사를 맞으면서 치료도 하고, 휴게실에 함께 모여 포르노 영화도 보고, 병실에서 색소폰을 부는 남자의 연주에 맞춰 노래도 부르고, 낮에는 인근 연못에 어망을 들고 나가 낚시도 하면서 지내지만 평화로운 날만 있는 것은 아니다. 어제 낚시를 함께하던 남자가 익사체로 발견되어 공안이 병원을 찾아온다. 하지만 아무도 놀라지 않고, 휴게실에 모여 어제처럼 가라오케 반주에 맞춰 노래를 부른다. 얼마나 많은 시체를 본 것일까. 얼마나 많은 죽음을 본 것일까. 평화로운 병원에서 환자의 죽음은 아무런 동요도 불러일으키지 않는다. 그들은 어제까지 살아 있던 같은 병실 환자의 죽음이 자신들의 평화로운 날을 깨트리기를 원치 않는다. 여기는 약속의 땅이 아니다. 당연한 말. 그렇기 때문에 고작 한 달에 지나지 않는 시간을 그저 몸을 먹여 살리는 일 이외에 어떤 사건에도 개입시키길 원치 않는다. 이 시퀀스 전체를 왕빙은 이상할 정도로 평범하게 진행한다. 그리고 그 평범함이 마치 꿈을 꾸는 것처럼 느껴진다. 아마도 이 병원에 오기 직전 구리 도금 공장에서 샤워장을 보여줄 때flash_back 왕빙 영화로서는 유일하게 회상 장면으로 편집했기 때문일지도 모른다. 병원으로 들어가는 입구처럼 플래시백이 있었다. 노동이 중단된 시간. 잠시 착취가 멈춘 시간. 이들에게 이 시간이 허락받은 꿈이 아니라면 달리 무엇이겠는가. 〈공장〉에서뿐만 아니라 〈철서구〉 전체에서 흡사 절단된 다음 서로 묶이기는 했지만, 강제로 삽입된 듯한 시퀀스. 그렇지만 비참의 무게가 사라진 것은 아니다. 세상의 끈이 끊어진 것은 아니다.

왕빙은 다시 선양시 철서구로 돌아왔다. 황폐한 공장지대. 판금 공장에서 노동자들이 공장을 해체하고 있다. 한 남자가 텅 빈 공장에 와서 가져갈 게 있는지 뒤져본다. 고장 난 우산, 빈 술병, 이미 다른 누군가가 와서 다 가져갔다. 그는 너무 늦게 온 도둑이다. 가져갈 것이 남아 있기는커녕 쓰레기장에 가깝다. 그가 무언가를 가져간다면 청소를 한다고 말하는 편이 맞을 것이다. 그래도 미련을 버리지 못하고 다른 장소에 가본다. 누군가는 직원증도 버리고 갔다. 마치 다시는 여기에 돌아오지 않을 거야, 라는 다짐처럼 보인다. 잡초마서 무성하게 자라고 있다. 바깥에 나가보니 다른 남자는 공장 주변의 잡초를 고르고 있다. 누군가는 도둑질하기 위해 돌아왔고, 누군가는 공장을 청소하기 위해 돌아왔다. 한 남자가 판금 공장 사무실에서 왕빙에게 서류를 꺼내 보이면서 설명한다. "1998년에 파산 신청해서 승인을 기다렸어요. 여긴 6억 위안이라 규모가 컸어요.

시청에서는 연 한도를 3억으로 했으니 여긴 두 배였어요. 그래서 승인을 기다렸고 3년 뒤에 났지요." 사무실을 찾아온 다른 남자가 설명하는 남자에게 경고하는 목소리로 "보여주지 마"라고 하자 "괜찮아"라고 태연하게 대답한다. 남자의 얼굴에는 모든 게 끝났다, 는 자포자기의 표정이 담긴다. 한 번 더 말하겠다. 모든 게 끝났다.

공장에서 공장으로 이어지다가 처음으로 철서구 주변의 선양 시내 길거리로 나왔다. 누구를 따라 나왔는가. 해고 노동자들. 공장에서 쫓겨났으면서도 아직 임금을 받지 못한 노동자들. 그들은 길거리에 삼삼오오 모여 앉아 기다리고 있다. "대기 번호가 몇 번이야?" "1856번이야." 앞에서 기다리는 1855명. "주는 대로 받아야지, 5위안을 줘도 별수 없어." "어떻게 돌아가고 있는 건지." 노동자들이 떠난 공장은 어떻게 되어가고 있는 걸까. 또 다른 노동자들이 와서 공장을 해체하는 중이다. 지붕에서 먼지가 비처럼 쏟아져 내린다. 2001년 1월 24일. 다시 한번 춘제이다. 어김없이 새해가 찾아온다. 다른 사무실에는 노동자들이 찾아왔다. 수도관이 얼어서 터져 실내가 빙판이다. 얼음을 깨트려서 창문 바깥으로 버린다.

왕빙은 다시 한번 열차를 탄다. 2001년 3월 20일. 판금 공장이 폐쇄되었다. 움직이는 열차 옆으로 쓰레기가 끝없이 펼쳐진다. 두리번거려도 철로 주변에 사람들은 보이지 않는다. 공장들은 모두 멈추었다. 자전거 한 대가 지나쳐 간다. 어디로 가는 것일까. 아니, 열차는 어디로 가는 것일까. 한낮인데도 왜 이리 어두운 것일까.

4

〈철서구〉의 제2부 제목은 나라마다 다르다. 영어 제목은

"Remnants유물"이지만 중국어 제목은 "艶粉街옌펀제"이다. 지명이다. 프랑스에서는 이 지명을 그대로 음독한 "Yan Fen Jie"이고, 일본에서는 좀 더 간단하게 "街거리"로 했다. 여기서는 중국어 제목을 따라 "옌펀제"로 부르기로 한다. 이 지명에 대해서는 시작하자마자 긴 자막으로 소개한다.

"(제1부 〈공장〉에서 이미 소개한 내용을 다시 한번 길게 반복한 다음) '옌펀제'*는 중국 북방 선양의 노동자 거주지역이다. 오랜 세월 동안 '하녀들의 묘'라고 불렸다. 이 지역 토지 부호들의 저택에서 일하던 하녀가 죽으면 근처에 별다른 흔적 없이 매장했다는 이야기에서 전래된 지명이다. '옌펀제'로 지명이 바뀐 건 훨씬 나중의 일이다. 1930년대부터 주변의 인구가 급증했는데, 중국 전역에서 일본의 군수공장에 일하러 모여들었고 제2차 세계대전 이후 국공내전의 피난민도 있었다. 1970년대 말과 1980년대 초에 또 인구수가 급증했는데, 문화혁명 기간에 하방됐던 학생들이 농촌에서 돌아와 정착하였다. 지금 옌펀제 주민의 대다수는 근처 공장노동자들이다."

〈공장〉에서 2001년 3월 20일에 끝나고 〈옌펀제〉에서 다시 1999년 12월로 돌아온다. 그런 다음 2001년 4월까지 이어진다. 그러니까 도식적으로 설명하면 〈공장〉은 공장 작업장과 휴게실에서 진행되고, 〈옌펀제〉는 선양 옌펀제에서 진행된다. "아니에요, 그렇게 설명하면 안 돼요. 〈옌펀제〉는 〈공장〉에서 만난 노동자들이

* 프랑스어 자막에서는 '艶粉街'를 'L'arc-en-ciel'로 번역했다. '무지개'라는 뜻이다. 하지만 중국어로 '무지개'는 '彩虹'이다. 선양의 이 지명에 대해 프랑스에서 부르는 또 다른 이름이 있는지에 대한 정보는 내게 없다.

사는 이웃 이야기예요. 그러니까 그 둘은 그렇게 이어져 있어요. 그 둘은 서로 다른 게 아니에요. 노동자들이 거주하는 지역에 대한 이해 없이는 공장을 이해할 수 없어요. 나는 처음부터 〈철서구〉를 세 개의 이야기, 서로 다른 자리에서 바라보는 하나의 '구區'로 찍어야 한다고 생각했어요. 이 셋은 하나예요. 〈공장〉에서 일터에 머물렀다면 〈옌펀제〉에서는 생활을 찍어야 했어요."

다시 겨울이다. 철서구 장터에 무대가 설치된다. 무대에서 사회자가 마이크를 들고 모인 사람들에게 흥겹게 소개한다. "연식 복권 행운상 상품은 이 승합차입니다." 무대 위에 봉고차를 올려놓았다. "세상 사는 건 아무도 도와주지 않습니다. 각자의 재능과 노력, 지식과 체력에 달렸습니다. 복권은 적은 시간과 돈의 투자입니다. 일과 인생에 성공하려면 투자해야 합니다. 복권도 마찬가지입니다. 자선 복권에 투자하는 건 자신과 지역에 대한 투자입니다. 보람 있는 자선 활동이자 행운을 누릴 기회입니다. 돈을 더 잘 쓸 방법이 있을까요." 문장을 따라가면서 반박을 하고 싶어진다. 이 무대 앞에 선 사람들은 누구인가. 조업이 중단되면서 해고당하거나 임금 지급이 밀리면서 무한정 기다리고 있는 사람들이다. 우리는 그걸 〈공장〉에서 내내 보았다. 무대 앞에 서 있는 사람들은 누군가의 자선 활동을 기다리는 사람들이다. 이들에게는 투자할 여유가 없다. 여기 나와서 무대를 바라보고 있는 까닭은 공장에서 해고당하고 달리 갈 데가 없기 때문이다. 더 큰 모순의 테제가 있다. 여기는 사회주의 중화인민공화국이다. 물론 복권은 중국의 오랜 역사의 일부이다. 이미 진나라 시대에 만리장성을 쌓기 위해 복권을 발행하였다. 복권의 원리는 무엇인가. 다수가 소수에게 돈을 몰아주고 나머지는 모두 손해인 게임이다. 돈의 블랙홀. 행운이 운명인 사람에게만 기쁜 구매. 다수가 실망하는 결과. 운동장에 사람들이 가득 서서 무대를 바라보고 있다. 한 남자를 무대로 불러 올린다. 이름 마예펑馬叶平. 서른일곱 살. "어디서 일하세요?" "지금 실직 중이에요." 사람들이 듣고 웃는다. 하지만 웃는 사람의 처지라고 다를까. "실직한 지 얼마나 됐어요?" "한 10년 됐어요." "실직 중이면 뭐 하고 지냅니까?" "주로 집에 있어요." "그러면 복권 살 돈은 어디서 구했어요?" "빌렸어요." 복권에 행운을 기대하면서 돈을 빌렸다. 그런데 실직 중이면서, 10년째 집에서 놀면서, 그 빚을 갚을 돈을 어떻게 벌 수 있을까. 그걸 뻔히 알면서 누가 빌려준 것일까. 갚지 못한다면 무얼 담보로 맡긴 것일까. 악순환의 고리처럼 질문이 멈추지 않는다. 아직 눈이 녹지 않은 운동장 바닥에는 복권이 전단지처럼 흩어져 나뒹군다. 저 복권들은 모두 누군가 돈을 주고 산 것이다. 왜 그토록 많은 복권이 나뒹구는가. 모두 낙첨된 것이다. 운동장에 이 많은 실망이 나뒹굴고 있다. 여기서 〈옌펀제〉가 시작한다.

　눈이 내리고 있다. 판자촌이 늘어서 있다. 2000년 1월, 옌펀제. 수레에 고철을 싣고 눈길에서 힘겹게 끌고 있다. 누군가는 눈에 얼어붙은 땅을 파면서 거기 묻힌 고철을 캐내고 있다. 〈공장〉과 다른 점은 왕빙이 이따금 멀리서 잡아당겨서zoom_in 사람들을 바라본다는 것이다. 한 사람이 경찰에게 항의하듯이 말한다. "훔친 게 아니에요. 땅에 떨어져 있는 걸 주워 온 거라구요." 카메라를 들고 있기에hand_held 조금만 움직여도 화면이 크게 흔들린다. 〈옌펀제〉에서 왕빙은 〈공장〉과 마찬가지로 카메라를 들고 동네 주민들을 따라다닌다. 여기서 방점은 들고 따라다닌다, 는 것이다. 가벼운 카메라는 단순하게 경량輕量에서 멈추지 않고 카메라를 들고 있는 몸의 일부가 되어 활동한다. 나는 왕빙의 촬영 전술이 걷는다, 에 있다고 생각한다. 걸어가고 또 걸어간다. 걸어간다, 는 따라 간다following_shot가 되고, 걸어가다가 멈추고fixed, 멈추어서 바라보 다가 갑자기 방향을 바꾸어서 걸어간다. 그럴 때 마치 자신이 놓인 환경을 더듬는 것처럼 보이는 장면이 있다. 만일 따라갈 수 없으면 왕빙은 재빨리 카메라를 들어서 이미지를 잡아당긴다zoom_in. 이 상하게도 왕빙 영화에는 줌으로 다가가긴 하지만in 빠져나가는out 장면은 없다. 전술은 어떻게 현장에서 기술과 방법이 되는가. 〈공 장〉과 〈옌펀제〉를 구별하고 싶다. 공장에서는 카메라를 들여다보 느라 기계 장비와 충돌할 위험이 있었다면, 옌펀제 동네는 눈이 쌓 여 있어서 카메라를 들고 따라다니다 미끄러질 위험이 있었다는 걸 생각해야 한다. 차가운 바람. 얼어붙은 땅. 사방에 온갖 쓰레기 가 나뒹굴고 있다. 종종 카메라는 균형을 잃은 구도를 고스란히 노 출한다. 촬영 환경과 구도의 연속성 사이에서 왕빙은 전투를 치르 는 것처럼 찍는다. 왕빙은 이 추운 날씨에 종종 헉헉, 거리는 가쁜 숨소리를 낸다. 그리고 그 숨소리는 고스란히 마이크에 잡힌다. 왕 빙은 자신이 찍고 있는 대상과 자신이 동일한 조건, 동일한 환경, 동일한 장소를 공유하고 있음을 보여준다.

2월 14일. 밸런타인데이. 연인들이 선물을 주고받는 날. 어느 집 에 들어간다. 보보波波. 뚱뚱해 보이는 이 소년은 열일곱 살이라기에 는 얼굴이 아저씨처럼 나이 들어 보인다. 보보가 어머니에게 돈을 달라고 하자 어머니가 짜증스럽게 대꾸한다. "돈 달라고 하지 마." "월급 또 못 탔어?" 귤을 먹으면서 말한다. 어머니가 보보에게 "귤 좀 줘"라고 하자 보보가 던져 주더니 어머니가 먹는 모습을 보고 말 한다. "돈도 못 버는데 엄마는 잘 먹네." 보보는 집을 나서 '홍샹鴻 祥 잡화점'에 간다. 뭘 사러 가는 게 아니라 동네 또래들이 모두 여기

모이기 때문이다. 〈공장〉의 중심에 철로가 있다면 〈옌펀제〉의 중심에는 홍샹 잡화점이 있다. 계속해서 이 장소로 되돌아올 것이다. 언제까지? 이 잡화점이 철거될 때까지. 〈옌펀제〉는 이야기의 끝에 가까워질 것이다. 이 잡화점이 크거나 화려한 것은 아니다. 말 그대로 동네 잡화점이다. 보보 또래들에게 홍샹 잡화점은 전화를 걸고 받기 위한 장소이다. 아직 휴대폰은 도착하지 않았고, 그들은 모두 호출기를 들고 다닌다(우리가 예전에 '삐삐'라고 부르던 무선호출기pager/beeper이다). 연락이 오면 홍샹 잡화점에서 전화를 걸거나 여기 머물다가 찾아간다. 보보에게는 좋아하는 여자가 있다. 장나나張娜娜. 보보는 친구에게 말한다. "꽃을 주고 싶은데." "마음대로 해." "밤에 만나고 싶은데." 보보는 친구에게 장황하게 설명한다. "학교 다닐 때 괴롭혀서 연필로 팔에 상처를 냈어. 큰 상처였어. 아직 팔에 흉터가 있어. 다신 말도 안 했지. 지금도 생각하면 밉겠지. 장난친 거야. 일부러 안 그랬어. 그땐 장난 많이 쳤어." 듣고 있는 친구가 계속 하품을 한다. 잡화점 주인아주머니가 물어본다. "자꾸 하품하네?" "새벽 2시까지 책 읽었어요. 엄마가 불을 껐어요. 3시까지 읽으려고 했는데. 책을 읽으면 시간이 잘 가요. 3시쯤 자서 9시에 일어났어요." 다시 하품하더니 말한다. "집에 가서 자야겠어요." 지금은 대낮이다. 대낮부터 자면 또 저녁에 일어나 새벽까지 책을 읽을 것이다. 보보와 그의 친구들은 하는 일이 없다. 돈이 없는 보보는 친구의 여자친구가 친구에게 받은 꽃을 빌려서 나나에게 선물하려고 애쓴다. 친구의 여자친구는 나나의 집을 찾아가서 꽃을 전해준다. 하지만 그게 전부이다. 나나는 보보를 만나지 않을 뿐만 아니라 〈옌펀제〉에서 얼굴도 보지 못한다. "밸런타인데이가 중요했어요. 이날 홍샹 잡화점에 보보와 친구들이 모두 모였거든요. 그때부터 이 소년들을 따라다니기 시작했어요. 왜냐하면 해고당한 어른들은 집 바깥으로 잘 나오질 않았거든요. 그들은 이웃을 만나기를 좋아하지 않았고, 돌아다닐 돈도 없었고, 게다가 아팠어요. 하지만 보보와 친구들은 돈이 없는데도 엔펀제 거리와 골목을 쏘다녔고, 서로의 집을 방문했어요." 동선은 마치 거미줄처럼 연결되었고, 왕빙은 거미처럼 옮겨 가며 따라다닌다.

보보와 친구들은 다음 날 잡화점에 모여 어제 서로의 여자친구와 만난 이야기를 한다. "풍선을 사서 여자친구에게 줬는데 놓쳐서 날아가버렸어." 그렇게 잡담을 나누면서 하루를 보낸다. 왕빙은 잡화점에 보보와 친구들을 내버려두고 바깥으로 나와서 동네 주민들의 일상생활 여기저기를 바라본다. 엔펀제에서 일하는 건 노인들이나 중년의 사내들뿐이다. 아직 청소년도 안 된 아이들은 험하게 자란다. 폐품 장사꾼을 상대로 물건을 팔다가 잘 안 되자 아직 어려 보이는 소년 곁에 또래 아이들이 몰려와서 어른을 향해 "야, 이 시발 새끼야, 똥구멍이나 핥아라"라면서 욕을 하고 몰아낸다. 장례식 트럭이 지나간다. 다시 잡화점에 돌아와보니 다른 청소년들이 모여서 트럭 파는 이야기를 나눈다.

밤이 되었다. 보보의 친구 중 한 명이 연애편지를 썼다고 보여준다. 그걸 잡화점 주인아주머니가 소리 내어 읽는다. "널 포기하지 않기로 결심했어. 이 편지에, 이거 뭐라고 쓴 거야. 아, 진심, 진심을 담았어. 아까운 시간을 낭비하려는 게 아니야. 나, 공부하는데, 뭐라고 쓴 거야, 지장을 주거나, 이거 잘못 썼네. 내, 일, 등한시 안 할 거야. 이 편지에 답장을 안 해주면 다신 쓰지 않을게. 걱정하지 마, 그래도 널 생각해. 처음 보는 순간부터 널 좋아했어. 학교로도 찾아갔어. 말도 못 했고, 네 얼굴을 보는 것만으로도 행복했어. 어쩌면 나만의 일방적인 짝사랑일지도 몰라." 주인아주머니가 읽다가 웃는다. 그리고 계속 읽는다. 왕빙은 편지를 읽는 내내 멈추지 않고 찍는다. 그게 무언지 정확하게 설명할 수는 없지만, 이 편지에 영화로 찍을 수 없는 이 소년의 '그것'이 담겨 있다고 생각했는지 모른다. "옌펀제를 찍는 동안 보보와 그 친구들은 내게 중요한 존재들이었어요. 처음에는 관심이 없었어요. 그들은 거칠었고, 때로 야수처럼 행동했어요. 하지만 다가갈수록 그만큼 이해가 되었어요. 그들은 열차와 같은 존재였어요. 말하자면 이행의 존재이자 대상이었어요. 그들은 옌펀제의 운명과 맞닿아 있었고, 그게 그들의 운명이 되었어요. 게다가 그들의 나이가 바로 이행의 나이이기도 했어요." 왕빙은 찍으면서 계속 판단했다. 무얼 찍어야지; 그 순간을 찍어야지, 라고 기다리거나 찾아다니는 대신 찍어나가다 그 순간과 마주치면 판단하고 거기 멈춰 서서 바라보았다. 아마도 이 편지를 읽는 장면이 그 한 예일 것이다. 연애편지. 게다가 고백에 따르면 첫 연애편지. 이 친구들 사이의 관계를 연결하는 무언가가 거기에 쓰여 있다고 믿는 것일 수도 있다. 사소하지만 여기에는 어떤 핵심이 있고, 때로 영화가 무슨 수를 써도 찍을 수 없는 것이 그 앞에 다른 형식으로 불쑥 나타날 수 있다. 주인아주머니는 계속 읽는다. "네 생각이 나 같지 않다면 어쩔 수 없지. 그래도 계속 친구로 대해주면 고맙게 생각하겠어. 힘든 일이 생기면 호출기로 불러. 바로 달려가 들어줄게. 나를 나쁘게 생각하지만 잘못 본 거야, 오해야. 판단은 네가 알아서 해. 편지 보내고 답장 기다릴게. 네 오빠가 호출기 번호 알아. 곧 연락해." 다 읽자 물어본다. 민망해하면서도 무언가 이걸 다 썼다는 사실에 자랑스러운 표정이다. "어때요?" 주인아주머니가 대답한다. "아니." 그러더니 물어본다. "참, 아직도 개 쫓아다녀?"

다음 날, 보보의 친구 왕전王振이 '당나귀'라는 별명의 다른 친구와 할머니 집에서 새 일자리에 대해 상담하듯이 물어본다. "오늘 일자리가 났는데 잘 모르겠어." "뭔데?" "의료기 운반 일이야. 써준다고는 말 안 했어. 돼도 3개월이야." "월급은 얼만데?" "450?" "발전성이 없네." 이 대화를 가까운 거리에서 찍었다. 그래서 침대 양 끝에 마주 앉은 왕전과 당나귀를 한 명씩single_shot 좌우로 번갈아 보여준다pan. 이 대화 장면에는 우리가 본 장면보다 훨씬 긴 내용이 있을 것이다. 왕빙은 가까이서 찍다가 위치를 바꿔 뒤로 물러나 번갈아 보는 대신 멈춰 서서 두 사람을 바라본다two_shot. "뭐라도 배워야 할 거 아냐?" "뭘 배워?" "견습으로 들어가 정식 사원이 되든가, 그래야 돈을 더 받지." "그걸 누가 모르나? 넌 무슨 일을 하는데?" 대답을 망설이다가 말을 꺼낸다. 당나귀는 침대에 거의 눕다시피 팔로 머리를 받치고 말한다. "사람 패는 일. 조폭들 하는 거 있잖아. 그 밑에서 심부름 같은 거 해. 사우나 하는 놈 있잖아. 그놈이 나를 사우나실로 끌고 들어가서 패기 시작했어, 뻣뻣하게 군다구. 우리 두목이 알고는 신호를 쳤어. 우리 패 하나가 밖에서 큰 쇠 파이프를 가져왔어. 같이 그놈을 두들겨 팼어. 그 뒤로 한 달 동안 그 패거리가 날 쫓아다녔어. 결국 우리 두목이 나서서 이 일은 덮기로 했어. 텔레비전에 나오는 것처럼 합의금을 주고 끝내는 거야. 그게 세상만사야. 그때 험하게 싸웠어. 찍은 사진 본 적 있어? 벽이 피투성이고, 사방에 피가 튀었어. 하여간 말도 못 했어. 한동안은 거의 매일 싸움판을 벌였어." 당나귀는 충고하듯이 말한다. 이때 이 피비린내 나는 대화가 연애편지를 낭독하는 씬에서 이어지고 있다. 첫 연애편지. 조폭의 심부름꾼 노릇을 하면서 피투성이가 되는 싸움판을 전전하는 나날. 3개월 임시직 일자리를 알아보러 돌아다니는 친구,

옌펀제의 청소년들.

어느새 여름이 되었다. 부채질을 하고 있다. 대낮에 한 소년이 웃통을 벗고 방 안 침대에 엎어져 누워 있다. 보보의 친구 런환任歡이 팬티 바람으로 동네를 돌아다닌다. 그를 따라가자 골목에서 친구들이 모여 마작을 하고 있다. 빈곤하고 지루하지만 아마도 오늘까지가 옌펀제의 낙원이었을 것이다. 공회당에서 정부의 결정을 통보한다. "철거 지역은 남쪽 훙펀로紅紛路에서 북쪽 금의 공업까지입니다. 선양시 조례 17호에 따라 전 주민은 11월 7일까지 이주해야 합니다. 이주와 보상은 2003년 4월 8일 완료됩니다." 확성기로 알리는 동안 옌펀제 주민들은 길거리에 서서 전봇대에 붙어 있는 공문을 읽는다. 그리고 가을이 되었다. 2000년 10월 19일. 계절이 바뀌는 동안 아무런 대책이 나오지 않은 것이 분명하다. 정부는 같은 말을 반복한다. "모든 가구와 작업장이 합심해서 이주가 순조롭게 이뤄지게 합시다." 노인들이 앉아서 말한다. "3년, 3년이나 살까 싶은데, 거참." 아저씨가 말한다. "실내 면적에 따라 보상한대요." 아주머니가 좀 더 구체적으로 말한다. "공공주택은 달라요. 개인은 실내 면적에 따라 보상한대요." 아무도 정확한 내용을 알지 못한다. 거리에 저녁노을이 지고 있다. 쓰레기를 태우고 있다. 연기가 길거리로 퍼져 나간다. 서로 흩어져 있는 장면들이지만 하나의 리듬으로 흘러간다. 몰락의 리듬. 밤이 깊어가는데도 불길은 꺼지지 않는다. "옮기기 만만치 않겠어." "돈 깨지게 생겼어." "2년 반을 나눠서 준대." "일시불로 안 준대." "개발업자들만 재미 보겠군." "식구 수는 감안 안 한대?" 점점 날이 어두워진다. "시간을 더 줘야 해." 어떤 사람은 벌써 자기 가구를 거리에 내놓고 헐값에 팔기 시작한다. 주민들의 옷이 두꺼워지기 시작한다. 겨울이 다가오고 있다. 할머니가 카메라 앞에서 말한다. "떠날 때도 됐지, 이렇게 낡았는데. 잡동사니가 너무 많아. 내가 여든세 살인데, 뭘 치우고 자시고 해. 그래도 떠날 때는 치우고 떠나야 해." 왕빙은 어떤 장면이 상징적으로 보이는 걸 좋아하지 않는다. 언제나 비유는 교육적이거나 일종의 기술처럼 여겨지기 때문이다. 의미의 투기. 그래서 다큐멘터리를 위협할 수도 있다. 그렇기는 하지만 할머니의 이 대답은 마치 그 자신을 향한 공명을 일으키면서 상징적인 장면처럼 보인다. 아니, 상징이라기보다는 할머니를 사물의 자리에 보내는 제유처럼 여겨진다.

왕전의 집. 아버지는 담배만 피우고 있다. 왕전의 할머니는 밥을 먹고 있다. 어머니는 암으로 병원에 있다고 한다. 할머니가 카메라 앞에서 말한다. "손주한테 잘해주고 싶은데. 돈도 주고, 돈이 있어야 가정을 꾸리는데. 곧 장가갈 나이예요. 왕전이 너무 딱해요. 이젠 또 떠나라고 하는데, 방 둘 딸린 집을 줘야 어떻게든 하지. 근데 하나짜리면 넷이 어떻게 해." 길거리에서는 어른들의 일에 관심 없다는 듯이, 지금 벌어지는 일이 자신과 상관없다는 듯이, 보보의 친구들이 모여서 카드를 하고 있다. 지나가던 아저씨가 한마디 던진다. "집에 가 일손이나 거들어라." 이들도 알고 있을 것이다. 이렇게 모여서 카드를 할 날도 얼마 남지 않았다는 사실을. 이 집 저 집 이사를 시작한다. 이주의 과정은 단지 떠나가는 것만이 아니라, 그저 표면적인 과정이 아니라, 그 내부로부터 함께 살아온 가정이 부서져가는 과정이기도 하다. 할머니가 한탄하듯이 말한다. "며느리가 며칠 전에 뭐라고 했는지 알아요? 할아버지와 내가 나가서 살았으면 좋겠대요. 이제 손자 방이 있어야 한대요. 싸가지가 없기는. 그렇게 나오면 우리끼리만 이사할 거예요." 또 다른 증언. 공장 퇴직자 류劉 씨. 이게 이 할아버지 소개의 전부이다. "아들 셋이 해고를 당했고, 두 며느리도 해고당했어요. 공장이 모두 도산했어요(말이 끝나고 얼굴 가까이 다가갔다 close_up). 열여섯 살에 여기에 왔어요. 올해 일흔세 살이에요. 허베이성河北省 출신이고, 전쟁 때문에 고향을 떠났어요. 거긴 일본군이 일찍 왔고, 닥치는 대로 징집했어요. 여기가 훨씬 안전했지. 고향에서는 젊은이들을 일본군이 끌고 갔어요. 이리 도망 오고 일본인 공장에서 일했어요. 할 만했어요." 한 남자는 길거리에 내놓은 자기 집 가구에 앉아 담배를 피우면서 분에 겨워 말한다. "수틀리면 아주 사무실에 찾아가서 다 부숴버릴 거야. 두고 봐, 모조리 뒤집어엎을 거야." 보보의 친구 샤오바이小白는 집에 돌아와서 침대에 앉아 카세트 플레이어에 테이프를 넣고 재생시킨다. 그리고 볼륨을 높인다. "찬바람이 불고 비가 내리는데, 추억의 폭풍이 밀려오네. 항구를 찾아 떠돌며 두고 온 너를 잊지 못하네. 달콤했던 사랑의 나날은 영영 가버렸지." 샤오바이는 따라 부르다가 휘파람을 분다. 서로 다른 자리에서 하는 이 많은 증언. 이 통속적인 가사가 이상할 정도로 증언의 비애에 가득 찬 사운드트랙처럼 들린다. 샤오바이는 휘파람을 불다가 눈물을 닦는다.

왕빙은 이주를 준비하는 주민들의 증언을 차례로 담는다. 어떤 점에서 〈철서구〉는 〈사령혼〉과 공통점이 있다. 〈사령혼〉에서 증언을 하는 증인들은 죽어가고 있다. 〈철서구〉는 죽어가는 '구區'의 기록이다. 죽어가는 것. 사라져가는 것. 아는 것을 알게 해야 한다. 영화가 그걸 담아놓지 않으면, 그렇게 붙잡아놓지 않으면, 그래서 기억하지 않으면, 결국엔 이 모든 것을 불러내기 위하여 상상해야 할 것이다.

슬픔만 있는 것은 아니다. 더 나쁜 소식이 기다리고 있다. 주민 중의 일부는 이주를 거부하고 새집이 나올 때까지 옌펀제의 집에서 버틴다. 주변 집 중의 일부가 이미 부서졌다. 누가 부순 것일까. 부서진 집에 주민들이 모여 앉았다. "12동 철거 현장에서 개박살이 났다면서요. 이곳 사람들이 아니라 깡패들을 동원해서 주민들을 협박했대요. 그런데 주민들을 쫓아내려다가 깡패들이 밀려났어." "누구든지 오라고 해. 살 집이 나올 때까진 못 나가." 여기에는 어떤 승리의 목소리도 없다. 강제 철거가 시작되었다. 모인 사람들은 모두 알고 있다. 이렇게 얼마 버티지 못하리라는 것을. 바깥에 초겨울 비가 내리고 있다. 어둑어둑한 동네. 을씨년스러운 풍경. 점점 동네에 사람의 기척이 사라져가고 있다. 〈옌펀제〉 첫 장면. 복권 행사를 할 때 이 동네에 얼마나 많은 사람이 살고 있었는지를 보았다. 그들이 모두 떠나가고 있다. 이들도 이제 곧 떠날 것이다.

얼마나 부서진 것일까. 거기서 어떻게 생활하는 것일까. 보보의 친구 취젠曲健의 집은 그걸 보여준다. 담장 벽이 무너졌고, 하지만 오가는 사람이 없어서 아무도 들여다보지 않고, 그 안의 집도

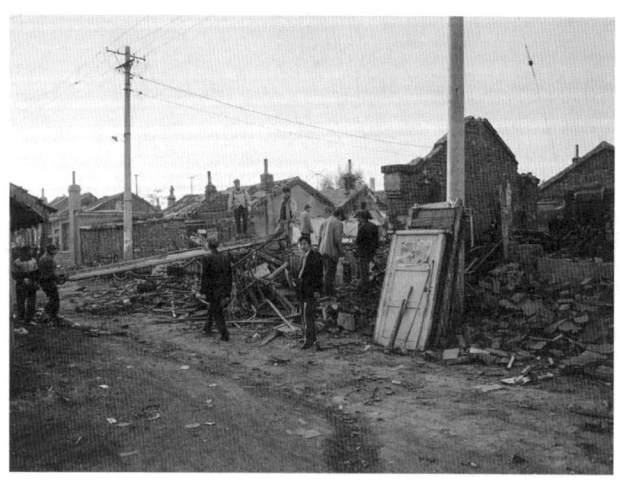

안과 바깥을 구별할 수 없을 만큼 벌써 일부 부서져가고 있다. 그런데도 어떤 보수공사도 할 생각이 없다. 이제 곧 이 집을 버리고 이사 갈 텐데, 라기보다는 어찌해볼 도리 없이 그냥 받아들이는 것만 같은 포기의 모양새다. 주변의 집들은 이미 아무도 살지 않는 것처럼 보인다. 취젠은 집에서 부모와 함께 젓가락을 봉투에 담는 일을 하고 있다. 지난여름에 취젠은 친구들과 길거리를 쏘다니면서 한가하게 시간을 보냈다. 그들은 집에 머물기보다는 잡화점에 모여 카드를 하거나 잡담하면서 시간을 '죽였다'. 그런데 지금은 집에서 일하고 있다. 친구들이 부모를 따라 이주했거나, 아니면 더 이상 모이지 않거나, 그도 아니면 이제는 먹고살기 바쁜 것이다. 아무도 찾아오지 않는다. 취젠도 그들을 찾으러 집 바깥을 돌아다니지 않는다. 불평조차 하지 않는다. 젓가락을 봉투에 넣다가 배가 고프니까 부엌에 가 서서 밥을 먹는다. 방 안에는 젓가락과 봉투가 쌓여 있어서 밥상을 놓을 자리가 없다. 취젠의 아버지도 나와서 마주 선 채 밥을 먹는다. 부자는 밥을 먹으면서 아무 말도 하지 않는다. 왕빙은 주기적으로 순환하듯이 일정한 시간 간격을 두고 옌펀제의 풍경을 보여준다. 볼 때마다 더 많은 집이 부서지고, 화면에서 사람은 점점 더 희박해져간다. 과밀할 정도로 사람이 많았던 첫 장면. 단지 시간이 가고 있다기보다는 첫 장면으로부터 점점 더 간격을 벌려놓는 것처럼 보인다.

　전기 공사에서 나온 직원들이 동네 전봇대에 올라가 배선판에서 전기를 끊고 있다. 그런 다음 집집마다 돌아다니면서 전원 차단기로 전력공급을 중단시킨다. 공문서는 어떤 의논도 하지 않고 가차 없이 진행하고 있다. 전기가 끊어지면 밤은 어두울 것이다. 하지만 그것뿐일까. 길거리에 빈 포대 자루가 겨울바람에 힘없이 날린다. 왕빙은 사라져가는 동네 사람들을 두리번거리며 찾아다니면서 옌펀제 지역의 환경 변화에 민감하게 반응한다. 홍샹 잡화점에는 더 이상 보보와 친구들이 모이지 않는다. 매대는 대부분 텅 비었고, 전기도 들어오지 않아 실내는 컴컴하다. 보보와 친구들의 천국은 이제 곧 문을 닫을 것이다. 주인아주머니를 찾아온 두 사내의 말에 따르면 이 가게는 재개발된 다음 민간업체가 운영하게 될 것이라고 한다. 어떤 추억도 남겨놓지 않고 뿌리째 뽑아갈 것이다. 〈공장〉과 〈옌펀제〉의 결정적인 차이는 무엇인가. 〈옌펀제〉는 이 지역의 공동체가 어떻게 해체되고(이렇게 멋진 표현으로는 잘 설명이 안 되는데) 함께 살던 이웃들이 갈가리 찢어져 나가고, 밟혀서 짓이겨지고, 다시 찢기고, 그런 다음 눈 내리는 추운 날 겨울바람에 날리듯 사라져가는지를 담는다. 이때 그 대상이 인간이라는 걸 잊으면 안 된다. 공문서는 이들을 숫자로 취급할 것이다. 하지만 부서져가는 집에는 사람이 살고 있다.

2001년 1월. 이 장면은 마치 〈공장〉의 첫 장면으로 되돌아온 것 같다. 눈이 펼쳐진 옌펀제를 하늘에서 내려다본다. 물론 어떤 높은 건물에 올라가서 내려다보는 촬영일 것이다. 나는 이미 대 피터르 브뤼헐의 그림이 떠오른다고 했다. 〈공장〉의 첫 장면과 다른 건 기차역 대신 부서진 집들이 눈앞에 있다는 점이다. 두 번째 다른 점. 〈공장〉에서는 먼저 열차를 타고 철서구를 돌아다닌 다음 그 공장 작업장과 휴게실의 노동자들을 만나러 돌아다녔다. 바깥을 본 다음 안을 들여다보았다. 전체를 본 다음 부분을 보았다. 이번에는 반대의 순서를 밟아나간다. 옌펀제의 골목들, 잡화점, 판잣집들, 그 안에 사는 주민들을 만나러 돌아다니면서 그들의 이야기를 듣는다. 안을 먼저 들여다본 다음 멀리서 바깥을 내려다본다. 부분을 본 다음 전체를 본다. 세 번째 다른 점. 〈공장〉은 아직 조업이 멈추지 않은 공장을 먼저 보았다. 그런 다음 이 공장이 멈추는 과정을 따라간다. 〈옌펀제〉는 주민들이 모여 사는 골목, 동네, 잡화점, 판잣집을 들여다보았다. 그 동네가 부서져가고 있다. 여기서 이 파노라마와도 같은 광경은 파괴의 시간을 잠시 멈춰 세운 것만 같다. 이 장면은 하나의 순간이다. 어떤 순간? 옌펀제가 사라져가는 과정이 계속해서 이어지는 순간 중 하나의 순간.

온 사방이 눈밭이다. 하늘은 먹구름으로 덮여 있다. 금방이라도 눈이 내릴 것만 같다. 두 여자가 포대 자루에 장작을 담아서 힘겹게 옮기고 있다. 남자는 문짝을 뜯어서 들고 뒤를 따라간다. 주인 없는 검은 개가 관심 없다는 듯이 주변을 어슬렁거리면서 쓰레기를 뒤지고 있다. 이웃에게 작별 인사를 한다. "안녕히 계세요, 언젠가는 이 집에 돌아올 거예요. 이 집이 그리울 거예요." 인사를 받은 노인은 어처구니없다는 듯이 웃으면서 대답한다. "돌아오긴 뭘 돌아와." 또 한 이웃이 짐을 잔뜩 실은 사륜 트럭을 타고 떠난다. 그걸 바라보다가 한 여자가 말한다. "이 날씨에 이사를 가네." 주빈朱斌의 아버지가 이사 가는 이웃을 물끄러미 바라보다가 집 안으로 들어온다. 왕빙은 주빈의 아버지를 졸졸 따라간다. 왕빙이 따라가면서following 촬영하는 발걸음은 졸졸, 이라는 의태부사 말고는 달리 표현할 수 없을 것 같을 때가 있다. 집 안에는 할머니가 등을 돌리고 침상에 누워 있다. 마치 겨울잠을 자는 누에고치처럼 웅크려 이불을 둘둘 말다시피 덮고 있다. 주빈의 아버지가 다른 침상에 앉아 말한다full_shot. "새집이 안 나와서 못 나가요. 전설 속의 호랑이가 바로 나예요. 하나도 겁날 게 없어요. 다 오라고 해요, 아무것도 안 무서워요. 혼비백산할 거예요. 창문을 부수라고 해.

(아들인) 주빈 또래 애들도 제대로 안될 거예요. 벌써 글렀어요. 아무것도 못 하고 뭣도 못 해요. 제대로가 아니지." 주빈의 아버지는 멈추지 않고 계속 말하는데 왕빙은 방 안에서 할 수 있는 한 더 물러나서 찍는다long_shot. "사회에도 못 끼고, 하는 일 없이 집 주위나 어슬렁거리죠. 군에도 못 가요. 지원할 나이도 지났고, 어디다 뒷돈 쓸 여유도 없어요." 왕빙은 눈밭을 걸어간다. 이제는 더 이상 골목도 없다. 거의 허허벌판이다. 이리저리 돌아다니면서 사람 사는 집을 찾는 것 같다. 한참을 돌아다니다가 저 멀리서 두 사람을 발견한다. 너무 멀다. 왕빙은 서서 그들을 바라본다. 날이 어둑어둑해져가고 있다. 문득 생각이 났다. 전기 공사에서 나와 전봇대의 배전판을 열고 이 동네 전기를 끊었다.

칠흑같이 검은 밤. 깊은 밤이어서 그런 건지 전기가 들어오지 않기 때문에 전등을 켤 수 없어서 그런 건지 구분되지 않는다. 누군가의 집에 동네 주민들이 모였다. 방 안에 촛불을 켰다. 누군가 신음처럼 말한다. "이런 식으로는 오래 못 가." 가스도 끊겼다. 석유등 램프에 불을 켠다. 그을음이 생긴다. 그걸 천장에 매단다. 누군가 알려준다. 조사관들이 불 켜진 집들을 찾아다니고 있다고 한다. 낮에는 사람들이 추위를 견디기 위해서 불을 땔 장작을 찾아 철거한 집을 돌아다니며 목재를 뜯어낸다. 부서진 집은 그렇게 다시 부서진다. 할머니와 아주머니가 이사를 떠난 집에서 남겨진 석탄 포대를 바닥에 질질 끌며 힘겹게 옮기고 있다. 한 남자가 굵은 철사 뭉치를 끌고 가다가 석탄 포대 자루를 찌른다. 할머니가 부탁하듯이 말한다. "이거 좀 치워줘." "나중에 올게요." "잘도 오겠다." 사람들 사이에서는 어떤 온정도 보기 힘들어진다. 왕빙은 인기척이 느껴지면 이 집 저 집 들여다본다. 사람 보기가 점점 힘들어진다. 홍상 잡화점에 들러본다. 안이 텅 비어 있다. 오랫동안 비워놓은 것 같다. 그런데도 보보와 친구들은 누군가의 집에 모여서 카드를 하고 있다. 한 소년이 말한다. "좀 누워야겠어. 되게 피곤하네. 하루 종일 카드를 해서 1콰이塊1위안의 구어 표현를 땄어." 새벽이 밝아오고 있다. 무리 중에 한 소년이 카드놀이를 벌이는 집을 떠난다. 집도 거의 사라져가고 허허벌판 같은 눈 바닥에서 세 소년이 고구마를 불에 구워 먹고 있다. 한 노인이 말한다. "올 새해에는 아무도 안 찾아오네, 다 뒈졌나." 이른 아침에 나와서 두리번거리며 말한다. "지난밤에 누가 항아리를 훔쳐 갔어요." 남은 사람은 부모들이 돌보지 않는 아이들과 아무도 찾아오지 않은 노인, 거의 부서진 집에서 전기도 끊기고 가스도 끊긴 채 살아가는 이들, 그리고 도둑들이다. 길거리를 걸어가는 보보와 그의 친구들. 누군가의 집으로 오늘도 카드놀이를 하러 간다. 지나가다 마주친 여자 두 명이 물어본다. "어디 가?" 아무 대답 없이 지나친다. 아마 그들 자신도 어디로 가는지 모를 것이다.

2001년 4월. 봄이 왔는데도 눈이 내린다. 그 눈을 맞으면서 한 소년이 서 있다. 왕빙의 카메라를 우두커니 바라보다가 고개를 돌려 다른 데를 본다. 왕빙도 그쪽을 본다. 아무것도 없다. 동네를 걸어간다. 하지만 그 풍경을 동네라고 부를 수 있을까. 소년의 아버지처럼 보이는 남자가 집 바깥에 나와 있다. 안에서 부르는 소리가 들린다. "톈하이田海, 톈하이, 전화야." 사내가 집 안으로 들어간다. 여기서 갑자기 끝난다. 이제는 옌펀제에서 더 찍을 무언가도 남아 있지 않은 것 같다.

5

〈철서구〉의 제3부 제목은 "철로"이다. 중국어 제목도 "鐵路"이고, 영어 제목도 "Rails"이다. 세 번째 이야기는 첫 번째 이야기 〈공장〉이 그런 것처럼, 그리고 두 번째 이야기 〈옌펀제〉가 그런 것처럼, 철서구 철로 위에서 시작해서 철로 위에서 끝난다. 시작하자마자 철로에 대해 긴 자막으로 소개한다. "(제1부 〈공장〉에서 소개한 철서구의 역사에 관한 긴 소개를 제2부 〈옌펀제〉에서 반복한 것처럼 이번에도 한 번 더 반복한 다음 이어서) 철서구의 철도는 1934년에 건설되었다. 몇 차례에 걸쳐 증설되고 노선 연장을 거쳐 지금의 모습에 이르렀다. 원자재와 가공된 제품을 철서구 단지 내로 이송했다. 중앙선, 남부선, 북부선, 북부 간선으로 이루어졌고, 전체는 총 연장 거리 20여 킬로미터에 이르렀다. 선양 남부역에서 중국 전역의 철도망으로 연결되어 배송하였다."

주의 사항. 〈철서구〉가 3부로 나누어져 있다고 해서 이 영화가 세 편의 영화를 하나의 제목 아래 모은 것이라고 받아들이면 안 된다. 단순하게 선양이라는 한 도시, 철서구라는 한 구역을 찍었기 때문이 아니다. 더 중요한 건 이 세 편을 순서대로 보아야만 한다는 점이다. 왕빙은 세 편을 시작할 때마다 처음의 자리로 돌아온다. 그래서 같은 도시, 도시 안의 철서구가 사라져가는 시간을 세 번 바라보게 만든다. 처음에는 공장에서 바라본다. 공장노동자들, 그들은 차례로 해고된다. 노동자들도 자신들의 앞에서 벌어지는 일을 잘 알고 있다. 다만 언제 들이닥치느냐는 차이가 있을 뿐이다. 아무런 대책도 없이 해고를 기다린다. 이 말이 얼마나 끔찍한 말인지 생각해주길 바란다. 그들은 연금 때문에 서둘러 떠나지도 못한다. 심지어 해고를 당해도 언제 밀린 임금이 나올지 알 수가 없다. 그냥 기다린다. 그냥, 이라는 부사에 감도는 무시무시한 빈곤의 그림자. 왕빙은 그런 다음 공장 주변의 거리, 공장에서 일하는 사람들이 사는 동네, 혹은 해고된 사람들의 집, 그 사람들의 가족, 그 사람들의 아이들, 자라난 아이들, 청소년들, 그런데 공장이 사라져가기 때문에 아무 직업도 얻지 못한 상태로 그저 시간을 보내기 위해 몰려다니면서 카드놀이를 하며 하루를 보내는 주변의 소년들, 소녀들을 만난다. 정부는 공장을 폐쇄하면서 노동자들이 사는 옌펀제를 재개발할 계획이다. 아직 이사를 떠나지도 못했는데 전기를 끊고 수돗물과 가스를 공급하지 않는다. 그리고 집을 부수기 시작한다. 옆집에 아직 이사를 떠나지 못한 사람이 살고 있는데 집을 부숴나간다. 눈이 내린다. 이웃들은 대부분 부서지고 거의 터만 남은 몇 채의 집에서 살고 있다. 옆집은 전기도 끊겼다. 여기까지 본 다음 다시 〈철로〉의 처음으로 돌아온다. 세 번째 영화를 보는 내내 연도가 나온다. 그때마다 〈공장〉과 〈옌펀제〉의 시간으로 돌아갈 것이다. 저 자리에서 이 자리를 바라보고, 이 자리에선 저 자리의 장면들이 떠오를 것이다. 이 동시성의 이미지들. 이 장면들이 활동하는 방법이 (그렇게 들뢰즈가 공들여서 설명했던) '시간의 결정체들cristaux de temps'이 아니라면 달리 무엇이겠는가. 〈철로〉는 두 편의 영화 〈공장〉과 〈옌펀제〉 바로 곁에 놓아야 한다. 그러면 저 장면에서 이 장면으로, 저 장소에서 이 장소로, 공장 휴게실의 노동자들에서 철로 위를 밤낮으로 빙빙 순환하며 돌고 있는 열차 운전석 노동자들에게로, 혹은 부모의 근심 섞인 한숨 소리를 모른 체하고 외면하며 하릴없이 동네 편의점에 모여 시간을 보내고 있는 청소년들에게서 철도 노동자 휴게실의 노동자들에게로, 또는 눈 쌓인 옌펀제의 폐허 같은 집에서 철로 주변의 허물어져가는 판잣집으로 옮겨 오면서 각각의 씬들이 시간의 펼쳐진 면les nappes과 접힌 점un point이 되어 우리에게 읽기로서의 기호lectosigne로 도약한다. 간단한 정식화. 하나의 장면은 매번 다른 장면이 같은 시간의 잠재적 평행이라는 동시성 안에 있는 바깥이다.

처음 시작할 때처럼 철로로 돌아왔다. 물론 〈옌펀제〉에서 철로를 잊은 것은 아니었다. 하지만 이번에는 철로 위를 달리는 열차의 운전석 안으로 들어왔다. 세 명의 운전석 노동자가 한 조를 이뤄 타고 있다. 한밤중의 철로 곁, 촘촘히 붙어 있는 철서구의 집 중 불이 켜진 창문은 하나도 없다. 운전석에서 한 명이 노래를 부른다. "걷잡을 수 없어, 꿈을 향해 달려가네." 노래라기보다는 무료한 시간을 보내면서 배당된 시간의 규율에 따라 이 시간이면 열차에 올라타야 하는 자신들의 역할을 스스로 위로하면서, 이 어두운 한밤중의 어둠에 잡아먹히지 않기 위하여 여기에 있음을 확인하기라도 하듯이, 그저 흥얼거리듯이 부른다. 기관사 구 씨 영감老顧*은 젊은 기관사들에게 자기 옛날이야기를 해준다. 1961년생이라고 말하자 "그럼 문화혁명 때 (초등학교에) 입학했겠네." "어쨌든 문혁 세대지." "난 막차 탔는데 다 동급생 됐어." "나중에 다시 입학해서 (초등)학교만 10년을 다녔지." 철서구에는 여기저기서 마주치게 되는 많은 문화혁명 세대가 있다. 〈공장〉에서는 공장 휴게실에서 문화혁명 이야기를 들었다. 〈옌펀제〉에서도 문화혁명 시대에 하방당했던 이야기를 들었다. 그들은 의무교육을 받을 나이에 농촌에 하방되었고, 돌

---

*　기관사 구 씨 영감을 '라오 구'라고 부르지만, '라오'는 이름이 아니라 나이 든 사람의 성씨 앞에 붙이는 호칭이다. 제3부 〈철로〉에서 동료들은 자신들보다 나이 든 사람의 성씨만 부르고 앞에 '라오'를 붙였다. 아무도 이름을 부르지 않기 때문에 이름을 확인하기 어렵다. 하지만 '라오 구'라고 하면 이름으로 오해할 수 있어, '라오'를 '영감'으로 옮겼다.

아오자 '사회주의식 현대화의 올바른 노선'이 시작되었다. 교육받지 못한 세대는 철서구에 흘러들어 와서 단순노동을 10년 동안 하였다. 그들은 여기가 고향이라서 온 게 아니라, 공장이 있어서 일자리를 찾아온 것이다. 이것은 순환에 관한 이야기이다. 노동력의 순환. 철서구를 순환하는 열차는, 물론 그걸 의도한 것은 아니지만, 그들의 운명에 관한 알레고리처럼 보인다. 왕빙은 단호하게 부정하였다. "아니에요, 철서구에서 일하는 노동자들은 순환하는 열차를 보지 않는 게 불가능해요. 그때 그걸 비유로 볼 만큼 멀리서 보는 게 아니에요. 열차는 공장 안까지 들어와서 제품을 실어 나가고, 다음 날이 되면 또 그 자리에 나타나죠. 그래서 열차는 공장의 일부일 뿐만 아니라 자기들이 만든 철강을 반복해서 실어 나르는, 자신의 일부가 되는 상황 안에 들어가버리는 거죠. 여기가 공장이라는 걸 잊으면 안 돼요." 그렇다. 여기는 공장이다.

열차 운행을 마친 조는 휴게실에 모여서 다음 순번을 기다린다. 난로에 석탄을 쏟아 넣지만 주변에 둘러서 있는 모습들이 을씨년스러워 보인다. 충분하지 않은 전등 불빛 아래 운전을 마치고 돌아온 노동자들은 피곤해서 지친 자세로 그걸 우두커니 바라본다. 앉아 있기도 하고 서 있기도 한 노동자들. 모습이라기보다는 잘 구별되지 않는 그림자 같은 형상. 난로 주변에 모여 있기는 하지만 세상에서 고립된 것 같은 자세. 그 형상이 쌓인 피로를 보여준다는 것 이외에는 어떤 서술적 기능도 없는 장면. 난로가 제대로 달궈지지 않는 모양이다. "그쪽 간부가 간밤에 여기에 왔다 갔어." "난방기가 얼어붙었다고 말해도 석탄을 더 넣으면 된대." "자기만 등 따습고 우린 왜 이래." "불이 꺼졌어?" "석탄이 없는 거예요?" "7시에 열차가 돌아오긴 하는데." 짜증스럽게 말한다. "뭐 하나 되는 게 없어."

"난방기가 아주 고물이야. 다 고장 났어." "봄까지 기다려도 난방을 안 고칠 거야." "주전자가 꽁꽁 얼었네." 그들은 불평불만분자들이 아니다. 노동과 추위에 지쳐서 호소하는 중이다. 누가 이 말을 들어줄까. 그들 자신. 아무도 들어주지 않을 이야기. 여기에 두 씨 영감老杜이 휴게실에 들어서서 이런저런 말을 늘어놓는다. 이 사람을 잘 따라가야 한다. 〈철로〉가 〈공장〉이나 〈옌펀제〉와 다른 것은 이 사람, 두 씨 영감을 따라가기 때문이다. 그렇다고 해서 두 씨 영감이 주인공이라거나, 하는 것은 아니다. 만약에 누가 주인공이냐고 물으면 〈공장〉과 마찬가지로 휴게실, 이라고 대답할 것이다. 하지만 왕빙은 이번에는 두 씨 영감 곁으로 반복해서 돌아오고 다시 돌아온다. 지친 노동자들은 두 씨 영감의 말에 귀 기울이지 않는 게 분명하다. 난로 주변에 모여 있는 여섯 명의 노동자. 두 씨 영감과 두 사람이 주거니 받거니 대꾸한다. "두 씨 영감, 68호나 24호 공장에 가서 석탄 좀 퍼 와요. 두 자루면 충분할 텐데." "마대 자루에 퍼 오라구?" "바보같이 무슨 소리를 하고 있어?" 충분하지 않은 배급. 금방 화제를 바꾼다. 두 여자가 서로 남편을 바꾸어 음담패설을 늘어놓는다. 어둠 속에 이동하는 열차, 여전히 불이 꺼져 있는 철서구. 그리고 다시 휴게실. 두 씨 영감이 정말 마대 자루에 석탄을 담아 가지고 왔다. 그 석탄을 난로에 쏟아붓는다. "문을 부수고 들어가서 석탄을 가져왔어요." "누가 뭐라고 안 그래요?" "아무도 신경 안 써." 난롯불에 손을 녹이면서 말한다. "탄이 좋다."

끝나지 않을 것처럼 이어지던 철로의 밤이 낮으로 바뀌었다. 2000년 12월. 42호 공장, 텅 비어 있다. 다시 열차에 올라탄 왕빙은 지나가다가 굴뚝에서 연기가 나는 건물을 물끄러미 바라본다. 이제까지 한밤중에 노동자들이 모여 내내 이야기를 나누던 휴게실.

두 씨 영감은 이 휴게실에서 다른 노동자들과 함께 밥을 먹고, 그들이 다 먹고 나면 설거지를 한다. 그리고 난로가 꺼지지 않게 연신 석탄을 붓는다. 지난밤에 두 씨 영감은 다른 공장에 가서 석탄을 훔쳐 오기도 했다. 열차가 철서구 궤도를 따라 달린다. 네 사람이 한 조가 되어 운전석에 타고 있다. 두 명은 쓰러져 자고 있다. 트랜지스터라디오를 켠다.

왕빙은 열차에서 내려 두 씨 영감을 따라간다. 간신히 버티고 있는 것처럼 보이는 판잣집 안으로 들어간다. 아들 두양杜洋이 아무 일도 하지 않고 멍하니 앉아 있다. 열일곱 살. 왕빙이 들어왔는데도 누구냐고 묻지 않고 담배를 피우면서 이어폰으로 무언가를 듣고 있다. 집에 한 마리 개를 키우고 있다. 마오毛라고 부른다. 두 씨 영감이 (인터뷰에 응답하는 것처럼) 말한다. "이렇게 사는 사람이 많진 않죠. 여기서 20년을 살았어요. 철로에 오래 있었어요. 직원은 아니지, 따져보면 그래요. 이것저것 주워 팔아요. 애 엄마가 집을 나갔어요. 아들이 둘인데 얘가 큰애. 작은애는 식당에서 일해요. 근근히 살아요." 두 씨 영감이 말한 '작은애'는 영화에 나오지 않는다. 아버지가 구치소에 갔을 때도 첫째만 찾아갔다. 둘째는 다른 도시에 있을지도 모른다. 두 씨 영감은 다시는 둘째에 대해서 말을 꺼내지 않는다. 이 장면에서 두 씨 영감은 침상 앞쪽에 앉았고, 아들 두양은 뒤에 앉았다. 얼핏 보기에도 이 방은 너무 좁아서 왕빙이 들어와 카메라를 들고 영화를 찍기에 적절치 않은 것 같다. 나는 쿤밍崑明에서 왕빙이 두 사람이 앉아 있기에도 좁은 창고 같은 방에 비집고 들어가 촬영하는 순간을 보았다(〈천당의 밤과 안개〉). 왕빙은 좁은 장소를 비집고 들어가 촬영하는 대가이다. 그때마다 그는 그 장소에 있는 사물과 자기를 겹쳐놓을 수 있는 가구를 찾았다. 이 장면은 두 씨 영감을 한자리에서 내내 찍는 대신 재빨리 위치를 옮겼다. 두 씨 영감은 대답을 이어갔다. "하방 세대였어요. 1968년에 중학교 졸업을 하자 그 또래는 다 하방 갔고, 그때 시골은 힘들어서 모두 빨리 돌아갔으면 했어요. 돌아와서 아버지한테 장사를 배웠어요. 잘되는 장사였어요. 대나무 통에 먹을 걸 넣어서 쪘어요. 족발 같은 거, 작은 집안 가게였어요. 근데 개인 사업을 못 하게 해서 다 털렸어요. 우린 웬만큼 살았어요. 그땐 다들 집에 자전거나 시계, 라디오도 없었어요. 당시에는 라디오라고 안 하고 '서우인지收音機'라고 했어요. 집에 있는 건 모두 다 집어가고, 대문 앞에 표식을 해놓았어요. 은행만 가던 시절에 예금한 것도 다 잃고, 아버지를 광에 가두었다가 나중에 풀어주었어요. 그 뒤에 아버지가 하신 게 벽돌 굽기였어요. 당시 선양엔 벽돌집이 없었어요. 그냥 진흙으로 지은 허름한 옛날 집이었어요. 한동안 벽돌 일을 했어요. 그러다 철도원으로 들어갔어요. 철도 공안을 7년 했어요. 그래서 공안이 안 건드리고 조차장에 살게 해줬죠. 딴 사람 같았으면 끌려갔겠지. 잘 아니까 놔두는 거예요. 쉽지 않아요." 아버지가 긴 이야기를 하는데 아들 두양은 한마디도 거들지 않는다. 왕빙도 곁에 있는 아들을 문득 바라본다insert_close_up. 눈은 떴지만 반쯤 정신이 나간 것처럼 보인다. 두양을 바라보다가 카메라를 돌려pan 두 씨 영감의 얼굴을 들여다본다close_up. 한쪽 눈이 감겼다. 비로소 그 사실을 알게 된다. 왕빙은 얼굴이 그 사람의 이야기이고, 역사이며, 세상을 헤엄쳐온 흔적이자, 고유한 풍경이라고 생각한다. 중국 인민의 얼굴, 사회주의 노동자의 표정.

며칠이 지났다. 두 씨 영감 집에 누가 찾아왔다. 어둠 속에서 대화를 나눈다. 이 집은 이미 전기가 끊겼다. 어둠 속에서 촛불로 한밤을 보내야 하는 집. "어떤 일로 잡혀갔어?" "석탄을 주웠대요." "석탄을 주운 일 때문에?" "다 마칠 때쯤 공안이 나타났대요. 아버지는 다 시인했어요." "공장 놈들 짓이야. 나한테도 누가 왔었어. 공안에 알린 거야." "뭐라고 했어요?" "너 여기 두지 말래, 나한테 사람을 보냈어. 널 쫓아내래." "아버지는 오래 안 있을 거예요, 일주일이나 열흘쯤." "그냥 여기 있어, 누가 뭐라고 하면 내가 괜찮다고 했다 그래." "아버지가 오면 나간다고 하세요." "그래야지, 지금 어떻게 쫓아내. 나도 쫓아낸다고 하더라." "아버지가 나왔을 때 내가 없으면 어딨는지 모를 거예요." "그래그래, 알았다." "고맙습니다." 남자는 떠나면서 투덜거린다. "아버지를 잡아가더니, 이젠 나가라고 하네."

철로 휴게실에 있는 노동자들도 공안이 두 씨 영감을 잡아간 이야기를 한다. "석탄을 줍는다고 잡아갔어요." "그래요?" "위에서 내려보낸 걸 거야. 쫓아낼 핑계를 찾는 거야. 나도 쫓아내고." "그래도 두 양은 안 주웠잖아요." "그러면 같이 잡아갔지." "1989년부터 조차장에 데려와 키웠어요. 그때 두세 살이었어. 반 굶다시피 했지. 그래서 잘 못 컸어." "우리 애들이 같은 또래야." "훨씬 더 나이가 많아, 영양결핍 때문이야." 이 대화 장면은 가까이서close_up 대화를 주고받는 얼굴을 번갈아 본다shot_reverse_shot. 그런 다음 뒤로 물러나서 두 사람을 바라본다two_shot_full_shot. 휴게실 대화 장면이 촬영하는 데 어려운 상황인 건 알겠다. 왕빙은 계속 자리를 옮겨 가면서 찍는다. 이 장소에서 촬영하기 좋은 위치라는 건 없다. 두 사람은 두 씨 영감 집 이야기를 계속 나눈다. "아버지는 돈을 못 벌어. 애들 엄마는 오래전에 집을 나갔어. 농촌 여자였어." "여자가 어쨌냐 하면, 애들이 어릴 때부터 툭하면 집을 나갔어. 며칠, 몇 달을 나갔다가 애들 보러 돌아왔어. 아내라고 하지만 거

의 딸뻘이었어. 나이 차가 많았어." "어떻게 만났대요?" "누가 알
아?" "갈 데가 없었겠지." "열다섯 살이 어렸어. 애들이 열일곱 살,
열여덟 살 그러니까 지금 서른다섯 살쯤 됐나." 모두 듣고 있는 건
아니다. 휴게실 의자에서 자는 남자도 있다. 방금 야간열차 운행이
또 한차례 끝났나 보다. 노동자들이 들어온다.

두 씨 영감의 집. 아들 두양이 앉아 있다. 촛불이 어둠을 가까
스로 밝히고 있다. 초는 거의 다 타서 얼마 남지 않았다. 두양이 촛
불을 바라보고 있다. 두 개의 불꽃. 하나는 지금 타고 있는 가여운
촛불이고, 다른 하나는 철로 노동자들의 휴게소에서 본 난로의 불
꽃이다. 하나는 석탄을 계속 집어넣으면서 불꽃을 일으켜야 한다.
다른 하나는 초 위에서 혼자 타오르고 있다. 노동자들의 추위. 지
친 몸, 피로한 시간. 그들은 몸을 녹이기 위해 주변으로 모여든다.
지금 여기서 두양은 공안에게 붙잡혀 간 아버지를 기다리며 어두
운 방을 가까스로 밝히고 있다. 아버지가 지금 돌아올지도 몰라.
집에 돌아왔을 때 어둠이 아버지를 맞이하면 안 돼. 그 마음이 아
니라면 어둠 속에서 잠도 자지 않고 촛불을 밝힐 이유가 달리 무
엇이겠는가. 왕빙은 두 개의 불꽃, 노동자들의 휴게실과 두 씨 영
감의 집을 이어서 보여준다. 그 사이를 철로 위로 열차가 달린다.
몇 번이고 그 사이를 이어주는 열차 장면. 두 씨 영감은 노동자 휴
게실의 난로를 따뜻하게 덥히기 위해 석탄을 훔쳤다가 공안에 잡
혀갔고, 아들 두양은 촛불을 밝혀놓고 아버지를 기다리고 있다. 두
개의 불꽃은 그렇게 순환한다. 두 개의 불꽃, 두 개의 씬을 종합해
야 한다. 종합? 어떤 종합? 두 장면을 구별하면서 동시에 두 장면
을 겹쳐놓아야 한다. 어떻게? 불꽃을 응시하면서 거기서 물러날
수 없는 두 개의 현재, 살아가는 현재, 살아야 하는 현재를 겹쳐놓

아야 한다. 그때 비로소 그 둘은 철로로 이어진 하나의 시간이 되는 것이다. 촛불 앞에 두양은 혼자 있는 게 아니다. 그는 곁에 있는 강아지 마오를 쓰다듬고 또 쓰다듬는다. 다음 날 아침 두양은 집 바깥으로 나와서 저 멀리 철로 길을 바라본다. 아버지가 오시지는 않을까, 마중을 나온 것이다. 하지만 아버지는 오지 않는다. 열차만이 지나가고 또 지나간다. 두양이 무심히 앉아 있다가 포대 자루를 가져온다. 그리고 그 안에서 비닐봉지를 꺼낸다. 거기에 사진을 모아놓았다. "옛날에 찍은 거예요." 처음 듣는 두양의 목소리. 아버지와 아들, 아마도 젊은 날의 두 씨 영감과 두양. "아버지." 젊은 여자의 사진. "어머니." 빨간색 웃옷에 하늘색 바지를 입고 한껏 멋을 부리며 언덕 풀밭에 기대어 누워 있다. 공안 복장을 하고 검은 선글라스를 쓴 아버지. 그때 깜짝 놀랄 만큼 큰 소리로 스피커에서 차임벨이 울린다. 두양은 다시 사진을 비닐봉지에 넣은 다음 포대 자루를 원래 자리에 가져다 놓는다. 이때 두양의 얼굴을 보기 위해 왕빙은 바닥에 앉아 올려다보면서 찍었다low_angle. 두양의 눈에서 눈물이 흘러 얼굴 아래로 뚝뚝 떨어진다. 두양은 포대 자루를 옮겨놓은 다음 일어나서 창문 바깥을 유심히 본다. 혹시 아버지가 오시는 게 아닐까. 창문에는 성에가 잔뜩 끼었다. 두양은 마주 보는 대신 몸을 돌려 창문 쪽을 바라보면서 말한다. "하루 이틀이면 소식 올 줄 알았는데, 아니에요. 오늘 밤에 올지 봐야죠. 오늘 밤 8시까지 안 돌아오면 일주일이 되는 거예요."

눈 덮인 벌판, 외길이 뻗어 있다. 거기 세 사람이 걸어간다. 너무 멀어서 누군지 알아볼 수 없다long_shot. 다음 장면. 대기실처럼 보이는 장소에서 두양과 한 여자가 무언가를 물어보더니 의논하듯이 이야기를 나눈다. 두 씨 영감의 여동생. 이름을 부르지 않기 때문에 두양의 '고모'라고 부르겠다. 오던 길이 몹시 추웠던 모양이다. 카메라 렌즈에 서리가 잔뜩 끼어서 뿌옇게 보인다. "아버지는 벌써 풀려나 저쪽으로 가셨대." "거긴 아주 멀고 버스도 없어요." "다른 쪽이 빠를 텐데." "철로를 따라 쭉 가면 길이 나오는데." "알았어요, 고마워요." 두 사람은 왔던 길을 돌아간다. 고모가 길을 나서면서 한마디 한다. "이 추위에 걷자고, 참." 방금 나온 건물 입구를 바라본다. '선양 철로 구치소瀋陽鐵路看守所'. 한참을 걸었나 보다. 밤이 되었다. 가게 앞 길거리의 공중전화에서 두양이 통화를 한다. "아버지? 오셨어요? 지금 갈게요." 고모가 곁에서out_of_frame 물어본다. "어딨는지 물어봐." "집이에요? 네, 지금 가요." 고모가 다시 물어본다. "집에 왔대?" "네, 집에." "벌써 갔네." "네, 가셨어요."

식당, 두 씨 영감과 고모, 두양이 둥근 모양의 식탁에 앉았다. 가운데 자리에 두 씨 영감, 왼쪽에 두양 그리고 오른쪽에 고모. 왕빙도 마주 앉았다. 카메라를 들고 있기는 하지만 마주 보는 대신 아래를 향하도록 내려놓았다low_angle. 세 사람이 서로 만나는 장면은 찍지 않았다, 혹은 못했다. 테이블 위에 요리가 나와 있고, 맥주병이 놓여 있다. 두 씨 영감이 말한다. "(열차 운행) 3조 시간에 잡혔어." 고모가 말한다. "신고한 건 2조 사람이었어요." 두양은 벌써 취한 것 같다. 아버지 어깨를 잡으면서 말한다. "어제 공안을 찾아가서 아버지를 풀어달라고 빌었어요. 풀어줄 수 없으면 나도 같이 집어넣으라고 했어요. 돈도 내겠다고 했어요, 가지 말 걸 그랬어요." 두 씨 영감이 묻는다. "그래서 어떻게 됐어?" "공안들은 그냥 퇴근하려고 했어요. 하나가 나한테 당장 나가라고 소리를 질렀어요. 어쩌겠어요. 바닥에 엎드려 빌었어요." 그 말을 들은 두 씨 영감이 눈물을 훔친다. "아버지를 만나게 해달라고 나이 든 공안에게 빌었어요. 며칠 동안 얼굴을 못 봤다, 이렇게 오래 떨어진 적이 없다, 그렇게 말했어요. 일주일만 있을 거라고 말했잖아요." 식당에는 많은 손님이 테이블을 차지하고 있어서 두 씨 영감 가족은 주방 입구 구석 자리에 앉았다. 왕빙은 벽을 등지고 앉았다. 세 사람이 식당에 들어오는 장면이 없기 때문에 왜 이 테이블에 자리 잡았는지는 설명하기 어렵다. 지적해야 할 촬영에 불리한 두 가지. 첫째, 너무 가까워서 세 사람을 동시에 바라볼 수 있는 거리를 확보하지 못했다. 둘째, 거리가 가깝고 카메라를 아래 내려놓았기 때문에 대화를 따라가면서 진행하기pan 어렵다. 대신 어떻게 했는가. 누가 누구에게 이야기하는가, 를 따라가면서 세 사람을full_shot 두 사람 단위로two_shot 나누어서reframing 찍었다. 촬영의 관점에서 다가가면 이 장면이 왕빙은 불만족스러웠을 것이다. 아마도 세 사람의 대화를 끊지 않고long_take 바라보고 싶었던 것 같다. 두 씨 영감과 두양의 대화 사이에 고모가 끼어들 때는 바로 곁에 있으면서도 장면 사이를 나누었는데cutting, 뒤이어 두 씨 영감과 두양이 이야기를 할 때는 카메라를 돌려pan 바라본다. 종종 〈철서구〉에는 이런 방식으로 현장의 곤경이 고스란히 기록되고 있다. 이때 곤경은 실패의 형태로 이미 해석된 장소의 조건을 드러내 보여준다. 〈철서구〉는 그런 의미에서 시네마토그래프의 영화이다. 〈철서구〉의 문법은 현장의 물리적 상황의 속성을 미학적이 아니라 정반대로 잉여의 양태로 재현해낸다. 두양의 이야기를 듣고 두 씨 영감이 말한다. "그런 줄 몰랐어." 두양이 말한다. "소식이라도 좀 전하시." 고모가 거든다. "밖에 눈이 왔잖아. 그래서 전화를 못 했겠지. 여름이면 전화하게 내보냈을 거야." 두 씨 영감이 말한다. "내 마음이 어땠는지 알아?" 두양이 반발하듯이 대답한다. "보고 싶었던 건 나였어요." 두 씨 영감이 설명한다. "연락할 수가 없었어." "나만큼 보고 싶지 않았겠지. 얼마나 보고 싶었는지 날마다 사진을 다 꺼내놓고." "네 말이 맞다, 그래." 식당 장면은 촬영에 편집이 포함되어 있다. 여기서 갑자기 맥주잔을 보여주고 난 다음close_up 아버지에게 기대어 울기 시작하는 두양을 본다over_the_shoulder_close_up. 이때 손님이 가득 차 있던 뒷좌석 테이블이 비었다는 걸 슬쩍 볼 수 있다. 기술적으로만 설명하면 이 사이에는 시간적인 생략이 포함되어 있다. 두양이 묻는다. "아버지, 나 보고 싶었어요?" "그래, 몹시." 두양이 갑자기 자리에서 일어나 아버지 앞에 무릎을 꿇는다. "이렇게 빌게요." "왜 이러니?" 고모도 말린다. "두양, 하지 마라." 여기서 왕빙은 할 수 있는 한 멀리 떨어져서 바라본다master_shot. 처음으로 식당 전체가 보인다. 다른 테이블의 손님들은 모두 떠났다. 텅 빈 가게. 이제야 비로소 원하는 위치에서 바라볼 수 있게 된 것처럼 자리를 옮긴다. 하지만 앞의 장면들과 연결하기 위해서 장소의 원칙을 지켰다. 세 사람을 테이블 가까이서 바라볼 때와 마찬가지로 동일하게 올려다본다low_angle. 나는 이미 촬영에 편집이 포함되어 있다고 말했다. 두 씨 영감이 두양에게 말한다. "들어봐라. 말 좀 들어, 남들이 웃는다." 식당 점원이 두 씨 영감에게 거스름돈을 주고 가면서 두양을 흘낏 바라본다. "네 동생에게 전화 좀 하고. 자꾸 이러면 맞는다. 아버지한테 왜 이래, 철없이." 의자에 앉은 두양은 두 씨 영감을 밀쳐서 의자에 주저앉힌다. 고모가 지켜보다가 한마디 한다. "말 들어라, 두양." 왕빙은 재빨리 반대쪽으로 자리를 옮겨서 두 씨 영감과 두양, 고모 뒤에서 바라본다. 두양은 만취해서 술주정을 부린다. 두 씨 영감이 말한다. "이게 무슨 꼴이냐." 두양은 짐승처럼 울부짖는다. 그리고 외치듯이 말한다. "미워!" "얘가 왜 이래." 두양이 말한다. "춘제인데 돌아오지도 않고." 이 한마디가 메아리처럼 우리에게 공명한다. 우리는 〈공장〉에서 '춘제' 날을 보았다. 〈옌펀제〉에서 '춘제' 날을 보았다. 하지만 〈철로〉에서는 '춘제' 날을 아직 보지 못했다. 이 한마디는 다른 두 편을 불러온다. 영화 안에서 다시 그날 가까이 돌아온다. 그날이 있는 두 편. 그날이 아직 오지 않은 한 편. 두양은 서럽게 운다. 〈철서구〉 안에서 세 편의 촬영은 동시에 진행되었다. 그래서 이 영화에서 이 장면은 저 영화에서 저 장면과 시간을 공유한다. 그렇게 돌아오고 다시 돌아온다. 이날은 저 날이다. 그런데 이번에는 그날이 아직 오지 않았다. 같은 말을 한 번 더 하겠다. 두양은 서럽게 운다. 그날, 새해 첫날 아버지가 없었으면 어떡하지. 아버지가 없는 아들, 아버지가 없는 새해 첫날. 벌써 새해 첫날이 근처에 왔다. 두양은 서러워서 우는 것일까, 아버지가 때맞춰 돌아왔기 때문에 비로소 안심할 수 있어서 우는 것일까. 왕빙은 같은 장소, 같은 시간을 세 편에서 번갈아 펼쳐 보인다. 철서구에 산다고 해서 모두가 같은 날을 맞이하는 것은 아니다. 두양은 되는대로 말한다. "시발, 다 필요 없어." "누구한테 화를 내, 욕하지 마라." 일어나서 아버지를 때리려던 두양은 취한 채 바닥에 쓰러진다. 가게 바깥으로 나온 두 씨 영감은 두양을 부축한다. "어릴 때처럼 아버지가 업고 가마." 두양은 이제 업고 가기에 너무 컸다. 고모가 말한다. "괜찮아요?" "괜찮아, 집에 가봐." "먼저 가세요, 그래야 안심이 돼요." 한밤중에 열차가 지나간다. 거기에는 노동자들이 타고 있을 것이다. 휴게실에 모여 오늘 밤에도 두 씨 영감을 걱정하며 이야기를 나눌 것이다. 그렇게 밤새도록 다음 열차 순번을 기다릴 것이다. 노동의 피로, 사회주의 중화인민공화국의 피로.

집에 돌아왔다. 불 하나가 켜져 있다. 힘없는 불, 아마 건전지로 밝힌 것 같다. 왕빙은 두 씨 영감과 두양을 가까이서 바라본다. 불빛이 등 뒤에 있어서 두 씨 영감의 얼굴은 그림자에 가려 거의 보이지 않는다. 제거된 것만 같은 얼굴. 아니, 음향적 표정. "두양, 내 말 들려? 아버지야." 두양은 취했는데도 아버지가 부르자 대답한다. "아빠." "그래, 보고 싶다고 했지? 나도 보고 싶었어." 두양은 잠든 것 같다. 취해서 거칠게 숨을 내쉰다. "힘들겠지, 사는 건 힘든 거야. 나중에 내가 살아온 이야기를 해주마. 여태 안 했던 이야기야." 그런 다음 두 씨 영감은 왕빙을 향해 말한다. "남동생이 있었어요. 내가 두시원杜喜文, 남동생이 두시위杜喜羽였어요. 아들아, 들어봐. 부모님이 동생을 남 줬지만 사는 데를 알아요. 새 이름이 마위톈馬羽天이에요. 하나뿐인 동생을 남 줘버렸어요. 나중에 다 이야기를 해드리리다. 살아온 이야기를 다 해주겠어요. 갖은 고생을 다 했어요, 많이 참았어요. 잘 듣고 있지?" 두 씨 영감은 왕빙과 이미 잠든 두양을 번갈아 보면서 말을 이어간다. "하늘은 착한 사람을 버리지 않아요. 복을 받아 두 아들이 있어요. 저에게 하늘이 자식을 내려줄 거라고는 생각을 못 했어요. 나이도 들어가는데." 깊은 밤인데 갑자기 스피커에서 차임벨이 울린다. 두 씨 영감은 개의치 않고 말을 이어간다. "이 철로는 내게 특별해요. 연고가 있고, 공안으로 일했어요. 여기서 많은 걸 했어요. 언젠가 다 말해드리지. 공안도 했고, 내 손때도 묻었어요. 근데 이제는 날 내치려고 하네요." 이야기는 여기서 끝난다. 영화에는 두 씨 영감의 남은 이야기가 담기지 않았다. 왕빙은 두 씨 영감에게 남은 이야기를 해달라고 조르지 않는다.

갑자기 폭죽이 터진다. 새해 춘제. 열차 운전석에 타고 있던 기관사들은 폭죽이 터지는 걸 본다. 그리고 대답이라도 하듯 기적을 울린다. 지금은 한밤중이다. "폭죽 두 개만 터트리자." 순환 운전을 마치고 휴게실에 모여서 밥을 먹는다. 오늘은 설날이다. 하늘이 벌써 푸르스름 밝아오기 시작한다. 그리고 봄. 철로에 빈 비닐봉지가 바람에 날린다. 두 씨 영감 판잣집이 비었다. 이사를 떠난 모양이다. 왕빙은 이사 장면을 찍지 못했다. 시간이 지나가고 있다. 이 시간은 지난해와 다르다. 이미 〈옌펀제〉를 보았다. 철서구 노동자 지구 철거가 시작되었다. 누군가는 버티고 있고, 누군가는 서둘러 떠난다. 두 씨 영감의 집은 새로운 질문을 던진다. 무허가 건물에 있던 사람들은 강제 철거가 시작되면 어디로 가는 것일까. 〈철로〉는 〈옌펀제〉보다 더 아래로 내려온 것이다. 우리는 거기서 바닥을 보았다고 생각했다. 빈곤의 바닥 아래 밑바닥이 있고, 밑바닥 아래 지하가 있다. 그리고 지하 아래로는 계단을 따라 끝없이 내려가게 될 것이다. 내가 멈추지 않으면 이 추락은 끝나지 않는다. 그런데 어떻게 멈출 수 있을까. 왕빙은 그것만은 찍지 않았다. 열차는 사라진 두 씨 영감의 행방에 아무 관심도 기울이지 않고 텅 빈 판잣집 곁을 달린다. 북부선. 선양 판금 공장. 트럭들이 와서 폐허가 된 공장의 철물을 실어 나른다. 자전거 한 대가 가고 있다. 운전하던 기관사가 다른 기관사에게 묻는다. "자전거 어디로 가는 건가?" "내가 그걸 아나?" 궁금해서 물어본 것도 아니고, 그걸 모르는 것도 아닌 대답이다. 하지만 한 가지는 알겠다. 사람들이 계속 이주하고 있고, 공장들은 문을 닫고, 동네는 철거되고 있는데 바쁜 듯이 지나가는 자전거는 마치 낯선 얼룩처럼 보인다. 이 장면이 〈공장〉에 있었으면 무심코 지나쳤을 것이다. 하지만 〈공장〉과 〈옌펀제〉를 본 다음 이 장면은 불필요한 과잉이거나 현재 진행되고 있는 상황과 동떨어진 풍경의 오점처럼 보인다. 계속해서 열차 장면을 이어 붙였다. 북부선을 따라 열차는 선양 전선 공장을 지나가고, 압축기 공장을 지나가고, 금속 공장을 지나간다. 열차는 이 공장들을 통과해 간다. 왕빙은 열차에서 계속해서 바라본다long_take. 모두 텅 비어 있다. 낮인데도 노동자들이 보이지 않는다. 중앙선. 철로 주변에 잡초가 무성하게 자랐다. 열차는 마치 잡초를 헤쳐 나가듯 달린다. 그만큼 이제는 가끔 다닌다는 뜻이다. 선양 유리 공장. 노동자들은 웃통을 벗고 몸을 드러낸 채 반바지만 입고 다닌다. 운전석의 기관사들은 바닥에 물을 뿌린다. 고무 공장. 오후의 작은 일상. 할머니가 철로에 수레를 놓고 가서 야단맞을까 무서워해 대신 찾으러 온 사내와 직원들이 말싸움을 하지만 곧 화해하고 헤어진다. 사내는 수레를 들고 가면서 직원들에게 충고한다. "그래도 할머니 오시면 겁주지 말아요." 직원들은 알았다는 듯이 대답한다.

그리고 늦가을, 남부선. 철로 주변의 잡초들이 모두 시들었다. 겨울이 다가오고 있다. 휴게실. 이제는 낮에도 모여 앉아서 카드놀이를 하고 있다. 휴게실 풍경은 아무것도 바뀐 게 없다. 밤에 휴게실에 두 씨 영감이 찾아왔다. 왕빙이 두 씨 영감을 찾아내 오늘 휴게실에 온다는 걸 알고 기다린 것인지, 아니면 찍고 있는 오늘 우연히 1년 만에 두 씨 영감이 찾아온 것인지는 알 수 없다. 두 가지 지적. 왕빙은 두 씨 영감과 함께 휴게실을 찾아오지 않았다. 두 씨 영감이 찾아온 장면부터 이 씬이 시작하지 않는다. 그러므로 왕빙과 두 씨 영감이 우연히 재회한 것인지 행방의 탐색 끝에 찾아낸 것인지는 알 수 없다. 이 지적이 중요한 까닭은 이 영화가 다큐멘터리이기 때문이다. 왕빙은 우연을 존중하지만 때로는 극영화처럼 끊어진 서사의 끈을 찾아다니기도 한다. 그런 다음 그 끈의 흔적을 지워버린다. 그래서 지금처럼 그럴 때마다 다시 이어진 선이 우연인지 탐색인지 설명하기 까다로워진다. "어디 살아요?" "공항 근처요." "거기서 얼

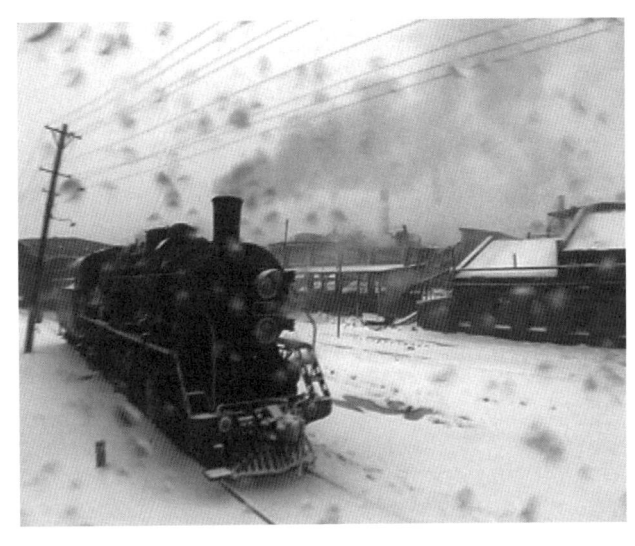

마 벌어요?" "500위안." "둘이 500?" "아니, 두양이 300, 내가 500."
여전히 휴게실의 조명등은 어두침침하다. 장소를 차지하고 있는 사
람들의 윤곽. 어둠 속에서 그림자를 덮어쓴 것처럼 흐릿하게 앉아
있는 두 씨 영감과 노동자들full_shot. 왕빙은 대답하는 두 씨 영감에
게 가까이 다가가지만close_up 너무 어두워서 표정이 잘 보이지 않
는다. 휴게실의 노동자들은 두 씨 영감을 1년 만에 만났는데도 그렇
게 반가워하지 않는다. "경비 일 해요?" "요리도 하고, 거기 사람들
한테 세끼 밥을 해줘요." "괜찮네." 두 씨 영감이 일어나서 싸 들고
온 짐을 챙길 때 왕빙도 일어나 곁에 가까이 서서 따라간다. "가봐
야겠네." "일 있으면 연락해요." "돈 꿔준 건?" "몇 푼 안 되고, 친구
사이인데." "전화기도 샀어요. 있던 게 고장 나서 새로 샀어요. 가볼
게요." "잘 가요." "14호 차 타고 가요." 바깥까지 함께 나오지만 왕
빙은 두 씨 영감의 이사 간 집까지 따라가지는 않는다.

춘제. 눈이 내렸다. 왕빙은 지치지 않고 열차에 올라탄다. 철로 옆에 쌓여 있는 흙더미들. 폐허의 잔여물들이 삶의 흔적들을 덮어 나가고 있다. 새해가 되어서 비로소 왕빙은 두 씨 영감의 새집을 방문한다. 주변은 폐허이다. 테이블 위에 음식을 차려놓고 두 명의 방문객들과 새해를 맞이하고 있다. 노래도 들린다. 두 씨 영감은 두 명의 방문객에게 말한다. "세상에 정情만 한 게 없어. 정이 남아 있다는 걸 이 자리에서 보여주지." 그리고 둘 중 한 명을 가리키면서 말한다. "리준李準과는 20년을 만났고, 그게 정이야." "정이라고?" "아내가 집을 나가 실의에 빠져 있을 때 애들 데리고 어디 간 줄 알아? 리준네야. 며칠 굶었다고 했지. 그게 3, 4년 전의 일이야. 기억나." 그런 이야기를 나누는 아버지와 친구들을 아들 두양이 물끄러미 바라본다. 1년이 지났지만, 두양은 여전히 말이 없고 표정은 무슨 생각을 하는지 읽을 수가 없다. 두 씨 영감은 일어나서 전화를 받는다. 어디서 온 전화일까. "친구들과 여기서 한잔하는데 여기로 좀 와. 8번 버스를 타고 오면 내가 마중 나갈 거야." 새로 방문한 사람은 뜻밖에 머리가 긴 젊은 여자이다. 두 씨 영감의 새 여자. 이미 두양과는 알고 지내는 것 같다. 여자는 오자마자 앞치마를 두르더니 만두를 빚기 시작한다. 눈이 내렸다. 저녁이 깊어졌다. 이상한 장면, 함께 바깥으로 나간 왕빙이 따라가고 있는데 두 씨 영감은 왕빙이 집 안에 들어오는 것을 거부라도 하듯이 갑자기 문을 닫고 혼자만 들어가버린다. 어떤 설명도 없다. 그리고 봄이 되었다. 황폐한 벌판. 두 사람이 걸어온다. 바람 소리가 몹시 크다. 다시 두 씨 영감의 집. 어두운 방, 네 명이 앉아 있다. 네 명을 집 안 멀리서 바라본다long_ shot. 너무 멀어서 그 네 명이 누군지 모르겠다. 네 명 중에 그 여자, 그날 찾아온 긴 머리의 젊은 여자가 없는 건 분명하다. 네 명 모두 말없이 앉아 있다. 한 명이 텔레비전을 켠다. 지나치게 높은 볼륨. 그 소리에 이 방이 더 적막하게 보인다. 고립된 장소, 격리된 현실. 마치 여기서 이제 더 이상 재현할 사건이 없는 것처럼, 그렇게 바라본다. 세상의 경계 바깥에 놓여 있는 것처럼 보일 때 여기 머물고 있는 사람들을 어떻게 설명해야 할까. 더도 덜도 아닌 흐릿함. 영화에서 이미지가 흐릿해질 때 세상은 사라져가는 것처럼 보인다.

어두운 밤. 철로를 따라 열차가 달려간다. 이 한밤중에 왕빙은 다시 한번 열차 칸 맨 앞에 타서 철서구의 마지막 증인처럼 순환하는 풍경을 바라본다. 사방이 어둠뿐이다. 어떤 집에도 불이 방을 밝히고 있지 않다. 폐가들. 사람들이 떠난 거리. 철로 길 옆에 쌓인 쓰레기가 하염없이 이어지고 있다. 궤도를 따라 달리는 열차는 마치 밝은 장소에 도착하기 위해 멈추지 않는 것처럼, 그렇게, 보인다. 하지만 거기에 도착할 수는 없을 것이다. 어둠은 사회주의 중화인민공화국의 20세기의 끝이 아니다. 같은 말의 다른 판본. 여기서 사회주의 중화인민공화국의 21세기가 시작되고 있다. 여기가 시작이다.

6

블라디미르 그럼 갈까?

에스트라공 가자.

둘은 그러나 움직이지 않는다.*

*   사뮈엘 베케트, 『고도를 기다리며』, 오증자 옮김, 민음사, 2000, 158쪽.

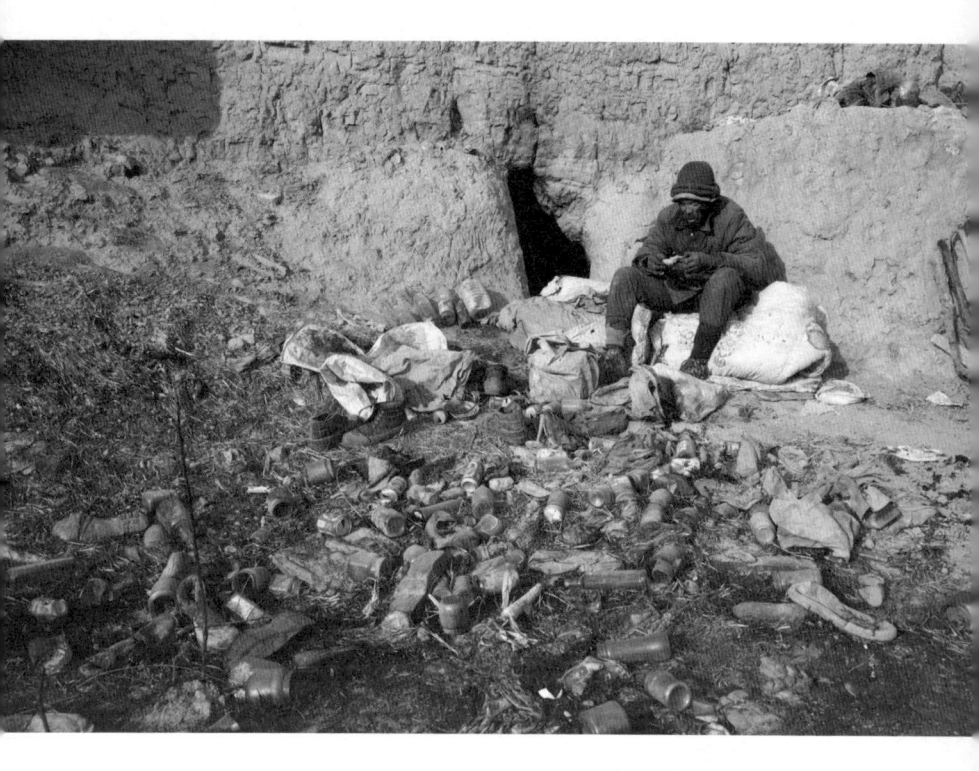

중국의 로빈슨 크루소
이름 없는 남자

1

"너희들은 고칠 수 있어. 진심으로 마음을 고쳐먹어야 돼! 장차 사람을 잡아먹는 놈들은 용납되지 않는다는 것을 알아야 해. 너희들이 마음을 고치지 않으면 자신도 다 잡아먹히고 말 거야. 아무리 많이 낳는다고 해도 진정한 사람들에게 멸종당하고 말 거야. 사냥꾼이 늑대를 모두 잡아 죽이듯이! 벌레처럼 말이야!"*

2

왕빙은 2006년에 한 남자의 이야기를 들었다. 단순하게 거지라고 말할 수도 없고, 그렇다고 노숙자라고 말할 수도 없었다. 아무도 만나지 않고 들판의 바위틈 사이 토굴에서 혼자 살고 있는데, 동네에 찾아와 구걸하지도 않으며 버려진 땅을 경작해 열매가

---

* 루쉰, 「광인일기」, 『루쉰 소설 전집』, 김시준 옮김, 을유문화사, 2008, 33쪽.

열리는 식물을 심고 그것을 키워 거둔 다음 먹으면서 지낸다는 것이다. 아무도 이 남자를 찾아오지 않으며, 이 남자도 동네 사람들을 만나거나 누군가에게 도움을 청하는 법이 없다고 알려주었다. 왕빙은 그 남자를 찾아갔다. 왕빙의 방문을 거절하지는 않았지만 거의 말이 없었으며, 그래서 대화에 어려움을 겪었으며, 종종 오랫동안 아무도 만나지 않으면서 말을 잊어버린 것이 아닌가, 라는 생각이 들게 하기도 했는데, 말을 꺼내도 그게 무슨 말인지 알아듣기 힘들었다. 왕빙이 질문했다. "당신은 이름이 없습니까?" 남자가 대답했다. "이름, 없다."

이 남자는 촬영을 거부하지 않았다. 왕빙은 천천히 촬영을 시작했다. 언제나처럼 다른 영화를 진행하거나 준비하기 위해, 때로는 긴급하게 누군가를 찍기 위해 다른 장소에 가야만 했다. 왕빙의 말에 의하면 두세 달에 한 번씩 이 남자가 사는 장소로 돌아왔다고 한다. 때로는 반년 가까이 걸렸다. 이 남자는 언제나처럼 그 장소에 머물러 있었다. 머문다기보다는 그 땅의 일부처럼 보였다, 고 왕빙은 말했다.

그런 과정을 거쳐서 촬영한 분량을 2009년에 한 편의 영화로 편집했다. 영화 제목을 (중국어 제목으로) 〈이름 없는 남자〉로 지었다. 촬영이 끝난 다음에도 계속해서 이 남자가 사는 장소를 방문했다. "계속해서 만났지만 내가 이 사람의 과거에 대해서 아는 건 거의 없습니다. 내가 질문하지 않았고, 아마 이 사람도 내게 대답해주지 않았을 것입니다. 어쩌면 이 사람은 내가 누군지 알지 못할 것입니다. 우리는 그렇게 서로 만나고, 그렇게 찍었고, 그렇게 서로를 알고 지내고 있습니다."

3

조르주 디디-위베르만은 2009년부터 '역사의 눈L'oeil de L'histoire' 이라는 큰 제목 아래 미뉘 출판사에서 일련의 연작을 발표하였다. 그리고 2012년 『전시된 사람들, 엑스트라 사람들Peuples Exposé, Peuples Figurants』이라는 제목으로 네 번째 책을 썼다. 참으로 까다로운 제목 이다. 'Peuples'를 '사람들'이라고 옮기긴 했지만, 아무래도 책 내용에 따라 다르게 옮기는 편이 나을 것 같다. 이 책에서 디디-위베르만은 로베르토 로셀리니, 피에르 파올로 파솔리니 그리고 왕빙의 영화를 다루고 있다(물론 영화뿐만 아니라 사진과 구상미술도 다루고 있다). 로셀리니 영화에서라면 사람들, 이라고 해도 괜찮지만 파솔리니 영화에서라면 민중들, 로 옮겨야 할 것이다. 그리고 왕빙 영화에서라면 인민들, 이라고 불러야 할 것이다. 디디-위베르만도 이 단어가 어떻게 서로 다른 역사, 서로 다른 영토, 서로 다른 문턱 사이에서 다시 자리를 분배받고, 치환되는 과정에서 단절이 벌어졌으며 거기서 정치적 불연속이 개입되었는지 설명한다. 아마 디디-위베르만의 미학에 관한 전문가들이라면 여기서 멈추지 않고 'exposé'에 대한 번역에 긴 주석을 요구할 것이다. 그걸 설명하기 위해서는 발터 벤야민과 알랭 바디우의 도움을 구해야 할 것이다.*

---

* 이 책이 여문주 번역가의 번역으로 『민중들의 이미지: 노출된 민중들, 형상화히는 민중들』로 현실문화A에서 출간된 것을 뒤늦게 알았다. 이 책의 원제는 "L'oeil de L'histoire 4: Peuples Exposés, Peuples Figurants"이다. 우선 '민중들의 이미지'라는 제목은 번역자가 새로 단 것(일 것)이다. 원제를 직역하면 '역사의 눈 4'이다. 부제에서 'exposés'를 '노출된'으로 옮겼는데, 1장과 2장 그리고 3장에서 도서관이나 연구소, 개인 소장 등 여러 가지 경로로 전시된 이미지를 다루고 있다는 점에서 '노출'보다는 '전시'에 가깝게 여겨졌다. 또 다른 부제 'figurants'는 '형상화하는'으로

내 논점은 거기에 있지 않다. 디디-위베르만은 〈이름 없는 남자〉를 본 다음 왕빙의 작업에 관해서 내가 한 번도 생각해보지 못한 가설을 제안하였다. 디디-위베르만은 '이름 없는 남자'를 구경하는 대신, 바라보는 대신, 관찰하는 대신, 반대로 '이름 없는 남자'가 우리를 기다리는 사람으로 만든다고 설명한다. 이 결론의 중간 단계를 건너뛰었기 때문에 어리둥절할 수 있다. 디디-위베르만은 아비 바르부르크의 이론을 정식화하면서 이론의 계보를 거슬러 올라가 야코프 부르크하르트가 이미 제시한 존속하는 생명으로서의 '잔존survivance/Nachleben'이라는 이미지를 역사적 생명으로 설명했다. 이제까지 모두 이미지 앞에서 의미만을 생각하고, 그 과정에서 그 안에 함께 머물며 견디고 있었던 생명을 망각했기 때문에 우리는 다른 계보를 세워야 한다고 길게 설명했다. 어쩔 수 없이 푸코의 작업이 떠오르지만 디디-위베르만은 지나치게 자신의 영역을 확장하지는 않는다. 그는 계속해서 도판을 제시했고, 이미지를 끌어들였다. 여기서 미술은 인류학과 뒤섞이기 시작했다. 디디-위베르만은 계측학이라는 말을 더 좋아할 것이다. 계보 바깥의 계보. 연대기 안에서 그것을 함께 살아 있게 만들었던 실

옮겼는데, 4장에서 뤼미에르형제의 〈뤼미에르 공장의 출구Sortie des Usines Lumière〉에서 퇴근하는 익명의 노동자들로 시작해서 에이젠시테인의 〈파업Strike〉의 이름 없는 파업 노동자들, 로셀리니의 〈스트롬볼리Stromboli〉 속 잉그리드 버그만과 섬사람의 대조, 파솔리니 영화에서의 하층민들이 모두 이미지의 '엑스트라들'이라는 걸 설명하고 있기 때문에 나는 이 단어를 '엑스트라'로 읽었다. 그리고 'peuples'는 '민중'으로 옮겼는데 민중이라는 말이 가진 복합적인 의미에서 여기서는 중성적인 '사람'으로 옮겼다. 에필로그에 해당하는 〈이름 없는 남자〉만을 발췌 번역 한다면 '인민'이라고 번역해야 할 것이다. 그래서 책 전체를 아우르는 번역어로 '사람'을 제안해본다.

재들. 세 개의 실재의 모습. 이 힘을 통해 역사적 생명을 끌어내는 시간의 (디디-위베르만은 이렇게 불렀는데) '이상한 변증법'. 리좀, 반복, 징후로 공식적인 역사와 '낯설고 불안하게' 남아 있는 흔적 사이에서 잔존하는 이미지는 버려진 요소, 쓸모없는 것처럼 다루어지고 그래서 부정적 실재로 불려왔다. 하지만 그럼에도 불구하고 지속되고 사라진 상태를 증언하고 그 과정에서 필연적으로 은폐된 실재로 머물면서 미약하고 감지할 수 없으면서도 우리 앞에 침입이라고 말할 수밖에 없는 유령적 실재로 나타나는 잔존은 역사의 특정 순간에 이미지로 문화를 응축시키고 결정화시키고, (다른 표현이 필요하다면) 중층결정시켜서 한순간 섬광처럼 나타난다. 부정적 실재, 은폐된 실재, 유령적 실재 사이의 변증법. 디디-위베르만은 잔존하는 이미지를 역사의 '반딧불들les lucioles'이라고 아름답게 비유하였다. 잔존의 자리에 '이름 없는 남자'를 대입하면 왜 디디-위베르만이 이 영화에 매혹되었는지 쉽게 이해할 수 있을 것이다. 하지만 논의는 좀 더 밀고 나아간다. '이름 없는 남자'라는 사회의 엑스트라는 그의 과거, 그의 생각, 그의 이름, 사회에서의 그의 자리를 통해서가 아니라 누구와도 함께 군거하지 않는 고립된 생활 속에서의 노동이라는 단순한 몸동작을 통해 다가올 공동체, 미래의 공동체, 도래해야 할 공동체의 메시아적 지위를 얻는다고 말한다(여기서 나는 벤야민과 조르조 아감벤을 경유하는 설명을 건너뛰고 있다). 그리고 그 모습을 파솔리니가 〈미테복음〉에서 예수의 형상, 예수의 존재, 예수의 퍼포먼스를 통해 극영화로 그려냈다면 왕빙은 〈이름 없는 남자〉에서 다큐멘터리의 방법으로 중국 농촌의 이름을 알 수 없는 마을 근처에 혼자 살아가는, 이름을 알 수 없는 남자에게서 찾아냈다고 말한다. 그런 다음 왕빙은 '이름 없는 남자'의 노동에서 자신의 작업과의 유사성, 닮음, 친화감을 발견하였으며, 왕빙과 '이름 없는 남자'는 작업 과정을 통해서 변증법적 관계에 놓여 있다고 말한다.

　나는 좀 더 공격적으로 번역하고 싶다. 디디-위베르만은 'ses semblables'라고 말했다. 문자 그대로 '그들의 유사성'. 나는 이 문장을 옮기면서, 왕빙은 '이름 없는 남자'에게서 자신의 동포를 만났다, 라고 읽었다. 중국이라는 왕빙의 작업장. 그의 영화의 영토. 그의 카메라가 찾아다니는 사람들. 왕빙이 만나는 인민들, 그중에서도 '이름 없는 남자'는 왕빙의 고단한 동포일 것이다. 왕빙의 영화는 단 한 편도 중국에서 개봉된 적이 없다. 공식적으로 말하면 왕빙의 영화는 중국에 존재하지 않는다. 그의 작업에 협력하는 동료들이 있지만 한 줌도 되지 않는다. 1989년 6월 4일 '천안문사건' 이후 중국 영화에서 비합법적인 영역에 머물면서 독립적인 제작을 하는 지하전영이 있었지만, 이제는 대부분 흩어졌다. 많은 감독이 주선율主旋律이라 부르는 주류 영화에 합류했으며, 공식적인 정부 심의를 받고 있다. 지아장커, 왕샤오솨이, 러우예. 그리고 많은 이름. 어쩌면 2013년 시진핑 집권 이후 더 이상 우리 앞에 도착하지 못하고 있는지도 모른다. 왕빙은 그들과 거의 교류하지 않았다. 그는 묵묵하게 자기 할 일을 하는 것처럼 중국을 돌아다니면서 영화라는 노동을 한다. '이름 없는 남자'. 이 남자는 공식적으로 중국에 존재하지 않는 인민이다.

4
　'이름 없는 남자'가 사는 곳은 베이징을 둘러싸고 있는 허베이성 서북쪽에 자리한 장자커우시張家口市 남단의 줘루현涿鹿縣이다. 이렇게 소개하지만, 영화에는 여기가 어디인지 단 한 줄의 설명도 없다. 왕빙은 자기가 영화를 찍고 있는 장소를 영화가 시작할 때, 혹은 끝날 때 알려주었다. 그래서 그들이 그 장소에 존재하고 있음을 기록하였다. 하지만 여기에는 어떤 소개도 없다. 이유는 둘 중 하나일 것이다. '이름 없는 남자'를 보호하기 위해서이거나 이 정보가 '이름 없는 남자'에게 다가가는 데 방해가 되거나 오해를 불러일으킬 수 있다고 생각했기 때문일 것이다.

두 가지 이유에 대한 설명. 아마 이 설명이 방법에 대한 의문에 대답해줄 것이다. 이미 한 말을 한 번 더 하겠다. 나는 이 명제가 〈이름 없는 남자〉의 출발이자 이 영화에서 보호해야 할 질문이라고 생각하기 때문이다. 첫 번째 명제. '이름 없는 남자'는 거지流民가 아니다. 만일 그랬다면 왕빙은 관심을 가지지 않았을 것이다. 왕빙의 주인공들은 증언하거나 노동을 한다. 그렇지 않은 주인공들은 〈광기가 우리를 갈라놓을 때까지〉에서 정신병원에 갇혀 있는 환자들뿐이다. 그들은 노동할 기회를 박탈당했기 때문에, 그걸 하지 못한다. 대신 그들은 마치 말하기의 소명을 수행하기라도 하듯 쉴 새 없이 왕빙에게 무언가를 증언했다. 하지만 광기가 스며든 언어가 이성과 진실 사이에서 정처 없이 두리번거린다. 병원은 다른 시간과 세계의 입구가 된다. 반대로 〈이름 없는 남자〉에서 '이름 없는 남자'는 아무 말도 하지 않는다. 영화 내내 두어 마디 무언가를 말했지만, 곁에 있는 왕빙도 그 말을 알아듣지 못했다. 영화에는 그 말에 대한 자막이 없다. 수다와 침묵. 〈광기가 우리를 갈라놓을 때까지〉가 수다의 영화라면, 〈이름 없는 남자〉는 침묵의 영화이다. 다만 그것은 이 남자가 무언가를 세상으로부터, 중국으로부터, 이웃으로부터, 왕빙으로부터 방어하기 위한 기술이거나 전략인 것은 아니다. 여기서 침묵은 괄호이다. 이 자리에 있어야 할 말. 말이 수행하는 소통. 그 안에서의 증명, 설명, 질문, 의견, 거기서 연결되는 일련의 집합들이 공백 상태로 머물 때 무엇이 그 자리를 메우는가. '이름 없는 남자'는 노동으로 실행한다. 노동은 '이름 없는 남자'가 스스로 자신의 존재를 증명하는 방법이다. 그러므로 왕빙은 바로 그것을 찍는다. 두 개의 방법 사이의 공명. 디디-위베르만이 변증법이라고 불렀던 관계. '이름 없는 남자'는 봄이 오면 땅에 씨를 뿌리고, 그것들이 잘 자랄 수 있게 경작하고, 여름에 잡초를 뽑고, 여름이 기울어가자 열매를 거두고, 끓는 물에 익혀서 음식을 만들어 먹는다. 그리고 가을이 오면 모아둔 씨를 거두어 이듬해를 준비한다. 이 남자는 그 과정을 누구의 도움도 구하지 않고 혼자 한다. 그래서 자신의 노동으로 감당할 수 있는 만큼만의 땅에서 수확할 수 있는 만큼만의 경작물을 키우고 거두는 것처럼 보인다. '이름 없는 남자'는 욕심이 없는 농민이다.

왜 농민이 중요한가. 중국의 역사를 아래로부터 떠받치면서 토대를 이루며 긴 역사를 통과해온 다섯 개의 계층이 있다. 기술을 가진 사람들, 공工. 농촌에서 쌀을 경작하고 대륙의 인구를 위해 먹을 것을 키운 농민들, 농農. 계속해서 뒤바뀐 왕조의 서로 다른 나라들 사이에서, 그리고 속에서 전쟁을 했던 병사들, 병兵. 지식을 사유하고 그것을 제자들에게 나누어 주고 책으로 써서 전수한 학자들, 사士. 서로 다른 계층 사이를 오가면서 장사를 한 상인들, 상商. 그중에서도 농민은 으뜸으로 중요한 계급이었다. 왜냐하면 사람은 먹어야 살 수 있기 때문이다. 사회주의 중화인민공화국 건설을 위해 혁명 투쟁을 하면서 마오쩌둥은 다른 역사의 혁명 지도자들처럼 계속해서 인민들과 혁명 동지들을 위해 문건을 작성했다. 마오쩌둥은 몇 번이고 농촌의 중요성을 자신의 동지들에게 반복해서 환기시켰다. 국민당 정부군에 쫓기면서도 마오쩌둥은 1927년 「후난湖南 농민운동 조사 보고」라는 문건을 작성하면서 "모든 권력을 농민회로!"라고 주장하였다. 하지만 혁명이 성공하고 사회주의 중화인민공화국이 건설되자 다섯 개의 계층은 다른 모습으로 변해갔다. 기술자들은 노동계급이 되었고, 병사들은 인민해방군이 되었으며, 학자들은 지식인이 되었고, 상인들은 사업가가 되었다. 그리고, 그리고, 그리고 농민들은 민공이 되었다. 민공. 도시에 와서 일하는 농민들. 그들은 돈을 벌기 위해 고향 농촌을 떠나 도시에 와서 일을 했고, 일이 끝나면 다시 고향에 돌아가기를 반복하는 삶을 살아야 했다. 낮은 계층 중의 낮은 계층. 농촌은 피폐해졌고, 기술이 없는 그들은 낮은 임금을 받고 일시적으로 취업하고 다시 실직을 반복하는 불안정한 상태에 놓이게 되었다. 그럼에도 많은 젊은 세대가 농촌을 떠나기 시작했다. 하지만 아무도 그들을 기다리지 않았다. 그들은 도시에서 각자의 방식으로 착취당했다. 하지만 변하지 않은 것은 무엇인가. 사람은 먹어야 살 수 있다는 것이다. 농촌은 어디로 가는가. 농민은 어디에 있는가. '이름 없는 남자'는 농민이다. 이 남자는 민공이 되기를 기부히고 지기의 땅에서 자기 손으로 경작하면서 자립하는 농민이다. 그래서 이 남자는 중국 정부에 위험한 사람이다. '이름 없는 남자'는 중국 정부의 국가 경제계획을 거절하고, 중앙 관리 체제를 무시하고, 마치 중국 외부에 혼자 머물기라도 하는 것처럼 살아간다. '이름 없는 남자'는 단순하게 혼자 살아가는 것이 아니다. 이 남자는 체제 바깥에 머물고 있다. 나는 좀 더 개념적으로 이 남자를 설명하고 싶다. '이름 없는 남자'는 자발적으로 무산계급을 선택한 사람이다. 무슨 뜻인가. 무산계급과 유산계급의 모순에서 시작한 투쟁의 대립성을 무효로 만드는 것이다. 무슨 일이 벌어지는가. 여기서 투쟁과 개입의 장소로서의 경제를 포기하는 순간 주요모순의 국면이 바뀌어야 한다는 결론으로 이끌리게 될 것이다. 이것은 불길한 소식이다. 잊지 않기 위해 당신을 다시 한번 일깨워주겠다. 여기는 사회주의 중화인민공화국이다. 단 한 명의 '이름 없는 남자'는 문제가 되지 않을 것이다. 하지만 1만 명의 '이름 없는 남자'는 수수방관하지 않을 것이다. "한 알의 불씨가 광야를 태울 것이다星星之火 可以燎原"라는 말을 한 사람은 누구인가. 1930년 1월 5일, 마오쩌둥. 왕빙은 농민 중의 농민을 지금 찍는 중이다. 같은 말의 다른 판본. 왕빙은 모순 중의 모순을 지금 찍는 중이다. 같은 인물을 중국 바깥에서 찍었다면 사소한 영화가 되었을 것이다. 중국에서 찍은 〈이름 없는 남자〉는 정치적 논쟁을 넘어서서 중국 역사 전체를 배경으로 한 사회주의 체제 안의 자본주의 생산력을 상대로 하는 투쟁이 된다.

부연 설명을 해야 할 것이다. '이름 없는 남자'는 고립되어 있지만, 이 말이 조심스러운데, 이 남자는 고립된 상태로 던져진 것이 아니라, 고립이라는 상황을 그 스스로 선택한 것으로 보이기 때문이다(계속 이어지는 이 애매한 말투를 용서해주기 바란다. 왕빙은 어떤 정보도 알려주지 않았는데, 물론 왕빙도 거기에 대해 아는 바가 없기 때문이다). 분명히 그가 머무는 장소 가까이 마을이 있다. 그리고 조금만 더 멀리 나가면 차가 다니는 아스팔트 길이 있다. 이 남자는 그

길을 따라 걷기까지 한다. 하지만 '이름 없는 남자'는 마을 가까이 다가가지 않는다. 만일 사람들과 만나고자 했다면, 사람들과 어울리고자 했다면, 그 형식을 따져 묻지 않는다면, 언제든지 마을 안으로 들어갈 수 있었다. 물론 그 형식은 일차적으로 구걸이었을 것이다. 그렇게 먹을 것을 구하고, 돈을 구하고, 그들에게 노동을 제공한 다음 품삯을 받고, 기타 등등. 하지만 '이름 없는 남자'는 반대의 방향으로 향한다. 그 선택을 왕빙도 따른다. 왕빙은 단 한 명의 마을 사람도 만나지 않았고, 그들에게 '이름 없는 남자'에 관해서 물어보지도 않았으며(틀림없이 왕빙에게 이 남자에 대해 알려준 사람은 이 마을 사람일 것이다), '이름 없는 남자'의 발길을 따라가면서 멀게나마 보이는 마을에는 다가가지도 않는다.

5

현재 폭발하고 있는 농민운동은 하나의 중대한 사건이다. 조만간에 중국의 중부, 남부 그리고 북부 지방에서는 수억 농민들이 폭우를 수반하는 격렬한 태풍과도 같이 들고일어날 것이고, 그 속도의 격렬함은 아무리 거대한 힘이라도 막지 못할 것이다. 그들은 자신들을 구속하고 있는 모든 장애물을 쓸어버리고 해방의 길을 향해 돌진할 것이다. 그들은 모든 제국주의자, 군벌, 탐관오리, 토호 신사들을 쓸어내 무덤 속에 처넣을 것이다. 모든 혁명 정당과 혁명 동지들도 시험대에 오르게 되어 그들이 결정한 대로 수용되거나 거부당하게 될 것이다. 다만 세 가지 선택의 길이 남아 있다. 그들의 선두에 서서 지도력을 발휘할 것인가? 뒤꽁무니에 처져서 흉내나 내고 비평이나 하고 있을 것인가? 아니면 그들과 맞서 대항할 것인가? 중국인이면 누구나 다 선택은 자유이다. 하지만 사태는 여러분이 빨리 선택하지 않으면 안 되도록 들이닥칠 것이다.[*]

6

두 번째 명제. '이름 없는 남자'는 길바닥에서 자지 않는다. 이 남자는 바위틈 사이의 토굴 안에서 잔다. 게다가 토굴 근처에 흙벽을 쌓아서 지은 창고도 있다. '이름 없는 남자'는 이 토굴에서 잠을 잘 뿐만 아니라 음식도 만들어 먹는다. 이 남자는 여기 일시적으로 머무는 것이 아니다. 한겨울의 추위를 피하기 위해서는 물론 무더운 한여름에도 이 토굴 안에서 생활한다. 낮에는 토굴에서 나가 일하고 점심이 되면 토굴에 돌아와서 밥을 해 먹거나 채소로 죽을 만들어 먹는다. 그런 다음 다시 일하러 나간다. 밤이 되면 이곳으로 돌아와서 잠을 잔다. 말하자면 집이 있다.

이 서술이 〈이름 없는 남자〉에서 '이름 없는 남자'의 일상생활을 묘사한 것이라 여기면서 누군가는 처음부터 그 동선을 따라갈 것이다. 물론 나는 잠시 후에 그렇게 할 것이다. 하지만 그 전에 먼저 이 영화가 집에서 시작하고 있음을 생각해야 한다. 중국에서 집이라는 기호. 중국의 역사 속에서 집은 계속해서 독해를 요구해왔다. 차라리 이렇게 말하고 싶다. 중국에서 집은 역사의 알레고리이다. 집과 세계 사이의 관계. 집에 대한 끝없는 중앙정부의 간섭. 집을 얻기 위한 인민들의 역사. 그 둘 사이의 긴장

---

[*]   마오쩌둥, 「후난 농민운동 조사 보고」, 1927년 3월.

관계. 그런데 '이름 없는 남자'는 지금 이 관계를 무효로 만들고 있다. 같은 말의 다른 판본. 이 남자는 자신의 삶으로(여기서 변화의 방향을 나타내는 격조사를 사용하고 있음을 주목해주기 바란다) 중국에서 집이라는 기호가 지니는 역사의 알레고리를 말소시키고 있다. 그렇게 함으로써 반대의 방향에서 그 의미를 질문하게 만든다.

왜 이 문제가 중요해졌는가. 왕빙이 '이름 없는 남자'의 삶에서 그가 자신의 방식과 중국 안에서의 집의 역사적 의미를 분리시키고 거기서 다시 시작하며 바라보고 있는 것은 무엇인가. 이 남자가 단지 외곽에 머물면서 극한적인 위치에 서 있다는 것이 핵심이 아니다. 그는 거기서 더 나아가 재위치시키고 있는 중이다.

중국에서 집을 설명하기 위해서는 길게 우회해야 한다. 1949년 공산당이 국민당과의 긴 내전에서 승리하고 중국에 사회주의 중화인민공화국을 건설했을 때 가장 먼저 한 일 중 하나는 행정의 재편이었다. 그래서 노동 현장을 당의 지도 아래 두면서 중앙정부의 세포로 다시 분류하고 연결하는 '단웨이單位'라는 명칭 아래 세분화했고, 인구를 개인화하여 관리하는 대신 가구를 중심으로 호적으로 분류한 다음 '후커우'라는 명칭을 부여하여 호적 아래 재편시켰다. 이때 집은 중요한 분류 기준이 되었다. 그리고 개개인을 다시 계급으로 나눈 다음 그들의 혁명 이전의 연좌제를 동원하여 '청편成分'을 부여하였다. 공산당은 중국 인민을 열세 개의 계급으로 나누었고 여기에 따라 그들의 직장 취업을 제한하였으며, 노동 작업 현장을 관리하였고, 그들 자식의 학교 진학을 통제하였다. 이 '청편'은 1979년 덩샤오핑 체제 아래 폐지될 때까지 지속되었다. 이제 계급

모순은 해결되었는가. 아니면 더 이상의 구분은 무의미할 만큼 체제의 안정을 얻었는가. 혹은 이 구분이 새로운 중국의 발전에 방해가 되고 있는가. 아마 쉽게 대답하기 어려울 것이다. 중국 근대사의 연구자들도 '청편'의 폐지에 대해 서로 다른 설명을 한다. 내 요점은 거기에 있지 않다. 문화혁명이 끝난 다음 마오쩌둥의 빈자리에서 그의 혁명 동지들은 이제 비로소 진정한 근대화를 시작할 시기가 되었다고 판단했다. 이 근대화는 중국의 자본주의 도입을 의미하는 것이었다. 1978년 저우언라이는 「사회주의식 현대화의 올바른 노선」이라는 문건을 발표하면서 '4개 근대화 정책四介現代化運動'을 내세웠다. 다시 한번 '태평천국의 난'이 벌어졌다. 홍위병들의 자리에 인민해방군이 돌아왔다. 문화혁명 기간 내내 지식인들과 상인들은 비판의 대상이었고, 그들은 교정받기 위해서 농촌으로 '하방'되어야 했으며, 거기서 농민들에게 배워 다시 시작해야 했다. '근대화 정책'은 지식인과 상인들을 노동계급으로 '격상'시켰다. 이 과정에서 그 자리에 있던 공장노동자들과 농민들은 문자 그대로의 토대의 자리에 보내졌다. 이제 막 시작한 공장 근대화 과정에서 노동자들은 낮은 임금과 기계의 부품처럼 바로 거기, 공장에 던져졌다. 왕빙은 〈철서구〉〈석탄, 돈煤炭, 錢Coal Money〉〈15시간十五個小時15Hours〉에서 그것을 찍었다.

농촌의 상황은 복잡해졌다. 이미 문화혁명 당시에 농가 생산 책임제는 무너져가고 있었다. '4개 근대화 정책'은 농촌이 스스로 시장경제로의 회귀를 시작한 다음에 발표된 것이었다. 중앙정부는 눈을 감고 있었다. 이미 이 변화를 막을 수 없을 만큼 천안문 안 공산당의 계획경제는 실패했기 때문이다. 농민들은 이제 중앙정부 바깥에서 그들 스스로 살아남아야 했다. 많은 중국 근대사 연구자가 중국의 급속한 경제성장은 도시에서 농촌으로 진행된 것이 아니라, 농촌에서 도시로 진행된 것이라고 설명한다. 수많은 농촌 인구가 국영농장을 떠나 가족농으로 회귀하거나, 자신의 고향 또는 고향을 떠나 도시에서 상점을 열어 상인이 되었고, 좀 더 모험적인 농민들은 이 과정에서 사업가로 변신하였다. 이 이야기는 아름다운 줄거리를 가지고 있지 않다. 우리는 18세기 자본주의가 유럽에서 얼마나 폭력적으로 진행되었는지에 관한 역사를 알고 있다. 자본주의 역사에는 예외의 규칙이 적용되지 않는다. 무슨 일이 벌어졌는가. 수많은 농민이 구직을 위하여 그들의 집을 떠나서 중국의 도시를 떠돌기 시작했다. 농민이 집을 떠난다는 것은 그들의 땅을 떠난다는 뜻이다. 농민이 땅을 떠난다는 것은 더 이상 농민이 아니라는 뜻이다. 떠도는 공민들. 집에 머무는 '이름 없는 남자'. 집에서 시작하는 영화.

7

　〈이름 없는 남자〉에는 왕빙과 이 남자 사이의 대화가 단 한 마디도 없다. 왕빙은 어떤 질문도 하지 않고 그저 묵묵히 따라다닐 뿐이다. 영화는 마치 질문을 잊어버린 것처럼 보인다. 이 남자 역시 왕빙에게 아무 말도 걸지 않는다. 혹은 질문하지 않는다. 분명히 카메라가 바로 곁에서 찍고 있는데 눈길 한번 주지 않는다. 매우 먼 길을 걸어가는 동안 때로는 궁금해서라도 돌아볼 것 같은데 잊어버린 듯, 아니면 개의치 않는다는 듯, 돌아보지도 않는다. 물론 단 한 장면도 몰래카메라의 방법으로 찍은 장면은 없다. 또한 그 장소에 카메라를 세워놓고 왕빙이 다른 데로 간 것도 아니다. 다큐멘터리에서는 곁에 누군가, 사람이란 존재가 있는 것을 부담스러워하기 때문에 인물의 내밀하고 사적인 활동, 개인적인 삶의 리듬, 리듬의 디테일을 찍기 위해서 그런 방법을 사용하기도 한다. 하지만 내내 카메라를 들고 찍었고, '이름 없는 남자'가 앉아 있을 때조차도 카메라의 흔들림이 화면에 보이기 때문에 그럴 리가 없다. 그래서 어느 순간부터 카메라가 이 남자의 활동의 일부처럼 보이기 시작한다. 하지만 항상 곁에 붙어 있는 것은 아니다. 때로 왕빙 쪽에서 이 남자를 물끄러미 바라보고 있을 때도 있다. 그래서 이 남자가 길을 따라 저 멀리 멀어져 가고 있는데도 카메라는 이쪽에 멈춰 서서 그저 저쪽을 바라보고만 있기도 한다. 무슨 일이 있어서가 아니다. 그렇다고 거기서 무슨 의미를 찾는 것은 무용한 일이다. 왕빙은 분명히 거기서 어떤 판단을 하고 있지만, 영화에서 그것에 관한 흔적을 남기는 법이 없다. 언제나 흔적은 영화의 과정에 머물고 그때마다 다소 추상적인 개념으로 그것에 관해 사유하고 언급할 수는 있겠지만 대부분 파토스의 감정을 느껴볼 뿐이다.

그러면 이 영화는 '이름 없는 남자'와 카메라의 관계인가. 다른 질문이 기다리고 있다. '이 남자'와 '이 남자 사이의 대화'가 없는 것이지 〈이름 없는 남자〉에 소리가 없는 것은 아니다. 그러면 카메라는 어디에 있는가. 왕빙은 카메라가 향하는 방향으로 지향성 마이크를 카메라에 부착한 다음 촬영을 했다. 그런데 〈이름 없는 남자〉에서는 무선마이크를 '이름 없는 남자'에게 부착하였다 (나는 왕빙이 사용한 마이크의 종류를 알지 못한다). 여기서 '이름 없는 남자'와 왕빙 사이가 일대일의 관계가 되었기 때문에, 이 둘 사이의 관계를 중계하는 마이크의 존재를 설명하는 것이 중요하다.

먼저 위치라는 문제. 처음 〈이름 없는 남자〉를 보았을 때 마이크의 위치 때문에 화면과 소리가 분리되고 있다는 느낌을 받았다. 토굴에서 '이름 없는 남자'가 기어 나올 때 이 문제에 대해서 별다른 집중을 하지 않고 보고 있었다. 그런데 이 남자를 따라가면서 발걸음 소리가 카메라를 들고 있는 사람, 그러니까 왕빙이 아니라 이 남자의 것이라는 걸 깨달았다. 카메라는 여기에 있는데 발걸음 소리는 카메라의 대상에 달라붙어 있는 것이다. 만일 극영화라면 당연한 녹음 방식이다. 하지만 다큐멘터리라면 다른 문제이다. 이 남자는 눈 덮인 작은 언덕을 따라 내려갔고, 그 언덕을 내려가는 길은 하나밖에 없었으며, 그래서 카메라는 지켜본 다음 뒤따라 내려갈 수밖에 없었다. 이 남자는 먼저 내려 갔고, 왕빙이 카메라를 들고 내려가는 사이, 이 남자는 카메라에서 멀어져 갔다. 하지만 발걸음 소리는 조금도 멀어지지 않았다. 그리고 기침 소리를 들었다. 왕빙이 아니라 '이름 없는 남자'의 기침이었다. 겨울바람이 불고 있고, 그 소리가 고스란히 마이크에 잡히고 있었다. 카메라와 이 남자의 거리라면 그 기침 소리는 들리지 않았을 것이다. 하지만 기침 소리는 마치 바로 곁에서 들리는 것 같았다.

기술적으로만 접근하면 이 소리를 후반 녹음 믹싱 과정에서 삭제하는 것은 아주 쉬운 일이다. 이 장면의 바람 소리를 다른 장면의 바람 소리로 대체하면 되기 때문이다. 바람 소리는 눈에 보이는 것이 아니기 때문에 누구도 구별하지 못할 것이다. 같은 말의 다른 말. 누구도 동시녹음을 의심하지 못할 것이다. 왕빙은 그걸 누구보다도 잘 알고 있었을 것이다. 하지만 그렇게 하지 않았다. 무슨 뜻인가. 카메라가 아니라 '이름 없는 남자'에게 마이크가 달려 있다는 걸 알려주는 것이 중요했다는 말이다.

이게 왜 중요한가. 첫 번째 추론. 영화에는 소리의 상상적 착 시효과가 있다. 화면에서 멀리 떨어져 있는데도 두 사람의 대화 장면을 들리게 연출하면 영화를 보는 우리는 순간적으로 화면과 인물 사이의 거리를 잊어버린다. 왕빙은 '이름 없는 남자'를 따라 가면서 허허벌판처럼 펼쳐진 장소를 예상할 수 없는 동선으로 이 동하는 이 남자의 곁에 머물러 있는다는 원칙을 세우기는 했지만, 이는 종종 카메라에서 멀어질 수 있는 이 남자를 끌어당기는 방 법이었을 것이다. 하지만 반론. 앞서 말한 기침 소리를 다시 불러 오겠다. 카메라 앞에서 멀어져 모습이 보이지 않을 정도의 거리에 서 이 남자가 기침을 할 때 일차적인 반응은 이 소리가 어디서 나 고 있지, 라는 의문을 품고 소리의 출처를 찾는 것이다. 상상적 착 시효과는 대상에서 오는 것이 아니라 대상의 행위에서 오는 것이 다. 그런데 행위가 보이지 않을 때 대상과 소리는 서로 분리된다. 그러므로 두 번째 추론. 한 번 더 기침 소리로 돌아가보자. 기침 소 리라는 기호. 육신의 상태에 관한 신호. 병원에서 의사는 환자에 게 청진기를 들이댄 다음 가끔 기침을 요구한다. 왕빙은 '이름 없 는 남자'와 어떤 대화도 기대하지 않았을 것이다. 만일 그게 가능 했다면 왕빙은 기다렸을 것이다(《허펑밍》《사령혼》). 하지만 그게 가능하지 않다면 왕빙은 시도하지 않는다(《원유》《광기가 우리를 갈 라놓을 때까지》). 인터뷰하지 않는다, 는 왕빙의 다큐멘터리 원칙이 아니다. 그런 다음 〈이름 없는 남자〉의 소리를 다시 정리해보았 다. 이 남자가 먹는 소리, 마시는 소리, 이따금 한숨 쉬는 소리, 알 수 없는 말을 중얼거리는 소리. 이때 이 소리는 카메라가 곁에 있 기 때문에 잡히는 소리가 아니라 이 남자의 몸에서 들려오는 소리이다. 이 소리는 육신의 기록이다. 그러므로 이렇게 설명할 수 있다. 카메라는 '이름 없는 남자'를 육신의 바깥에서 기록하고 마이크는 육신의 내부를 기록한다. 그리고 이것은 〈이름 없는 남자〉의 두 가지 원리이다.

8

〈이름 없는 남자〉는 〈철서구〉를 완성한 이후에 시작되었다. 왕빙의 필모그래피, 그러니까 영화의 순서에 따라 촬영의 차례를 설명하는 것은 부질없는 짓이다. 왕빙은 1995년 베이징전영학원 촬영과 진학반 재학 시절에 이미 선양 철서구에서 사진을 찍었다. 그런 다음 1999년 11월에 영화 촬영을 시작했다. 잘 알려진 대로 〈철서구〉는 2003년에 완성되었다. 작품 목록을 따라가면 다음 영화는 〈허펑밍〉이고, 이 영화는 2007년에 칸영화제에서 첫 상영을 했다. 하지만 한참 뒤에, 그러니까 2018년에, 〈사령혼〉을 보게 되면 2005년 10월 31일 병석에 누워 있는 가오구이팡을 인터뷰한 촬영 장면이 등장한다. 〈사령혼〉은 〈철서구〉 이후 내내 진행되고 있었다. 왕빙은 '이름 없는 남자'를 2006년에 처음 만났다고 했다. 이 만남은 〈허펑밍〉보다 앞서는 것이다. 그런데 허펑밍을 만나게 된 계기는 왕빙의 유일한 극영화 〈자벤거우〉를 준비하는 과정에서였다. 이 영화는 2008년 10월에 촬영을 시작해서 이듬해 1월에 종료하였다. 그 사이인 2007년 왕빙은 고비사막 화투거우花土溝에서 상영시간 열네 시간의 〈원유採油日記Crude Oil〉를 찍었다.

장황하게 〈이름 없는 남자〉의 주변을 설명한 이유가 있다.

이 영화는 겨울에 시작해서 봄을 지나 여름을 지낸 다음 가을이 저물 때 끝난다. 영화만 보면 사계절을 따라가면서 찍은 것처럼 보인다. 하지만 이미 밝혔듯이 왕빙은 내내 장자커우시 줘루현에 머물며 '이름 없는 남자' 곁에서 촬영한 것이 아니다. 그는 다른 영화를 준비하거나 촬영하면서 시간이 허락할 때마다 다시 돌아와서 이 남자를 찍었다. 만일 물리적인 기록으로 말한다면 영화에서 같은 계절은 두 번 반복되어야 한다. 하지만 그렇게 하지 않았다. 무슨 뜻인가. 이 남자에게 생활은 계절로 순환하고 있다는 의미이다. 올해의 봄은 작년 봄의 반복이며, 올해의 여름은 내년에 반복될 것이다. 가을은 다시 찾아올 것이고, 겨울은 언제나 때가 되면 시작할 것이다. 농민의 시간, 농민의 사이클. 이렇게 표현해도 과장이 아닐 것이다. 아무도 멈출 수 없는 우주적이고 물리적인 교리. 계절은 현재이자 과거의 순환이며 미래의 도래이다. 이 순환은 농민의 시간이다. 그러므로 '이름 없는 남자'는 오직 계절에만 복종한다. 그래서 〈이름 없는 남자〉의 무대는 소유권이라는 의미에서 주인 없는 허허벌판이지만 동시에 변화하는 계절이라는 시간이다. 헐벗은 이 영화가 우주의 운동을 어떤 조건 없이 긍정할 때, 그래서 계절이 바뀔 때마다, 이상할 정도로 보는 쪽의 마음을 움직이는 것은 거기서 농민을 긍정하기 때문일 것이다. 나는 이미 중국에서 농민이라는 기호를 설명했다.

9

첫 장면은 눈 덮인 풍경 저 멀리 보이는 집 한 채이다. 한눈에도 폐가처럼 보인다. 하지만 '이름 없는 남자'는 거기 살고 있지 않다. 입구를 막고 있는 내용을 알 수 없는 꾸러미들을 밀치고 바위 사이의 토굴에서 한 남자가 기어 나온다. 아마도 꾸러미들은 차가운 겨울바람을 막기 위한 방풍 역할을 하는 물건들이었을 것이다. 이 장면은 마치 '이름 없는 남자'가 동면에서 깨어나는 것처럼 보인

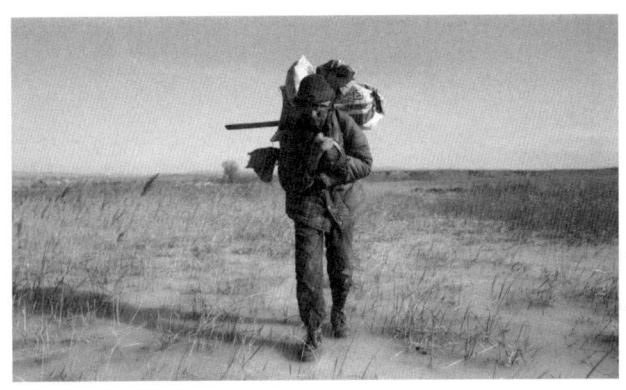

다. 하지만 사람은 겨울잠을 자지 않는다. 게다가 아직 겨울이 끝나지도 않았다. 털모자를 쓰기는 했지만, 장갑을 끼지는 않았다. 이 남자를 따라가지만, 주변 어디에도 사람들의 인기척은 느껴지지 않는다. 그러나 이 남자가 세상과 동떨어진 곳에 사는 것 같지는 않다. 왜냐하면 멀리서 자동차 소리가 들리기 때문이다. 게다가 저 멀리 마을도 보인다. 하지만 이 남자는 가까이 다가가지 않는다. 이 남자는 포대 자루를 메고 힘겹게 걸어간다. 그 걸음이 꼭 길을 따라 걷는 것은 아니다. 금방 길을 이탈해서 들판을 걷는다. 왕빙은 곁에 있다가 멀어지기를 반복한다. 이 남자가 쫓아오지 말라는 신호를 준 것도 아니다. 아니, 이 남자는 카메라가 곁에 있건 멀리 있건 개의치

않는다. 몹시 힘든 것처럼 보인다. 그렇지 않다면 눈이 쌓인 땅바닥에 그렇게 주저앉을 리가 없다. 바지가 젖을 텐데, 라는 염려에 아랑곳하지 않고 지쳐서 그렇게 앉아 있던 사내는 포대 자루를 풀어 내용물을 쏟아붓는다. 그 안에 들어 있던 것은 아무 쓸모없는 흙무더기다. 지금 주변 온 사방이 허허벌판 흙이다. 그런데 왜 이 흙무더기를 담아서 여기까지 메고 온 것일까. 그걸 왜 여기에 쏟아붓는 것일까. '이름 없는 남자'는 쏟아부은 흙무더기 위에 올라가 발로 밟아서 다진다. 그리고 그 자리를 떠난다. 돌아가는 길에 이 남자는 길바닥에 떨어져 굳은 똥 덩어리를(나는 우회해서 단어를 고르고 싶지 않다) 줍는다. 아마도 말이나 소의 똥 덩어리처럼 보인다. 어쩌면 양의 똥일지도 모른다. 저 멀리 양 떼가 보인다. 그리고 경운기도 보인다. 이 남자는 똥 덩어리를 정성스럽게 남김없이 손으로 주워서 빈 포대 자루에 넣는다. 눈이 내리기 시작한다. 그걸 메고 가는데 한 사람이 자전거를 타고 지나간다. 충분히 편집할 수 있었지만 왕빙은 이 장면을 손대지 않았다. 자전거를 탄 사람은 눈길 한번 주지 않고 지나간다. 이 남자는 돌아보지 않는다. 그 둘은 서로가 서로를 보지 못하는 평행 세계의 질서에 속해 있는 것처럼 보인다. 영화가 시작하고 여기까지가 어느 겨울날 하루, 말하자면 연속된 한 시퀀스이다. 17분 동안 이어지는 이 첫 시퀀스에서 당신이 당장 직접적으로 읽어낼 수 있는 것은 당연히 아무것도 없다. 정확하게 바로 그것이 왕빙이 바라는 것이다. 왕빙은 '이름 없는 남자'에게 무언가 의미를 부여하고 읽어내기를 원하지 않는다. 그 대신 우리에게 바라보기를 요구한다. 우리는 계속 바라보면서 질문을 해야 한다. 오직 질문만이 우리를 행위로 인도하고, 행위 속에서 농민을 끌어내고, 농민에게서 중국의 역사를 바라보게 할 것이다.

이 촬영을 시작하기까지 꽤 긴 시간이 걸렸을 것이다. '이름 없는 남자'가 마른 나뭇가지를 다듬고 바위 틈새 토굴로 들어가자 왕빙도 카메라를 들고 같이 들어간다. 이 남자는 왕빙이 자신의 거처에 방문하는 것을 허락했다. 〈이름 없는 남자〉에는 왕빙과 이 남자사이에서 친밀감을 나누는 과정이 없다. 영화가 시작하면 이미 왕빙은 그 곁에 있다. 하지만 우리는 이 두 번째 시퀀스에서 비로소 이남자의 얼굴을 제대로 볼 수 있다. 무언가를 구워 먹는데 우리는 그게 무언지 알 수가 없다. 그런 다음 비닐봉지에서 무언가를 꺼내 솥에 넣고 끓이기 시작한다. 김이 무럭무럭 난다. 그리고 이걸 먹기 시작한다. 먹는 모습, 씹는 소리. 왕빙은 이 장면을 찍으면서 장면을 나누었다in_editing, not_long_take. 그래서 좀 더 잘 바라볼 수 있는 위치를찾는다. 그런 다음 손과 얼굴을 가까이 다가가서close_up 찍었다. 뜨거운 것을 먹으면서 이 남자는 콧물을 흘린다. 우리는 방금 그 손이진흙투성이인 것을 보았다. 이 좁은 토굴에는 손을 씻을 데가 없다. 이 남자는 망설이지 않고 진흙이 말라붙어 허연 먼지처럼 보이는 손으로 콧물을 닦는다. 그리고 담배꽁초를 꺼낸다. 여기는 토굴 안이다. 이 장소에 창문이 있을 리가 없다. 이 남자는 남은 불씨로 불을붙여 담배를 피운다. 토굴 안은 담배 연기로 가득 찬다. 바깥과 안.벌판과 토굴. 〈이름 없는 남자〉는 이 두 개의 공간만을 오가면서 진행될 것이다. 나는 영화에 따라 다시 이렇게 개념화하고 싶다. 집과경작지. 농민의 생활 장소.

'이름 없는 남자'는 쉴 틈 없이 움직인다. 〈이름 없는 남자〉를보면서 감탄하는 점은 이 남자가 부지런하다는 사실이다. 왕빙이 정확하게 구분하고 있지는 않지만 어느새 봄이 가까워졌다. 아니, 봄은 이미 시작했는지도 모른다. '이름 없는 남자'는 땅을 일구기 시작

121

한다. 겨울이라면 어림도 없었을 것이다. 땅이 녹기 시작하자 씨 뿌릴 준비를 한다. 그런 다음 2리터들이 플라스틱 물병을 들고 멀리까지 가서 냇가의 물을 담아 온다. 그 물을 담은 물병을 들고 토굴로 돌아와서 낡은 쇠솥에 부어 음식을 만든다. '이름 없는 남자'가 음식을 만들고 그걸로 식사하는 장면을 반복해서 보지만 내용물이 무엇인지는 알 수가 없다. 우리를 압도하는 것은 식사하는 모습이 아니라 그걸 먹는 소리이다. 이 남자는 잘 먹는다.

이제 분명히 계절이 바뀌었다. 왕빙이 의도한 것은 (아마도 틀림없이) 아니겠지만 '이름 없는 남자'가 경작하는 장소는 마치 세트장처럼 보인다. 그렇게 보이는 까닭은 주변이 황량한 산으로 둘러싸여 있고, 나무 한 그루 없기 때문이다. 그런데 거기에 경작지가 있다. 세 가지 사실. 첫째, 지금 여기는 무언가를 재배하기에 적절한 장소가 아니다. 둘째, 그런데 여기서 농작물을 키우고 있다. 그걸 이 남자는 오로지 자신의 노동으로 가능하게 만들고 있다. 그런 다음 주변의 잡초를 일일이 손으로 솎아낸다. 셋째, 〈이름 없는 남자〉에는 '이름 없는 남자'의 내력에 관해 아무런 설명이 없다. 하지만 이 장면의 과정은 무얼 설명하고 있는가. 이 남자가 농민 출신이라는 것이다. 만일 도시에서 흘러들어 여기에 도착했다면 이 남자는 자기 손으로 땅을 일궈 농작물을 재배하는 방법을 알지 못했을 것이다. 하늘과 바람, 비, 햇살, 씨알만 있으면 땅에서 혼자 살아가는 방법을 알고 있는 사람. 이 남자가 재배한 곡물들은 금방 키보다 높게 자란다. 이 말은 그렇게 계절이 지나가고 있다는 뜻이기도 하다. 왕빙이 의도한 것은 아니지만, 땅에 앉아서 자기 키보다 더 크게 자란 경작물을 바라보는 '이름 없는 남자'는 늠름해 보인다.

이 남자는 호박처럼 보이는 열매를 일부 거둬 양동이에 담아서 토굴로 돌아온다. 그리고 그걸로 음식을 만든다. 얼마나 많은 벌레가 달려드는지 카메라 앞에서 촬영 픽셀이 일부 깨진 것처럼 보일 정도이다. 방금 농사하다가 돌아온 이 남자의 손은 흙투성이라 먼지와 구별이 되지 않을 정도이다. 뭐라고 중얼거리다 말고 '이름 없는 남자'는 왕빙을 그냥 본다. 무언가 의미가 있는 것은 아니고 말 그대로 그렇게 슬쩍 본다. 내가 놓치지 않았다면 이 순간이 '이름 없는 남자'가 왕빙을 영화 안에서 바라보는 유일한 장면이다. 이제 우리는 이 남자가 주워 온 똥 무더기가 어떻게 사용되는지 보게 된다. 성냥에 불을 붙인 다음 땔감으로 똥 무더기를 불더미에 넣는다. 음식이 다 끓자 그걸 반찬으로 밥을 먹는다. 이 남자는 규칙적으로 생활하고 있다. 밭에서 경작을 하다가도 점심 먹을 시간이 되면 집에 돌아와서 밥을 지어 먹는 것이다. 밤에는 잠을 자고, 낮에는 일어나서 경작하고, 식사를 준비하고, 밥을 먹는다.

　모든 일이 순조롭지는 않다. 거세게 바람이 불기 시작한다. 태풍이 몰려오고 있다. 경작물이 뿌리째 뽑혀 다 날아가버릴 것만 같다. '이름 없는 남자'는 묵묵히 서서 그 바람을 맞으며 담배를 피운다. 그 바람 앞에서 할 수 있는 일이 무엇이겠는가. 하지만 농작물이 바람을 견디는 그 장소를 이 남자는 떠나지 않는다. 그걸 심고 키운 농민의 마음. 그 곁에서 왕빙은 바람을 맞으며 '이름 없는 남자'를 찍는다. 카메라 렌즈에 빗방울이 묻는다. 하지만 개의치 않는다. 비가 점점 거세게 내린다. 경작물 곁에 만들어놓은 고랑으로 토사물이 무너져 내리면서 진흙탕이 흐른다. 그저 할 수 있는 일은 함께 비를 맞으면서 지켜보는 것뿐이다. 그리고 비가 그쳤다. 태풍이 지나갔다. 저 멀리 무지개가 떴지만 '이름 없는 남자'는 거들떠보지도 않고 양동이와 삽을 들고 경작지로 향한다.

왕빙도 무지개를 바라보지 않는다. 그는 '이름 없는 남자' 이외에 어떤 것에도 관심이 없다. 이 남자는 경작지 주변의 진흙을 양동이에 퍼 담아서 벌판 한복판에 있는 집으로 옮겨 와 벽에 두텁게 바른다. 지칠 만도 한데 지치지 않고 바르고 또 바른다. 왕빙도 지치지 않고 그 모습을 찍는다.

그리고, 그리고 어느새 가을이다. 멀리서 천둥소리가 들린다. '이름 없는 남자'는 내용물은 알 수 없지만 무언가를 반찬으로 담았고, 공기에 밥을 담아 그걸 꺼내서 함께 맛있게 먹는다. 이 영화에서 먹는 장면은 이상하게 항상 마음을 움직인다. 가을은 금방 깊어진다. 바람이 분다. 어느새 경작지에 심어놓은 재배식물들이 모두 시들었다. 벌판이 누렇게 변했다. '이름 없는 남자'는 벌판에서 열매를 주워 담는다. 바람 소리가 날카롭다. 이 남자는 두 개의 무거운 포대 자루를 등에 메고 가까스로 일어난다. 그리고 힘겹게 걸어간다. 왕빙은 멈춰 서서 그 뒷모습을 바라본다. 이제 다시 겨울이 시작될 것이다.

10

우리의 적은 누구인가? 우리 편은 누구인가? 이것은 혁명을 수행하기 위해 가장 중요한 문제이다. 지금까지 중국에서 수많은 혁명 투쟁이 있어왔지만 별로 큰 성과를 거두지 못한 가장 근본적인 이유도 바로 진짜 적을 공격하기 위한 진정한 우리 편을 단결시키지 못했기 때문이다. 적들로부터 우리 편을 구별해내기 위해서 우리는 중국 사회의 다양한 계급들이 갖는 경제적 기반과 혁명에 대한 각자의 태도를 정확히 분석해

보지 않으면 안 된다. 각 계급이 중국 사회 내에서 처한 위치
는 어떠한가?*

*   마오쩌둥, 「중국 사회의 계급분석」, 1926년 3월.

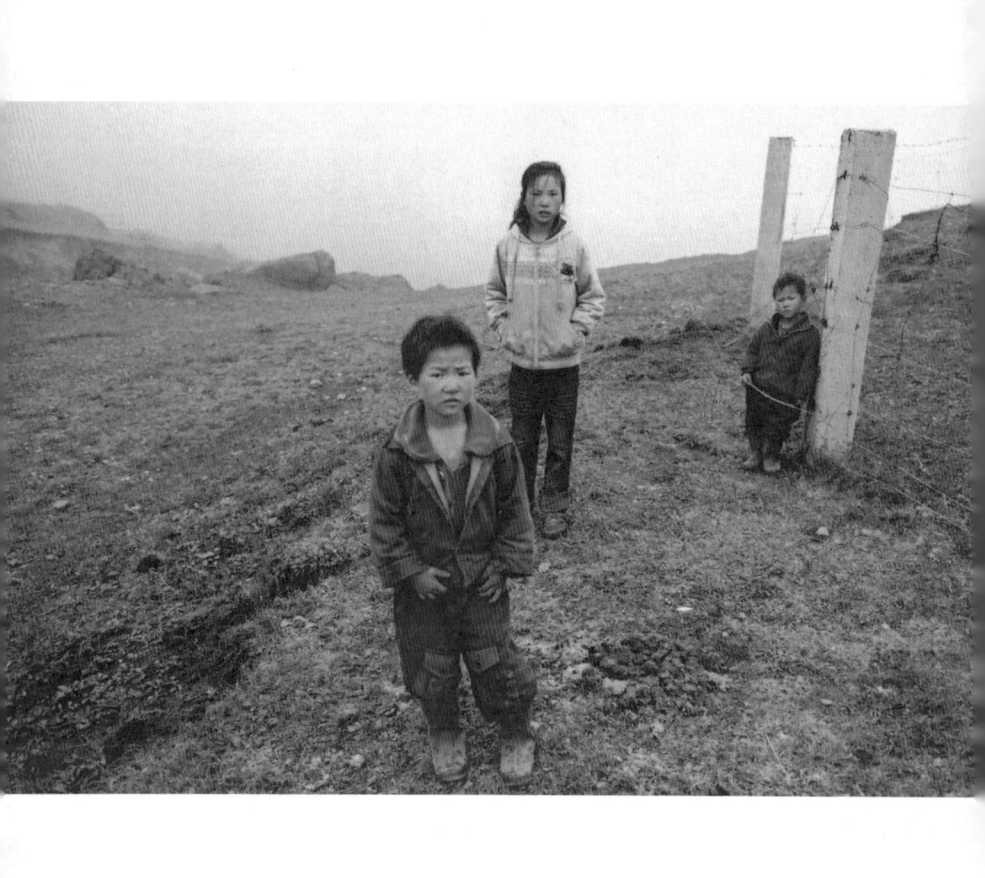

구름 아래, 산 위에서

세 자매

1

늙은 할머니가 작은 정거장 중 한군데에서 기차에 올랐다. 그녀는 아주 작은 여자아이를 데리고 탔는데 곧 그 뒤로 젊은 여자가 따라 올라왔다. 그녀는 아기를 업고 있었다. 나는 곧 그들과 대화를 나누게 되었다. 웨이가 거친 윈난 사투리를 통역해주었다. 이 젊은 여자는 첫 출산 때 딸을 낳았는데, 그녀와 그녀의 남편은 너무나 실망하여 결국 한 명을 더 낳을 과감한 결심을 했다. 그리하여 임신을 하자마자 화쿠웨이라는 벌금 1000원을 냈다. 그녀는 아기가 남자일 거라는 희망으로 기꺼이 돈을 지불했다. 그런데 그 아이는 정말 사내아이였다. 그들은 상상할 수 없을 정도로 가난한 사람들이었다. 주름진 얼굴, 닳아빠진 옷, 터진 손, 다 떨어진 모자와 찢어진 슬리퍼, 그런데도 그 여인은 도시 주거인의 약 1년 치 봉급에 해당되는 돈을 두 번째 아이를 갖기 위해 내놓은 것이었다.*

---

*   폴 서로, 『폴 써로우의 중국 기행』, 서계순 옮김, 푸른솔, 1998, 341~342쪽.

2

왕빙은 〈자벤거우〉 작업이 끝난 다음 극영화를 한 편 더 만들 계획이었다. 〈철서구〉 작업을 마치고 2005년 4월에 윈난성雲南省을 무대로 쑨스샹孫世祥이 쓴 소설 『신의 역사神史』를 읽고 깊은 감명을 받았고, 이 소설의 무대가 된 장소를 가볼 생각을 했다. 윈난은 중국 남쪽에 다른 나라, 서북쪽으로는 티베트 자치구, 동남쪽으로는 베트남, 남쪽으로는 라오스, 서남쪽으로는 미얀마의 국경과 접하고 있는 성省이다. 나는 왕빙(에 관한 다큐멘터리 〈천당의 밤과 안개〉를 찍기 위해 그 곁)을 따라서 윈난의 북쪽 끝부터 남쪽 끝까지 횡단하였기 때문에 좀 더 구체적으로 설명할 수 있다. 대부분 윈난을 관광지로 다녀오지만, 이 지역은 계속 이어지는 산으로 연결되어 있으며 윈난성 성도省都인 쿤밍시를 벗어나면 근대화로부터 멀리 떨어진 동네들을 산 속에서 보게 된다. 이어지는 고산과 고원, 구릉지대. 베이징에서 윈난까지 기차로 여행할 수 있지만 중국인들은 외국인에게는 좋은 선택이 아니라고 충고한다. 윈난성을 방문하려면 쿤밍시에 있는 공항으로 들어가야 하는데, 쿤밍시는 해발 1890미터에 있는 도시이다(남한에서 가장 높은 한라산 정상이 해발 1947미터이다). 잘 기억해두기 바란다. 이 높이가 〈세 자매〉에 관한 많은 것을 설명하게 될 것이다. 윈난성 중심에 자리 잡은 쿤밍 공항에서 북쪽 끝에 있는 자오퉁시昭通市까지 간 다음 다시 중서부에 자리 잡은 차오자현巧家縣을 거쳐 남쪽 끝의 라오스 국경 가까이 있는 멍라이촌勐萊村까지 이동하면서 내내 본 것은 (여유와 유머 속의 부드럽고 온화하면서 친근한 조선 산수화가 아니라) 중국 산수화에서 이미 보았던, 말 그대로 그 안에 머무는 모든 존재를 보잘것없게 만들면서 길 위에 있는데도 길을 잃어버린 것만 같은 산악에 가까운 높은 산들이 끝없이 이어지는 풍경이었다. 내가 방문한 계절은 크리스마스 무렵의 겨울이었기 때문에, 더위로 고생하지는 않았다. 왕빙의 설명에 따르면 여름밤에는 벌레들과 싸워야 하며, 그 벌레 중에는 남방 지역 열대우림의 독충들이 있었고, 장마가 시작되면 길이 끊기거나 도로를 따라 차가 달리다가 위험한 상황과 만날 수 있다고 했다. 한 가지 더. 윈난성은 지진이 발생하는 지역이다. 비교적 최근인 2021년에는 규모 6.1의 지진으로 8만 명의 이재민이 발생했다. 윈난성의 지도를 바라보면서 영토의 너비를 상상하는 대신 풍경으로 설명을 대신할 수 있다. 왕빙이 세 자매의 엄마를 만나기 위해 북쪽 끝에서 출발할 때 눈을 보았는데 쿤밍시를 지나 남쪽으로 가면서 나무들이 열대우림으로 바뀌기 시작했다. 더 간단하게 말하겠다. 나는 이런 풍경을 방콕에서 보았다. 다행히도 멍라이촌 곁에 있는 멍마촌勐馬村까지는 아스팔트 도로로 이어졌지만 예기치 않게 안개가 내리면 두 시간이 넘는 거리를 차로 달리고 있는데도 반경 거리 10미터 앞이 보이지 않을 만큼 안개는 짙게 퍼져나갔고 모든 차는 대낮인데도 헤드라이트를 켜고 운전을 해야만 했다. 하지만 나를 놀라게 만든 건 드문드문 계속해서 나타나는 산속 동네들이 정말 가난해 보이는 광경이었다. 그 가난이 당신에게 잘 설명이 되지 않을 것 같다. 나는 그런 집들을 아주 어린 시절, 1960년대에 시골에 갔을 때 본 이후 두 번 다시 보지 못했다. 2012년 겨울에 윈난의 도시를 조금만 벗어나도 어린 시절에 본 동네들보다 더 옛날 풍경 같고 더 가난해 보이는 동네들이 있었다. 그래서 왕빙을 따라 윈난성 도로를 지나며 본 풍경들은 한국 서울에서 중국 윈난으로 공간을 옮겨 갔다기보다는(이 말이 지나치게 여행객처럼 들린다면), 아시아의 이 고장에서 저 고장으로 갔다기보다는, 타임머신을 타고 시간을 이동해서 본 것처럼 여겨졌다. 분명히 동시대를 살아가고 있는데, 아니 이렇게 말하고 싶은데, 나는 서울보다 더 현대화된 상하이를 경험했고, 방문할 때마다 디지털 도시가 되어가는 베이징을 알고 있는데, 지금 같은 나라 안을 다녀보고 있는데, 둘 사이의 어떤 경계를 지나쳐버린 다음 두 장소의 시간을 연결시켜 볼 수 없을 만큼 멀리 떨어진 곳에 와버린 것만 같았다. 왕빙이 쑨스샹의 소설을 읽은 다음 작가의 흔적을 따라가보기 위해 처음 윈난성을 방문했을 때는 베이징에서 여기까지 현장 진행 프로듀서와 함께 자동차로 이동했다. 나는 잘 상상이 되지 않는다. 베이징에서 쿤밍시까지 비행기로 3시간 25분이 걸리는 거리. 두 도시 사이의 거리는 2760킬로미터이다. 단지 멀다는 설명이 불편의 전부가 아니다. 윈난성이 여러 다른 나라와의 접경 지역이라는 설명을 이미 했다. 긴 역사를 거치면서 이 지역에서는 끊임없이 영토분쟁이 이어졌다. 이 지역의 분쟁에 관해서는 소설『삼국지연의』까지 거슬러 올라가는데, 서기 100년경의 후한 말 제갈공명의 사자성어 '칠종칠금七縱七擒' 이야기가 기록되어 있다. 이후에도 현재까지 국경분쟁이 계속되는 과정에서 소수민족이 자치구를 이루었고 중국 정부는 이 지역의 안정을 위해서 이를 인정하였다. 여기에 온 왕빙에게 어떤 어려움이 따랐는가. 왕빙은 표준어인 푸퉁화普通話를 사용하기 때문에, 이 지역에서 사람들을 만나고 인터뷰하고 그들의 대화를 촬영하기 위해서 통역이 필요했다. 왕빙은 쑨스샹이 생전 살았던 장소에 방문하기 위해 차오자현에 도착한 다음 거기서 다시 길을 따라 해발 2800미터 산 위에 있는 생가를 찾아갔다. 쑨스샹은 이미 세상에 없었지만, 그의 부모와 두 명의 남동생을 만날 수 있었다. 그들은 왕빙을 친절하게 맞아주었다. 그리고 쑨스샹에 관한 이야기를 들려주었다. 그런 다음 해발 3500미터 다훙산大紅山 정상에 자리한 쑨스샹의 묘로 안내했다. 왕빙은 묘를 찾아 올라가다가 자신에게 문제가 생겼음을 깨달았다. 2008년 고비 사막에 있는 칭하이성青海省 화투거우에 자리한 해발 3200미터 유전 지대에서 〈원유〉를 촬영하던 중 얻은 고산병이 다시 발병한 것이다. 고산병 증세가 시작되면 진정시키는 방법은 단 한 가지뿐이다. 증세 가 멈추는 높이까지 내려오는 것이다. 일단 하산한 다음 사흘 후에 다시 올라갔다. 왕빙 말에 따르면 풍경이 정말 아름다웠다고 한다. 맞은편에 또 다른 산이 있었다. 야오산藥山이라고 불리는 이 산은 왕 빙에게 장엄하다는 느낌을 불러일으켰다. 그래서 이 산에 이끌리듯 이 올라갔다. 올라가던 중 해발 2200미터 부근에서 우연히 아홉 살 소녀 잉잉英英이 자신의 어린 두 동생과 놀고 있는 모습을 보게 되었 다. 왕빙에게 좀 이상해 보였던 것은 진흙 속에서 세 자매가 나무를 들고 놀고 있는 모습이었다. 호기심이 생겨 다가가서 이름을 물어보 고, 부모와 가족에 관해서 물어보았다. 잉잉은 지금 어린 세 자매가 함께 살고 있으며 아버지는 멀리 일하러 다른 곳에 가셨다고 대답했 다. 그래서 왕빙은 잉잉에게 함께 놀자고 제안했고, 그런 다음 세 자 매가 함께 사는 집에 방문했다. 세 자매. 첫째인 잉잉, 열 살. 둘째인 전전珍珍, 여섯 살. 막내인 펀펀粉粉, 네 살. 다시 산 위로 올라가 해발 3200미터에 자리한 세 자매의 집에 간 왕빙은 충격을 받았다.

"중국어에 '일빈여선一貧如洗직역하면 '씻은 듯이 가난하다'라는 뜻으로, 우 리말의 '찢어지게 가난하다'와 같은 말'이라는 말이 있어요. 나는 그렇게 가난 한 모습을 처음 보았어요. 그 집은 가난하다기보다는 그냥 아무것 도 없었어요. 그런데 아이들은 가난에 대한 두려움을 조금도 느끼 지 않고 있었어요. 오히려 명랑하고 밝아 보이기까지 했어요. 내 가 집에 방문하자 잉잉은 아무것도 가진 게 없는데도 사과를 꺼내 화롯불에 구워서 나와 그리고 함께 방문한 사람들, 자신의 동생들

과 같이 먹자고 했어요. 나는 마침 가진 돈이 없어서 내 동료에게
돈을 빌려 300위안을 주면서 아버지가 오면 드리라고 했어요. 물
론 나도 알고 있죠. 이 돈은 지금 이 가난에 거의 아무 보탬이 되
지 않는다는 것을요. 그리고 그 집을 떠났어요. 프랑스 아르테 방
송국에서 내게 새로운 다큐멘터리 작품 제작을 의뢰했을 때 나는
이 집으로 다시 돌아오기로 결정했어요."

　물론 그렇다고 해서 〈세 자매〉의 촬영이 즉시 시작된 건 아니
다. 왕빙은 먼저 세 자매가 사는 마을 시양탕춘喜洋塘村에 가서 이
웃들을 돌아보았다. 이웃들도 다를 바 없는 가난의 환경에 던져져
있었다. 왕빙은 1년 가까이 이 마을을 정기적으로 방문했다. 물론
그러면서 〈사령혼〉의 인터뷰를 위해 대약진 기간 동안 자벤거우
강제노동수용소에서 돌아온 다음 침묵을 지키고 있는 사람들을
찾아 중국 전역을 돌아다녔다. 그 시간은 왕빙에게 세 자매를 관
찰하는 시간이었다. 아니, 관찰이라는 냉정한 표현보다는 친근해
지는 과정이라는 말이 더 좋을지 모르겠다. 왕빙은 이 마을을 방
문할 때마다 쌀가마를 사 들고 찾아갔다. 그리고 마을 사람들 모
두에게 남김없이 나눠 주었다. 세 자매는 그때 할아버지와 함께
살고 있었다. 세 자매의 할아버지 쑨싱량孫興亮, 예순여섯 살. 부연
설명을 해야 할 것 같다. 이 이야기는 〈세 자매〉를 찍고 있을 때
왕빙도 미처 몰랐던 이야기이다. 왕빙은 〈세 자매〉를 완성하고 난
다음 세 자매의 엄마를 윈난성 남쪽 끝 라오스 국경 접경 지역인
시솽반나西双版納 다이족傣族 자치주 멍라이촌에서 찾았다. 세 자매
의 아버지는 아내가 자신과 세 자매를 버리고 도망쳤다고 말했다.
하지만 정반대되는 사연을 들을 수 있었다. 세 자매의 어머니는
그의 남편 그리고 형제들, 형과 두 남동생, 시아버지와 함께 산 위

마을에서 함께 살았다. 세 자매의 어머니가 둘째도 딸을 낳자 대를 이어야 한다는 남아 상속인 전통에 따라 가족 전체가 구박하기 시작했다. 먼저 남편이 때리기 시작했고, 거기에 형제들이 가세했다. 몇 번이고 팔이 부러졌다고 했다. 시아버지, 말하자면 세 자매의 할아버지는 말리지 않고 수수방관했다. 그런 다음 남편은 아내를 세 자매와 함께 낯선 마을에 데려갔고, 팔이 부러져 움직이지 못하는 아내를 여관에 버려둔 채 만두를 사 준다며 아이들만 데리고 나가 도망쳤다. 세 자매의 할아버지는 세 자매를 조금도 귀여워하지 않았다. 그렇지만 세 자매의 할아버지가 법적 보호자이기 때문에 허락을 구해야만 세 자매의 촬영을 시작할 수 있었다. 시간이 걸리긴 했지만, 허락을 얻을 수 있었다. 먼저 계산에 포함해야 할 촬영 상황에 대한 이해. 무엇보다 난관은 여기가 산 정상이라는 현실적인 조건이었다. 반복해서 산 아래 차오자현까지 내려갔다가 다시 올라와야 했다. 게다가 계속 머물 수 없었던 이유. 왕빙은 다시 고산병에 시달리기 시작했다. 두 대의 카메라를 가지고 올라갔고, 세 자매가 아침에 일어날 때부터 잠들 때까지 밤낮으로 찍기 시작했다. 세 자매의 아버지, 쑨순바오孫順寶, 서른두 살. 촬영을 시작한 지 사흘째 되는 날 아버지가 돌아왔다. 그리고 다음 날 첫째 잉잉을 남겨놓고 둘째와 셋째를 데리고 떠났다. 며칠 동안 계속해서 잉잉을 찍었지만 결국 촬영은 중단되었다. 여러 가지 이유로 왕빙은 베이징으로 돌아온 다음 3수 후에 나시 잉잉의 집을 방문했다. 여전히 잉잉은 혼자 버려진 듯이 집을 지키고 있었다. 상황은 아무것도 바뀌지 않았다. 잉잉은 마을의 이웃에게 끼니를 얻어먹으면서 지내고 있었다. 왕빙은 묵묵히 잉잉을 찍었다. 모든 것이 부족했다. 왕빙은 어쩌면 이 영화가 완결되지 않을 수도 있다고 생각했다. 그렇게 석 달을 찍었고 다시 새해가 되었다. 왕빙은 다른 문제로 산에서 내려오면서 두 명의 동료에게 촬영을 맡겼다. 촬영의 원칙은 단순했다. 일상생활 속에서 세 자매를 찍을 것. 왕빙은 3월에 다시 산으로 돌아왔다. 문제가 벌어졌다. 두 명의 동료가 찍은 분량이 카메라의 기술적인 문제로 모두 사용할 수 없게 된 것이다. 그때 세 자매의 아버지도 잉잉의 두 동생을 데리고 돌아왔다. 왕빙은 아버지에게 설명했고, 허락을 얻어냈다. 나는 설명과 허락의 디테일에 대해서 알지 못한다. 그런 다음 촬영이 다시 시작되었다. 〈세 자매〉의 촬영을 시작한 후 모두 다섯 달 동안 찍고 왕빙은 산에서 내려왔다. 물론 언제나처럼 왕빙은 차오자현을 지날 때마다 세 자매를 만나기 위해 고산병을 무릅쓰고, 선물을 사 들고 산에 다시 올라갔다.

3

도대체 여기가 어디일까. 어둠에 잠겨 있고, 그림자는 깊은데 어디선가 빛이 흘러들어 오고 있다. 〈세 자매〉는 시작할 때 아무 설명이 없다. 그래서 여기가 어디인지, 지금 세 명의 자매가 왜 여기에 있는지, 아무것도 알 수 없다. 왕빙은 이제부터 자신이 찍으려는 세 자매로부터 조금 물러나 있다. 그리고 아이들의 눈높이로 주저앉는다. 이 높이는 다시 올라가지 않을 것이다. 단순하게 아이들의 눈높이에서 찍었다는 것이 전부가 아니다. 앞으로 내내 무릎을 꿇고 찍거나 아니면 문자 그대로 쭈그리고 앉아서 찍는다. 단 하나의 장면도 카메라를 트라이포드 삼각대 위에 올려놓고 고정시켜서fixed 찍지 않았다. 편집된 장면을 보면 대부분 촬영을 중단하지 않고long_take 찍었음이 분명하다. 그런데도 처음부터 끝까지 들고hand_held 따라간다. 먼저 우리는 하루 종일, 아침부터 밤까지, 세 자매가 깨어나서 잠들 때까지, 그렇게 쫓아가는 촬영의 노동을 상상해야 할 것이다. 이미 세 아이는 카메라를 잊어버린 것만 같다. 이 장소에는 세 아이와 카메라(를 든 왕빙)밖에 없는 것 같다. 그런데 아이들은 카메라에 눈길조차 주지 않는다. 영화가 시작했을 때 아무래도 유심히 볼 수밖에 없었다. 왜냐하면 달리 볼 게 없었기 때문이다. 왕빙은 아무것도 하지 않으려고 완강하게 그 자리에 버티고 있는 것처럼 여겨졌다. 거기서 내가 볼 수 있었던 것은 단지 세 자매를 바라보고 있는 것이 전부인 그 자리였다. 왕빙은 그 자리를 찾아냈다.

바로 그 자리가 〈세 자매〉의 시작이자 이 영화의 전부이다. 거기서 더 멀어져서도 안 되고, 더 다가가서도 안 될 것만 같은 그 자리. 왕빙은 아마 이 자리를 내내 찾은 것 같다. 이 첫 장면은 여러 층위가 겹쳐 있다. 따분한 설명은 다큐멘터리에서 대상과 카메라가 가져야 할 거리에 관한 이론과 개념들이다. 6분여에 걸쳐 어둠 속에서 진행되는 이 시작은 내게 그렇게 단순하게 보이지 않는다. 나이가 어리기 때문에 둘째 전전과 막내 펀펀은 다른 아이들과 마찬가지로 자신의 마음을 행동으로 표현하였다. 화가 나면 소리 지르고, 바라는 걸 얻지 못하면 울고, 기분이 좋으면 크게 웃었다. 네 살인 펀펀은 자기 뜻대로 되지 않으면 땅바닥에 옷이 빗겨져 배가 드러나게 누워서 울기도 했다. 처음 볼 때도 그랬는데, 몇 번이고 다시 보면서, 동생들을 돌보는 첫째 잉잉을 영화가 내내 바라보고 있지만, 처음부터 끝까지 이 소녀가 무슨 생각을 하는지 알 수가 없었다. 아니, 생각을 알 수 없다기보다는 마음을 알 수 없

135

었다. 잉잉은 울지도 않았고, 웃지도 않았다. 말도 거의 하지 않았다. 동생들에게 필요한 말만 하고, 그저 대부분 벽에 기대거나 제자리에 서서 어딘가를 물끄러미 바라보았다. 잉잉은 계속 일을 하고 또 했다. 산 정상은 날씨가 나빴고, 내내 안개가 마치 화면을 축축하게 적시는 것처럼 드리워져 있었다. 옷은 더러웠고, 게다가 헤져서 화면 안의 나무와 풀을 건드리고 있는 산 바람을 막기에 충분해 보이지 않았다. 손 시려워 보이는 차가운 물에 빨래를 한 다음 젖은 손을 입고 있는 옷에 닦았다. 잉잉은 내내 기침을 했다. 틀림없이 기관지에 문제가 생겼을 것이다. 그런데 아무도 이 소녀를 걱정하지 않았으며, 누구도 물어보지 않았다. 잉잉은 자신의 기침을 누구에게도 호소하지 않았다. 힘든 일을 하면서도 불평하지 않았다. 아니, 하지 않는다기보다는 할 사람이 없었다. 왕빙은 잉잉에게 어떤 질문도 하지 않았고, 잉잉 또한 왕빙에게 어떤 말도 걸지 않다. 〈세 자매〉에는 등장인물과 영화 사이의 대화가 없다. 대화는 영화 바깥에서 이루어졌을 것이다.

　한 번 더 첫 장면으로 돌아가겠다. 〈세 자매〉는 잉잉에게서 시작된 영화이다. 시작까지의 과정의 정식화. 왕빙은 우연히 이 소녀를 보았고, 자신이 바라본 대상, 잉잉에게서 어떤 질문을 받았으며, 하지만 오해하지 말기 바란다, 이 질문은 잉잉이 던진 것이 아니라 왕빙이 잉잉을 경유하여 스스로 돌려받은 것이며, 그 질문이 무엇인지 이해하기 위해 집까지 따라왔고, 그런 다음 그 질문의 근거인 시양탕촌의 마을 사람들과 만나면서 왕빙 자신이 말하고자 하는 바, 말하고자 할 수 있는 바를 찾았을 것이다. 그러므로 그 질문은 우연히도 거기서, 윈난의 야오산에서, 왕빙에게 잉잉이 거기에 관한, 중국에 관한, 사회주의 중화인민공화국의 빈곤에 관한, 근대화와 자본주의의 가속도로 넘쳐나는 부의 바깥에 버려진 중국 인민의 비참함에 관한, 그런데 수수방관하고 있는 이편으로 저편에서 신호를 보내온 것이며, 그러므로 무엇보다도 시급한 대답을 얻으려고 했던 것이 시작이었을 터이다. 아니, 응답이라고까지 말하고 싶다. 잉잉은 그 시작의 중심 자리를 차지하면서 지나가던 왕빙을 멈춰 세우고 던져진 질문, 말 그대로 (한 번 더) 질문이라는 세계의 존재였을 것이다. 그러면 질문에 다가가는 방법은 무엇인가. 왕빙의 대답. "내 유일한 능력은 삶을 관찰하는 것입니다, 그게 제일 중요합니다." 왜 관찰하는가. 왕빙의 방법론은 단 한 가지이다. 대상에 대한 공감. 그러므로 관찰과 공감을 연결시켜야 한다. 그러나 관찰과 공감 사이에는 아무리 좁혀도 겹쳐놓을 수 없는 거리의 간극이 남는다. 맨 앞자리로 돌아오자. 더 멀어져서도 안 되는 거리에는 관찰의 자리가 있으며, 더 가까워지지도 못하는 거리에는 공감의 한계가 놓여 있다. 대부분은 관찰과 공감을 반대의 자리에 가져다 놓은 다음 거리의 원근법을 해결하려고 한다. 해결? 그런 건 없다. 왕빙에게 거리는 미학의 문제가 아니다. 공감을 얻지 못하면서 더 가까워지는 것은 거짓의 거리이며, 관찰하기 위해서 더 멀어지는 것은 지금 찍고 있는 잉잉, 열 살 소녀, 한 사람, 영화라는 눈 그 앞에 서 있는 사람, 그 사람과의 관계, 관계의 지각, 지각의 정서, 정서의 바깥으로 나가버리는 것이다. 거기 형식이 있을 수는 있다. 하지만 거기서 장면을 버티게 만들어주는 힘을 잃었을 때 형식은 그저 이론에 지나지 않을 것이다. 인상적인 순간들. 둘째 전전이나 막내 편편은 그런 순간이 없는데 첫째 잉잉은 이따금 카메라를 바라본다. 카메라를 바라본다기보다는 왕빙을 바라본다. 그 순간 무얼 놓치면 안 되는가. 잉잉의 표정. 잉잉은 자신을 둘러싼 가난이 잔인할 정도로 고스란히 드러날 때, 그런데 그걸 숨길 방법이 없을 때, 게다가 거기서 도망칠 자리가 없을 때, 부끄러운 표정으로 바라본다. 이 순간들과 마주할 때마다 내가 보는 건 영화가 아니라 사람, 거기 있는 사람, 열 살 소녀, 잉잉의 표정, 표정으로 표현되는 마음의 상태였다. 이 상태를 설명하기 위해서 상황과 전이의 개념을 동원할 수 있을 것이다. 하지만 왕빙은 대상에 대한 의학적 전술에 관심이 없다. 그래서 어떤 질문도 하지 않는다. 어떤 대화도 나누지 않는다. 〈세 자매〉에는 면담이라고 할 만한 장면이 단 하나도 없다. 왕빙은 관찰과 공감 사이에서 확보한 거리의 자리에 우리가 도착하면 연민의 힘으로 그 장면을 누구라도 읽어낼 수 있을 것이라는 기대를 한다. 왕빙은 3200미터를 올라가고 내려가며 잉잉을 바라보고, 만나고, 바라보고, 이야기하고, 바라보고, 그런 다음 거리의 자리를 찾아냈을 것이다. 매번 질문했을 것이다. 더 다가가도 괜찮은 것일까. 더 물러나도 괜찮은 것일까. 모든 관심은 실천적이다. 칸트의 말이다.

4

다시 한번 첫 장면으로 돌아가자. 겉보기에 이 장면은 단순해 보인다. 이상한 점은 지나치게 단순해 보인다는 것이다. 어둠 속에 세 아이가 있다. 그런데 이 장소는 마치 무대처럼 보인다. 어떤 미장센도 없는 무대. 텅 빈 장소. 대부분 어둠에 잠겨 있는 화면에서 무대 일부를 밝히기라도 하듯 빛이 거기 있다. 빛이 어둠을 밝히기는커녕 어둠 속 한구석에서 간신히 자기 몫을 하고 있을 뿐이다. 그저 장면만을 바라보면 표현주의영화라기보다는 장식을 모두 치워버린 연극무대처럼 보인다. 바깥에서 겨우 들어오는 빛. 첫째 잉잉은 안에서 작은 화로에 불을 지핀다. 그 불은 이 장소를 밝힌다기보다는 따뜻한 온기를 불어넣는다. 그리고 실제로도 그렇다. 세 자매는 모여들어 그 불에 손을 녹인다. 이 장면을 바라보고 있으면 처음에는 자연스럽게 카라바조가 떠오를 것이고, 이 빛이 바깥에서 들어오는 햇살이라는 것을 알게 되었을 때는 베르메르의 어떤 그림들을 생각해낼 것이며, 잉잉이 불을 지필 때는 렘브란트의 빛이 떠올랐을 것이다. 깊어가는 가을 저녁 어느 날 할아버지는 잉잉을 데리고 숲길을 따라 멀리 떨어진 이웃 마을에 있는 큰할아버지 댁에 간다. 그 집에서 친척들이 추수를 기뻐하며 한자리에 모여 벌이는 가을 잔치 자리는 대★ 피터르 브뤼헐의 〈농민의 결혼 잔치Die Bauernhochzeit〉를 옮겨놓은 것만 같다. 집 안을 가득 채운 사람들의 소란스러운 활기, 식탁 위에는 음식 냄새를 맡을 수 있을 것 같은 김이 무럭무럭 나는 밥그릇과 한가운데 자리를 차지한 돼지고기가 담긴 그릇, 손과 그릇의 동선, 어둠에 가까운 빛과 사방을 두텁게 둘러싼 그림자, 구석에서 친척들 틈에 끼어 앉아 밥을 먹고 있는 잉잉.

영화와 회화를 직선으로 연결하는 게 얼마나 위험한지 잘 알고 있다. 물론 몇몇 영화들은 영향을 받는 데서 멈추지 않고 모방으로까지 밀고 나가기도 했다. 예이젠시테인, 무르나우, 장 르누아르, 미조구치 겐지, 비스콘티, 에릭 로메르, 고다르, 파솔리니, 타르콥스키, 라울 루이스처럼 심오한 사례부터 광고 영상들처럼 조잡한 카피에 이르기까지 이미 영화사에 폭넓은 스펙트럼이 있다. 요점은 영화와 회화 그 둘 사이에 놓여 있는 모순이다. 왜냐하면 하나는 멈춰 있고 다른 하나는 계속해서 운동하기 때문이다. 물론 회화는 관람객의 의식 속에서 운동할 것이다. 다만 당신의 눈앞에서 멈춰 있을 뿐이다. 운동하는 것은 작품과 당신 사이의 거리를 조정하는 당신 자신의 미

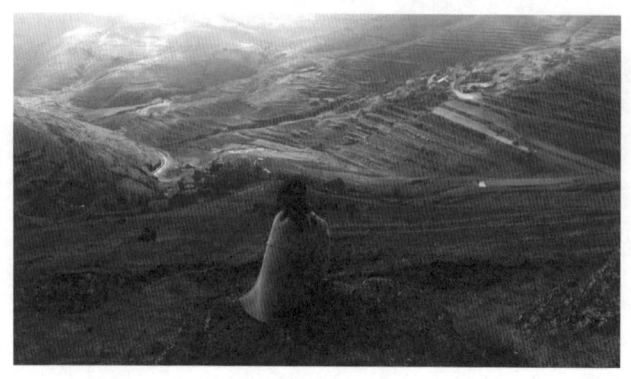

적 거리이다. 반대로 멈춰 있는 당신 앞에서 영화의 이미지는 쉬지 않고 흘러갈 것이다. 심지어 이미지를 고정시켜도freeze_frame 이미지의 시간이 흘러갈 것이다. 그러므로 영화에서 회화의 형상이 나타났을 때 둘 사이는 변증법적이라기보다는 하나가 다른 하나에 대한 기호가 된다. 읽어내야 할 기호. 〈세 자매〉는 이상할 정도로 많은 장면에서 화가의 이름이 떠오른다. 두 동생이 아버지와 함께 산에서 내려가 도시로 떠난 다음 혼자 남은 잉잉이 산기슭에 혼자 앉아 산 아래를 내려다볼 때 카스파르 다비드 프리드리히의 그림을 바라보는 것만 같다. 영화 내내 계속해서 호명할 수 있다. 하지만 내 관심은 명단에 있지 않다. 처음에는 어둠 속 세 자매를 바라보는 장면을 보면서 내 쪽에서 그 이름들이 떠올랐다고 생각했다. 하지만 산기슭에 앉아 내려다보는 잉잉의 뒷모습rückenfigur을 바라보면서 왕빙이 카스파르 다비드 프리드리히를 염두에 두지 않았다고는 생각하기 어렵다. 누군가는 단순하게 타블로 비방tableau vivant이라고 부르고 싶을지 모르겠다. 하지만 세 자매는 활인화의 모델 흉내를 내며 연기하고 있는 것이 아니다. 아이들은 자기들이 원하는 대로 활동하고 이동하고 멈춰 서 있고, 그리고 앉아 있다. 거기엔 당연한 말이지만 어떤 연출도 없다. 왕빙은 몇 번이고 다른 장소에서 같은 대답을 했다. "나는 어떤 지시도 하지 않았어요. 내 카메라 앞에 있는 인물에게 같은 행동을 두 번 요구하는 일은 없었어요." 왕빙의 목표는 회화의 위대한 작품들을 영화 안으로 불러들이는 것이 아니다. 그럴 이유가 없다. 그렇다면 여기서 어떤 효과를 읽어내야 할 것인가. 여전히 영화와 회화는 그 거리를 좁히지 않고 있다. 바로 그 남겨진 거리, 차라리 좁혀지지 않고 있는 거리가 무언가를 하고 있다면 어떻게 하겠는가. 자연스러운 장소와 회화적인 형상 사이에서 일어나는 효과는 그 간극 사이에 긴장의 힘, 그 힘이 만들어내는 집중, 집중을 끌어내면서 머물게 만드는 관찰의 감각을 불러일으키고 있다.

만일 이 관찰의 감각을 깨치지 못했다면 이 첫 장면은 세 자매의 소개에 지나지 않았을 것이다. 그리고 그렇게 오랜 시간 동안 그 집 안에 머물 필요가 없었을 것이다. 하지만 카라바조를 떠올리게 만들면서 시작하는 이 장면 앞에서 우리는 회화적 형상이 장소의 무대와 어떤 짝을 이루고 있는지, 그 앞에서 멈추지 않고 그 안에 들어가서 그 둘 사이를 연결하는 생활의 구체성을 구석구석 살펴보게 된다. 당신이 미학에서 멈춘다면, 회화적인 효과에서 감탄하고 있다면, 당신은 〈세 자매〉 앞에서 눈이 먼 것이다. 사물들의 필연성. 앞으로부터 안으로, 이 차이의 심연을 생각해야 한다. 그러자 비로소 보이기 시작한다. 여기는 세 자매의 생활공간이다. 그런데 생활의 흔적을 볼 수 없다. 무시무시한 가난. 침침할 정도로 어두운 그림자. 이 집에는 전기가 들어오지 않는다. 전기가 없으면 생활에서 얼마나 많은 것을 포기해야 하는지 차례대로 떠올려보기 바란다. 이 집에는 창문이 없다. 그저 벽만 있을 뿐이다. 세 자매의 옷, 두터운 겨울옷. 그런데 저편에서 집 안 일부를 조금 밝히는 햇살이 들어오고 있다. 그 빛으로 집 안에서 생활하기 위해 겨울에 문을 열어놓았다는 뜻이다. 그 빛은 베르메르가 아니라 한겨울 추위와 관계를 맺는 육체적인 온도이다. 그러자 비로소 이 집 안이 연극적인 무대, 영화의 세트장이라기보다는 가난의 감옥처럼 보이기 시작한다.

5

〈세 자매〉는 둘 혹은 셋으로 내용이 나누어진다. 왕빙의 의도는 아니고 상황이 그렇게 되었다. 세 자매는 할아버지와 함께 지낸다. 일상은 매일 반복된다. 잉잉은 아침이 되면 옆집 숙모 댁 돼지를 몰아 마을 바깥 산등성에 데려간다. 숙모의 여덟 살 먹은 딸 옌옌燕燕이 집에 찾아온 잉잉에게 사과를 주려고 하자 숙모는 우리가 먹을 것도 없으니 주지 말라고 잉잉의 앞에서 딸을 야단친다. 숙모네 집 안에는 감자와 사과가 쌓여 있다. 두 동생 전전과 펀펀은 언니 잉잉을 따라간다. 저녁이 되면 돼지들과 함께 마을로 돌아온다. 고작 80호밖에 되지 않는 시양탕촌 사람들은 이웃들과 서로 전혀 친하지 않다. 그들은 수시로 싸우고, 집으로 돌아오는 잉잉은 매일 마주치는 광경이라는 듯 눈길 한번 주지 않고 그들에게서 멀리 떨어져 돼지 떼를 몬다. 할아버지는 아침이면 양 떼를 몰고 나간다. 저녁이 되면 양 떼들과 돌아온다. 다음 날도 같은 생활이 다시 시작된다. 그런 어느 날 도시에 나간 아버지가 집에 돌아온다. 그리고 둘째 전전과 막내 펀펀을 데리고 다시 산에서 내려간다. 잉잉은 할아버지와 산에 남는다. 왕빙도 따라 내려가지 않고 산에 남는다. 여기서부터 나머지 절반이 진행된다. 2010년 11월. 잉잉은 산 아래 학교도 다니지만 학교가 얼마나 내려가야 있는지는 우리가 알 수 없다. 잉잉과 할아버지는 거의 대화를 나누지 않는다. 2011년. 아버지가 두 자매와 유모, 유모의 어린아이 옌옌艷艷과 함께 산으로 돌아온다. 옌옌은 쑨순바오를 "아빠"라고 부른다. 쑨순바오와 유모가 어떤 사이인지에 대해서는 아무런 설명이 없다. 잉잉은 두 명의 동생, 전전과 펀펀과 다시 살아간다. 아버지가 산으로 돌아온 후의 이야기는 짧아서 세 번째 부분이라고 해야 할지 에필로그라고 해야 할지 애매하다. 하지만 왕빙은 이런 구성에 거의 개의치 않는 것처럼 보인다. 세 자매와 아버지, 할아버지, 마을 사람들, 시양탕촌이 그렇게 살아가고 있고, 그렇기 때문에 왕빙은 그걸 받아들인다. 아마 그게 전부일 것이다.

6

왕빙은 하루 종일 찍었다. 그러면 영화에는 무엇이 남아 있는가. 가난의 흔적. 어디에 남아 있는 흔적? 몸이 경험하는 가난. 안개로 뒤덮인 해발 3200미터 산기슭 시양탕촌은 온통 진흙밭에 가깝다. 이 집에서 저 집으로, 여기서 저기로, 이 길가에서 저 길가로, 집 바깥으로 한 걸음만 나서면 진흙밭을 걸어야 한다. 세 자매는 장화를 신기는 했지만 아마도 내내 그 신발만을 신었기 때문인지 장화 고무가 찢어지거나 터져버렸다. 심지어 둘째 전전의 장화는 모양이 일그러지기까지 했다. 잉잉이 그 장화를 벗겨서 모양을 원래대로 만들기 위해 이리저리 두들겨보지만 그렇게 고쳐질 리가 없다. 언니가 고치는 동안 전전은 곁에서 그 모습을 바라본다. 우리가 보는 것은 장화 속에 양말을 신지 않은 전전의 맨발이다. 맨발은 진흙이 장화로 스며들어 흙투성이다. 여섯 살 먹은 전전은 이 추운 날 헤진 겨울옷을 입고 맨발에 물기가 스며드는 찢어진 장화를 신고 차가운 진흙밭을 걸어 다녀야 한다. 물론 잉잉도, 편편도 사정은 마찬가지이다. 왕빙은 그 신발을 찍었다. 한 번 더 한 점의 그림을 말해야할 것 같다. 나보다 훨씬 깊이 있게 설명해줄 수 있는 인용이 있다. 빈센트 반 고흐의 〈(농부의) 신발Schoenen〉. 이 그림에 대해 하이데거는 이미 농부의 도구를 이야기하면서 한 켤레의 낡은 신발이 농부의 노동, 노동의 노고, 그가 자신의 논밭에 바치는 마음과 긴장을 설명한다고 말했다. 신발을 낡게 만들기 위해서는 절대적으로 시간이 요구된다. 그 시간은 그저 가만히 기다리고 있다고 해서 획득되는 것이 아니다. 농부는 자신의 논밭과 대결하는 시간을 가져야 한다. 신발은 농부의 세계에 관여하고, 농부는 신발을 통해 자신의 세계에 속해 있는 대지와 만나게 된다는 사실을 드러내 보여준다고 했다. 진리와 존재자의 해명. 그러므로 이 신발의 낡아버린 모습은 도구에 대한 신뢰성verläßlichkeit을 얻게 된다. 하이데거는 이 설명을 신발의 존재에 대한 형이상학적 설명을 하기 위해서가 아니라 형이상학의 한계를 말하기 위해 가져온 것이다. 편편의 신발은 무엇을 말하고 있는가. 다른 세계라는 건 없다. 육신과 분리된 영혼의 삶이라는 건 없다. 상황과 분리된 육신은 존재하지 않는다. 상황은 주어진 토대의 무대이다. 잉잉과 전전, 편편은 그 무대 위에 던져져 있다. 왕빙은 그걸 찍는다.

가난의 흔적은 여기저기 있다. 햇살이 문 앞을 밝힐 때 잉잉은 막내 편편의 웃옷을 벗긴 다음 옷에서 이蝨를 잡는다. 머리카락과 몸에 달라붙어 피를 빼는 벌레. 잉잉은 편편에게 겁을 준다. "이걸

다 잡지 않으면 이것들이 너를 잡아먹어버릴 거야." 그런 다음 머리카락을 헤집으며 이를 잡는다. 한 번도 아니고 몇 번이고 이를 잡는 장면이 되풀이해서 나온다. 세 자매에게 이를 잡는 건 일과의 하나이다. 하지만 아무 소용이 없을 것이다. 밤이 와서 침대로 자러 갈 때 둘째 전전이 이불을 들치면서 말한다. "정말 더럽구나." 왕빙은 그 둘 모두를 찍는 것을 잊지 않았다. 그러므로 이렇게 말해야 할 것 같다. 참혹한 말이지만 세 자매는 이蝨와 함께 살아가야 한다. 여기서 벗어나는 방법은 한 가지뿐이다. 이 집을 떠나는 것이다. 하지만 어디로? 그건 불가능한 일이다. 같은 말을 한 번 더 하겠다. 다른 세계라는 것은 없다. 바로 이 점이 왕빙에게 이 영화를 찍어야 한다는 동기를 부여한 것이다. 사회주의 중화인민공화국에서 21세기에 벌어지는 성공의 신화, 실패의 비극이 아니라 일상생활, 인민의 일상, 자본주의 근대화라는 일상 바깥의 인민, 근대화의 일상으로부터 3200미터 떨어져 있는 일상, 어떤 관념도 없는 가난한 일상, 지식인의 해석, 사회주의의 선전 바깥에 놓인 여기, 여기서 말 그대로 실존하는 생활을 찍는 중이다.

잉잉은 쉴 틈이 없다. 숙모 딸 옌옌이 학교에서 돌아와 가방에서 책과 공책을 꺼내 책상에 올려놓자 잉잉은 부럽다는 듯이 바라본다. 옌옌은 잉잉보다 어린데도 잉잉에게 학교에서 배운 것을 가르쳐준다. 그걸 둘째 전전은 곁에서 구경하고 막내 펀펀은 꾸벅꾸벅 졸고 있다. 그때 숙모는 잉잉에게 나가서 돼지 사료로 쓰기 위한 잡초를 캐 오라고 시킨다. 잉잉은 자기 몸통만큼 큰 바구니를 메고 들판에 나간다. 얼마 후 잡초를 담은 바구니를 둘러메고 돌아오자 감자를 씻으라고 시킨다. 닭과 거위 들이 곁에서 분주하게 오가면서 꽥꽥거리고 푸드덕거리며 날갯짓을 한다. 어느새 저녁이 되어 할아버지가 양 떼를 몰고 귀가한다. 잉잉은 동생들을 데리고 숙모 집에서 저녁을 먹는다. 그리고 침대로 돌아와 동생들의 잠자리를 챙겨준다. 고단한 하루. 한낮의 임무. 어른들은 잉잉에게 자신의 삶을 비관할 시간을 남겨주지 않았다.

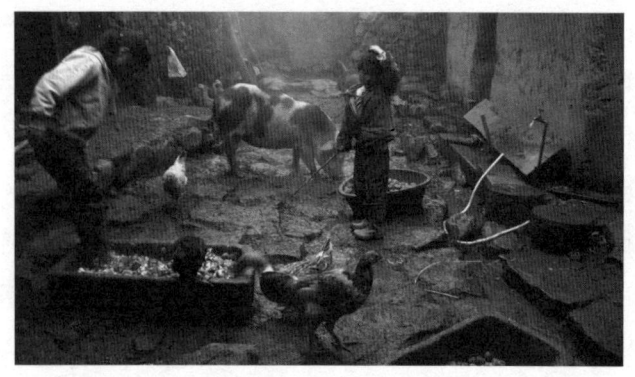

왕빙은 어둠에 가까운 집 안에서 시작해 해가 저무는 하루를 조금도 서두르지 않고 완만하게 따라간다. 잉잉의 생활 리듬. 왕빙의 촬영 리듬. 서로 비교할 수는 없지만 잉잉을 찍고 있는 왕빙의 촬영도 노동이라고 불러야 할 것이다. 같은 시간에 일어나 내내 곁에서 생활을 지켜본 다음 잠자리에 드는 시간까지 함께 있는 행위. 그때 왕빙은 세 자매와 공동체 생활을 하고 있다고 말할 수 있을 것이다. 열 살 소녀 잉잉은 하루를 지나는 해의 그림자를 바라볼 겨를이 없다. 잉잉은 가지고 놀 수 있는 게 아무것도 없을 뿐만 아니라 놀 수 있는 시간도 가지지 못했다. 어쩌면 노는 방법 자체를 배운 적이 없을지도 모른다. 왕빙은 잉잉에게서 그 시간을 발견하기 위해 내내 곁에 있는 것처럼 느껴질 때가 있다.

7

아버지가 돌아왔다. 하지만 우리가 떠올리는 반가운 포옹이나 기쁜 대화의 순간은 없다. 그러므로 영화에서 본 대로 한 번 더 말하겠다. 그냥 아버지 쑨순바오가 돌아왔다(이미 설명한 것처럼 내가 나중에 알게 된 사실은, 〈세 자매〉를 찍을 때 왕빙도 이 세 자매의 부모가 헤어진 이유를 모르고 있었다는 점이다). 아버지 쑨순바오는 막내 펀펀의 발을 씻겨준다. 잉잉은 네모진 칼을 들고 나가 텃밭에서 채소를 베어 온다. 할아버지가 찾아와서 함께 국수를 먹은 다음 아버지와 대화를 나눈다. 그때 (한 번도 영화에 등장하지 않았을 뿐만 아니라, 언급도 되지 않은) 세 자매의 어머니 이야기를 나눈다. 할아버지가 며느리는 어디에 있냐고 물어보자 아버지 쑨순바오는 아내가 지금 어디 살고 있는지 모른다고 대답한다. 그러자 3000위안을 중매인에게 주면 재혼을 할 수 있다고 말한다. 그때 왕빙은 할아버지와 아버지 두 사람을 바라보다가 잉잉에게 카메라를 돌린다. 아마도, 아마도 그 자리에 함께 있는 둘째 전전과 막내 펀펀은 이 대화가 무얼 말하는지 이해하지 못했을 것이다. 그래서 아무 반응이 없다. 하지만 잉잉은 그 말이 무엇을 의미하는지 안다. 무엇보다 엄마의 소식이 궁금했을 것이고, 아버지에게 재혼하라는 할아버지의 말을 이해했을 것이다. 할아버지는 곁에 앉아 있는 잉잉을 조금도 개의치 않고, 아버지는 잉잉을 신경 쓰지 않는다. 잉잉은 아무 표정도 짓지 않는다. 그 말을 들으면서 그저 묵묵히 앉아 있을 뿐이다. 잉잉의 침묵이 지금 이 대화의 의미를 알고 있다는 것을 보여준다. 말 없는 열 살 소녀. 침묵은 종종 그 어떤 말보다 많은 것을 말한다. 그러다가 조심스럽게 일어나서 혼자 바깥으로 나간다. 이때 왕빙은 대화 도중에 시선을 돌려 잉잉을 바라보지만 따라 나가지 않는다. 왜 따라 나가지 않는가. 이 자리를 떠나는 잉잉을 카메라가 붙잡아서는 안 된다고 판단했기 때문이다. 고통스러운 대화, 불안한 내용. 따라 나가서 무엇을 찍을 수 있는가. 일그러진 표정. 글썽이는 눈가. 어쩌면 눈물. 하지만 그것으로 무얼 얻을 수 있는가. 누군가 이 순간을 이것이냐, 저것이냐, 의 선택의 문제라고 말할지 모른다. 나는 동의하지 않는다. 이 장면은 결단이다. 잉잉은 집 안에 없지만 왕빙은 집 안을 계속 찍는다. 아버지와 할아버지의 대화가 궁금해서가 아니다. 잉잉은 여기 없지만 여기 머물고 있다. 도서실의 빈칸. 도서실의 책장에서 빈칸을 발견해도 아무도 그 자리가 비었다고 생각하지 않는다. 그 책은 잠시 빈칸으로 거기 머무는 것이다. 나는 잉잉의 빈자리에서 파토스의 여운을 바라본다.

아버지는 다음 날 짐을 싸 둘째 전전과 막내 펀펀을 데리고 도시로 떠난다. 돌아올 때와 마찬가지로 여기에도 이별 장면이 없다. 잉잉은 말없이 동생들의 짐을 싼다. 새 운동화. 새 양말. 아버지는 두 딸을 데리고 산길을 따라 버스를 타러 간다. 왕빙은 따라간다. 버스 기사가 어른이 둘이냐고 물어보자 "카메라를 든 사람은 아니에요"라고 대답한다. 하지만 왕빙도 함께 버스를 탄다. 구불구불 낭떠러지가 바로 곁에 있는 험한 고갯길을 따라 내려가는 버스. 나는 왕빙이 어디까지 따라갔는지 모른다. 왕빙은 시양탕촌 마을 잉잉의 집으로 다시 돌아왔다.

8

2010년 11월. 잉잉이 학교에 수업을 들으러 등교했다. 학교라고 하지만 한 교실에 서로 다른 나이의 아이들이 함께 모여 앉아 있다. 아마 교실도 부족하고 선생님도 부족한 것 같다. 젊은 선생님이 교과서를 들고 한 문장을 낭독하면 교실의 아이들이 다 함께 따라 읽는다. 중국 경극의 대표적인 연기자 메이란팡에 관한 글이다. 하지만 잉잉은 경극을 본 적이 있을까. 메이란팡의 연기를 본 적이 있을까. 그래도 잉잉은 큰 소리로 따라 읽고 공책에 옮겨 쓴다. 이렇게 활기찬 잉잉의 모습은 본 적이 없다. 수업이 끝나고 학교 정문 앞에 보따리 장사꾼들이 와서 아이들을 상대로 군것질거리를 팔고 있다. 아이들은 주머니를 뒤적거려 돈을 꺼내 사 먹지만 잉잉은 곁에서 구경만 한다. 학교 앞 큰 공터에서 어른들은 돼지를 도축하는 중이다. 그걸 구경하고 있는 아이들도 있다.

이 장면은 특별한 대목이 없다. 내 관심을 끈 것은 왕빙이 학교를 찍었다는 점이다. 잉잉을 찍으면서 잉잉이 사는 시양탕촌 마을 사람들을 왕빙은 전혀 찍지 않았다. 그래서 이웃을 영화에서 본 적이 없다. 단지 잉잉이 일하고 품삯으로 먹을 것을 얻는 숙모 댁을 찍었을 뿐이다. 할아버지와 함께 이웃 마을에 있는 큰할아버지 댁에서 벌어지는 가을 추수 잔치를 찍었지만, 친척 중에 누구도 소개하지 않았다. 그런데 왕빙은 학교를 찍기 위해서 산 아래까지 잉잉과 함께 내려왔다. 거기 누가 있는 것도 아니고, 거기서 무슨 일이 벌어지는 것도 아니다. 이 시퀀스가 〈세 자매〉에서 시양탕촌 바깥을 찍은 유일한 장면이라는 생각을 해야 한다. 왕빙은 자신의 영화에서 지속적으로 사회의 제도, 기구, 재생산의 장소에 관심을 기울였다. 〈철서구〉의 철강 공장, 〈원유〉의 유전 지대, 〈자벤거우〉의 강제노동수용소, 〈광기가 우리를 갈라놓을 때까지〉의 병원, 〈15시간〉의 방직 공장, 그리고 강제노동수용소에서 돌아온 다음 침묵하고 있었던 사람들과의 인터뷰들, 〈허펑밍〉 〈사령혼〉. 아마 푸코라면 신체 규율 권력이라고 불렀을 것이다. 내 관심은 왕빙의 지도에 있다. 말 그대로 지도 작성자. 이곳 바깥에서는 본 적이 없는 지도. 체제 아래 완전히 정복당한(것처럼 보이는) 사회주의 영토에서 인민들의 무대 모델을 찾는다. 그리고 모델들의 배치로 새로운 지도를 만들고 있다. 천안문의 사랑이 닿지 않는 장소. 그 장소들로 이루어진 지도. 항상 인민들과 함께한다고 하시지 않았던가요. 하지만 거기에는 인자한 미소를 지은 마오쩌둥의 사진만이 걸려 있을 뿐이다. 가난과 노동, 감시, 처벌, 감금, 삭제, 금지된 비판. 왕빙이 만나는 인민들은 거기 있지만 없는 것과 마찬가지인 존재들이다. 하지만 정말 없는 것은 아니다. 미약하게 존재하지만 그들은 거기에 있다. 왕빙은 학교에서 무엇을 보는가. 잉잉은 천안문으로부터 완전히 분리된 세계에서 살아가는 것처럼 보였다. 하지만 잉잉이 교사의 낭독을 따라 교실의 다른 아이들과 함께 합창하듯이 메이란팡을 칭송할 때 거미줄은 여기까지 이어져서 잡아당기는 것이다. 그 줄은 물론 저 멀리 천안문까지 이어져 있을 것이다. 작동의 원리. 배치의 촘촘함. 연결 접점들. 떨어져 있지만 붙어 있고, 멀리 있지만 이어져 있다. 왕빙은 잉잉에게 어떤 자유도 허락하지 않는 통제의 전술을 찾아낸다. 그리고 놓치지 않고 그걸 찍는다. 만일 학교 장면이 없다고 가정해보자. 그러면 우리는 잉잉이 왕빙 영화의 다른 등장인물들과 달리 역사 바깥에 놓여 있다고 생각했을 것이다. 그건 영토의 바깥이기도 할 것이다. 세 번째 같은 말을 해야 할 것 같다. 다른 세계는 없다.

9

    첫 번째 질문. 〈이름 없는 남자〉의 '이름 없는 남자'와 〈세 자매〉의 세 자매 사이의 차이는 무엇인가. 장소나 나이가 아니다. 물론 둘 다 가난의 바닥, 이라고 할 수밖에 없는 환경에서 살아가고 있다. 하지만 '이름 없는 남자'의 가난은 자기가 선택한 것이며, 자기 의지의 결정이다. 그리고 그 안에서 살아가는 것이다. 그래서 이 영화에는 슬픔이 없다. 하지만 세 자매는 자신들이 선택한 것이 아니라 상황 속에 던져진 것이다. 그리고 그 조건 안에서 살아가야 한다. 세 자매에게는 선택의 여지가 없다. 왕빙이 세 자매를 찍어야 한다고 결심한 것은 이 아이들이 상황의 희생자이기 때문이다. 그래서 이 영화는 슬픔으로 가득 차 있다. 〈이름 없는 남자〉와 〈세 자매〉는 완전히 다른 영화이다.

    두 번째 질문. 〈세 자매〉는 정치적인 영화인가. 어쩌면 이 질문의 맥락을 잡지 못했을지 모른다. 여기가 중국이라는 생각을 해야 한다. 마오쩌둥은 국공내전이 끝난 다음 "인구가 국력人多力量大"이라는 테제를 내걸고 출산을 장려하였다. 여기에 1950년대 말 대약진 시기에 4500만 명이 여러 이유로 사망하였다(이에 대해서는 이 책의 「마오의 유령들, 채무, 뼈」에 상세히 소개했다). 이 정책에는 이유가 있었다. 하지만 폭발적으로 인구가 늘어나기 시작하면서 식량 증산보다 빠른 인구 증가, 도시 인구 급증, 기본 의식주 문제가 중국 근대화의 장애가 된다는 주장이 제기되었다. 인구 증가가 최고조에 달한 시기에는 부부가 7.5명의 아이를 출산하였다. 하지만 아무도 위대한 주석에게 반대 의견을 제시할 수 없었다. 천안문에서는 사인방을 중심으로 피비린내 나는 반동분자 숙청 작업이 이루어지고 있었다. 1978년, 마오쩌둥이 사망하고 덩샤오핑은 산아제한을 국가

정책으로 하는 '계획생육정책計劃生育政策'을 발표했다. 모든 가정에는 한 자녀만 허락되었으며, 이 정책을 어길 시에는 부부에게 벌금과 함께 불임수술을 요구하였고 공무원들에게 이를 감시하고 신고하도록 하였다. 이 정책은 강력하게 시행되었다. 갑작스러운 반대 방향의 정책은 영아 유기, 여아 살해, 비전문 의사의 불임수술, 감시와 고발로 이어졌다. 신고를 피하려고 수많은 아이가 출생신고가 되지 않은 채 어떤 교육도 의료혜택도 받을 수 없는 상태에 놓였다. 여기는 사회주의국가이다. 하지만 중국은 뿌리 깊은 유교의 영향으로 남아 상속인 전통이 있는 나라이며, 시골에서는 여전히 남아를 출산할 때까지 아이를 낳았다. 단기적으로 긍정적인 효과가 있었다. 하지만 서방세계의 인구학자들이 이 정책은 부메랑이 되어 돌아올 것이라고 경고했다. 중국이 자본주의 근대화로 진입하면서 젊은 가정들은 자발적으로 출산을 한 자녀로 제한하였으며, 다른 한편으로 노령화사회가 시작되었다. 2013년 11월, 시진핑은 한 자녀 정책을 완화하였고, 문제의 심각성을 인지하면서 2015년 10월 사실상 폐지되었다. 〈세 자매〉는 2010년부터 2011년까지 촬영한 영화이다. 잉잉은 2001년에 태어났고, 전전은 2005년에 태어났고, 펀펀은 2007년에 태어났다. 아직 계획생육정책이 시행되고 있는 시기에 태어난 아이들. 어쩌면 제목 자체를 중국공산당 정부의 정책에 대한 비판으로 읽을 수 있다. 무조건 수행하는 공무. 반인권적인 집행. 이 과정에서 희생당한 셀 수 없이 많은 어린 영혼들. 중국은 어디에나 있다. 사회주의는 어디에나 있다. 그리고 인민은 어디에나 있다. 왕빙은 여러 자리에서 이 영화의 정치적 의미는 무엇입니까, 이 장면의 정치적 맥락은 무엇입니까, 라는 질문을 받았다. 왕빙은 일관되게 정치적 영화, 정치적인 장면이 아니오, 라고 대답했다. 나는 그렇다, 라고 생각한다.

세 번째 질문. 까다로운 질문. 먼저 〈세 자매〉가 다큐멘터리라는 점을 생각해주기 바란다. 다큐멘터리를 찍는다는 것은 여러 가지 다른 개념의 표현이 있지만 결국은 상대방의 생활에 개입하는 것이다. 그러므로 어디까지 개입할 것인가, 라는 질문과 반드시 만나게 된다. 반대의 질문. 하지만 동시에 던져야 하는 질문. 이 질문은 어디서부터 개입하면 안 되는가, 라는 질문을 동반한다. 극영화가 하지 않는 질문. 다큐멘터리는 매 장면, 매 순간, 매번 이 질문 앞에 서는 것이라고까지 말하고 싶다. 왕빙은 잉잉을 만났고, 두 명의 동생을 만났고, 그 아버지를 만났고, 그 할아버지를 만났고, 그들이 사는 시양탕촌의 마을 사람들을 만났다. 왕빙은 자신에게 경제적으로 허락하는 한도 내에서 방문할 때마다 쌀가마를 사 들고 방문한 다음 나누어 주었다. 누군가 이 과정을 세 자매의 아버지와 할아버지, 시양탕촌 마을 사람들에게 촬영 허락을 구하는 선의의 전술이라고 설명할 수 있을 것이다. 나는 이 전술이 나쁘다고 생각하지 않는다. 대상에게 다가가는 방법은 각자의 문제, 개별 영화의 전술이다. 질문은 어디에 있는가. 이때 쌀은 영화 안까지 밀고 들어온다. 장면 안에서 잉잉과 전전, 펀펀 그리고 아버지 쑨순바오가 먹는 밥은 왕빙이 가져온 쌀이다. 왕빙은 그 사실을 인정했다. 그러면 이 장면 안의 사실은 연출된 것인가. 그 쌀은 현실을 훼손하고 있는 것이 아닌가. 〈세 사매〉는 영화 안에 왕빙의 어떤 설명도 없기 때문에voice_over_narration 제작 과정에 관한 설명이 없었다면 이 장면에서 다른 장면과 달리 흰 쌀밥이 식탁에 오르는 것에 대해서 설명할 수 없었을 것이다. 이 때 왕빙이 베푼 선의의 행위는 영화 속의 세 자매의 삶의 한순간,

바로 그 식탁, 식탁 위의 밥그릇 안에 분명히 영향을 미쳤고, 왕빙은 그 장면을 찍었고 편집에서 포함했기 때문에, 그 장면에서 다큐멘터리로서 사실의 재현에 관한 책임의 문제라는 질문이 따라온다. 왕빙은 이 질문을 반대로 받아들였다.

"내가 쌀을 가져다준다고 해서 이 마을 사람들, 세 자매 가족의 현실이 바뀌는 건 아무것도 없어요. 여기서 나는 이 사람들의 가난을 찍고 있습니다. 여기서 진짜 사실은 내가 이 집에 방문해서 영화를 찍고 있다는 것입니다. 나는 거기에 영화를 찍고 있는 내 흔적을 남겨놓은 것입니다. 이 사람들은 내 방문을 허락했습니다. 그러면 허락을 받은 사람이 선물을 가져가 방문하는 것은 당연한 일입니다. 세 자매와 아버지는 밥을 먹고 있고, 나는 곁에서 영화를 찍고 있습니다. 이것이 이 영화의 상황입니다. 나는 이 상황이 밥그릇 안에 담겨 있다고 생각합니다."

10

아버지가 돌아왔다. 두 동생도 함께 돌아왔다. 그리고 유모와 딸 옌옌도 데려왔다. 잉잉과 전전, 펀펀, 유모, 옌옌은 양지바른 문 앞에 앉아 머리카락과 옷을 뒤집으며 이를 잡는다. 유모는 전전이 거추장스럽게 굴자 사납게 소리 지르면서 야단을 친다. 아마 다른 날, 잉잉은 두 동생을 데리고 시냇가에 빨래하러 왔다. 잉잉이 빨래하는 동안 전전과 펀펀은 근처 풀밭에 앉아 기다리면서 시간을 보낸다. 전전은 멋대로 노래를 지어서 부른다.

"세상에서 제일 좋은 엄마는 내 거야. 세상에서 제일 좋은 엄마는 내 거야. 세상에서 가장 행복한 아이는 엄마가 있는 아이지.

세상에서 가장 행복한 아이는 엄마가 있는 아이지."

　바람이 분다. 잉잉은 막내 펀펀을 데리고 산기슭을 오른다. 왕빙은 뒤를 따라간다. 힘겹지만 멈추지 않고 걸어간다. 잉잉은 막내 펀펀을 데리고 집에 돌아간다. 왕빙은 뒤를 따른다. 뚜벅뚜벅 걸어간다. 갑자기 거기서 영화가 끝난다. 그러면 당신은 질문할 것이다. 그런 다음에 세 자매는 어떻게 되었나요. 이 질문을 멈추면 안 된다. 절대로 멈추면 안 된다.

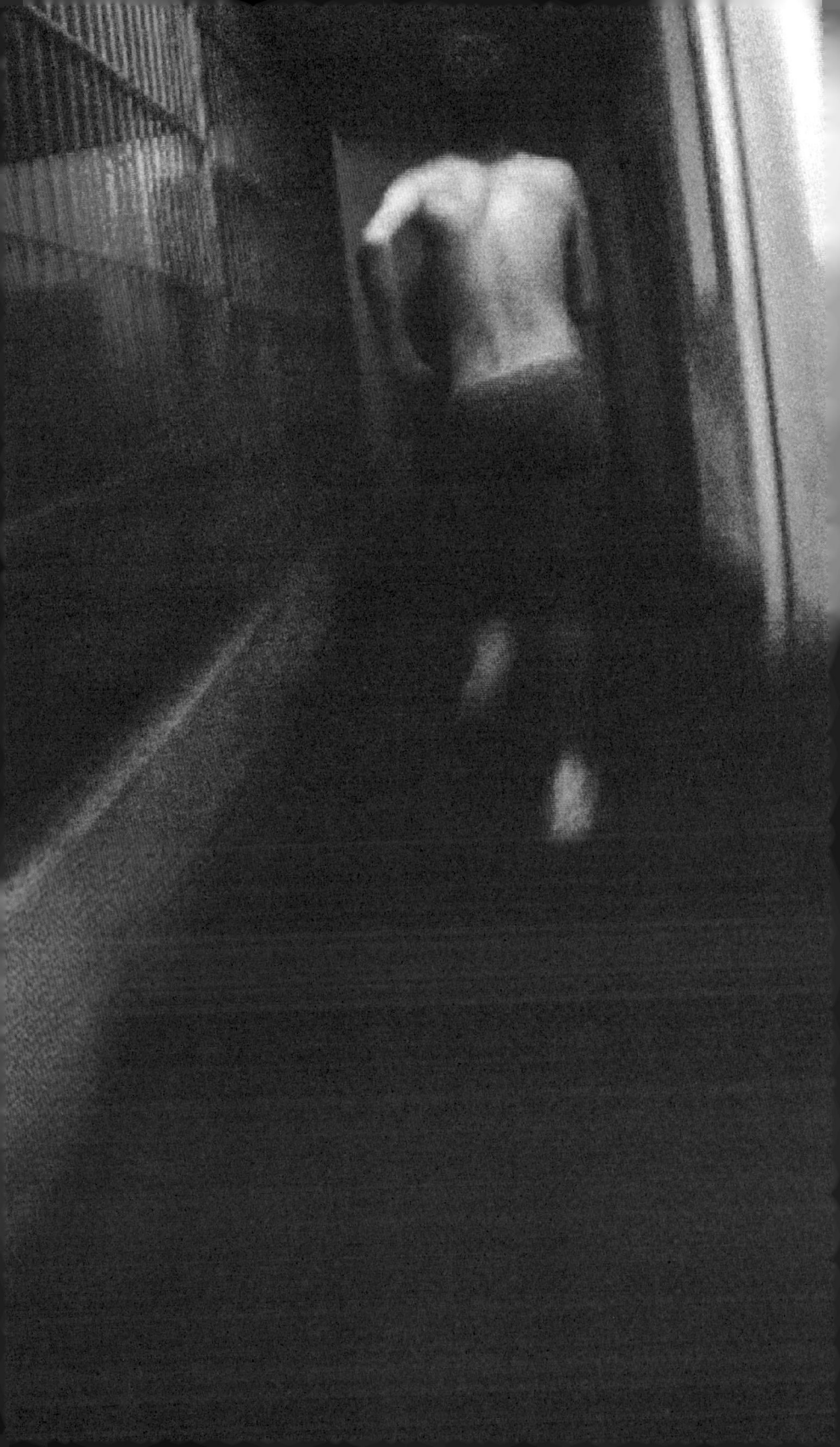

머리 안의 중국, 또 하나의 중국
광기가 우리를 갈라놓을 때까지

1

우리 공산당원들은 다년간 중국 정치혁명과 경제혁명을 위하여 분투하였을 뿐만 아니라 또한 중국의 문화혁명을 위하여도 분투, 노력해왔다. 이러한 모든 활동의 목적은 중국 민족이 새로운 사회, 새로운 국가를 건설하는 데 있으며 이 새로운 사회, 새로운 국가에 새로운 정치와 새로운 경제가 있을 뿐만 아니라 새로운 문화도 있는 것이다. 즉 이것은 우리가 정치적으로 자유를 얻고 경제적으로 번영을 구가하는 중국으로 변화시키고 또한 낡은 문화의 통치로 인하여 낙후된 중국을 새로운 문화통치로서 새로운 선진문명 중국으로 일대 변혁시키는 것을 의미한다.*

2

좋다. 알겠다. 그런데 새로운 문화통치로서 생겨난 선진문명

---

*   마오쩌둥, '우리 모두 새로운 중국을 건설하자', 「신민주주의론」, 1940년 1월.

중국의 새로운 정신병에 대해서는 어떻게 설명할 것인가. 지나치게 단도직입적으로 이야기를 시작한 것인지 모른다. 상황을 먼저 설명해야 할 것 같다. 마주해본 적이 없는 상황. 하지만 누군가에게는 실존이라고 할 수밖에 없는 조건. 조건 없이 우리가 어떻게 생명에 대해서 이야기를 시작할 수 있을까. 나는 왕빙의 영화를 이야기할 때마다 매번 이 시작의 자리로 불려온다. 이것이 내가 왕빙의 영화를 보면서 배운 것이다. 아니, (같은 말을 반복하지만 다르게) 이번에는 지옥의 문 앞으로 가게 될 것이다. 이론의 노고, 개념의 짐 따위는 내려놓자. 대신 당신에게 '밑바닥' 인간에 대한 이해가 부족하다면 이 문 안으로 들어서지 말기를 권한다. 몇 번이고 토할 것이다. 몇 번이고 심호흡하면서 허공의 공기를 삼킬 것이다. 맑은 공기를 삼킬 수 있다는 사실에 안도할지 모른다. 하지만 카메라는 아무것도 과장하지 않고 있다. 이미지는 인민들의 자리에 있을 것이다. 〈광기가 우리를 갈라놓을 때까지〉를 보기 위해서는 그 과정을 통과해야만 한다. 인민들, 그 속의 잃어버린 고리로서의 인민들, 매듭을 끊어내려고 하지만 그렇게 하려면 과거 전체를 뿌리 뽑아야 할 것이며, 그렇게 하면 인민 전체를 뿌리 뽑게 될 것이다. 거기에 이 사람들이 있다. 이 사람들. 같은 말의 다른 판본. 역량의 인민이 있다면 증세로서의 인민도 있을 것이다. 변증법의 불연속. 모순의 망각. 잃어버린 사건으로서의 실천. 먼저 윤곽을 그려보아야 할 것이다. 아마도 〈광기가 우리를 갈라놓을 때까지〉를 가장 잘 설명하는 글은 영화 마지막 장면이 끝나고 난 다음 올라오는 자막일 것이다. 그래서 맨 마지막에 나오는 자막 전문을 여기서는 맨 앞으로 끌어당겨 소개하겠다. 중간에 행간을 바꾼 것은 영화 자막에 쓴 대로 하나의 이미지처럼 옮긴 것이다. 괄호 속의 말은 보충 설명 한 것이다.

"이 영화는 2013년 1월에서 4월 사이에 중국 남서부 윈난성에 있는 지방 공립 정신병원에서 촬영되었다. 이 병원에는 200명이 넘는 남녀 환자가 있었다. 그들은 모두 일부는 가족에 의해서, 일부는 공안 경찰과 법원에 의해서 비자발적으로 수용되었다. 이 가난한 지역에서 환자의 가족 대부분은 병원비를 지불할 여유가 없었다.

폭력적인 환자와 비폭력적인 환자가 하나의 건물에 함께 수용되었다. 일부는 부모나 배우자, 아이, 이웃 혹은 낯선 이를 살해하여 정신이상 범죄자로 분류되었고, 일부는 마약중독자, 알코올 중독자, 도덕적으로 방종한 행위를 하거나 싸운 자, 부랑자로 분류되었다. 그리고 일부는 정신 병리적인 고통을 받거나 과도한 종교적 헌신, (관공서에 보내는) 반복적인 정치적 청원, (한 가족 한 자녀 출산이라는 계획생육정책을 시행한 덩샤오핑 정부의) 가족 정책 반대에 해당하는 일탈 행위를 행하였다는 명목으로 병원에 수용되었다. 또 불구가 되거나 지체부자유자, 길거리 노숙자, 가족으로부터 유기된 자, 자립 불가능한 수준의 소통 문제를 가진 이들도 수용되었다.

병원은 (이 영화 속의) 두 명의 환자, 여자 한 명, 남자 한 명을 '성명 미상名字未詳'으로 기록하였다."

하지만, (나는 몇 번이고 이 부사를 끌어당겨 올 참인데) 하지만 여기까지 다 읽었다고 해서 다음 자리로 금방 옮겨 가면 안 된다. 마치 문서 기록 서고에서 꺼낸 것처럼, 아무 감정 없이 이어지는 문장의 행간을 긁어 내려가다 보면 질문의 순간과 계속해서 마주치게 될 것이다. 호기심을 가지고 중국 윈난성 정신병원으로 들어간 왕빙의 스펙터클을 구경하고 있다면 나는 당신을 경멸할 것이다. 이 영화를 보기 위해서는 슬픔을 보아야 한다. 인간의 형상, 동물적인 존재들. 하지만 거기서 왕빙은 사랑하고 고통받고 위험을 감당하면서까지 생명에, 자신의 생명에, 자신이 가지고 있는 유일한 것에 헌신하는 자들의 정념을 볼 것이다. 조건의 불행. 나는 지금 해방, 이라는 단어를 생각하고 있다. 그리고 해방의 다른 뜻이 구출, 이라는 생각을 하고 있다. 이제부터 내가 해나가는 작업은 위자막에 대한 주석에 다름 아니다.

3

나를 거쳐서 고통스런 마을로 가고
나를 거쳐서 영원한 고통 속으로 가며
나를 거쳐서 저주받은 무리 속으로 간다.
(…)
여기 들어오는 너희는 온갖 희망을 버릴지어다.
어두운 빛깔로 적힌 이 말들을
어느 문의 꼭대기에서 보았을 때
나는 말했다. "스승이여, 저 뜻이 내겐 무섭습니다."
(…)
그래서 나는 "스승이여, 저들에게 얼마나 죄가
있기에 저토록 통곡한단 말인가요?"
그는 대답하길, "너에게 아주 간단히 일러주련다.
이들은 죽음의 희망을 갖지 못하고
그들의 눈먼 생활은 무던히도 비천해

다른 어떤 운명에도 질투를 느낀단다.

세상 사람들은 그들의 명성이 지속됨을 견디지 못하고

자비와 정의가 그들을 분노로 대하니

우리는 저들을 고려하지 말고 보고 지나치자."*

4

〈광기가 우리를 갈라놓을 때까지〉의 중국어 제목은 "瘋愛미
친 사랑"이다. 여기서 사용한 제목은 영어 제목 ""Til Madness Do Us
Part"를 번역한 것이다. 이 제목은 부산국제영화제에서 처음 사용
한 다음 국내 여러 다른 자리에서 상영될 때마다 사용했기 때문
에 "미친 사랑"이나 "풍애"보다 익숙해서 여기서도 그렇게 부르기
로 했다. 영어 제목은 (아마도) 결혼식에서 하는 맹세, "죽음이 우리
를 갈라놓을 때까지"에서 가져왔(을 것으로 생각한)다. 영화 속의 정
신병원에 갇혀 있는 환자들은 집에 돌아가서 가족을 만나고 싶다
고 각자의 방식으로 내내 호소한다. 아마도 광기가 그들을 가족과
'갈라놓았을' 것이다. 그런 의미에서 정확한 제목은 '광기가 우리
를 갈라놓은 다음에'라고 해야 할 것이다. 프랑스어 제목은 "A la
Folie미친 듯이"이고, 일본어 제목은 "收容病棟수용 병동"이다.

여기서 환자들은 정신병에 걸렸다고 일괄적으로 지칭하게
될 텐데, 단순하게 문자 그대로 정신이 병에 걸렸다는 의미에서
이 말을 쓰게 될 것이다. 정신의학에서는 장애에 따라 정신증, 신
경증, 자폐성장애, 지적장애, 성격장애와 같은 신경발달장애, 조

---

* 단테 알리기에리, 「지옥편」, 『신곡』, 한형곤 옮김, 서해문집, 2005, 59~62쪽.

현병스펙트럼 장애, 양극성장애, 우울장애, 불안장애, 강박장애, 외상후스트레스장애, 해리장애, 파괴적충돌 조절장애, 중독장애 이외에도 수많은 분류와 장애 범주가 있으며, 또한 이에 따른 하위범주들이 있다. 하지만 〈광기가 우리를 갈라놓을 때까지〉에 나오는 환자들을 장애의 병명에 따라 분류하지는 않고 정신병에 걸린, 이라고만 표기할 것이다. 왜냐하면 왕빙은 자신의 카메라 앞에 선 환자들의 병명에 관심이 없으며, 따라서 당연히 그에 따른 별다른 정보가 내게도 없다. 왕빙은 정신병원 안의 환자를 찍었고, 그게 전부이다. 〈광기가 우리를 갈라놓을 때까지〉는 정신의학에 관한 다큐멘터리가 아니다.

5

도처에서 광기는 인간을 현혹시킨다. 광기로 인해 생겨나는 환상적인 이미지들은 사물들의 표면에서 재빨리 사라지는 일시적인 외양外樣이 아니다. 가장 특이한 망상에서 생겨나는 것은 이상한 역설에 의해, 대지의 내장 속에 비밀처럼, 접근 불가능한 진리처럼 이미 감추어져 있었다. 광기가 인간에 의해 독단적으로 전개될 때, 인간은 세계의 암담한 필연성과 마주치고, 인간의 악몽과 불편한 잠자리에서 자주 출몰하는 동물은 인간 자신의 본성, 지옥의 가차 없는 참모습에 의해 적나라하게 드러날 본성이며, 맹목적이고 어리석은 행위의 덧없는 이미지들이야말로 세계에 대한 커다란 앎이다. 그리고 이러한 무질서와 광기의 세계에는 미리부터 잔혹한 종말의 윤곽이 드러나 있다.*

6

무엇이 왕빙을 세계의 어둠으로 이끈 것일까. 중국의 어둠. 인민의 어둠. 모든 어둠보다 더 깊은 어둠. 달리 어떻게 말할 수 있을까. 2002년 가을 오후, 왕빙은 선양시에서 〈철서구〉 촬영을 마친 다음 베이징에 돌아와서 편집하고 있었다. "그날은 지친 상태여서 쉬고 싶었어요. 편집은 몇몇 장면에서 원점으로 돌아왔고, 잠시 중단할 필요를 느꼈어요." 왕빙은 친구들과 베이징 북쪽 외곽을 산책하였다. 산책길에서 낯선 건물과 마주했다. 1950년대 스탈린 시대의 소비에트 관공서 건물처럼 보이는 양식의 커다란 건물이었다. 다가가 보니 정신병원이었다. 왕빙의 기억으로 그날은 바람이 몹시 불었다. 병원 주변은 나뭇잎으로 둘러싸여 있었다. 이렇게 표현하면 낭만적인 상상을 할지 모르니 미리 말하겠다. "수수께끼처럼 보였어요. 무언가 비밀을 감추고 있다는 인상을 받았어요." 그 건물 주변에는 어떤 인기척도 느껴지지 않았다. 바깥에서 어떤 환자도 보지 못했다. 건물의 문은 열려 있었고 그래서 왕빙과 그의 친구들은 안으로 들어갔다. 쇠창살이 건물을 둘러싸고 있었고, 창살들은 서로 다른 색으로 분리되어 있었다. 창살 곁에 환자들이 있는 모습을 비로소 보았지만 왕빙과 그의 친구들은 그들에게 다가가지 않았다. 정확하게는 그때는 그들에게 어떻게 다가가야 할지 몰랐다.

---

*   미셸 푸코, 『광기의 역사』, 이규현 옮김, 나남출판, 2020, 74쪽.

건물 안으로 들어가는 문을 두드리자 간호사가 나왔다. 왕빙은 약간의 거짓말을 섞어서 자신들이 방문한 이유를 설명했고, 간호사는 그들의 방문을 허락하였다. 건물 안에는 80명 정도의 환자가 있었다. 왕빙은 여기에 부언하였다. "어쩌면 더 있었을지 몰라요. 우리는 그 정도 숫자의 환자를 보았어요." 곁에 선 간호사에게 환자들에 관한 설명을 들었다. 이 병원의 환자들은 20년에서 30년 정도 입원한 상태였다. 중국의 근대사 연표에서, 사회주의 중화인민공화국에서 이 연도를 계산해주기 바란다. 문화혁명의 한복판. 홍위병 시대가 끝나고 그들에 관한 대대적인 숙청이 시작되었다. 하지만 문화혁명은 끝나지 않았다. 천안문 안에서 권력투쟁은 계속되었다. 국공내전 시기에 팔로군八路軍을 이끌었고, 항미원조 전쟁 당시 중국인민해방군 사령관이었던 펑더화이가 홍위병 앞에서 자아비판에 몰리자 그 빈자리를 차지하고 재빨리 인민해방군 국방장관이 된 린뱌오는 쿠데타를 계획하였다. 하지만 마오쩌둥이 더 빨랐다. 저우언라이는 "중대한 문제를 해결하기 위해서" 동분서주했다. 린뱌오는 1971년 9월 12일 자정이 지난 시간 그의 아내, 아들과 베이다이허北戴河에서 서둘러 비행기에 탑승했지만, 그 비행기는 몽골에서 추락하였다. 아무도 살아남지 못했다. 장칭을 중심으로 한 사인방 시대가 시작되었다. 그러는 동안 국가의 모든 체계가 비정상적으로 작동하였다. 일시적인 비정상이 아니라 20년에 걸친 비정상의 역사. 인민들은 그 역사 안에서 몸으로 견뎌내야 했다. 기아, 질병, 폭력, 착취 그리고 끝없는 자아비판. 1978년 12월 중국공산당 제11기 중앙위원회 제3회 전체회의에서 덩샤오핑 주도하에 공산당은 '사회주의식 현대화의 올바른 노선' 테제를 결의하였다. 하지만 중국 문화혁명을 지켜본 역사학자들은 이 테제의 유일한 이유는 이미 국가의 통제를 벗어난 농민들이 이미 국가의 제한을 무의미하게 만들었기 때문이라는 데 합의를 본다. 살아남은 인민들. 아직 질문이 끝나지 않았다. 그렇다면 영혼은? 왕빙은 이 병원에서 마치 대답을 목격한 것 같았다. 그리고 〈철서구〉 다음 영화는 여기서 찍어야겠다고 결심했다. 하지만 왕빙은 정신병원에서 촬영 허가증을 얻지 못했다. 2004년 시네퐁다시옹Cinéfondation에 이 프로젝트를 제안하였고 거기서 관심을 보였다. 하지만 왕빙은 여러 가지 이유로 2005년부터 준비를 시작해야 했던 극영화 〈자벤거우〉 때문에 이 영화를 미루게 되었다.

그런 다음 왕빙은 다시 정신병원 프로젝트로 돌아왔다. 무엇보다 촬영 허가증을 내줄 수 있는 정신병원을 찾아야만 했다. 윈난성 북쪽의 자오퉁시 외곽에 자리 잡은 정신병원에서 허락을 받을 수 있었다. 하지만 촬영 허가에는 3개월 안에 마쳐야 한다는 조건이 붙었다. 〈광기가 우리를 갈라놓을 때까지〉는 2013년 1월부터 촬영이 시작되었다. 정신병원 안으로 들어오기까지 10년이 걸렸다.

7

왕빙은 세 가지 이유에서 윈난성 자오퉁시 정신병원에서의 촬영을 망설였다. 첫 번째는 베이징의 정신병원과 윈난의 정신병원에 입원한 환자들의 내력이 서로 달랐다. 베이징은 (이미 설명한 것처럼) 문화혁명 시기에 입원한 환자들이었다. 그 환자들은 베이징에 거주하는 사람들이 아니라 대부분 다른 곳에서 온 농민들이었다. 나는 여기까지만 설명을 들었기 때문에 왜 다른 지역의 농민들이 베이징의 정신병원에 입원했는지 알지 못한다. 몇 가지 질문이 떠오른다. 당연히 베이징에도 정신병에 걸린 환자들이 있을 텐데 그렇다면 그들은 어디에 입원한 것일까. 베이징의 환자들과 다른 지역의 환자들을 왜 분리해놓은 것일까. 이 분리는 증세에 따른 것일까, 아니면 원인에 따른 것일까. 나는 이 질문이 몹시 중요하다고 생각한다. 이를테면 증세에 대한 정치적인 개입? 다시 한번 환기하지만, 문화혁명 시기는 사상을 개조하는 시간이었다. 개조改造. 그때 이 말의 번역은 머릿속의 사상을 뜯어내서 고치다, 였다. 사상의 개조는 영혼에 법을 부과하고 새로운 명령을 내리는 절차가 되었다. 몸과 마음은 동시에 부서져나갔다. 마오쩌둥의 붉은 책을 한 손에 들고 외치면서 홍위병들은 그들의 스승, 그들의 지도자를 따르던 옛 동지들, 그들 자신의 어제까지의 동지를 마당으로 불러내 왕광메이가 개발한 제트기 자세(두 손을 앞으로 내밀고 엉덩이를 뒤로 뺀 자세)로 몇 시간이고 서 있게 한 다음 자신에 대한 비판을 쉴 새 없이 외치라고 요구했다. 나는 잘못한 게 없어요. 홍위병들은 맞장구쳤다. 바로 그게 당신의 죄과요. 하나의 사례. 중국공산당 내 이론적 지도자였던 류사오치는 1948년 중국공산당 이론사理論史에서 결정적인 문건 중의 하나인 「국제주의와 민족주의를 논함」을 발표하였고, 당 서열 2위인 부주석의 자리에까지 올랐다. 하지만 문화혁명이 시작되자 홍위병의 비판은 류사오치에게도 향했다. 문화혁명의 이론가였던 장춘차오는 류사오치를 "물에 빠진 개"라고 불렀고, 류사오치는 베이징에서 가택연금당했다. 1969년 7월 18일 홍위병들이 류사오치의 가택에 무단침입하여 자아비판을 요구하며 폭행과 폭언을 하고 난 다음 류사오치는 심각한 건강상의 위험 상태에서 폐렴에 걸렸지만 치료받지 못했다. 그는 허난성 변방의 작은 집으로 이송되었고, 가구 하나 없는 방에 한 달 동안 방치되었다가 11월 12일 오전 6시 45분에 사망하였다. 구급차는 두 시간 후에 도착했고, 사망 증명서에는 '무직無職'이라고 기록되었다. 그런 다음 류사오치의 시신은 즉시 소각되었다. 베이징의 수많은 지식인은 모두 어디로 보내진 것일까. 물론 시골 지방에 사상개조를 위해 하방된 것은 알고 있다. 하지만 이 과정에서 정신병으로 분류된 지식인들의 행방은? 대학에 몸담은 그 많던 교수들은? 문인들은? 예술가들은? 공산당 내 관료들은? 내 질문의 방점은 행방에 있다. 아마 왕빙의 질문도 거기에 있었을 것이다. 그는 대약진 시대에 우파로 분류되어 강제노동수용소로 보내진 다음 여전히 역사 속 오류를 인정하지 않는 공산당으로부터 사과받지 못한 채 가까스로 살아남은 이들의 증언을 담으면서 거슬러 올라오는 중이었다(〈허펑밍〉〈자볜거우〉).

윈난 정신병원에 있는 환자들은 대부분 1980년대 이후, 그러니까 문화혁명이 끝나고 덩샤오핑의 사회주의 근대화 개혁이 시작된 다음에 입원한 환자들이었다. 〈광기가 우리를 갈라놓을 때까지〉의 정신병 환자들은 자신들이 거주하고 있는 지역 혹은 노동 현장에서 '문제가 발생한' 다음(이 표현을 중국 사회주의 근대화의 맥락으로 옮겨서 다시 읽기 바란다) 이주한 사람들이었다. 베이징과 한 가지 공통점이 있다면 이들도 자신들이 있는 윈난성 자오퉁시가 고향이 아니었다는 점이다. 이 병원에 입원해 있는 환자들 사이에서 교집합을 찾기 어려웠다. 수많은 사례. 그중에는 대학교 졸업을 앞두고 정신병 증세가 시작된 환자도 있었다. 혹은 가족 사이에서 여러 가지 이유로 분쟁을 하다 병원에 보내지는 환자도 있었다. 법정 고소 논쟁에서 재판이 길어져 고소인이 지치면 병원으로 보내기도 했다.

하지만 위의 사례는 대부분 남자 환자들의 경우였다. 여자 환자들의 대부분은 덩샤오핑이 사회주의 근대화라는 목표 아래 산아제한을 국가정책으로 하는 계획생육정책의 희생자들이었다. 이미 이야기한 것처럼 모든 가정에는 한 자녀만 허락되었으며, 이 정책을 어길 시에는 부부에게 벌금과 함께 불임수술을 요구하였고 공무원들에게 이를 감시하고 신고하도록 하였다. 이 과정에서 불법적인 영아 유기, 여아 살해, 비전문 의사의 불임수술이 이어졌다. 질문이 따라올 것이다. 그러면 두 아이를 낳고 난 다음에는 어떻게 되나요? 나도 이 질문을 중국에서 처음 했다. 그러면 중앙정부에서 강제적으로 남편은 정관수술, 여자는 난소 제거 수술을 했다. 도시에서는 이 수술이 병원에서 시행되었다. 병원에 가기 힘든 시골에서는 마을 지도자의 입회하에 마을 사람들이 마취 없이 시행하였다. 이 과정에서 당사자들은 말 그대로 '미쳐버렸다'. 그리고 그 희생자들의 일부가 지금 여기, 윈난의 정신병원에 입원하였다. 이 환자들이 어떻게 병원에 입원하게 되었는지는 알 수 없다. 왕빙은 입원 과정을 다루지 않았으며, 아마 질문을 해도 병원에서 알려주지 않았을 것이다.

나는 왕빙에게 윈난 정신병원이 요구한 제한 조건을 모두 알지는 못한다. 왕빙은 정신병원에서 죽음을 맞이하는 환자의 시간을 찍기를 원했다. 그런 다음 그 시신이 어떻게 다루어지는지를 따라가고 싶어 했다. 하지만 정신병원은 환자의 죽음을 촬영하게 해달라는 왕빙의 요청을 거절했다.

여기에 왕빙이 윈난 정신병원에서의 촬영을 망설인 두 번째 이유가 있다. 이미 설명한 것처럼 윈난 정신병원은 왕빙에게 단지 3개월의 촬영만을 허용하였다. 촬영 기간이 너무 짧았다. 물론 왕빙은 한 편의 다큐멘터리를 2주 안에 완성하기도 했다(《팡슈잉》). 하지만 이 영화를 찍기 위해 2년 전부터 일정 기간 반복적으로 팡슈잉 할머니와 만나고 그의 가족들을 방문하고, 자신이 찍어야 할 대상과 계속 대화를 나누어 생활환경을 충분히 이해하고 있었다. 윈난 정신병원은 왕빙에게 낯선 장소였고, 무엇보다 이 병원에 입원한 환자들, 정신병 상태의 사람들에게 어떻게 다가가야 할지 알 수 없었다. 그들이 하는 말은 대부분 알아들을 수 없었다. 정신병 상태에서 외치고, 중얼거리고, 노래하고, 웅변하고, 속삭이지만, 이렇게 말하긴 했지만, 그 말은 횡설수설이었다. 게다가 서로 다른 지역에서 온 환자들은 각자의 사투리를 사용하였다. 왕빙은 옆에 통역사를 두고 남방 언어를 이해했다. 왕빙은 촬영 전에 결단을 내려야 했다. 그리고 〈광기가 우리를 갈라놓을 때까지〉에서 여자 환자들의 촬영을 포기했다. 윈난 정신병원에서 남자 환자들은 3층에 있었고, 여자 환자들은 2층에 있었다. 왕빙이 원하기만 하면 언제든지 찍을 수 있었다. 하지만 찍지 않았다. "나는 그 사람들을 이해할 수 있는 충분한 시간을 가질 수 없었어요."

8

이로부터 판옵티콘 시설의 주요한 효과가 생겨난다. 수감자에게는 권력의 자동적 기능을 보장하는 가시성의 의식적이고 지속적인 상태가 만들어진다. 감시작용에 중단이 있더라도 그 효과는 계속되도록 하고, 권력의 완벽한 상태는 권력 행사의 현실성이 점차 약화되도록 하고, 건축의 장치는 권력을 행사하는 사람과 상관없이 권력관계를 창출하고, 유지하는 기계장치가 되도록 한다. 요컨대 수감된 자가 스스로 권력의 전달자가 되는 어떤 권력적 상황 속으로 편입되도록 한다. 그러한 목적을 위해서는, 죄수가 간수에 의해서 끊임없이 감시되는 방법은 매우 충분한 것이면서 동시에 불충분한 것이다. 매우 불충분하다는 것은 죄수가 감시당하고 있다는 것을 자각해야 하는 사실 때문이고, 매우 충분하다는 것은, 죄수가 실제로 감시될 필요가 없기 때문이다. (…) 가시적이란, 감금된 자의 눈앞에 자신을 살펴보고 있는 중앙탑의 높은 형체가 항상 어른거린다는 뜻이다. 또 확인할 수 없다는 것은 감금된 자가 자신이 현재 감시받는지 아닌지를 결코 알아서는 안 되지만, 자신이 항상 감시될 수 있다는 것을 확신하고 있어야 한다는 뜻이다. (…) '판옵티콘'은 '바라봄-보임'의 결합을 분리시키는 장치이다. 즉, 주위를 둘러싼 원형의 건물 안에서는 아무것도 보지 못한 채 완전히 보이기만 하고 중앙부의 탑 속에서는 모든 것을 볼 수 있지만 결코 보이지는 않는다.*

9

왕빙이 윈난 정신병원 촬영을 망설인 세 번째 이유는 병원 건물의 구조 때문이었다. 〈광기가 우리를 갈라놓을 때까지〉는 정신병원 건물을 소개하고 있지 않기 때문에 상황을 이해하기 위해서 먼저 건물의 구조를 설명해야 할 것 같다. 자오퉁시 외곽에 자리 잡은 이 정신병원은 대로변에서 다시 골목으로 들어가야 입구가

---

* 미셸 푸코, 『감시와 처벌』, 오생근 옮김, 나남출판, 2020, 368~370쪽.

있다. 외부에서 볼 때 입구에 붙어 있는 커다란 팻말 '자오퉁정신
병의원昭通精神病醫院'이 없다면 이 건물의 성격을 전혀 알 수 없다.
중국에는 종종 창문 없이 벽으로만 둘러싸인 건물들이 있어서, 이
상해 보이기는 하지만 다른 건물들과 구별되지는 않았다. 내가 이

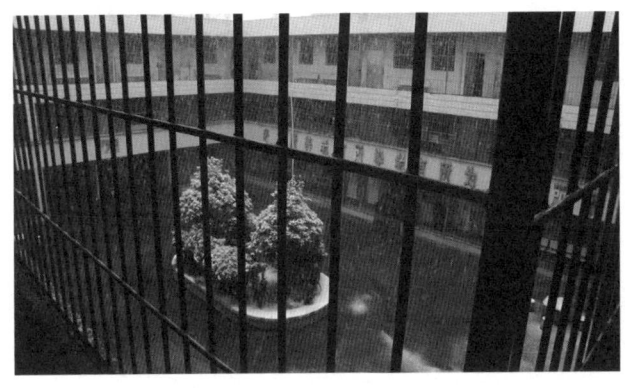

건물의 구석구석을 알 수 있는 것은 아니기 때문에 내부 구조물의
외관에 한정 지어 설명하겠다. 이 건물은 정사각형 건물이고(하지
만 정확한 정사각형은 아니다. 어쩌면 정사각형에 가까운 직사각형일 것이
다), 건물은 네 개의 직각으로 이루어진 사각형 선분을 따라 지어
졌고 가운데가 비어 있다. 방마다 작은 창문이 있지만 바깥은 보
이지 않기 때문에 환자들이 볼 수 있는 풍경은 이 건물 가운데 텅
빈 상태의 내부 운동장뿐이다. 이 운동장 중앙에는 몇 그루의 나
무가 있다. 그게 전부이다. 건물은 외곽선 선분을 따라 지어졌고
안쪽으로 복도가 사각형으로 이어져 있다. 그래서 네 개의 선분으
로 이루어진 복도를 따라 걷다 보면 지금 내가 걷고 있는 자리가

이미 지나친 곳인지 아니면 처음 지나치는 곳인지 가늠이 안 되기도 하고, (이렇게도 설명할 수 있는데) 빙빙 돌다 보면 몇 바퀴를 돌았는지 셈을 놓칠 수 있다. 이 건물에 들어서기 전에 방향감각을 가지고 있었다 할지라도 복도를 몇 바퀴 돌고 나면 동서남북 방향을 잃게 된다. 네 개의 선분으로 이루어진 건물 내부를 동일하게 설계했기 때문에, 맞은편을 바라보고 있어도 내가 서 있는 곳과 구별되지 않는다. 모두 3층으로 이루어져서 1층은 의사들과 간호사들이 사용하고, 2층은 여자 환자들이 입원해 있고, 3층은 남자 환자들이 입원해 있다. 2층과 3층에는 복도를 따라서 철창이 있다. 그리고 건물 사이는 계단으로 오르내리게 되어 있는데, 층마다 외부로 나가려면 철창문을 (간호사가 와서) 열어주어야 한다. 층의 세부에 대해서는 3층을 기준으로 설명하겠다. 화장실이 하나 있고, 복도에 수도꼭지가 하나 있다. 누구나 자유롭게 수도꼭지를 사용할 수 있다. 환자들은 이 수도꼭지에 입을 대고 물을 마신다. 누군가는 여기서 세수를 하고 발을 씻는다. 복도를 따라 서로 떨어져서 벤치가 놓여 있고, 낮에는 환자들이 나와서 여기 앉아 담소하거나 햇살을 맞으면서 낮잠을 잔다. 복도를 따라 이어진 건물에는 여러 개의 방이 있고, 방에는 침대가 놓여 있다. 그 이외에는 아무것도 없다. 침대는 주인이 있어, 아무 침대나 들어가서 자면 침대 주인이 와서 네 자리로 가라고 야단친다. 방마다 침대 개수는 다른데 다섯 개 혹은 여섯 개가 놓여 있다. 방에 하나 있는 양동이에 환자들은 소변을 본다. 3층의 꽤 넓은 휴게실 벽 쪽에는 텔레비전이 놓여 있고 환자들은 긴 의자에 앉아서 텔레비전을 본다. 병원에서 방송 채널을 고정해놓았는지 아니면 돌리다 고정된 채널을 환자들이 보는지에 대해서는 내가 알지 못한다. 점심 식사는 1층에 내려와서 2층 여자 환자들과 동일한 밥과 반찬을 배식받는다. 남자 환자들과 여자 환자들이 대화 나누는 것을 특별히 금지하지는 않는다. 식사가 끝나면 다시 각 층으로 돌아간다. 저녁 식사가 끝나고 나면 의사와 간호사가 올라와서 환자들에게 약을 나누어준다. 이때 의사와 간호사는 약을 삼켰는지 확인하기 위해 한 명씩 입을 벌리고 혀를 들어보라고 요구한다. 방은 별달리 자물쇠로 닫지 않기 때문에, 늦은 밤에도 환자 중에는 수시로 복도에 나와 걸어 다니거나 달리기를 하는 이들이 있다. 혹은 남의 방에 찾아가기도 한다.

왕빙이 망설인 이유는 정신병원의 복도가 너무 좁았기 때문이다. "내가 환자와 확보해야 할 거리를 찾는 게 너무 힘들었어요. 거의 불가능했다고 말하는 게 맞을 거예요. 〈광기가 우리를 갈라놓을 때까지〉는 촬영 과정에서 약점을 고스란히 드러내 보이는 영화예요." 무엇보다도 왕빙은 이 복도에서 자신이 찍으려는 환자를 충분히 따라갈 수 없었다. 복도에는 너무 많은 환자가 나와 서 있거나 쪼그려 앉아 있었고, 그들은 왕빙(의 촬영)을 위해서 자기의 자리를 양보하거나 비켜주지 않았다. 그들은 자기의 자리, 햇빛의 자리를 지키는 걸 몹시 중요하게 생각했다. 게다가 지금 왕빙이 하는 작업이 무언지 이해하지 못했다. 환자 중에는 왕빙이 든 카메라를 향해서 그게 무어냐고 물어보는 사람도 있었다. 왕빙은 〈광기가 우리를 갈라놓을 때까지〉를 와이드렌즈로 촬영했다. 그러면 양옆이 더 넓어보이고 실제 거리보다 더 깊어 보인다. 문제는 이 렌즈를 사용하면 양옆에 굴곡이 생긴다는 것이다. 그래서 과장과 왜곡이 생겨난다. 당연한 말이지만 이미지가 넓고 깊어 보이기는 해도 촬영 현장의 조건이 바뀌는 것은 아니었다. 비좁은 복도는 거리와 동선을 제한하였다. 게다가 방 안에는 작은 창문만이 있었고, 거기서 들어오는 빛의 양은 너무 적었다. 복도에서 방 안으로 동선이 이어질 때 항상 문제가 발생했다. 〈광기가 우리를 갈라놓을 때까지〉에는 화면 초점이 맞지 않는out_of_focus 장면들이 포함되어 있다. 밤에 텔레비전이 있는 휴게실은 형광등의 백색 광원이 밝혀져 있고, 침대가 있는 방으로 돌아가면 전구의 주황색 광원이 켜져 있었다. 분명히 방 안의 불빛 아래 있는데도 종종 어두운 부분에서 디테일이 형태를 상실하거나 신체의 세부가 구분되지 않거나 때로 인물이 구별되지 않았다. 그래서 마치 커다란 덩어리가 움직이거나 사람 모양의 포대 자루가 꿈틀거리는 것처럼 보였다. 도형처럼 보이는 신체의 형상. 그 자체로 하나의 이야기를 가진 것만 같은 모습. 사물의 그림자처럼 보이기도 하고 방 안에 놓인 일그러진 흉물처럼 보이기도 했다. 누군가는 겨울날 정신병원의 환자들이 어둠 속에서 침대에 누워 이불을 둘둘 말고 있는 모습이 애벌레처럼 보인다고도 말했다. 이 장면이 사진을 찍기 위해서라면 미학적인 비유가 될 것이다. 하지만 환자들의 삶, 삶의 일상생활, 생활 속의 동작들, 표정, 피부, 숨소리를 찍어야 하는 왕빙에게는 장애가 되었다. 한참을 망설였다고 말했다. 하지만 일단 결정하자 장애를 완전히 긍정하면서 촬영을 시작했다. 왕빙은 항상 동일하게 대답했다. "나는 촬영에서 구도를 조금도 신경 쓰지 않아요. 다만 내가 찍으려고 하는 것이 거기에 있느냐, 없느냐만이 판단의 기준이죠."

10

"나는 정신병원이라는 기관에는 관심이 없었어요. 내 관심은 환자들이었어요." 아마 그래서일 것이다. 〈광기가 우리를 갈라놓을 때까지〉는 의사 혹은 간호사와의 인터뷰 장면이나 그들의 일상생활 장면이 전혀 없다. 다만 저녁 시간에 의사와 간호사들이 환자들에게 약을 나누어 줄 때, 3층에서 외부로 나가는 철창문을 열어 줄 때, 이따금 의사들이 3층에 올라와 복도를 따라 걸어가면서 환자들을 둘러볼 때 이외에는 보이지 않는다. 그리고 그때조차 왕빙은 의사와 간호사들에게 가까이 다가가지 않았다. 〈광기가 우리를 갈라놓을 때까지〉를 보고 나서도 중국 정신병원, 윈난 정신병원, 자오퉁시 정신병원이 어떻게 운영되고 관리되는지 전혀 알 수 없다. 그렇다고 해서 왕빙이 환자들의 편에 선다는 느낌은 전혀 들지 않는다. 촬영 내내 왕빙은 환자를 이해할 수 있는 자리를 찾지 않는다. 그러면 왕빙은 여기서 무엇을 찍고 있는 것일까.

"중국은 정신병원 바깥을 둘러보아도 삶이 큰 차이가 없어요. 중국은 인민에게 '거주이전의자유'가 없습니다. 그러므로 한 장소에 머물러야 하는 정신병원의 환자들과 큰 차이가 없습니다. 환자들은 병원 입원 허가를 받으면 거기가 집입니다. 그런 다음 대부분의 환자는 죽는 날까지 병원에 머물러야 합니다. 환자에게는 병원 바깥에 있는 것보다 한 인간으로서 병원 안에 있는 쪽이 더 안전하다고 말할 수도 있을 것입니다."

정신병원은 왕빙에게 또 하나의 중국이었다. 덩샤오핑의 '사회주의식 현대화의 올바른 노선' 테제 이후 1982년 인민공사가 해체되자 수많은 농민이 일자리를 찾아서 도시로 향했다. 모든 것이 순조롭게 진행되지는 않았다. 갑자기 나타난 수많은 개인 기업가들은 탐욕스러웠고, 지식인들은 문화혁명 시기에 실추된 자신들의 자리를 되찾으려고 부와 명예를 향해서 투쟁을 시작하였다. 그리고 그 둘은 하나였다. 당원들 사이에서도 이탈이 벌어졌다. 수백만 명의 농민이 도시에 왔다고 해서 그들에게 일자리가 기다리고 있었던 것도 아니다. 도시 노동자들은 새로운 민공들을 경쟁자로 여기면서 적대시하였다. 여기는 사회주의 중화인민공화국이다. 인민들이 자신의 가치, 의미, 화폐, 욕망의 선을 따라 분열하기 시작했을 때 그것은 또 다른 계급투쟁이 되었다. 천하 대혼돈. 우리는 무슨 일이 벌어졌는지를 보았다. 1989년 6월 천안문 광장. 공산당은 광장에 인민해방군 탱크를 보냈다. 그 과정에 던져졌던 수많은 인민. 인민들의 증세. 누군가는 그걸 원했고, 누군가는 그걸 원하지 않았는데도, 생산력의 역사의 과정과 그 투쟁의 상황에 던져져서 미쳐버린 인민들이 여기에 있다. 체제 안에 있는 체제 바깥의 인민들. 이렇게 말하는 것을 허락해주길 바란다. 병원에 있는 인민들은 자기 머리 안에 각자 또 하나의 중국을 건설하고 있었다. 그들 자신이 안전하게 살 수 있는 중국, 아니, 더 간단하게, 살 수 있는 중국. 왕빙은 살기 위해서 각자의 피난처로 후퇴한 인민들을 만나기 위해서 여기에 온 것이다. 〈광기가 우리를 갈라놓을 때까지〉는 〈철서구〉와 함께 덩샤오핑 이후의 중국을 찍은 영화이다. 하나는 '사회주의 근대화'의 생산양식을, 다른 하나는 '사회주의 근대화'의 증세의 현장을 방문하고 있다.

정신병원으로 돌아오자. 결단을 내렸다고 해서 왕빙이 정신병원에 도착하자마자 촬영을 시작한 것은 아니다. 결단을 내린다는 것과 촬영하는 방법을 찾는다는 것은 서로 완전히 다른 문제이다. 왕빙은 정신병원에 누군가를 찾기 위해서 방문한 것이 아니다. 수많은 환자. 그 숫자만큼의 사연. 서로 다른 증세. 그 안에서 왕빙은 누구를 찍고 누구를 지나쳐야 할지 판단할 수 없었다. 왕빙은 고작 3개월의 방문만 허락받을 수 있을 뿐이었다. 그렇지만 일주일 동안 왕빙은 정신병원에 와서 환자들 사이 벤치에 앉아 하루 종일 낮잠을 자거나 아니면 그저 사람 구경하듯이 물끄러미 쳐다보았다. 환자들은 왕빙을 첫날에는 유심히 보았지만, 곧 흥미를 잃었다. 왕빙은 환자들과 친해지려는 어떤 노력도 하지 않았다. 아니, 그런 노력은 처음부터 불가능한 시도였을 것이다. 환자들은 제각각 소리치고, 중얼거리고, 노래하고, 누군가는 묵언수행이라도 하듯 입을 다물고 있었다. 정신병원은 몹시 시끄러웠지만, 환자들은 자신의 방에 각자 머무는 것처럼 보였다. 왕빙은 첫 번째 한 주를 아낌없이 낭비했다. 그리고 어느 날 이미 카메라를 들고 촬영을 시작했다.

11

여기까지의 이야기가 〈광기가 우리를 갈라놓을 때까지〉에는 전혀 없다. 첫 장면은 이미 병원 안, 3층 방 안이다. 두 남자가 침대에 함께 누워 있다. 한 남자는 리위쿤李玉坤, 입원 10년 차. 영화는 환자들이 등장할 때마다 이름과 입원한 기간을 자막으로 명기하였다. 그 이외에는 어떤 다른 정보도 알려주지 않았다. 왕빙은 자신이 찍고 있는 환자들에 관해서 간호부장에게 한 명씩 설명을 들었다. 하지만 그걸 영화에서는 알려주지 않는다. "영화를 보면서 환자들에 대해 선입견을 줄 수 있는 어떤 정보도 제공하고 싶지 않았어요. 그래서 보는 동안 환자들을 본다기보다는 그냥 사람을 본다는 거리를 유지하기를 원했어요." 다른 한 남자는 별명이 '벙어리'이다. 입원 6년 차. 병원에도 '성명 미상'이라고 되어 있다. (간호부장의 설명에 따르면) '벙어리'는 길거리에서 먹을 것을 찾기 위하여 쓰레기통을 뒤지다가 발견되었다. 그때 혼자였고, 버림받은 상태였다.

왕빙은 왜 여기서 시작한 것일까. 두 가지 이유. 첫 번째, 정신병 환자들을 찍으려면 정신병원에 가야 한다. 정신병원은 일상적인 공간이 아니다. 병원이라는 기관. 의학을 중심으로 이루어지는 행정절차. 의사와 환자의 관계. 뒤집을 수 없는 관계. 치료라는 단순한 표현 뒤에 숨어 있는 복잡한 제도의 네트워크. 이 관계가 끝나면 환자는 여기서 나가야 한다. 반대로 이 관계가 시작되면 환자는 의사의 지시를 따라야 한다. 퇴원과 입원의 관계. 명령 관계. 누구라도 영화가 환자에게 가닿기까지의 과정에 대해서 먼저 질문해야 한다고 생각할 것이다. 왕빙은 지금 정반대로 진행하고 있다는 생각을 먼저 해야 한다. 정신병원에 이미 들어왔고, 3층에 이미 올라왔고, 그리고 방에 들어와 있다. 그래서 두 명의 환자를 찍고 있다. 그런 다음 바깥으로 나간다. 하지만 멀리 나가지 않는다. 복도로 나간다. 복도에 늘어선 수많은 환자. 하지만 반대로 이렇게 다시 말하겠다. 안에서 시작한다. 그런 다음 바깥으로 나간다. 이때 안과 바깥의 개념이 바뀌었다는 것을 주의 깊게 다시 배치해야 한다. 그렇게 해서 방은 집이며, 복도는 세계가 된다. 집과 세계. 환자들의 장소를 배치하는 감각. 머무는 방. 나서는 문. 유일한 세계로서의 복도. 영화는 이 사이를 연결하는 지각의 방향을 찾는 중이다. 리위쿤과 '벙어리'는 자신의 집에 놓인 침대에 누워 있다. 집 바깥으로 나가면 세계가 있다. 이 자연스러운 동선. 환자들의 지식. 여기서 두 번째 이유가 나온다. 다른 하나는 우리를 향한 것이다. 환자를 보는 방식, 지각하는 방법을 바꾸어야 한다. 왕빙은 병원 안에 있는 환자들을 중국의 인민들로부터 떼어놓기를 원치 않는다. 그렇다고 그들이 중국에 대한 환유라거나 은유라는 방식으로 설명되는 것에도 동의하지 않는다. 아니, 그 정도가 아니라 완강하게 저항한다. 누군가 그렇게 질문하자 단호하게 대답했다. "많은 감독은 자기 카메라 앞의 인물에게 의미를 부여하고 거기서 무언가 비유가 작용하기를 원해서 그렇게 하지요. 나는 내 카메라 앞에 있는 사람이 그냥, 말 그대로 그냥, 그 사람이기를 원해요. 그게 내가 하고자 하는 '사실주의事實主義(왕빙은 리얼리즘으로 번역되는 이 말을 구태여 사용했고 리얼리즘과 분리해서 사용했다)'예요." 왕빙은 자기 카메라 앞의 인물이라는 존재에 대해서 다른 것으로의 환원 불가능성을 요구하고 나선다. 이것이 왕빙의 입장이며, 태도이고, 방법이며, 철학이다. 간단하게 설명하겠다. 왕빙은 환자를 간접적인 대상이 아니라 직접적인 대상으로 만난다. 그러므로 여기가 시작이다.

왕빙은 하루에 일곱 시간씩 찍었다. 점심때 병원에 도착했고 많은 날 한밤중까지 찍었다. 가능하면 중간에 멈추지 않고 계속 찍었다. 그래서 환자들이 모두 침대에 들어가 잠들면 그날 촬영을 종료했다. "〈광기가 우리를 갈라놓을 때까지〉에서 힘들었던 것은 촬영 장소가 제한적이었다는 점이었어요. 〈철서구〉를 찍을 때는 자유롭게 촬영했어요. 그래서 촬영 도중에도 여기가 더 이상 아니라고 판단하면 언제든지 장소를 옮길 수 있었어요. 하지만 정신병원 안에서는 마음대로 장소를 옮길 수 없었어요. 나는 매일 정신병원에 들어서면 감시 아래 놓였어요. 이게 가장 힘들었어요."

복도에 줄을 서서 약을 받아먹은 다음 환자들은 휴게실에 모여 앉아 텔레비전을 본다. 텔레비전 소리가 몹시 크게 들린다. 왕빙은 몇 번이고 이 휴게실로 돌아왔고, 그때마다 텔레비전은 큰소리를 내고 있었지만 그는 단 한 번도 모니터를 바라보지 않았다. 그래서 환자들이 모여 앉아 보는 프로그램이 무언지는 알 수 없다. 영화음악이 전혀 없는 이 영화에서 텔레비전 드라마 속 배우의 대사와 음악 소리는 마치 영화 사운드트랙처럼 들린다. 모두들 텔레비전을 향해서 앉아 있기는 하지만 열심히 보는 것 같지도 않다. 왕빙은 환자들 가운데 두 남자의 행동을 유심히 바라본다. 자오자핑趙家平, 입원 10년 차. 그는 의자에 앉아서 거만하게 발을 내밀고 있다. 그러면 또 한 남자 쑹성융宋聲勇, 입원 20년 차인 사내가 양말을 벗기고 세숫대야에 난로에서 덥힌 뜨거운 물을 부어 정성스럽게 발을 씻겨준다. 쑹성융은 담배 한 개비를 얻기 위해서 환자들의 발을 씻겨준다. 그걸 주변의 다른 환자들은 별다른 말없이 물끄러미 바라본다. 병원 안에 있는 환자들 사이에서도 주인과 노예, 가진 자와 없는 자가 생겨난다. 한 남자가 휴게실에 들어와서 "침대에 갈 시간이야"라고 말한다. 환자들이 그의 말에 따르는 것은 아니지만 왕빙은 어떤 방으로 이동한다. 어떤, 이라는 관형사를 사용할 수밖에 없는 것은 이 방과 저 방 사이를 구별할 수 없기 때문이다. 환자들은 각자의 방을 구별했지만 방에는 어떤 이름도, 번호도, 호칭도 없었다. 방에서 한 남자가 자기 방의 양동이에 오줌을 싼다. 틀림없이 3층에는 화장실이 있는데도 방마다 양동이가 있었고, 환자들은 화장실에 가는 대신 양동이에 소변을 보았다. 무슨 뜻인가. 만일 양동이가 없었다면 환자들은 화장실에 가지 않고 그 자리에서 벽이나 바닥에 소변을 보았을 것이다. 양동이에는 어떤 덮개나 뚜껑도 없었다. 말 그대로 양동이 하나가 놓여 있었다. 물론 냄새가 난다. 하지만 환자들은 누구도 냄새에 개의치 않았다. 아니, 냄새가 그들 자신의 일부일 뿐만 아니라 방의 일부이며, 생활의 일부인 것처럼 여겼다. 이 방에서 또 한 남자가 눈에 띄는 까닭은 머리에 쓴 모자 페즈 때문이다. 마용렌馬永練, 입원 2개월 차(이유는 알 수 없지만 마용렌을 소개하는 것은 그가 두 번째 등장할 때이다). 이 모자는 이슬람 무슬림이 쓰는 의상의 일부이다. 중동에서 이 모자를 만나는 것은 일상이지만, 중국에서 이 모자를 쓴 남자를 만나는 것은 드문 일이다. 이 모자는 회교도라는 걸 설명하는 징표이다. 다시 한번 환기하겠다. 여기는 사회주의 중화인민공화국이다. 마용렌은 침대에서 예배를 드리면서 공손하게 그의 신에게 기도를 올린다. 그에게는 이 방이 이슬람교 예배당 모스크처럼 보이는 듯하다. 마용렌이 그의 종교 때문에 여기에 오게 된 것인지, 아니면 다른 이유에서인지는 물론 설명이 없다. 그걸 바라보던 다른 한 남자가 "나는 향수병에 걸렸어"라고 말한다.

왕빙은 다시 텔레비전이 있는 휴게실로 돌아온다. 시간이 얼마나 지났는지 알 수가 없다. 3층에는 시계가 없다. 아까보다 휴게실 안의 환자들이 줄었다. 한 청년이 아무도 귀 기울이지 않는데 혼자서 중얼거린다. 마젠馬健, 입원 5개월 차. 환자들은 테이블 위에 말린 귤을 올려놓고 나눈다. 마젠은 갑자기 웃통을 벗고 복도로 나간다. 지금은 춘제라고 부르는 구정 설날을 앞둔 겨울이다. 윈난이 남쪽 지방이기는 하지만 그해 1월의 밤공기는 몹시 차가웠고(왜냐하면 내가 그해 겨울 그곳에 있었기 때문에 알고 있다), 중국 남방 지역 건물에는 난방 기구가 전혀 없다. 마젠은 한밤중에 복도를 따라 달리기 시작한다. 왕빙도 카메라를 들고 따라 달린다. 질문, 왜 지켜보지 않고 따라 달린 것일까. 왕빙은 마젠이 달리는 몸을 보고 싶어 한다. 그의 마음, 그의 뇌, 그 안에서 벌어지는 일은 알 수 없지만 그의 심정, 그의 머리가 명령을 내려 달리기 시작하는 몸과 함께 복도를 달리면서, 사각형으로 이루어진 공간을 마치 제자리달리기하듯이 빙빙 돌면서, 몸으로 표현하는 내재적인 생각, 행동을 끌어내고 있는 몸 안의 정감, 몸의 운동으로 강조되고 있는 자기를 둘러싼 세계와의 긴장을 카메라의 액션으로 뒤쫓는다. 질문은 단순하다. 몸은 무엇을 표현할 수 있는가. 왕빙의 대답. 카메라는 표현을 어떻게 담아야 하는가. 마젠은 복도 쇠창살 바깥으로 외친다. "누가 나를 쫓아오고 있어, 누가 나를 죽이려고 해!" 그리고 다시 복도를 따라 몇 바퀴를 달린다. 방에 들어가서 "전할 소식을 가져왔어"라고 말한 다음 텔레비전이 있는 휴게실로 돌아와서 장셴환張賢環을 찾는다(하지만 이 이름을 가진 환자가 누군지는 알 수 없다). 그런 다음 중얼거린다. "목숨을 몇 개나 가졌지? 아홉 개. 나는 목숨을 아홉 개나 가졌어. 사람은 얼마나 많은 길을 가지고 있지? 이 길은 막다른 길이야." 시를 읊는 것만 같은 문장. 마젠은 방으로 돌아와서 한밤중에 침대를 옮기며 소란을 부린다. 그러더니 침대 위에 올라가 텀블링하듯이 뛰기 시작한다. 바깥에서 여자 목소리가 들린다. 아마 간호사일 것이다. "침대에서 뛰어오르지 마!" 마젠이 큰 소리로 대구한다. "난 그냥 벽을 걷어차고 있는 거예요!" 그러자 멀리서 받아치는 소리가 들린다. "침대를 바꾸게 되면 2000위안을 내야 할 거야!" 하지만 마젠은 멈추지 않는다. 잠시 후에 의사가 방을 찾아와서 마젠에게 주사를 놓는다. 뒤따라온 간호사가 덧붙인다. "두 대를 놔주세요."

침대에는 누워서 담배를 피우는 환자도 있다. 어둠 속에서 담뱃불이 숨을 들이마실 때마다 타오르는 게 하찮지만 분명하게 보인다. 이제 어둠이 조용해지고 있다. 다시 침대 앞이다. 시작할 때는 낮이었지만 지금은 밤이 되었다. 마치 처음의 자리로 되돌아온 것만 같은 장면의 자리. 하루가 끝났다.

12

날짜를 명기하지 않기 때문에 밤이 끝나고 난 다음 날이 밝으면 며칠이 지나갔는지 알 수가 없다. 아무도 날짜를 물어보지 않고, 아무도 몇 시인지를 알려고 하지 않는다. 늙은 남자 차오팅쿤曹廷坤, 입원 15년 차인 남자는 복도를 걸으면서 연설을 한다. 하지만 아무도 귀 기울이지 않는다. 간호부장이 간식을 나눠 주러 오자 환자들이 새 떼처럼 모여들어 창살 앞에 서서 배식을 받듯이 가져간다. 마뎬룽馬殿榮, 입원 12년 차인 청년은 간식을 받자 복도에 쭈그리고 앉아서 행여 누가 뺏어 먹을까 몸을 수그리며 새가 모이를 먹듯이 오물거리면서 먹는다. 주변에서 그 모습을 보고 다른 환자들이 모여들어 달라고 하지만 모두 거절한다. 다 먹고 난 다음 일어나 수도꼭지에 가서 입을 대고 물을 마신다. 그런 다음 다시 쭈그리고 앉아서 귤을 꺼내 먹는데 또 환자들이 모여들어 달라고 한다. 환자들은 꼭 그게 먹고 싶어서라기보다는 그러면서 마뎬룽을 상대로 장난치고 놀리는 것처럼 보인다. 폭력적이거나 가혹해 보이지는 않지만 연약한 마뎬룽을 남자 환자들이 희롱하는 것같다. 가지고 놀 수 있는 것을 갖고 있지 않은 3층의 환자들은 아무런 방어도 할 수 없는 약한 대상을 찾아서 가지고 논다.

참혹한 환자도 있다. 한밤중에 신발 끈을 풀었다 묶기를 반복하는 우선쑹伍申松, 입원 3년 차인 청년. 머리에 항상 털모자를 쓰고 있는 이 청년은 하지만 홀딱 벗고 침대에 누워 있다. "잠이 안 와"라고 중얼거리더니 침대에서 일어나 자기 성기를 만지작거린다. 왕빙은 뒷모습을 찍고 있지만long_shot 일어서서 우선쑹이 손으로 만지작거리는 부위는 다른 것일 수 없다. 우선쑹은 그런 다음 수건으로 자기 얼굴을 닦는다. 복도에서 계속 소음이 들린다.

밤이 깊어가는데도 환자들이 쉬지 않고 돌아다닌다. 우선쑹은 옷을 입더니 복도 바깥으로 나간다. 누가 그를 부른 것도 아니고, 그렇다고 그가 무얼 하려는지도 알 수 없다. 왕빙은 방 안 침대의 다른 환자를 내버려두고 우선쑹을 따라간다. 우선쑹의 동선은 단순하다. 화장실에 가더니 다시 방으로 돌아온다. 다시 발가벗고 자기 침대에서 무언가를 쓴다. 그리고 숫자를 세기 시작한다. 다른 환자들은 나이가 어린 우선쑹을 예뻐했다. 지금 이 표현을 부정적으로 사용하는 중이다. 우선쑹도 여자처럼 행동했다. 그래서 남자 환자들은 우선쑹을 젊은 여자처럼 여겼다. 때로는 그를 껴안기도 했다. (간호부장의 설명에 따르면) 우선쑹은 남자 환자들의 성 노예가 되었고, 때로 노리개가 되었다. 병원은 이 문제에 관여하지 않았다. 두 번째 날이 끝났다. 하지만 며칠이 지났는지는 알 수 없다.

　여기까지의 진행을 다시 돌아보면서 방법을 정식화하고 싶다. 왕빙은 병원의 지식, 척도, 절차, 규칙에서 가져온 추론을 따르지 않는다. 무엇보다도 환자들 사이의 관계를 상상하거나 혹은 의사, 간호사들의 설명에 따라 재구성하거나, 그것을 증명의 근거로 사용하지 않는다. 왕빙의 방법은 어디에 있는가. 그걸 설명하기 위해 나는 (두 개의 날이라기보다는) 두 개의 시퀀스를 길게 따라간 것이다. 병원에 들어와서 왕빙은 자기가 찍어야 할 대상을 찾고 있다. 그래서 대상을 찾는 왕빙의 동선을 영화가 따라가고 있다. 대상으로서의 방법. 왕빙은 찍어야 할 대상을 결정하면 그 앞으로 간다. 그런 다음 그 앞에서 대상이 방법을 포함하고 있는 것처럼 거기서 그 둘 사이를 연장하는 (왕빙이 존경한다고 말했던 타르콥스키의 말을 빌리면) "표현하는 시간 속에서 각인되는" 순간을 만날 때까지 기다린다. 분명히 거기에 있었지만 알아보지 못한 시간, 시간 속의 순간, 순간이 담아내는 영혼, 다시 한번, 하지만 좀 더 단순하게, 분명히 대상이 영혼을 드러냈음에도 불구하고 놓쳤을지 모르는 시간, 그 앞에 가서 영화가 기다리는 것, 그것을 방법이라고 받아들이는 왕빙에게 대상이 교정을 요구할 때마다 그것을 옮겨 가면서 받아들인다. 왕빙 자신이 말한 것처럼 (〈철서구〉의 촬영과 달리) 장소를 옮겨 갈 수 없을 때, 그래서 주어진 장소를 무조건 긍정해야 하는 상황에서, 이번에는 대상을 옮겨 간다. 그때마다 왕빙은 어떤 외적 모델에도 의존하지 않고 거기서 독립하여 대상이 본래 갖고 있었을 영혼의 고유한 순간을 만나는 방법을 찾는다. 여기서 이끌어낸 배움. 왕빙의 촬영에선 어떤 경우에도 방법이 대상에 선행하지 않는다.

13

이제까지 한 명씩 따라갔다면 이제부터 관계를 보기 시작한다. 우선 쑹은 종이에 무언가를 쓰면서 웅얼거린다. "도덕적인 생각, 도덕적인 생각." 그러고는 한눈에도 노인으로 보이는 톈싱차이田興才, 입원 7년 차의 환자와 함께 복도에 놓인 벤치에 사이좋게 앉는다. 단지 사이가 좋다기보다는 지나치게 가까이 붙어 앉아서 포옹하는 것처럼 보이는 두 사람은 금방이라도 입을 맞출 듯 서로 얼굴을 가까이 들이댄다.

뜻밖의 장면. 한 여자가 아들을 데리고 환자인 남편을 방문한다. 아내의 이름은 멍유롄蒙友蓮. 그녀가 찾아온 환자인 남편은 마윈더馬雲德, 입원 12년 차. 아내 멍유롄은 일주일에 한 번씩 병원을 방문했다. 한눈에도 빈곤에 시달리는 걸 알 수 있다. 그런데도 매주 올 때마다 남편에게뿐만 아니라 같은 방을 쓰는 환자들의 선물도 사 들고 왔다. 멍유렌은 실직 상태였고, 국가에서 매달 주는 보조금 200위안에 의지하며 살았다. 그리고 동네에서 쓰레기통을 뒤져 플라스틱 물병이나 신문지를 수집한 걸 팔아 연명하였다. 마윈더는 둘째 아들이 태어나고 3개월 만에 입원하였다. 첫째는 무사히 자라서 학교에 입학했지만(중학교 교복을 입고 왔다) 둘째는 아버지의 정신병이 유전되었다. 그런데도 멍유렌은 매주 찾아왔고 올 때마다 선물을 사 들고 왔다. 환자들은 마윈더의 아내를 존경의 태도로 맞이하였다. 이

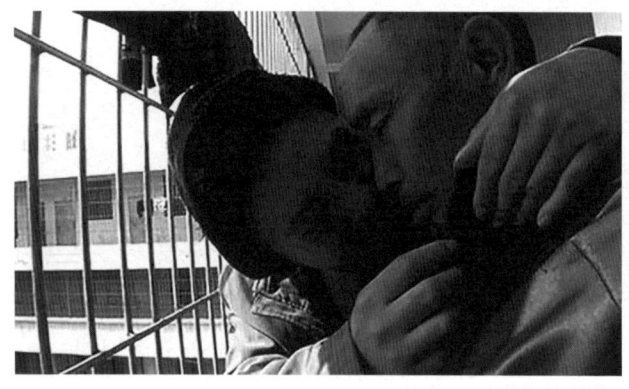

때도 멍유렌은 새 옷과 귤을 사 들고 찾아왔다. 그런 아내의 훌륭함을 알아보지 못하는 사람은 남편 마윈더뿐이다. 그는 아이처럼 "설날이 다가오는데 집에 돌아가고 싶어"라면서 아내가 새로 사 온 옷을 입지 않겠다고 투정을 부린다. 방 안의 환자들이 바라보자 멍유렌은 난감한 표정을 짓는다. 그러자 방 안의 환자들은 알아서 한 명씩 문 바깥으로 나가면서 방 안에 마윈더의 가족들만 남겨놓는다. 나는 진심으로 이 말을 쓴다. 이것이 예의가 아니면 달리 무엇란 말

인가. 병원 바깥에서 사람들은 얼마나 자주 예의를 잊어버리는가.

내내 3층에서만 진행되던 영화는 점심시간이 되자 환자들과 함께 앞마당 운동장으로 내려간다. 약을 나눠 주던 것처럼 간호사들이 운동장에서 배식판을 들고 서 있는 환자들에게 차례로 밥과 국, 반찬을 나눠 준다. 식사할 때는 여자 환자와 남자 환자를 구별하지 않고, 그들은 운동장에서 뒤섞여 배식을 받아 각자 서서 먹거나 구석에 쪼그리고 앉아서 먹는다. 운동장에는 식탁이 없다. 환자들은 담소를 나누거나 하는 일 없이 각자의 배식판에 담긴 밥을 먹는 일에만 열중한다. 왕빙은 쉴 새 없이 먹는 한 남자를 가까이서 유심히 바라본다. 그는 배가 부르면 식사를 멈추는 걸 잊은 것처럼 보인다. 남은 밥과 국을 잔밥 통에 버리러 가던 여자 환자가 그 모습을 보더니 "제 것도 드릴까요?"라며 다 먹고 남아서 버리려던 밥과 국을 이 남자의 배식판에 붓는다. 남자는 여자 환자의 얼굴도 보지 않고 자기 배식판에 부은 밥과 국을 자기가 먹던 밥과 국에 섞어서 계속 먹는다. 어떤 환자는 잔밥 통 곁에서 기다리고 있다가 사람들이 먹고 남은 것을 붓고 가면 반찬을 주워 먹기도 한다. 나는 이 장면을 어떻게 설명해야 할지 모르겠다. 왜냐하면 이 모습이 만성적인 허기의 결과인지, 아니면 정신병의 증세인지를 구분할 수 없기 때문이다. 하지만 감히 이 모습을 보고 그들에게 짐승 같다는 말은 차마 못 하겠다. 그건 내가 잘 알지 못하는 상황에서 그들을 모욕하는 일이기 때문이다. 사람은 어떻게 도둑이 되는가. 사람은 언제 강도가 되는가. 다른 세계라는 건 없다는 걸 길거리에서 배운 이들이 세계로부터 버림받은 과정을 복기해야 할 것이다. 지옥에 떨어진 인간들. 그 지옥에서 병원에 이송된 명단. 미쳐야만 비로소 여기에 들어올 수 있다. 그때 이들이 길거리에서 어떻게 밥을 먹었으며, 얼마나 굶었는지를 계산해보아야 한다. 영혼이 증발하기 전에 가까스로 도착한 사람들. 하지만 이미 너무 많이 부서졌다.

그리고 밤이 되었다. 입원한 지 2개월이 된 마융롄, 회교도 예배를 보았던 이 남자는 다른 환자들과 달리 침대에 들어가기 전에 발을 깨끗이 씻은 다음 기도문을 외운다. 옆 침대에 두 남자가 한 이불 속에서 이야기를 나누고 있다. 스광댜오史光彫, 입원 2년 차, 그리고 청웨이청曾維成, 입원 15년 차. 두 사람은 세금에 대해서 논하는 중이다. 하나가 "세금이 너무 높아"라고 하자 다른 하나가 "세금稅을 잠재울睡 수 없는 게 너무 나빠"라고 대답한다. 세금稅과 잠자다睡는 둘 다 발음과 성조가 같은 'shuì'이다. 두 사람이 말장난을 주고받는 것인지, 병원에 들어오기 전의 사정에 대해서 푸념을 늘어놓는 것인지, 아니면 다른 고백을 서로에게 늘어놓고 있는 것인지에 대해서는 알 수 없다. 두 사람뿐만 아니라 모두가 이렇게 대화를 나누고 있다. 왕빙은 그걸 지켜본다. 아니, 지켜 듣는다. "우리 같은 사람은 잠자는 것 말고는 할 수 있는 게 없어"라고 하자 "잠자는 건 공짜지"라고 대답한다. 그러자 다시 덧붙인다. "그런데 세금은 잠들지 않아." 스광댜오와 청웨이청이 한 침대 위 이불 속에서 대화를 주고받으며 밤이 깊어갈 때 우리는 병원 안에서, 3층에서, 방 안에서, 환자들 사이에서 입원한 햇수를 놓고 다시 서열을 매기는 일은 벌어지지 않는다는 것을 본다. 왕빙은 누군가를 지목하듯이 찍을 때도 있지만 지나쳐 가다가 문득 곁에 서거나 무언가를 더 들어보기 위해서 머물 때도 있다. 두 사람의 대화는 병원 안의 환자들 사이의 관계를 설명하는 담론의 중얼거림 아닌가. 다시 말하지만 여기서는 대상이 방법이다. 마치 달리 방법이 없다는 듯이 왕빙은 종종 집요하게 느껴질 때도 있지만 변덕스럽게 여겨질 때도 있는 것처럼 그렇게 머물고 떠나고 다시 돌아온다. 그리고 거기에 이 영화의 리듬이 있다. 왕빙은 병원 안에서 리듬의 감각을 포착하기 위해 다가가고 멀어지기를 반복하면서 왕복달리기한다.

또 다음 날. 한 남자의 양손을 뒤로 하고 수갑을 묶은 채로 방 안에 데려온다. 인텐싱尹天興, 입원 1개월 차. 수갑을 풀어주지 않고 가버렸기 때문에 인텐싱은 매우 불편하게 침대에 누워 꿈틀거린다. 달리 뭘 어떻게 할 수 없자 인텐싱은 휴게실에 가서 선 채로 텔레비전을 본다. 하지만 거기 볼 게 있어서 휴게실에 간 것은 아니다. 인텐싱은 포기한 것처럼, 지친 듯한 표정으로, 복도에서 쇠창살에 기대어 운동장을 바라본다. 아니, 달리 눈길을 둘 곳이 없어 운동장을 쳐다본다. 여기서 달리 볼 게 무엇이 있겠는가. "그는 촬영 내내 자주 수갑을 찼고, 그때마다 계속 고통스러워했어요. 그는 사사건건 고집을 부렸고, 다른 환자들과 계속 다퉜어요. 내가 주의 깊게 본 것은 그때마다 의사들이 그에게 수없이 의약품을 투여하는 장면이었어요. 약을 먹으라고 하고, 주사를 한 번에 몇 가지를 놓았어요. 그의 몸에는 주사를 맞은 바늘 자국이 수없이 나 있었어요. 매일 저녁 이 남자뿐만 아니라 모두에게 약을 나눠 주면서 반드시 먹게 하는데 이 약이 장기적으로 환자들의 몸에 어떤 영향을 미치는지는 아무도 모르고 있었어요." 고통스러워하는 인텐싱에게 의사가 다가와서 수갑을 풀어주었다. 병원에서 물리적인 폭력을 가하지는 않았지만(그러나 그건 알 수 없다. 왕빙은 짧은 기간 병원을 방문했고, 게다가 하루 종일 머문 것이 아니기 때문이다), 환자들을 상대로 손이나 발에 신체형이라고 할 수 있는 통제 수단을 동원하였고, 형벌로 사용하여 환자들의 행동에 대한 교정 방법으로 활용하였다.

그래서 인텐싱 장면 다음에 우선쑹이 주사 맞는 장면을 이어서

붙여놓았을 것이다. 침대에 누운 우선쑹은 치아가 아프다고 호소한다. 치아가 아프면 아픈 치아를 치료해야 한다. 그런데 의사가 와서 우선쑹의 팔에 주사를 놓고 가버린다. 치아가 아픈 우선쑹이 간호사에게 얼굴에라도 주사를 놓아달라고 호소하자 간호사는 뺨이라도 때려줄까, 라고 말한 다음 나가버린다. 그러면 우선쑹의 치아와 상관없는 부위에 놓은 이 주사는 무슨 용도의 반응을 유도하려는 것일까. 우선쑹의 치아는 계속 아플 것이고, 아마 다음번에는 더 아플 것이다. 그리고 그때마다 정체를 알 수 없는 주사를 놓을 것이다. 왕빙이 복도에 나갔다 방으로 돌아오니 우선쑹은 멍한 표정으로 제자리에 서 있다. 그러다가 갑자기 주저앉더니 내가 왜 주저앉았지, 라는 표정으로 다시 일어서서 그 자리에 몸이 풀려나간 것 같은 자세로 멈춰 선다. 노인 환자 텐싱차이가 우선쑹을 부르면서 침대에서 자라고 한다. 우선쑹은 서 있으려고 하지만 계속 주저앉는다. 아마 주사의 효과일 것이다. "일어서, 일어서면 담배를 줄게. 주사 맞고 벌써 몇 시간째야." 밤이 되었다. 왕빙은 계속해서 우선쑹에게서 카메라를 떼지 않는다. 이제야 정신을 차리고는 (왕빙을 향해서, 그러니까 카메라를 향해서) 말한다. "이빨이 아파요. 썩은 것 같아요." 약기운이 떨어지자 정신을 차리지만, 다시 치통이 시작된다.

밤이 깊었는데 복도에서 한 남자가 울부짖고 있다. 천촨위안陳傳元, 방금 병원에 도착했다. "누가 나를 여기다 집어넣었어, 돌아와줘." 다른 환자들이 천촨위안을 보면서 낄낄거리며 웃는다. 그는 이 낯선 환경에 울면서 안절부절못한다. 그러면서 복도 철창 바깥을 두리번거린다. 어둠 속엔 아무것도 보이지 않는다. 그때 천촨위안 곁에 다른 환자가 와서 위로하듯이 말한다. "가서 자라, 울 일이 아니야. 처음에는 우리 모두 마찬가지였어. 하지만 우리는 울지 않았어." 천촨위안은 나가려고 3층 계단으로 내려가는 철창문을 흔들어보지만 굳게 닫혀 있다. 그는 계속해서 후렴구처럼 외친다. "난 미치지 않았어. 나를 내보내줘, 왜 나를 여기에 데려왔어!" 어둠 속에서 천촨위안의 울부짖음만이 들린다. 방 안의 침대에서 병원에 울려 퍼지는 울부짖음을 들으면서 환자들은 자신이 여기에 온 첫날을 떠올려보고 있을 것이다. 그리고 새로 온 남자를 가련하게 여길 것이다. 그는 이제부터 여기에 머물러야 할 것이며, 아무도 찾아오지 않을 것이며, 여기가 그의 집이라는 것을 받아들여야 한다는 걸 모두 잘 알고 있다. 지친 천촨위안은 방으로 돌아온다. 그러자 다른 침대 여기저기에서 말한다. "자라." "불 꺼라." 오늘 들어온 남자는 침대에 멍하니 앉아 있다.

하지만 다음 날 다른 모습을 보게 된다. 천촨위안의 딸이 아버지를 보러 면회를 온다(딸의 이름은 자막에 나오지 않는다). 병원은 마윈더와 멍유롄 부부와 달리 천촨위안 모녀의 면회는 쇠창살을 사이에 두고 나누는 대화만을 허락한다. 딸은 아버지에게 차갑게 통보하듯이 말한다. "엄마는 이게 최선이라고 생각해요. 저는 여기 그저 혼자서 먼저 아빠를 보러 온 거예요. 그러니 확실하게 완쾌해야만 해요. 엄마를 미워하지 말아요. 아빠의 완쾌를 위해서 이런 일을 한 거예요. 좋아지면 엄마가 아빠를 집에 데려갈 거예요." 울부짖으며 집에 보내달라고 하던 어젯밤과 달리 천촨위안은 딸에게 감정의 기복 없이 대답한다. "알겠다. 사람들이 나한테 잘해준다. 걱정 마라." 그건 포기한 것이 아니라, 반대로 그럴 처지가 아닌데도 딸을 안심시키는 아버지의 대답으로 보인다. 하지만 딸이 보기에도 괜찮지 않다. 다른 환자들이 주변으로 몰려들어서 서로 한마디씩 거든다. "담배 사다 줘요. 그러면 시간이 빨리 가요." "이 사람에게 먹을 음식이랑 담배 좀 사다 줘요." 천촨위안은 다른 환자들을 밀쳐내며 딸에게 말한다. "다 필요 없다." 환자 중의 한 명은 딸에게 휴대폰을 빌려달라고 말하기까지 한다. 딸이 철창 사이로 휴대폰을 빌려주자 환자는 자기 아버지에게 전화한다. "지난번에도 온다고 했잖아요. 설날이 가까워요. 집에 가고 싶어요." 그걸 딸이 물끄러미 쳐다본다. "내일 치약, 칫솔, 슬리퍼를 사서 다시 올게요." 딸이 다시 면회를 왔는지는 영화에서 알 수 없다.

다시 밤이 오고, 환자들은 줄지어 약을 받는다. 환자들. 왕빙은 거기 서 있는 천촨위안을 바라본다. 천촨위안은 더 이상 울지도 않고, 호소하지도 않는다. 어두운 복도에서 유심히 보지 않으면 그저 환자 중의 한 명으로 보인다. 아니, 뭉쳐진 그림자 중의 일부처럼 보인다. 왕빙이 보지 않았다면 우리는 구별할 수 없었을 것이다. 간호사는 약을 먹으라고 말한 다음 그가 먹었는지 확인한다.

더 깊은 밤. 주황색 전구가 켜져 있는 방에서 환자가 한 명 일어서서 노래를 부르고, 다른 환자는 침대에서 일어나 아래 놓인 양동이에 소변을 보고, 또 다른 환자는 벌거벗더니 세숫대야를 들고 복도로 나가 수도꼭지에서 물을 받은 다음 그걸 머리부터 뒤집어쓴다. 복도 바닥이 물바다가 된다. 그걸 두 번이나 한다. 지금은 춘제를 앞둔 겨울이다. 방으로 돌아오니 다른 환자가 침대에서 일어나 두리번거리면서 신발로 벽에 있(다고 생각하)는 벌레를 잡는다. 그러면서 계속 말한다. "죽어라, 죽어라, 죽어라." 마량멍馬良猛, 별명 '고양이', 입원 11년 차. 그는 누워서 물병을 바라보며 물병 가격에 대해서 중얼거린다. 나는 물병으로 돈을 벌 수 있어, 라고 몇 번이고 말한다. 어둠 속에서 서로 침대를 바꾸어 누운 '벙어리'와 마덴룽은 서로 만족해한다. 우리는 이(와 비슷한) 장면들을 이미 보았다. 왕빙은 다시 한번 반복한다. 그때 이 반복은 마치 무한정 되돌아올 것처럼 다가온다. 습관 같은 현재, 기억처럼 다가오는 어제, 빠져나갈 수 없는 내일. 그 안에서 장소의 일부일 뿐만 아니라 시간의 죄수인 것처럼 머물게 될 것이라고 알려주는 편집의 리듬. 거기에는 이전도, 이후도, 사이도 없다.

14

두 개의 씬이 오래도록 마음에 남는다. 첫 번째 장면. 멍유렌은 아들 마차오馬超와 함께 남편 마원더를 다시 방문한다. 마원더는 그날따라 심술이 났다. 귤을 사 왔는데 가져가라고 소리 지른다. 아내는 어찌할 바를 모른다. 그런 아빠 엄마를 어린 아들 마차오가 아무 말 하지 않고 바라본다. 마원더는 반복해서 집에 가고 싶다고 말한다. 멍유렌이 방 안의 다른 환자들에게 "우리끼리만 있게 해주세요"라고 말하자 모두 복도로 나간다. 멍유렌이 마원더에게 (둘째에 관한) 새 사진을 가져왔다면서 휴대폰을 내밀자 안 보겠다고 하지만 곁에 앉아서 휴대폰을 열자 화면을 쳐다본다. 아내가 휴대폰에서 둘째의 문자를 읽어준다. "새해가 왔어요. 감기 조심하세요. 건강하고 새해 행복하세요." 그러고는 "당신을 위한 노래를 다운받아서 왔어요"라면서 노래를 들려준다. 마원더는 "끄라고, 끄라고!"라고 반복해서 외친다. "제발 꺼줘." 아내가 대답한다. "나는 듣고 싶어요." "꺼줘." "끝날 때까지 기다려요." 가사가 들린다. "어느 날 우리는 노래할 거야. 그리고 젊은 날을 후회하지 않을 거야." 누구라도 지금 이 노래의 가사가 멍유렌이 마원더에게 고백하는 마음이라는 것을 눈치챌 수 있을 것이다. 말재주가 없는 멍유렌은 이 노래를 듣고 노랫말로 남편에게 자기 마음을 전하기 위해 휴대폰에 담아 왔을 것이다. 하지만 우리도 알 수 있는 이 가사의 마음을 마윈더는 못 알아듣는 것일까, 아니면 못 알아듣는 척하는 것일까. 마윈더는 같은 말을 반복한다. "집에 가고 싶어." 멍유렌은 단호하게 대답한다. "당신은 아직 준비가 안 됐어요." 아들 마차오는 우울한 얼굴로 방문을 닫는다. 마윈더는 아내 멍유렌에게 말한다. "다시는 나를 찾아오지 마." 그러고는 어린 아들 마차오에게도 가라고 말한다. 멍유렌은 방에서 나와 복도 벤치에 앉는다. 그 표정에서 무엇을 읽어야 할지 가늠조차 할 수 없다. 멍유렌의 삶을 무어라고 불러야 할까. 나는 문학적 수사를 역겹게 생각할 것이다. 그녀는 그 자리에 앉아서 자기 앞에 있는 풍경을 바라보고 있다. 정신병원 운동장에는 볼 만한 것이 없다. 대신 이렇게 물어보고 싶어진다. 무엇이 그녀를 견딜 수 있게 만들어주는 것일까.

두 번째 장면. 밤하늘에 폭죽이 터진다. 오늘은 춘제, 설날이다. 푸청이普成義, 입원 9년 차인 사내가 복도에서 모두를 향해 욕을 하듯이 외친다. "새해 복 많이 받아라!" 푸청이는 2층의 한 여자와 사랑의 언어를 주고받는다. 리청차오李成巧, 입원 3년 차인 여자 환자. 서로의 층에서 철창에 매달려 푸청이는 아래층을 바라보면서, 리청차오는 위층을 올려다보면서 말한다. 왕빙은 3층에 머물면서 이 장면을 찍었다. "내려가고 싶어요, 당신이 아래 있으니까." "나랑 떡 치고 싶어요?" "의사가 문을 잠가놓았어요." "내려와서 나랑 떡 치고 싶어요?" "그래요. 내일 아침, 밥 먹을 때까지 기다려줘요, 당신이 보고 싶어요." "떡 쳐요." 다음 날 리청차오는 2층에서 계단으로 올라와 3층 쇠창살 문 앞에서 푸청이에게 사탕을 건네준다. "떨어트리면 주워 먹지 말아요. 다른 걸 줄게요."

두 개의 사랑의 장면. 사랑의 말들. 사랑은 시시한 언어가 아니다. 그들은 사랑으로 괴로워하고, 사랑으로 견뎌낸다. 사랑으로 덧없이 추락하고, 사랑으로 가까스로 상승한다. 사랑으로 무아지경에 빠져들고, 사랑으로 잠을 이루지 못한다. 사랑의 진실은 어디에 있는 것일까. 사랑의 능동적인 실천. 사랑의 욕구불만. 사랑이 곁에 있지만 사랑은 얼마나 다루기 힘든가. 아름다운 사랑. 일생을 바친 사랑. 일생을 기다린 사랑. 여기에 긍정 이외에 다른 무엇을 할 수 있을까. 이 사랑은 어디까지 은밀한 것이고, 어디서부터 노골적인 것일까. 그들은 사랑을 사랑한다. 그것이 그들의 진실일 것이다. 왕빙은 진실을 중요시한다.

15

어찌하여 그대는 나를 깨우느뇨? 봄바람이여! 그대는 유혹하면서 '나는 천상의 물방울로 적시노라'라고 하누나. 허나 나 또한 여위고 시들 때가 가까웠노라. 나의 잎사귀를 휘몰아 떨어뜨릴 비바람도 이제 가까웠느니라. 그 언젠가 내 아름다운 모습을 보았던 나그네가 내일 찾아오리라. 그는 들판에서 내 모습을 찾겠지만, 끝내 나를 찾아내지는 못하리라.[*]

16

단 한 번 왕빙은 환자를 따라서 병원 바깥으로 나간다. 주샤

---

[*]   요한 볼프강 폰 괴테, 『젊은 베르테르의 슬픔』, 박찬기 옮김, 민음사, 1999, 194쪽.

오옌朱小宴, 입원 11년 차인 환자. 어떤 절차를 통해 주샤오옌이 퇴원하게 되었는지는 알 수 없다. 이미 가방을 모두 챙겼고(라고 말하지만 단출한 가방 한 개이고), 의사가 와서 문을 열어준다. 다른 환자들과 인사를 나누고 병원을 떠난다. 여기서 영화가 끝나거나 마지막 장면일 거라고 생각했다. 내가 틀렸다. 따라나선다고 하지만 주샤오옌이 집에 가는 과정이 전혀 없다. 틀림없이 차를 타거나 기차를 타고 집으로 향했을 텐데 그걸 찍지 않았다. 주샤오옌의 집이 병원 근처일 리는 없다(나는 이 병원 근처뿐만 아니라 자오통시의 풍경을 알고 있다). 어쩌면 중요하지 않아서 다루지 않았을 수 있다.

주샤오옌은 집에 돌아왔다. 11년 만에 퇴원하는데 아무도 그를 기다리는 사람이 없었을 때 이상하다는 생각이 들긴 했다. 붉은벽돌로 세워진 집. 한눈에 보기에도 전형적인 문화혁명 시대에 세워진 집. 낡고 초라한 집. 늙은 부모 두 사람이 집에 있었다. 주샤오옌이 집에 들어섰는데 두 사람 중 누구도 그를 반기지 않는다. 심지어 인사조차 나누지 않는다. 아니, 대화가 없다. 어머니가 마지못해 몇 마디 말을 건네긴 하지만 그게 전부이다. 주샤오옌은 동네를 산책하듯이 바깥으로 나온다. 동네 전체가 폐허에 가깝다. 사람들이 거의 보이지 않는다. 주샤오옌이 오랜만에 찾아갈 사람이 있어 집을 나선 것도 아니었다. 그는 강가에 나와서 둘러본다. 그렇게 집에 돌아온 첫날을 보낸다. 저녁에 집 안에 앉아 있는데 여전히 주샤오옌과 아버지는 한마디도 대화를 나누지 않는다. 무슨 일이 있었던 것일까. 영화에서 편집할 때 아무 사건도 없고, 대사도 없고, 그 장면을 생략해도 충분히 미루어 짐작할 수 있는 장면을 '데드 타임dead time'이라고 부른다. 여기서는 실용적인 차원에서가 아니라 문자 그대로 이 시간이 '죽은' 시간처럼 무겁게 다가온다. 주샤오옌은 이 집의 죽은 사물처럼 보였다. 부재의 시간을 채우기 위해 돌아왔지만 거기서 우리가 마주하는 것은 불행의 순간이 귀환했다는 기분만이 감도는 순간이다. 이런 표현은 아주 나쁜 설명인데, 이 장면을 왕빙은 마치 안토니오니의 영화의 한 장면, 〈정사 L'avventura〉에서 클라우디아가 낯선 마을에 도착해 호텔의 텅 빈 로비를 아무 사건도 없이 떠돌아다니는 장면처럼, 혹은 〈지난해 마리앙바드에서 L'année Dernière à Marienbad〉에서 익명의 등장인물들이 제자리에 멈춰 선 것처럼, 그렇게 진행한다는 기분이 들었다. 주샤오옌이 11년 만에 돌아왔다고 해도 무언가 집에서 있었던 중요한 일에 대해 성찰하거나 지나간 시련의 시간에 대해 돌아볼 만한 어떤 흔적도 없다.

저녁에 주샤오옌은 집을 나선다. 어머니가 묻는다. "어디 가냐?" 주샤오옌이 대답한다. "아무 데도요." 어머니가 말한다. "이제 병원에 돌아갈 시간이 되지 않았냐?" 주샤오옌은 이번에는 아무 대답도 하지 않고 나선다. 그리고 어두운 밤길 이따금 자동차들이 빠른 속도로 지나쳐 가는 고속도로 길을 정처 없이 걷는다. 왕빙은 놓치지 않으려는 듯 숨 가쁘게 따라간다. 주샤오옌은 계속 걷는다. 왕빙은 멈춰 서서 바라본다. 어둠 속으로 주샤오옌이 완전히 사라질 때까지 바라본다. 그가 어디로 갔는지는 이제 알 수 없다. 다시 정신병원으로 돌아갔는지, 아니 자오퉁시 정신병원으로 돌아가지 않은 것은 분명한데, 길거리를 떠돌고 있는지는 알 수 없다. 왕빙은 정신병원으로 돌아간다.

멍유렌의 세 번째 방문. 그건 영화에서 그렇다는 뜻이고 더 많이 방문했을 것이다. 왜냐하면 일주일에 한 번씩 방문했기 때문이다. 멍유렌은 보기에도 몸이 안 좋은 상태이다. 그녀는 말을 하면서 쉬지 않고 깊은 기침을 한다. 하지만 마윈더는 단 한 번도 어디가 아프냐고 물어보지 않는다. 다시 말다툼으로 대화가 시작된다. "진지하게 하는 말인데 집에 데려가줘." "할 수 없어요." "바보같이 굴지 마." "당신은 쉬어야 해요." "애들이 보고 싶어." 멍유렌은 선언하듯이 말한다. "애들은 당신을 안 보고 싶어 해요." 이 무시무시한 한마디. 마윈더는 자책하듯이 말한다. "언젠가 당신이 이해하겠지만 그땐 너무 늦은 거야." 그걸 마덴룽이 방 안, 침대 곁에 쪼그리고 앉아서 보고 있다. 하지만 마덴룽의 관심은 두 사람의 대화가 아니라 멍유렌이 가져온 귤에 있다. "하나 먹어도 돼요?" 멍유렌은 마덴룽에게 귤을 하나 건네준다. 그러자 노인이 다가와서 자기도 하나 달라고 한다. 또 다른 환자들이 다가와서 자기도 달라고 한다. 멍유렌은 귤을 건네주면서도 계속 기침을 한다. 하지만 아무도 아프냐고 물어보지 않는다.

저녁이 다가왔다. 약을 나눠 먹는다. 어둠이 내려온다. 리청차오가 계단으로 올라와서 푸청이와 철창을 사이에 두고 사랑의 대화를 나눈다. 푸청이가 말한다. "내가 내려가면 만나줄래요?" 그들의 대화는 이어지지만 무슨 말인지 알아들을 수 없다.

깊은 어둠, 방 안의 한 침대에 소년 우선쑹과 노인 톈싱차이가 함께 누워 있다. 연인처럼 보이기도 하고, 아버지와 아들처럼 보이기도 한다. 노인이 말한다. "졸려." 소년이 말한다. "어머니가 살아 계세요?" "죽었어, 오래전에." "오래전에요?" "응." "전에 말한 적 있나요?" "응." "엄마 귀신이 찾아올까 봐 무섭지 않아요?" "어떻게 그런 일이 있겠어?" "죽으면 귀신이 된다고 생각해요? 엄마는 그럴 거야. 집에 끝내 돌아오지 않으면요." "바보 같은 소리 하지 마, 실없는 미신이야."

더 밤이 깊어진다. 복도에서 그림자처럼, 귀신처럼, 환자들이 지나간다. 쉬지 않고 지나간다. 자신들이 귀신인 것을 모르는 듯, 귀신을 쫓기 위해서, 쫓아내기 위해서, 쫓기면서, 그렇게 복도를 돌고 돌아다니면서, 같은 자리를 맴돌고 있다.

18

"이젠 어떡한다지?" 하고 그레고르는 자문하면서 주위를 둘러보았다. 곧 그는 자기가 전혀 움직일 수 없다는 사실을 발견했다. 그는 그것이 전혀 이상하질 않았다. 차라리 자기가 지금껏 그렇게 약한 다리로 돌아다닐 수 있었다는 것이 이상하게 여겨졌다. 그리고 그는 비교적 기분이 좋았다. 온몸에 통증이 있었지만 그것이 차차 약해져서 결국은 다 사라질 것처럼 생각되었다. 그의 등에 박힌 썩은 사과도, 얇게 먼지가 덮인 그 주변의 염증도 그는 이제 거의 느끼지 못했다. 식구들에 대해서 그는 감동과 사랑으로 돌이켜 생각해보았다. 자기가 없어져야 한다는 것에 대한 그의 생각은 아마도 여동생의 생각보다 더 확고한 것 같았다. 교회의 탑시계가 3시를 칠 때까지 그는 이렇게 공허하고 평화로운 명상에 잠겨 있었다. 그는 창밖에서 세상이 환해지기 시작하는 것도 느꼈다. 그러자 그의 머리가 자신도 모르게 푹 수

그러졌다. 그의 콧구멍에서는 마지막 숨이 힘없이 흘러나왔다.*

19

왕빙은 여기서 저기로, 이 사람에게서 저 사람에게로, 이 환자에게서 저 환자에게로 옮겨 가면서 계속해서 이미지 위에 이름을 기록한다. 그것이 가장 중요한 것처럼 그 앞에 카메라가 서면 이미지 위에 이름을 쓴다. 나는 구태여 쓴다, 라는 표현을 썼다. 그건 단순하게 자막이 아니다. 이미지 위에 이름을 쓰는 것은 한 명 한 명에게 그들의 정체성을 돌려주는 과정이다. 사회주의 중화인민공화국의 역사에서 인민들은 언제나 숫자, 집합명사, 개념, 제도, 법규, 문건 속에 있었다. 왕빙은 그들 각자에게 이름을 돌려주고 싶어 한다. 그래서 이 사람과 저 사람을 구별하고, 구별 속에서 존재를 확보하고, 존재의 근거 위에서 생명을 바라보고, 그 생명의 영혼에까지 다가갈 수 있는지를 위해 매번 그 곁에서 바라보고 되돌아와서 다시 바라본다. 왕빙은 지금 그것이 무엇보다 시급하다고 믿는다. 그러지 않으면 인민의 존재는 다시 한번 개념에 지나지 않게 될 것이며, 거기서 근거는 소멸할 것이고, 소멸 속에서 인간의 형상은 와해할 것이기 때문이다. 그러므로 실재의 차이로 되돌려놓아야 한다. 나는 〈광기가 우리를 갈라놓을 때까지〉에 관해 쓰면서 명령을 따르듯이, 그 시급한 요청에 동의하면서, 양피지에 베껴 쓰듯이, 한 명씩의 이름을 여기에 옮겨놓았다. 이 영화는 전술의 영화이다. 나는 그 전선에 동참한다. 그 전술이 그저 중

---

* 프란츠 카프카, 『변신』, 이주동 옮김, 솔출판사, 2017, 163~164쪽.

국에서만 시급한 요청일까. 모든 인간은 자기 이름으로 불릴 권리가 있다. 나는 그렇게 생각한다. 이 영화는 바로 그 영화이다.

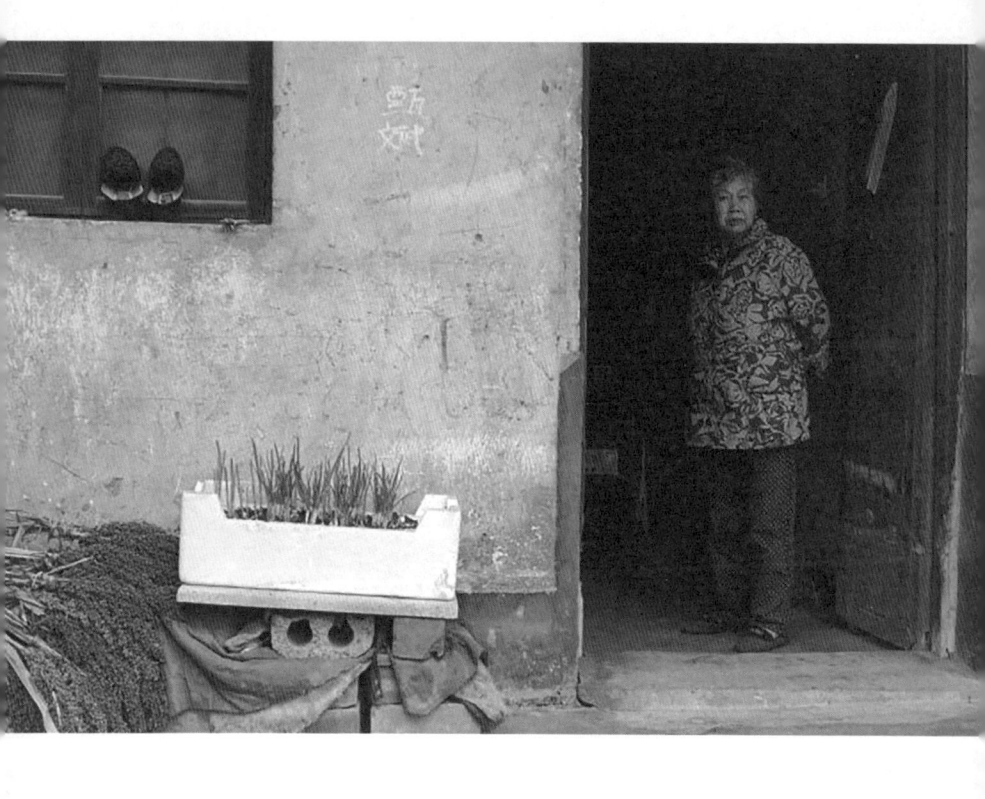

죽음이 우리를 갈라놓을 때까지

팡슈잉

　"팡슈잉方綉英은 1948년 8월 5일에 태어나 저장성浙江省 후저우시湖州市 근처의 시골 마을 마이후이麥匯에서 살았다. 팡 부인은 슬하에 아들 하나, 딸 하나를 두었다. 영화를 만들기 9년 전 팡 부인은 알츠하이머 판정을 받았다. 그녀는 2016년 7월 6일에 자신의 집에서 세상을 떠났다. 이 영화의 대부분은 팡 부인이 죽음을 앞둔 며칠을 찍은 것이다." 〈팡슈잉方綉英Mrs. Fang〉은 별다른 설명 없이 이 자막과 함께 끝난다. 그렇게 영화가 끝났다. 나는 그 앞에서 영화와 함께 그저 멈춰 섰다. 왜냐하면 내가 더 이상 할 수 있는 것이 없었기 때문이다. 죽음 앞에 있다는 것. 영화 앞에서 죽는 시늉을 하는 것이 아니라, 죽음을 연기하는 것이 아니라, 잠시 후에, 그러니까 영화가 끝난 다음에 아무렇지도 않다는 듯, 이제까지 누웠던 자리에서 일어날 것이라는 어떤 기대도 허락하지 않을 것이 분명하게, 그렇게 정말 내 눈앞에서 삶이 중단된 죽음 앞에 앉아 있다는 것. 누구에게나 일회적인 것, 어떤 생명에게도 되풀이될 수 없는 것. 철학이 멈추는 시간. 미학이 무의미해지는 곳. 말 그대로 중단. 거기까지 무엇이 진행되었건 그 앞에서는 더 이상 아무것도 중요하지 않다. 남은 건 보는 자들의 몫이다. 여기서 이 말의 방점은 더 이상, 에 놓여 있다. 한쪽에서는 완전히 멈추고 다른 한쪽에서는 하여튼, 계속될 것이다. 하지만 그것은 나의 관심이 아니다. 왕빙도 거기에 관심이 없다. 팡슈잉 할머니가 죽자 〈팡슈잉〉은 거기서 철수하였다. 그러므로 다시 원래의 자리에 간다. 같은 말의 반복. 죽음 앞에 있다는 것. 거기서 무엇을 정의 내릴 수 있을까. 아니, 그런 게 가능하기나 한 걸까. 거기서 무엇을 볼 수 있을까. 아니, 그런 게 남아 있기나 한 걸까. 목소리가 멈추는 곳, 침묵이 시작하는 시간. 시선이 사라지는 곳, 어둠이 시작하는 시간. 이때 영화는 삶과 죽음 사이에, 그 짧은 시간에, 때로는 긴 시간 사이에 서 있곤 하였다. 세 개의 자리. 누워 있는 것. 앉아 있는 것. 서 있는 것. 대상, 관객, 영화. 물론 영화에서, 특히 다큐멘터리에서, 임종은 가장 자주 다루어지는 이야기 중의 하나이다. 영화는 기록이라는 방법으로 다가오는 죽음 앞에 선다. 이 말을 반대의 자리에서 할 수도 있다. 영화는 사라져가는, 떠나가는, 희미해져가는, 피폐해져가는 생명을 찍는다. 이때 이 둘은 같은 말이 아니라는 것을 구분해내야 한다.

영화의 첫 장면. 팡슈잉 할머니가 문 앞에 서 있는 모습. 실내의 어느 방문. 옆에는 달력이 보이고 그 위에 새의 깃털로 된 장식이 걸려 있다. 이 영화의 첫 장면S#_1. 단정하게 옷을 입고, 약간 고개를 든 모습. 여기에 귀고리가 보인다. 그리고 드러나 보이지 않을 정도로 한 화장. 이 화장은 팡슈잉 할머니가 자기 손으로 했을 것이다. (그래서) 그 모습이 건강해 보인다는 사실에는 모두 동의할 것이다. 화면 바깥에서 누군가의 목소리가 들리지만 그 말을 누가 하는지, 그리고 무슨 말인지 알 수 없다(자막은 나오지 않는다). "2015년

10월 7일"이라는 자막. 그녀가 세상을 떠나기 아홉 달 전. 얼굴에 별다른 표정은 없지만 카메라 앞에서 다소 쑥스러운 듯이 자꾸 눈길을 피한다. 그렇게 몇 차례고 카메라를 외면하듯이 고개를 돌리지만 왕빙은 팡슈잉 할머니가 다시 카메라 앞으로 고개를 돌릴 때까지 기다린다. 의도적인 연출은 아니나 약간 올려다보면서 찍은low_angle 이 첫 장면에서 거의 동일하고도 약간 다른 두 가지 느낌을 받았다. 하나는 팡슈잉 할머니의 위엄이다. 그녀는 저장성 지방의 잘 알려지지 않은 아주 작은 시골 마을에서 내내 살았고 그런 다음 세상을 떠난, 중국 인민 14억 405만 2632명* 중의 한 명에 불과하지만, 이 첫 장면에서 그녀는 더할 나위 없이 존엄해 보인다. 단정한 모습. 꼭 다문 입. 다른 하나는 그걸 그렇게 찍은 팡슈잉 할머니에 대한 왕빙의 존경심이다. 설명하기 어렵지만 이 첫 번째 쇼트는 그렇게 보인다. 인과적으로 설명한다면 그런 쇼트를 첫 번째 장면으로 골랐다는 말이 맞을 것이다. 그렇다면 왜 여기서 시작하는 것일까. 이상할 정도로 나는 이 첫 장면에서 칼 드레이어의 〈잔 다르크의 수난La Passion de Jeanne d'Arc〉을 떠올렸다. 이 영화를 처음 보았을 때 드레이어가 팔코네티를 클로즈업으로 찍었다는 사실보다 몇몇 장면에서 이상한 순간에 그녀를 올려다보면서, 말 그대로 무릎을 꿇고 찍은 쇼트에서 감동을 받았다는 사실을 먼저 고백해야 할 것 같다. 〈잔 다르크의 수난〉은 잔 다르크를 연기하는 팔코네티를 적나라하게 찍은 장면과 드레이어가 그녀를 잔 다르크라고 진심으로 믿는 순간을 찍은 장면을 한 영화 안에서 서로 어떻게 연결시키느냐라는 그 간극에서 내내 긴장하게 만든다. 드레이어의 간극. 그런 다음 그는 그

---

* worldometer에서 제공하는 2016년도 중국 인구수 참고.

간극을 다른 영화 안에서 반복한다. 찍는다는 문제와 믿는다는 문제. 왕빙은 〈팡슈잉〉의 맨 앞 세 개의 쇼트와 내내 침상에 누워서 죽음을 기다리는 팡슈잉 할머니를 찍은 영화의 나머지 전체를 어떻게 연결시키느냐의 문제를 스스로 만든다. 좀 더 용기를 내서 말하고 싶다. 〈팡슈잉〉은 왕빙의 〈잔 다르크의 수난〉이다(차라리 이 영화를 〈팡슈잉의 수난〉이라고 불러보고 싶어진다). 왕빙은 드레이어가 그렇게 한 것처럼 팡슈잉 할머니가 침상에 눕자 시종일관 그녀 가까이 다가가서, 할 수 있는 한 다가가서, 클로즈업으로 찍기 시작한다.

두 번째 장면은 집 바깥, 아마도 집 앞 마당에서 팡슈잉 할머니를 찍은 것으로 보인다(우리는 〈팡슈잉〉을 모두 보고 나서도 이 집의 구조에 대해 알 수 없다). 날씨는 흐리고 오른쪽에 보이는 강을 보면 살짝 비가 내리는 것 같다. 아니면 바람 때문에 물살이 흔들리는 것일지도 모른다. 왕빙으로서는 드물게 카메라를 삼각대 위에 세워놓고 찍었다. 〈팡슈잉〉에서 삼각대 위에 세워놓고 찍은 장면은 이 쇼트뿐이다. 그래서 여기서 가정을 해보고 싶어진다. 이 장면의 원래 촬영 의도는 〈팡슈잉〉을 찍기 시작하려던 것이 아니라 테스트 촬영을 하려던 것일지도 모른다. 왕빙은 대상을 찍기 전에 먼저 카메라로 건드려본다. 그건 두 가지 이유에서이다. 하나는 이 사람과의 거리를 정하기 위해서이다. "사람들은 각자가 각자의 거리를 갖고 있어요. 전 그게 그 사람의 인격이라고 생각합니다." 다른 하나는 영화가 가져야 할 친화성 때문일 것이다. 누구나 카메라가 다가오면 그게 드러나건 숨겨지건 저항하게 된다. 그 사람은 언제 영화 안으로 들어오는가, 어떻게 안으로 들어오는가. 그런 다음 어떻게 영화 안에서 살아가는가. 그때 영화는 그 사람을 어떻게 체험하는가. 하지만 우리는 그다음 질문을 함께 해야 한다. 그때 그 사람은 어떻게 영화를 감내하는가. 팡슈잉 할머니는 저 멀리 서 있다가 뒷짐을 지고 천천히 걸어서 카메라 앞을 지나쳐 간다. 예기치 않게 하품을 하다가 입을 가린다. 하지만 이게 팡슈잉 할머니의 몸에 이상이 있다는 신호처럼 보이지는 않는다. 그저 하품을 하고 카메라 옆을 지나간다. 텅 빈 풍경의 화면, 곧 자막이 보인다. "저장성 후저우시 근처의 마이후이 마을". 장소의 쇼트. 아니, 차라리 그저 팡슈잉 할머니 집 주변의 쇼트.

세 번째 쇼트는 집 안 침상 앞에 팡슈잉 할머니가 서 있는 장면knee_shot이다. 초상화처럼 보이는 쇼트. 아마 이 장면은 왕빙이 부탁했을 것이다. 그렇지 않다면 일상생활에서 그렇게 우두커니 서 있을 이유가 없기 때문이다. 문을 닫기는 했지만 창문에 커튼까지 내려진 실내가 너무 어둡고 게다가 바깥으로 나가는 문 위의 창문에서 들어오는 햇빛이 너무 밝아서, 역광으로 찍은 이 장면에서 팡슈잉 할머니는 어두운 그림자처럼 보인다. 심지어 그녀가 입고 있는 옷이 앞의 두 장면과 같은 옷인지조차 구분하기 힘들다. 뒤에 보이는 침상. 아마 팡슈잉 할머니는 그때 자기가 얼마 뒤에 알츠하이머로 쓰러진 다음 내내 그 침상에 누워 시간을 보내고, 거기서 임종을 맞이하게 될 것이란 사실은 미처 생각하지 못했을 것이다. 왕빙 자신도 내내 그 앞에서 팡슈잉 할머니를 찍게 되리라는 사실을 그때는 알지 못했을 것이다. "나는 원래 딸을 찍을 생각이었어요. 2015년에 처음 딸의 초청으로 이 집을 방문했고 가족들을 먼저 찍었어요. 그런 다음 다른 영화를 먼저 찍을 생각이었기 때문에 나는 그 마을을 곧 떠났어요." 말하자면 가족의 장면 중의 하나. 그저 그렇게 서 있을 때, 마치 장면을 망쳐버리기라도 할 것처럼, 그녀 왼쪽에 있는 전기포트에서 물이 끓자 카메라 앞을 가로질러 한 남자가frame_in 그걸 한 손으로 든 다음 다시 반대로 가로질러 맞은편에 있는 냉장고를 열어 거기서 차 봉지를 꺼내 가져간다frame_out. 아마 가족 중의 한 사람일 것이다. 그렇지 않다면 아무런 망설임 없이 냉장고 문을 열지 못했을 것이다. 게다가 거기 차 봉지가 있다는 사실을 어떻게 알겠는가. 이때 내 관심은 이 사람이 누구냐가 아니라 왜 이 사람이 나오는 순간을 보여주었을까, 에 있다. 영화에서 보여주지 않는 방법은 간단하다. 이 사람이 화면에 들어오기 전에 장면을 끝내든지 아니면 이 사람이 나가고 난 다음부터 장면을 시작하면 된다. 팡슈잉 할머니가 무언가를 하고 있는 것이 아니기 때문에 무언가 결정적 순간을 놓치지 않기 위해서 기술적 에러를 감당하고 있는 것이 아니다. 그러면 여기서 무얼 보라는 뜻일까. 가족과 영화의 관계. 가족과 왕빙의 관계. 그 남자는 영화를 찍고 있는데 전혀 개의치 않고, 어떤 양해도 구하지 않고, 지금 찍고 있는 팡슈잉 할머니 앞을 가로질러 가서 아무 망설임 없이 자기 볼일을 본다. 마치 거기 카메라가 없다는 듯이, 마치 거기 왕빙이 없다는 듯이. 이 하나의 동선은 영화 앞에서 카메라의 존재를 지워버리는 것처럼 보인다. 내가 이상하게 말했다는 것을 안다. 여기에는 영화가 있지만 카메라가 없는 것 같은 효과가 있다. 〈팡슈잉〉에서 가족들은 내내 영화 앞에 있지만 카메라가 거기 없다는 듯이 있다. 좀 더 깊이 들어가 설명하겠다. 팡슈잉 할머니는 카메라를 의식하면서, 어쩌면 카메라에 찍히기 위해서 그 앞에 서 있다. 그런데 (가족 중의) 한 명이 그 앞을 카메라가 있지도 않다는 듯이 나타나서 전기포트와 차 봉지를 꺼내 가져간다. 이 둘의 차이. 여기서 있다, 라는 존재의 동사가 보여주는 하나의 현전과 하나의 부재. 카메라가 그 앞에 서 있다는 사실을 알고 있는 사람은 팡슈잉 할머니가 유일한 것처럼 보일 때 왕빙은 도대체 어떻게 가족을 그렇게 분리해낼 수 있었던 것일까. 이 분리는 일시적인 것이 아니라 이제부터 내내 그렇게 이어질 것이다. 아니, 차라리 이 세 번째 쇼트는 나머지 영화 전체로 옮겨 가는 예행연습처럼 보인다.

왕빙은 이 세 쇼트 말고도 많은 장면을 찍었을 것이다. 그런데 왜 이 세 쇼트를 골랐을까. 세 장면의 공통점은 모두 팡슈잉 할머니가 서 있다는 것이다. 그런 다음 우리는 내내 팡슈잉 할머니가 침상에 누워 있는 모습만 보게 될 것이다. 그녀는 단 한 장면에서도 일어나 앉지 못한다. 그러기는커녕 단 한 장면에서 보게 되는 그녀의 육신은 오랜 시간 침상에 누워만 있어서 생겨나는 욕창으로 시들어가고 있었다. 서 있던 그녀가 카메라 옆으로 빠져나가면서 잠시 어두워진 화면이 밝아지면fade_out_and_in 갑자기, 그저 갑자기, 라고 할 수밖에 없게 팡슈잉 할머니의 얼굴이 크게 보인다close_up. 아무 준비도 되어 있지 않은 상태에서 이 커다란 얼굴과 마주하면 쇼크를 받을 것이다. 어떤 쇼크? 좀 전에 우리가 보았던 어떤 단정함, 어떤 위엄이 모두 사라진 채 무엇을 응시하는지조차 알 수 없는 눈, 반쯤 벌린 입, 그 사이에 삐져나온 치아, 분명히 제대로 칫솔질을 하지 못한 것 같은 지저분한 치아, 거친 얼굴 피부, 아무도 다듬어주지 않은 것이 확실한 흐트러진 머리카락. 그 모습으로 팡슈잉 할머니는 침상에 누워 있다. 다른 사람 같은 모습. 자막의 날짜. "2016년 6월 28일". 그 8개월 3주 사이에 무슨 일이 있었던 것일까. 당신에세 환기해주겠다. 팡슈잉 할머니가 그 전에 알츠하이머 판정을 받았다는 사실을 알게 되는 것은 마지막 자막에서이다. (병이 진행되는) 어떤 과정(의 장면)도 없이, (그 증세가 시작되거나 병석에 눕게 되는) 어떤 중간 단계도 없이, (가족들로부터의 어떤) 설명도 없이, 팡슈잉 할머니는 카메라 앞에서 상당한 정도로 알츠하이머가 진행된 모습으로 우리와 마주한다. 그 쇼트에서 사람들이 그녀 주변에서 두런거리는 소리가 들린다. 팡슈잉 할머니의 상태를 설명하는 말들(의 일부). "무언가 먹고 싶어 하면 좀 주지 그래요." "이제는 전혀 말을 못 해요. 그저 누워 있을 따름이죠." "팔 좀 움직여줘요, 마치 묶여 있는 것 같잖아요." "왜 입을 벌리고 있어요?" "늘 그래요." "등 쪽 살이 불그레해요. 내 버려두면 욕창이 생길 텐데." 그 말을 알아듣기는 하는 것일까. 팡슈잉 할머니는 몸을 조금 뒤척이면서 힘겹게 팔을 들어 올린다. 먼저 촬영 상황을 설명해야 할 것 같다. "갑자기 딸의 연락이 왔어요. 나는 그때 다른 걸 찍고 있었는데 잘되지 않았어요. 후저우로 다시 돌아왔을 때는 팡슈잉 할머니의 병세가 깊었고 무언가 찍어야겠다고 생각은 했지만 무얼 찍어야 할지 몰랐습니다. 팡슈잉 할머니를 찍어야 할지, 아니면 (팡슈잉 할머니를 간병하는) 딸을 찍어야 할지 결정하지 못했어요. 그러니까 일단 찍기 시작하긴 했는데 무얼 찍어야 할지는 결정하지 않은 상태였습니다. 그래서 첫날은 촬영한 지 두 시간 만에 중단하고 나왔어요. 숙소로 돌아온 다음 찍은 걸 반복해서 보았어요. 거기 무언가 나를 움직이는 게 있었는데, 처음엔 그게 무언지 몰랐습니다. 그러다가, 수없이 보다가, 그게 무언지 알았어요. 팡슈잉 할머니의 눈이었습니다. 가족들은 할머니가 말을 알아듣지 못한다고 했지만 그 눈은 무언가를 말하고 있었어요. 분명히 그랬어요. 나는 그 눈이 하는 이야기를 듣고 싶었습니다. 그래서 그 이야기를 듣기 위해 계속 찍으려고 결심했습니다."*

*　　대니얼 캐스먼·크리스토퍼 스몰, 「안과 바깥의 공간: 왕빙이 말하는 〈팡슈잉〉 이야기Inner and Outer Space: Wang Bing Talks About *Mrs. Fang*」, 《시네마스코프》 72호(2017년 가을).

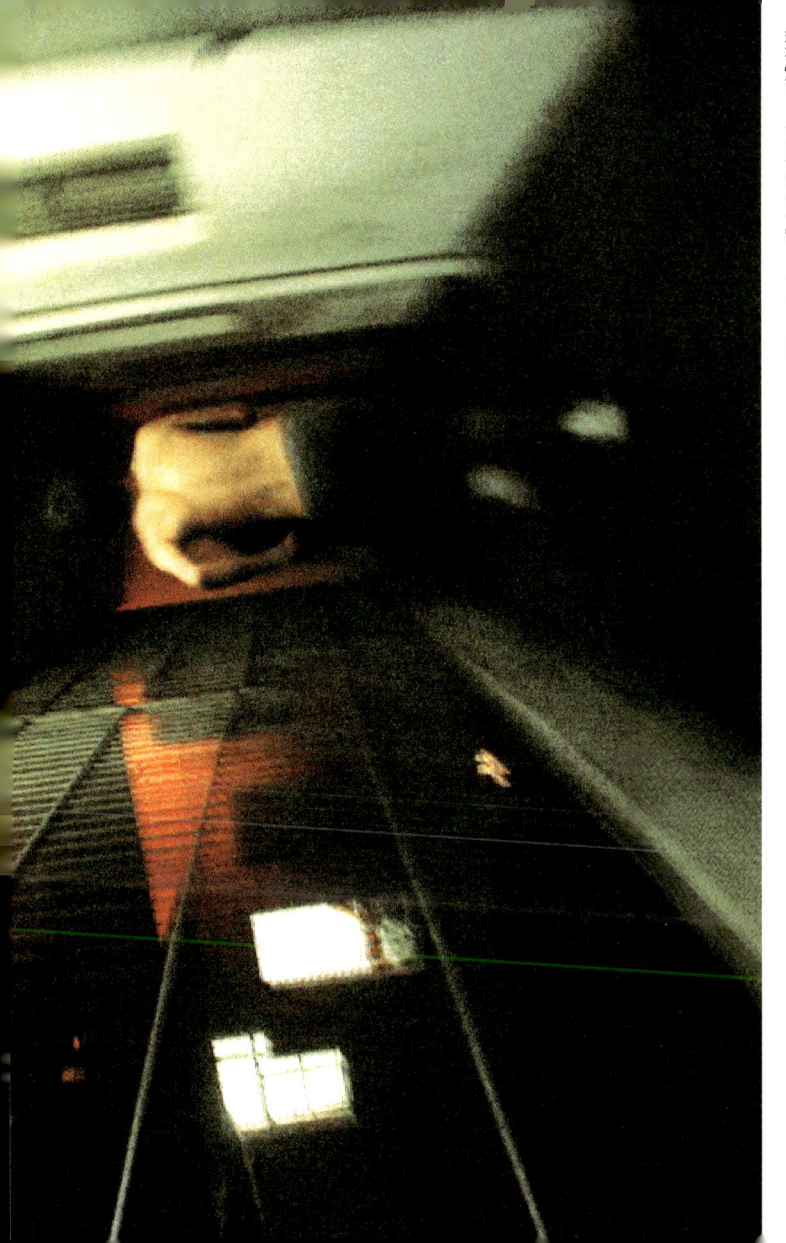

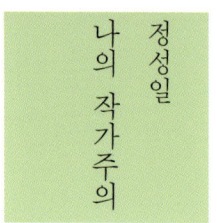

영화를 경유해야만 눈앞에 당도하는 풍경이, 얼굴이, 삶이 있습니다. 각자의 테두리 바깥에 있어 체득하기 어려운 이야기들은 그렇게 우리 안에 고이고, 겹겹의 결을 그려나갑니다. 그런가 하면 전심전력으로 영화와 부딪쳐 자신을 넘어 타인에까지 이르는 파동을 만들어내는 이들도 있지요. 영화를 향한 순도 높은 애정과 집념으로 글을 써, 많은 이의 마음속에 고유한 위치를 갖게 된 정성일 평론가처럼 말이에요.

14년 만에 선보이는 책에서 그는 영화감독 왕빙을 이야기하는 데 모든 공력을 할애합니다. 2003년 운명처럼 마주한 영화 〈철서구〉 이후 정성일 평론가의 추천 목록 중 가장 눈에 띄는 자리에 놓여왔던 바로 그 감독에 대해서요. 영화를 촬영하는 왕빙을 촬영한 영화(〈천당의 밤과 안개〉)까지 만들었을 정도이니, 왕빙에 관한 책을 내놓는 것은 예견된 일이었을지도 모릅니다.

정성일 평론가는 왕빙의 영화를 몇 번이고 돌려 보며 질문하고, 때로는 영화로부터 받은 질문의 대답을 찾기 위해 애씁니다. 『나의 작가주의』는 우정과 존경이 바탕에 깔린 지난한 분투의 소산이자, 역사가 숨기려는 이름을 되찾아주려는 왕빙을 충실히 따라가며 그의 작업에 덧붙이는 기나긴 주석과도 같아요. 이 기록이 영화를 만든 사람의 맞은편에서 영화를 바라보는 자세에 대해 숙고할 기회가 되길 바라봅니다.

마음산책 드림

계속해서 누워 있는 팡슈잉 할머니의 표정과 그 침상 주변에 둘러서 있는 가족들, 그리고 이웃들의 이야기로 진행되는 〈팡슈잉〉은 모두 마흔세 개의 롱테이크로 이루어져 있다. 왕빙은 때로 거의 끝나지 않을 것만 같은 롱테이크에 의지하지만(〈허펑밍〉) 반대로 하나의 장소에서 하나의 상황을 여러 쇼트로 잘게 나누기도 한다(〈광기가 우리를 갈라놓을 때까지〉). 롱테이크는 왕빙의 형식적인 특징이 아니다. (이를테면) 차이밍량은 자신의 등장인물이 롱테이크를 견뎌야 한다고 생각한다. 〈서유西游〉 그리고 〈떠돌이 개郊遊〉의 마지막 장면. 하지만 왕빙은 그런 요구를 하지 않는다. 〈팡슈잉〉에서 롱테이크는 스타일이라기보다는 하나의 태도처럼 보인다. 아니, 차라리 하나의 금지. 어떤 금지? 한 사람이 말하지 못하면서 죽어갈 때, 종종 영화는 그 사람의 심정에, 처지에, 입장에 누군가를 대입해보고 싶은 유혹을 느낀다. 딸의 심정, 어머니의 심정. 거기서 생겨난 것만 같은 감정 사이의 가짜 교환, 그때 가장 쉬운 방법은 '쿨레쇼프효과'를 이용하는 것이다. 이것은 저것입니다. 일단 작동하기 시작하면 걷잡을 수 없는 가짜 인과성이 목적론의 함정을 만들기 시작할 것이다. 〈팡슈잉〉에서는 단 한 장면에서도, 단 한순간도, 그런 효과가 일어나지 않는다. 아니, 차라리 여기서 롱테이크는 그 효과의 유혹으로부터 영화를 방어하는 것처럼 보인다. 하지만 자칫 이로부터 끌어낼 수 있는 관습적인 오류 추론에 대해서도 경고하고 싶다. 그러면 〈팡슈잉〉은 팡슈잉 할머니의 표정을 찍은 영화인가요? 그래서 그 표정 너머의 무언가를 발견해야 하나요? 아니면 그 표정을 읽어야 하나요? 아니요, 그렇지 않습니다. 팡슈잉 할머니의 표정은 우리들의 어떤 성찰도 거절한다. 알츠하이머에 걸린 이 표정은 평평한 표면이 고스란히 드러난 텅 빈 그릇처럼 보인다. 생명이 시간을 연장하는 것 이외에 어떤 활동도 없는 육신. 아마 반대로 설명할 수도 있을 것이다. 그건 우리가 헤아릴 수 없는 심연처럼 느껴진다. 죽음이 멈추지 않고 다가오는 시간 앞에 놓인 육신. 팡슈잉 할머니의 얼굴은 하나의 기호로 성립하지 않는다. 운동은 멈추어가고 있고, 의미는 희박해져가는 중이다. 만일 여기에 하나의 기호가 있다면 그건 알츠하이머뿐이다. 기억과의 분리. 가족과의 분리. 알츠하이머는 팡슈잉 할머니가 체험한 시간, 그 안의 기억, 기쁜 기억, 슬픈 기억, 좋은 시간, 나쁜 시간, 세계와 맺었던 그 모든 추억과 경험을 삭제해나가는 중이다. 그 앞에서 무언가를 해보려는 우리들의 노력은 쓸모없는 짓이다. 팡슈잉 할머니는 아무 말도 못 하고(언어를 잊어가고 있고), 허공을 바라본다(아무도 바라보지 않는다). 거기엔 어떤 드라마도 없다. 영화의 시간은 그 앞에서 그저 속수무책이다. 여기서 더 이상 무엇이 가능할까. 한 번 더 말하고 싶다. 여기서 더 이상 무엇이 가능할까. 왕빙은 여기서 〈팡슈잉〉을 시작하고 있다. 나는 그래서 이 영화가 굉장하다고 생각한다.

그런 다음 〈팡슈잉〉에 없는 것을 열거해야 할 것 같다. 없기 때문에 있는 것. 여기에 없는 것이 말하고 있는 것(아니, 차라리 주장하는 것). 여기에 없기 때문에 제기되는 것. 여기에 없기 때문에 설명되는 것. 여기에 없기 때문에 선언되는 것. 첫 번째, 없는 것. 팡슈잉 할머니는 알츠하이머를 앓고 있는 중이다. 그런데 지금 그녀는 어떤 치료도 받지 못하고 있다. 병원에 입원하지 못했고 지금 자신의 집, 그 집의 침상에서 죽어가는 중이다. 그런데 의사는 이집을 방문한 적이 없다. 그녀는 간호사의 간병을 받지 못한 채 가족들의 병간호만을 받고 있다. 팡슈잉 할머니가 임종을 맞이하는 순간조차 가족 중의 누구도 의사에게 연락하지 않는다. 의료기관의 배려로부터의 배제. 팡슈잉 할머니의 병에 의료 기술은 어떤 터치도 하지 않는다. 아니, 차라리 병원의 시선은 그녀를 외면하고 있다고 말하고 싶어질 정도이다. 여기는 사회주의 중화인민공화국이다. 팡슈잉 할머니는 호모 사케르가 아니다. 인민의 신체에 깃든 병을 외면하고 있는 국가의 무관심. 그런데 인민의 국가란 무엇인가? 지도자는 단호하게 대답했다. "그것은 인민을 보호하는 것입니다."* 시진핑은 올바르게 교시를 실천하고 있는가? 인민 팡슈잉은 국가로부터 소홀하게 다루어진 채 지금 침상에서 알츠하이머에 마모되어가는 중이다. 〈팡슈잉〉은 정치적인 영화가 아니다. 그러나 고다르의 유명한 명제, "정치적인 영화를 만드는 대신 영화를 정치적으로 만들어라"라는 긴급한 호소에 따라 왕빙은 마오쩌둥의 교시를 읽으면서 팡슈잉 할머니 앞에 서 있는 중이다. 인민의 신체. 그런데 지금 그 신체 앞에서 국가는 단지 죽게 내버려두는 권리를 내어주고 있을 따름이다. 어떻게 인민 팡슈잉 할머니의 모습 앞에서 사회주의 중국에 대해 질문하지 않을 수 있을까.

두 번째, 없는 것. 왕빙은 〈팡슈잉〉을 아흐레 동안 찍었다. 좀 더 정확하게 아흐레 중에 이틀은 촬영을 중단했고, 그런 다음 다시 촬영을 시작했다. 그동안 팡슈잉 할머니는 의식이 없긴 했지만 살아 있었다. 살아 있다는 것. 말하자면 먹는다는 것. 살아 있는 환자의 신체를 돌볼 때 간병에서 가장 힘겨운 순간 중의 하나는 대소변을 처리하는 일이다. 소변은 예고 없이 흘러나올 것이고, 그

---

*   마오쩌둥, 「인민민주주의의 독재를 논함」(중국공산당 창당 28주년 기념 연설), 1949년 6월 30일.

래서 하루에도 셀 수 없을 만큼 여러 차례 기저귀를 적시거나 침상 이불을 망쳐놓을 것이다. 물과 같은 대변은 항문에서 새어 나오거나 아니면 장에서 멈춘 다음 환자에게 고통을 안겨주거나 둘 중 하나가 될 것이다. 주변 사람들을 괴롭히는 냄새. 환자는 의사 표명은 못 하지만 자신의 몸이 고통스러우면 어떻게 해서든 그걸 표현하기 시작한다. 팡슈잉 할머니는 다른 사람들과 함께 자신이 머무는 침상에 누워 있고 그녀 주변에는 어떤 칸막이도 없다. 이미 팡슈잉 할머니는 거동이 불가능한 상태이다. 왕빙은 내내 팡슈잉 할머니 곁에 있었을 것이다. 팡슈잉 할머니의 대소변을 받아내는 순간을 놓쳤을 리가 없다. 환자의 신체가 보여주는 스펙터클. 간병인의 퍼포먼스. 병든 신체 앞에 다가갔을 때 영화 앞에서 벌어질 일상생활의 사건이 달리 무엇이 있겠는가. 하지만 〈팡슈잉〉에는 단 한 장면, 단 한 쇼트, 단 하나의 이미지도 팡슈잉 할머니의 배설에 관련된 순간이 없다. 뜻대로 조절되지 않는 배뇨 기관, 풀려버린 괄약근, 왕빙은 인간의 모습에서 동물의 형상을 드러내는 순간으로 옮겨 가는 과정을 보여주지 않는다.

없는 것들을 살펴본 다음에는 희미한 것들을 보고 싶다. 팡슈잉 할머니의 얼굴을 본 다음 그녀 주변에 있는 가족(과 이웃)들을 보게 된다S#_5. 이때 괄호를 유심히 보아주기 바란다. 〈팡슈잉〉에서는 영화가 끝날 때까지 카메라 앞에 등장하는 인물들이 팡슈잉 할머니의 가족 혹은 친척인지 아니면 이웃인지 구별되지 않는다. 자막은 팡슈잉 할머니의 딸과 아들을 소개한 다음 그 외의 인물을 한참 뒤에 일부만 소개한다. 나는 이미 여기에 대해서 대답했다. 만일 우리의 시선 속에서 팡슈잉 할머니 주변 사람들과 팡슈잉 할머니의 인척 관계 가계도가 그려지면 그다음에는 즉시 화면에서 감정의 쿨레쇼프효과가 일어나기 시작할 것이다. 그러면 걷잡을 수 없는 일이 벌어진다. 거기에 있는 사람과 없는 사람의 차이. 왜 누구는 곁에 있고 누구는 없는가, 의 문제. 그들이 건네는 말, 나누는 말, 말들 사이의 네트워크. 그 말이 불러일으킬 감정적인 효과, 그 사이에서 만들어질 네트워크. 그 말들은 인척 관계의 맥락

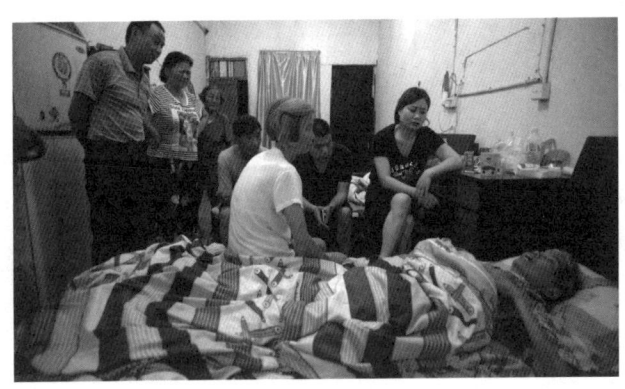

을 갖고 고스란히 다시 팡슈잉 할머니에게 되돌아오기 시작할 것이다. 그리고 덮어씌일 것이다. 죽어가는 생명을 앞에 둔 흥정. 부서져가는 육신을 앞에 둔 서로의 채무와 그 이행 그리고 부채. 그러면 그때부터 우리는 팡슈잉 할머니를 내버려두고 그들 사이의 셈을 두리번거리기 시작하게 될 것이다. 그러나 팡슈잉 할머니는 미끼가 아니다. 팡슈잉 할머니의 침상을 둘러싼 사람들. 정확하게 동일한 구도로 반복하는 것은 아니지만 왕빙은 팡슈잉 할머니를 가운데 놓고 단지 세 개의 구도만을 반복해서 오간다. 세 개의 자리. 팡슈잉 할머니의 얼굴 가까이, 그런 다음 팡슈잉 할머니의 침

상 왼쪽 바로 곁, 그리고 팡슈잉 할머니의 오른쪽 침상 건너, 건너편의 다소 먼 자리. 물론 모든 장면을 카메라를 들고 찍었기 때문에 언제든지 이 방 안을 (제한적이긴 하지만) 자유로이 이동할 수 있었음에도 불구하고 단지 세 개의 구도만을 단조롭게 오간다. 세 개의 꼭짓점. 이 사이에는 세 개의 꼭짓점을 연결하는 어떤 선도 없다. 나는 팡슈잉 할머니 침상 왼쪽 바로 곁에서 찍은 장면을 좀 더 설명하고 싶다. 이 쇼트는 (왕빙으로는 드물게) 표준적인 범주를 넘어서는 와이드렌즈로 찍었다. 그래서 양옆이 훨씬 넓게 보인다. 아마도 팡슈잉 할머니의 왼쪽 침상 바로 곁에서 찍을 때 그 뒤가 벽이기 때문에 더 물러날 수가 없는 상태에서 가로 너비의 공간을 모두 보여주기 위해 그런 선택을 했을 것이다. 이때 팡슈잉 할머니는 누워 있고 그녀 주변의 사람들은 옆에 앉아 있는 딸 전샤오잉을 제외하고는 모두 서 있기 때문에 사실상 팡슈잉 할머니는 거의 화면 프레임 바닥에 붙어 있다시피 해서 잘 보이지 않기까지 한다. 팡슈잉 할머니 곁에 열 명도 넘는 사람들이 모여들어 대화를 나눈다 (저 멀리 앉아 있는 사람들은 어둠 속에 있어 잘 보이지 않는다). 오른쪽 옆에 앉아 있는 딸을 제외하면 아무도 슬픈 표정을 짓지 않는다. 아니, 그러기는커녕 아무도 근심하지 않는다. 가운데 서 있는 남자, (자막에 따르면) 아들 전궈치앙은 침상에 누워 있는 어머니 팡슈잉을 내려다보면서 웃기까지 한다. 그는 어머니 팡슈잉의 팔목을 만져본 다음 짐짓 진지한 표정으로 "맥박이 괜찮은데"라고 말한다. 그러자 옆의 여자가 웃으면서 "당신이 무슨 의사야?"라고 핀잔을 준다. 그런 다음 그들은 대화의 화제를 (아마도 그들 모두가 알고 있는 것 같은) 도박판 이야기로 옮긴다. 이 장면은 이상할 정도로 명랑해 보인다. 그 옆에 서 있는 여자는 팡슈잉 할머니를 쳐다보지도 않고 열심히 자기 휴대폰을 들고 문자를 보내고 있다. 텔레비전은 꽤 큰 볼륨으로 틀어져 있고 그래서 모여든 사람들은 목청을 높여가며 이야기한다. 그들은 텔레비전을 끌 생각이 없다. 텔레비전을 보는 것은 팡슈잉 할머니가 아니라 지금 그녀 곁에 모여든 사람들이다. 옆의 침상에 누워 있는 아주머니는 흘낏 전궈치앙을 바라보다가 이내 시선을 텔레비전으로 돌린다. 전궈치앙 곁에서 팡슈잉 할머니를 지켜보던 사내도 옆의 침상으로 다가가 텔레비전을 본다. 가운데 있던 젊은 여자도 이것저것 참견하다가 텔레비전을 쳐다본다. 사실상 팡슈잉 할머니를 바라보는 사람은 그녀의 딸 전샤오잉밖에 없다. 이 장면은 팡슈잉 할머니가 이들 가족 속에서 어떻게 지워져가는지를 보여주고 있다. 한 번 더 환기하고 싶다. 이 장면은 팡슈잉 할머니가 임종하기 아흐레 전의 쇼트이다. 하지만 이 장면 이후로 〈팡슈잉〉은 우리에게 날짜가 어떻게 흘러가는지 알려주지 않는다. 그래서 어떤 장면이 다른 장면과 같은 날인지 아닌지 구분하기 어렵다. 이렇게 말하고 싶다. 〈팡슈잉〉은 팡슈잉 할머니가 임종하기까지의 아흐레를 찍었다. 그게 전부이다.

"슈잉, 날 알아보겠어요?" 그녀를 그렇게 부르는 사람은 누구일까? 알 수 없다S#_6. 왕빙의 카메라는 팡슈잉 할머니 곁에 바짝 다가갔는데zoom_in 사람들이 모여들었는지 소란스럽다. 그때 딸 전샤오잉이 팡슈잉 할머니를 일으켜 앉힌다. 그 앞에 아들 전궈치앙이 다가와 앉아서 어머니의 손을 잡아본다. 금방이라도 부서져버릴 것처럼 물기 없이 앙상하게 메마른 어머니의 손, 투박하고 통통하게 살찐 아들의 손. 두 개의 손. 어머니와 아들. 그때 누군가 말한다. "아들을 알아보네." "웃었어. 웃고 있잖아." "사람을 알아보는 것 같은데." 주변의 그 말을 듣고 있으면 정말 그런 것처럼 보

217

인다. 하지만 다음 장면은S#_7 이런 말이 다 쓸데없었다는 걸 알려준다. 팡슈잉 할머니의 얼굴, 넋이 나간 듯한 표정. 그녀는 단지 입을 벌리고 있을 뿐만 아니라 부정교합이 일어난 것처럼 턱 위와 아래가 서로 맞지 않고 틀어져 보인다. 이제 얼굴의 윤곽조차 무너져가는 것만 같은 골절 사이의 불균형. 몸이 자기의 형태를 지키는 것조차 힘겹다는 듯이 포기해나가는 것처럼 보이는 과정의 일부. 그런데 왕빙은 그때 팡슈잉 할머니를 유심히 바라본다. 거기에 무엇이 있나요? 거기서 어떤 기대도 하기 힘든 것처럼 보이는데도 불구하고 그런 노력을 기울일 필요가 있나요? 그런데 문득 팡슈잉 할머니는 힘겨운 자세로 몸을 돌려 오른쪽을 바라본다. 이 장면은 이상하게 편집되어 있다. 팡슈잉 할머니가 오른쪽을 물끄러미 바라볼 때 단지 몸을 뒤척인 것이 아니라 무언가 거기 볼 것이 있어서, 어쩌면 누군가에게 말을 걸기 위해서, 그래서 몸을 그쪽으로 옮긴 것처럼 보인다. 왕빙의 카메라는 그 모습을 유심히 본다. 그런 다음 거기서 카메라를 아주 조금만 옮겨도pan 되는데 구태여 장면을 나누어S#_8 등지고 서서 문 바깥을 바라보는 딸 전샤오잉을 보여준다. 이 두 개의 장면은 너무 정확하게 나누어놓아서shot_reverse_shot 마치 극영화의 한 장면처럼 보일 정도이다. 좀 더 설명해야 할 것 같다. 딸 전샤오잉은 그런 눈길을 전혀 알아보지 못하고 다시 등을 돌려 방 안으로 돌아온다. 이번에 왕빙은 두 개의 장면으로 나누는 대신 딸이 방 안으로 들어서는 모습에서 침상에 누워 있는 팡슈잉 할머니에게로 시선을 돌린다pan. 이때 팡슈잉 할머니는 마치 딸의 동선을 따라 움직이기라도 하는 것처럼, 마치 그녀를 알아보는 것처럼, 오른쪽에서 왼쪽으로 다시 몸을 돌린다. 물론 여기서 무언가 일어난 것은 아니다. 이 움직임에서 무언가를 설명하려는 것도 아니다. 왕빙은 팡슈잉 할머니의 얼굴을 바라보다가 그때 조금 움직인 팔을 따라 시선을 옮긴다. 망원렌즈로 찍은 이 장면은 팔에 초점을 맞추어서 주변 모습이 희미해 보인다out_ of_focus. 앙상한 팔은 금방이라도 부러질 것만 같다. 그 위를 덮고 있는 피부는 주름이 잔뜩 접힌 채 가까스로 뼈에 붙어 있고 팡슈잉 할머니는 간신히 움직인다고 할 만큼 그렇게 힘겹게 그 팔을 내미는 중이다. 그때 팡슈잉 할머니에게 딸 전샤오잉은 이불을 덮어준다. 다시 한번 이상한 편집S#_9. 이때 이불을 덮어주는 장면을 두 번 찍은 것처럼 두 개의 쇼트로 나누었다double_action. 물론 이 문제를 해결하는 여러 가지 기술적인 방법이 있다. 그리고 몇 가지 가설을 세울 수 있다. 여기서는 방법 대신 두 개의 장면 사이에서 만들어낸 교집합의 효과에 집중하고 싶다. 이때 팡슈잉 할머니가 딸 전샤오잉에게 고개를 돌린(것처럼 보이는) 쇼트는 앞의 쇼트와 성질을 달리한다. 이 쇼트가 가진 역량은 묘사에 있지 않다. 여기서 이 쇼트는 〈팡슈잉〉 안에 두 개의 계열을 만들어낸다. 하나는 왕빙이 팡슈잉 할머니와 직접 대면하는 쇼트이고, 다른 하나는 가족들, 친척들, 이웃들 사이를 경유하여, 혹은 공유하면서, 때로는 마주 보면서 그들이 만들어내는 대면의 접촉면을 최대한 확장시키기 위해 애쓴다. 이때 〈팡슈잉〉은 그 두 개의 계열이 서로 함께 가능하지 않다는 것을 편집에서 분명히 한다. 왕빙은 편집에서 쇼트를 두 개의 계열에 따라 분류해냈고 그런 다음 그 둘이 어떻게 관계를 맺어야 할지를 찾는다. 물론 그 둘 사이의 분류는 참과 거짓 혹은 우열의 문제가 아니다. 여기서 요점은 대면의 직접성과 간접성에 놓여 있다. 갑자기 거기서 무언가를 본 것만 같은 멈춤, 그런 다음 왕빙은 거기서 무언가를 가정한 것처럼 편집의 논리를 세워나간다.

거기에 팡슈잉 할머니가 딸에게 무언가를 말하려는 것만 같은 자세를 본 듯하다는 가정이 없다면 그 두 개의 쇼트는 그렇게 서로 연결될 수 없다. 가정의 역량. 그게 가능한가요? 왕빙은 그 두 개의 계열이 서로 알지 못한다고 생각한다. 반대로 왕빙은 가까스로 이 둘 사이를 벌려놓은 다음 영화가 머물러야 할 자리를 찾아낸다. 만일 이 놀라운 순간이 없었다면 〈팡슈잉〉은 황당무계한 주관적인 판단에 내내 머물거나 아니면 지루하게 객관적인 위치에 머물거나, 이도 저도 아니면 그 둘 사이를 우왕좌왕하면서 분주하게 오갔을 것이다. 그러나 왕빙은 가정의 역량이라는 편집의 절단면을 따라 팡슈잉 할머니와 마주한다. 좀 이상하게 들릴 수 있지만 〈팡슈잉〉은 그렇게 팡슈잉 할머니 옆에 있는 쇼트와 팡슈잉 할머니 주변의 사람들 곁에 있는 쇼트, 두 개의 계열 사이에서 마치 두 편의 영화 사이를 오가는 듯한 방법을 취한다. 물론 여기에는 카메라가 보는 것에 대한 어떤 믿음이 있음을 왕빙은 숨기지 않는다. 나는 당신을 믿습니다. 그러나 동시에 여기에는 영화가 보는 것에 대한 믿음이 있음을 놓치지 말아야 한다. 나는 내가 바라보는 것을 믿습니다. 그 둘은 동일한 것이 아니다. 바라보는 대상에 대한 믿음과 쳐다보는 화면에 대한 믿음. 이 이중적인 믿음. 대상과 화면에 대한 믿음. 그 믿음은 자기 앞에 있는 것에 대한 절대적인 긍정에서 오는 것이다.

그러나 왕빙은 내내 팡슈잉 할머니 곁에만 머물지는 않는다. 왕빙은 갑자기 팡슈잉 할머니의 친척(들과 이웃)이 밤이 다가오는 늦저녁에 가물치 낚시를 가는 길을 따라나선다. 하늘은 어둠이 내리기 전 검붉은 노을이 거의 지워져가고 있다. 낚시를 하러 가는 시퀀스는 두 번 반복되는데 둘 다 매우 길게 진행되고 또한 다르게 찍혔다. 첫 번째 낚시 시퀀스는 어둠 속에서 거의 보이지 않는다S#_12, S#_18. 단지 카메라의 노출에 관한 기술적 문제가 아니라 낚시를 간 사람들도 이미 짙게 내린 어둠 속에서 녹조로 뒤덮인 강 수면이 잘 보이지 않아 회중전등을 들고 쫓아가 길 위에 서서 낚시하는 이들을 위해 불을 비춰준다. 하지만 강은 너무 넓고 회중전등은 그저 그들이 강 위에서 물길을 잃지 않도록 도움을 주는 수준에 불과할 뿐이다. 한밤중의 야간 낚시에 대해서 별다른 설명이 없기 때문에 그들이 왜 그 늦은 시간에 낚시를 하러 간 것인지는 알 수 없다. 낚시가 이 마을 사람들, 적어도 팡슈잉 할머니 집 가족들에게 중요한 생계 수단인지(그런데 그러기에는 너무 소규모이다), 아니면 그저 한여름 밤에 날이 너무 무더워서 무료한 시간을 보내는 여가 생활인지(그런데 집에 있는 팡슈잉 할머니가 언제 임종을 맞이할지 알 수 없는 상황이다), 두 번 다 알 수 없다. 그래서 왜 왕빙이 팡슈잉 할머니를 내버려두고 낚시를 하는 그들을 찍으러 간 것인지도 잘 설명되지 않는다. 게다가 날이 너무 어두워서 화면에는 거의 아무것도 보이지 않는다. 거기서 무언가 특별한 사건이 벌어진 것도 아니고 그들 가족 혹은 마을에 대해 무언가를 설명하지도 않는다. 다만 이렇게는 말할 수 있다. 아마 낚시를 함께 가자고 왕빙에게 누군가 말했을 것이다. 그 사람은 아들 전궈치앙일 것이다. 낚시하는 일행 중에 아들 전궈치앙과 팡슈잉 할머니의 시동생 전훙린이 그 일행에 껴 있다. 낚시를 하러 간 건 두 번 다 남자들뿐이다. 이 마을에서 밤이 다가오는 늦저녁에 낚시를 하러 가는 건 남자들의 일처럼 보인다(게다가 이들이 탄 배는 모터 없이, 호수와 다름없이 거의 멈춘 것처럼 보이는 강 위에서 노를 저어 움직여야 한다. 어쩌면 물고기들이 달아날까 봐 모터를 사용하지 않는 것일지도 모른다). 팡슈잉 할머니는 (아마도) 이들과 밤이 깊어오는 시간에 함께 낚시를 하러 가지는 않았을 것이다. 두 번째 시퀀스는 이보다 좀 더 이른 시간에 찍었다S#_30, S#_33. 이번에는 배가 아니라 그물망이 달린 장대를 들고 세 명이서 다소 이른 저녁에 길을 나섰다. 자막은 셋 중 한 명, 팡슈잉 할머니의 조카 전후이를 소개하고 다른 두 사내 는 누군지 알 수가 없다. 그들은 이 장대를 다리 아래 흐르는 강물 에 걸쳐놓고 송어를 잡을 참이다. 그들은 허탕을 친 다음 꽤 먼 거 리에 있는 인근 다리에 가서 한 번 더 시도하지만 이번에도 허탕 을 치고 돌아간다. 왕빙은 그들이 낚시에 성공했는지 여부에 관심 이 없다. 두 번째 시퀀스의 방점은 첫 번째 다리에서 두 번째 다리 로 이동하는 길에 있다. 이 길을 세 사내는 걸어서 이동하는데 그 걸 왕빙은 카메라를 들고 뒤에서 처음부터 끝까지 쫓아간다. 거의 4분 30초에 이르는 롱테이크. 이때 그들이 무언가 중요한 이야기 를 나누는 것도 아니다. 아니, 그러기는커녕 그들이 하는 말이 무 언지 알아들을 수도 없다. 이 긴 시간 내내 그들은 잡담을 나누면 서 걸어가는데 자막이 없다. 그렇다고 그 풍경이 이 동네에 대해 설명하는 것도 아니다. 두 다리 사이의 풍경은 숲으로만 이어지 고 인가도 보이지 않는다. 그래서 이 두 개의 다리가 팡슈잉 할머 니의 집에서 얼마나 떨어져 있는지 가늠하기조차 힘들다. 다만 두 번째 다리에서 허탕을 친 다음 세 사내가 화면 바깥으로 빠져나 갈 때는 아직도 하늘이 푸르스름하게나마 훤히 보였는데S#_31, 그 런 다음 세 사내가 팡슈잉 할머니 집 앞에 이르렀을 때는S#_33 집 앞에 매달린 전등 빛 말고는 어둠이 내려앉은 걸 보면서 무척 멀 리 떨어져 있음을 짐작할 따름이다. 이 두 개의 시퀀스에서 왕빙 은 꽤 많은 시간을 보낸다. 우리는 이때 어디서 팡슈잉 할머니를 보아야 할까. 두 시퀀스의 여자들. 두 시퀀스는 모두 여자에서 끝난다. 그들은 저녁 내내 혹은 오후 내내 이 다리 저 다리 오가면서 낚시 장대를 드리우고 밤이 될 때까지 낚시를 한다. 어떤 날은 가물치를 잡았을 것이고, 어떤 날은 송어를 한 마리도 잡지 못했을 것이다. 아마 그러했을 것이다. 사내들은 언제나처럼 그렇게 저녁이 오면 낚시를 하러 나간다. 그들의 아버지, 아버지의 아버지가 그렇게 나갔을 것이다. 지금은 그들의 아들, 그들의 조카가 낚시를 하러 간다. 그때 그들이 귀가하기를 기다리는 것은 여인들이다. 팡슈잉 할머니는 그 자리에 있었을 것이다. 평생을 해온 일. 침상에 드러눕기 전에 언제나 해오던 일과. 매일의 반복, 왕빙은 낚시를 하러 다니는 사내들의 발걸음에서 팡슈잉 할머니가 속했던 세계의 사이클을 본다. 이 두 개의 시퀀스는 이 세계의 심장부이다. 나는 지금 비유법을 쓰고 있는 것이 아니다. 일정한 간격을 두고 작동하는 삶의 운동. 왕빙은 틀림없이 두리번거렸을 것이다. 이 세계의 심장은 어디에 있는가. 주어진 생활의 조건, 사람들은 그 안에서 살아가야 한다. 어둠 속의 시커먼 강물에 떠 있는 보잘것없는 작은 배. 그 어둠을 가까스로 밝히는 회중전등의 빛. 혹은 이 다리에서 저 다리까지는 왜 이토록 멀리 있는가. 그들은 한가로이 산책을 하는 것이 아니다. 양손에 든 무거운 낚시 장대와 텅빈 바구니. 우리는 그 긴 거리를 함께 걸었다. 숨차서 헐떡거리는 카메라. 저벅저벅 소리가 들리는 무거운 발걸음. 그들을 기다리는 저녁. 밤이 깊어질 때 팡슈잉 할머니는 동네 어귀를 바라보았을 것이다. 그때 일상의 운동이 그 세계의 심장이 아니라면 그 세계는 도대체 어떻게 활동할 수 있겠는가.

그런 다음 왕빙은 다시 팡슈잉 할머니의 침상으로 돌아온다.

두 번째 낚시 다음에 〈팡슈잉〉에서 팡슈잉 할머니의 마지막 클로
즈업을 보게 된다S#_35. 6분 10초 동안 이어지는 장면. 나는 이 장
면을 설명할 수 있는 언어를 갖고 있지 않다. 팡슈잉 할머니는 마
지막 숨을 가까스로 내쉬고 있었다. 이미 눈을 스스로 깜빡이는
것조차 힘들어 안구가 건조해져 눈물을 흘리고 그걸 옆에 앉아 있
는 아주머니가 계속해서 휴지로 닦아준다S#_34. 그러므로 우리는
이 눈물이 생물학적인 신체 반응이라는 걸 안다. 그런데 다음 장
면에서 다가간 카메라 앞에서 팡슈잉 할머니의 눈가에 눈물이 흐
를 때 그 눈물은 작별 인사처럼 보인다. 자신의 운명에 대한 수긍.
물론 왕빙이 여기서 편집을 이용해 무얼 하고 있는 것은 아니다.
그는 그런 영화를 만든 적이 없다. 그 눈물을 알아보는 사람은 그
자리에 아무도 없다. 가족들, 친척들은 그저 숨겨가는 팡슈잉 할
머니의 몸을 내려다볼 뿐이다. 아직 살아 숨 쉬는 팡슈잉 할머니
를 앞에 두고 그들은 임종의 시간을 준비한다. 밤을 새울 준비를
하라고 말하면서, 집에 가지 말고 여기서 기다리라고 말하면서,
그 누군가의 이름을 말한 다음 불러오라고 말하면서, 죽음을 맞을
준비를 한다. 물론 그들을 탓하면 안 된다. 하지만 지금 이 시간,
팡슈잉 할머니가 가까스로 숨을 몰아쉬면서, 그렇게 살아 있는 마
지막 잠깐의 시간, 거기서 그걸, 그 눈물을 알아보는 건 오직 영화
뿐이다. 그 사실이 이상할 정도로 감동적이다. 왕빙은 거의 기적
처럼 가족의 제지 없이, 팡슈잉 할머니와 카메라 사이에서 아무런
간섭 없이, 그 마지막 시간을 대면한다. 한쪽 눈꺼풀이 경련을 일
으키고 그런 다음 거의 움직이지 않는다. 다른 한쪽 안구는 몇 차
례이고 활동을 정지한 것처럼 보였다가 가까스로 다시 움직인다.
하지만 작은 동작. 간신히 숨 쉬는 작은 움직임이 옷매무새를 조

금이라도 들썩거리게 만들 때마다, 그래서 생명이 아직 머물고 있다는 걸 확인시킬 때마다, 팡슈잉 할머니가 아직 나는 여기에 있다, 라고 자기 자신을 증명하는 것만 같은 미세한 동작을 볼 때마다, 아직 종결되지 않았음을 어떻게 해서든 보여줄 때마다, 그 경계의 이편에 머물고 있음을 자기 힘으로 증명할 때마다, 거기에 동반자로서의 영화는 그 곁에 함께 머무는 중이다. 나는 이렇게 말하고 싶다. 영화가 그 자리를 지키는 중이다.

그런데 영화는 언제까지 머물러야 하는가. 어디까지 지켜야 하는가. 어디서 물러나야 하는. 왕빙은 팡슈잉 할머니의 숨결이 떠나가는 순간을 찍지 않았다. 나는 왕빙이 정확하게 어느 순간 팡슈잉 할머니 곁에서 자신의 카메라를 철수했는지 알지 못한다. 한 가지 사실만은 분명하다. 왕빙은 팡슈잉 할머니가 임종의 순간을 맞이하기 전에 그 곁에서 떠났다. 그래서 〈팡슈잉〉에는 팡슈잉 할머니의 임종의 순간이 없다. 왕빙은 그런 다음 그 방 안에서 그 자리를 양보하기라도 하듯 가장 멀리 물러났다S#_36. "걔를 집에 보내지 마." "더 나빠지면 우리가 할 수 있는 게 없을 거야." "아마 오늘 밤을 새워야 할 것 같은데." "며칠 더 사실 거예요." "오늘 밤을 넘기면 그럴지도 모르지." 팡슈잉 할머니 주변에 몰려든 가족들, 친지들은 부산하게 이리저리 연락을 하기 시작한다. 그걸 계속 찍기는커녕 왕빙은 그 자리를 떠나기 위해 마치 핑계를 만들 듯이, 팡슈잉 할머니 곁에 있던 한 사내가 바깥으로 나가자 카메라를 들고 그를 뒤쫓듯이 따라 나간다. 그걸 찍지 않으려는 안간힘. 그걸 달리 어떻게 말할 수 있을까. 바깥에서 사내들은 안에서 벌어지는 일을 알지 못한 채 웃통을 벗어젖히고 마작 판에 관한 이야기에 열중하는 중이다. 팡슈잉 할머니가 임종을 맞이하고 있을 때 사내들은 집 앞 마당에서 고기를 굽고 술잔을 기울이며 주변에서 죽은 이들의 이야기를 큰 소리로 서로 자랑하듯이 늘어놓는다S#_37. 그런 다음 아직 숨을 쉬는 팡슈잉 할머니 곁에 있는 방 안의 가족들을 보여주는 쇼트가 있지만S#_38 왕빙의 카메라는 팡슈잉 할머니 곁으로 다가가지 않는다. 그런 다음 자막. "2016년 7월 6일"S#_39. 팡슈잉 할머니가 죽었다. 가족과 친지들이 팡슈잉 할머니 주변에 모여들어서 한마디씩 거들지만 그들은 의사가 아니다. 이때 왕빙은 팡슈잉 할머니를 보는 대신, 팡슈잉 할머니의 시신을 보는 대신, 팡슈잉 할머니를 바라보는 아들 전궈치앙을 쳐다본다. 아들은 아무 말 없이 묵묵히 내려다본다. 곁에서 딸 전샤오잉이 눈가에 흐르는 눈물을 연신 훔친다. 그냥 그게 전부이다. 왕빙은 거기서 할 일을 다 했다는 듯이, 어떤 영화적인 개입도 없이, 카메라를 들고 그들을 잠시 바라보는 게 전부이다. 어떤 편집도 없고, 어떤 이동도 없고, 그저 들고 찍었기 때문에hand_held 약간의 미세한 흔들림이 있긴 하지만, 다시 한번 말하지만, 그게 전부이다. 집 바깥에 있던 사람들도 아무 말 없이 어둠 속에서, 붉은색 전등 아래, 그냥 우두커니 서 있을 뿐이다S#_41. 아무도 팡슈잉 할머니의 죽음에 대해서 말하지 않는다. 어둠 속의 강가 앞에 서서 누군가 말한다. "물살이 높아진 것 같아요." 그걸 왕빙은 멀리서 바라본다long_shot.

왕빙은 장례식을 찍을 생각이 없다. 그 대신 아마도 왕빙이 표하는 조문이라고 불러야 할 검은 화면black_out이 그 사이에 놓인다. 물론 그것은 시간적 단락의 표현이기도 할 것이다. 다시 한번 낚시를 하던 강가를 보여준다. 이번에는 구름 잔뜩 긴 대낮에 거기서 한 남자가 혼자 배의 노를 젓는 중이다S#_42. 화면 바깥에서

(왕빙의) 목소리가 들린다. "팡슈잉 할머니가 세상을 떠난 지 얼마나 됐죠?" 남자는 쳐다보지도 않고 열심히 대바구니로 물고기를 건지면서 대답한다. "거의 3개월이 지났죠, 100일이 되는 날 제사를 지낼 거예요." 왕빙은 3개월 만에 이 마을을 다시 들른 것 같다. 그 남자를 물끄러미 바라본다. 어느새 그 남자의 배는 저 멀리, 강 저편으로 멀어져 간다S#_43. 아마 더 할 이야기가 없을 것이다. 한 생명이 잠시 영화 앞에 머물다가 떠나갔다. 하나의 의미가 종결되었다.

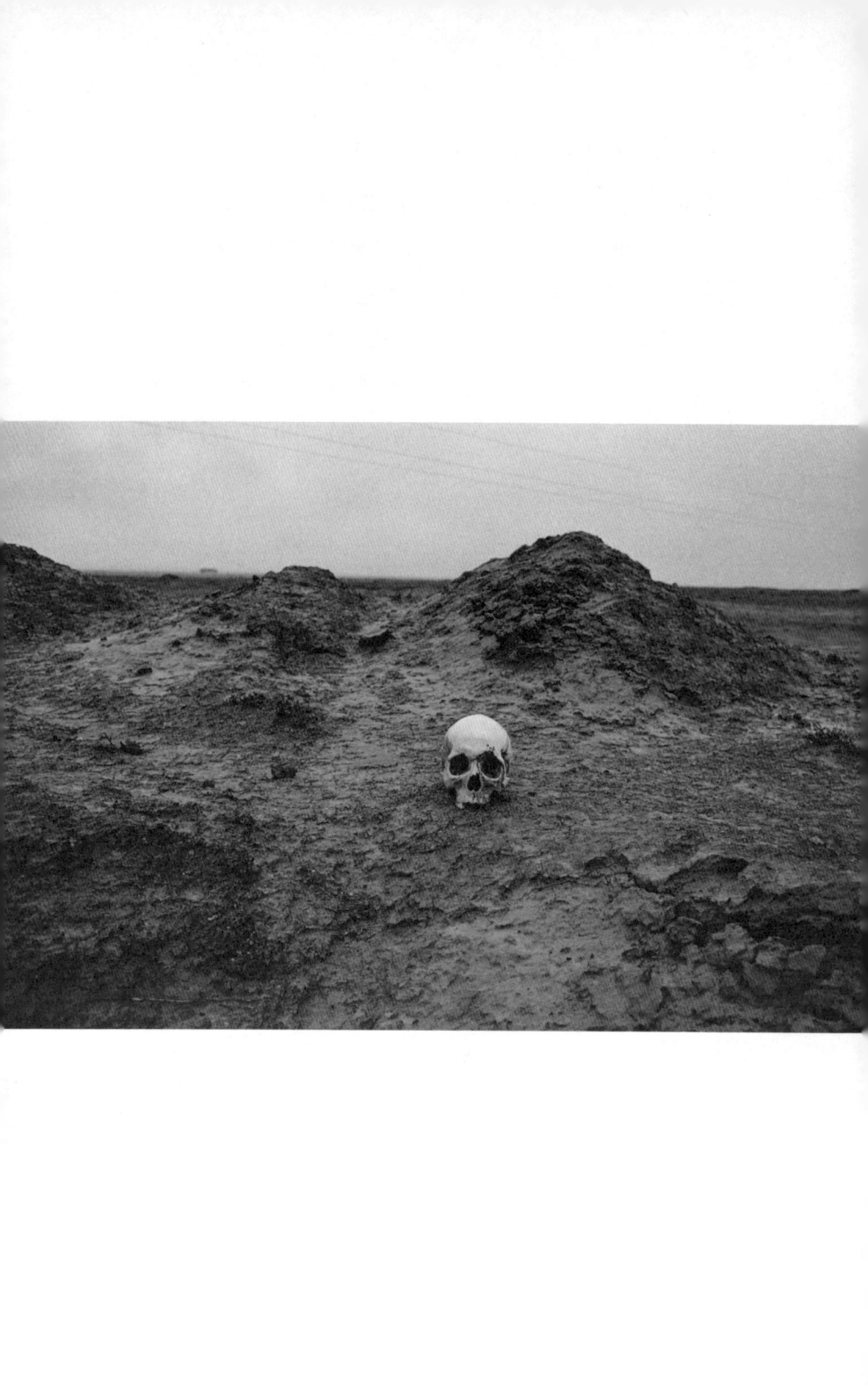

마오의 유령들, 채무, 뼈
사령혼

1

이 전쟁이 어떤 식으로 끝나든지 간에, 너희와의 전쟁은 우리
가 이긴 거야. 너희 중 아무도 살아남아 증언하지 못할 테니까.
혹시 누군가 살아 나간다 하더라도 세상이 그를 믿어주지 않을
걸. 아마 의심도 일고 토론도 붙고 역사가들의 연구도 있을 테
지만, 확실한 건 아무것도 없을 거야. 왜냐하면 우리가 그 증거
들을 너희와 함께 없애버릴 테니까. 그리고 설령 몇 가지 증거
가 남는다 하더라도, 그리고 너희 중 누군가 살아남는다 하더
라도 사람들은 너희가 얘기하는 사실들이 믿기에는 너무도 끔
찍하다고 할 거야. 연합군의 과장된 선전이라고 할 거고 모든
것을 부인하는 우리를 믿겠지.*

* 프리모 레비의 『가라앉은 자와 구조된 자』(이소영 옮김, 돌베개, 2014, 9~10쪽)에 인
  용된 유대인 학살 범죄 연구자 시몬 비젠탈의 『살인자들은 우리 가운데 있다The
  Murderers Among Us』에서 재인용.

2

"1957년 중국 정부는 반정부적이라고 의심되는 사람들을 제거하기 위하여 반우파 운동을 벌였다. 5만 5000명에서 130만 명 사이로 추정되는 사람들이 대상이 되었다. 그 정확한 숫자는 알 수 없다. 1957년에서 1958년 사이, 약 3200명의 극우분자들이 노동을 통한 사상 재교육을 받기 위해 간쑤성甘肅省 고비사막 근처에 자리한 자볜거우 강제노동수용소에 보내졌다."

첫 쇼트, 말 그대로 전문全文. 세 개의 문장. 왕빙의 영화 〈사령혼〉은 이제부터 만나게 될 사람들이 (한 번 더 반복하자면) 1957년에서 1958년 사이에 고비사막에 자리한 자볜거우 강제노동수용소에서 '우파분자 사상 재교육'이라는 이름으로 보내졌다가 돌아왔다고 세 개의 문단으로 14초 동안 간단하게 소개한 다음 시작한다. 하지만 이 상황은 그렇게 간단하지 않다. 〈사령혼〉은 우리에게 예비지식의 필요성을 요구하고 있다. 그러므로 내가 중국 근대사를 잘 알고 있는 것은 아니지만 그걸 설명할 필요를 느낀다. 오해하지 않았으면 좋겠다. 내가 당신에게 설명하기 위해서가 아니라 이 영화에 대한 내 이해의 한계를 고백하기 위해서이다. 왕빙의 영화 앞에서 항상 그러했다. 그는 자기 영화의 대상, 장소, 인물, 상황을 설명하지 않는다. 나는 그 앞에 놓였고, 머뭇거리면서, 내 앞을 바라보았다. 나는 단호하게 말하고 싶다. 그건 이미지가 아니다. 왕빙은 거기에 이미지를 얻기 위해서 간 것이 아니다. 둥베이 지역 철강 도시 선양이 사라져갈 때 왕빙은 거기에 DV 카메라 한 대를 들고 찾아갔다(〈철서구〉). 나는 거기서 이미지를 보려고 애를 썼다. 그리고 실패했다. 의자에 앉아서 허펑밍 할머니는 밤새 자기 이야기를 한다. 그게 전부이다. 마주 앉은 카메라. 귀 기울이는 카메라(〈허펑밍〉). 고비사막 내몽골에서 석유를 채굴하는 노동자들은 말없이 자기 일을 반복한다. 차가운 바람. 보잘것없는 식사. 피로한 육신. 병든 몸. 이따금 내뱉는 무거운 기침. 종종 시체처럼 무한정 앉아서 시간을 보낼 때 왕빙은 그림자처럼 그렇게 곁에 머문다. 여기저기서 왕빙의 영화를 '슬로slow' 시네마라고 불렀다. 그것으로는 충분치 않다. 이 영화는 차라리 '스틸still' 시네마라고 재정식화하고 싶어진다(〈원유〉). 고산병에 걸린 몸을 끌고 코피를 흘려가면서 3200미터 정상에 살고 있는 세 자매를 만나러 올라간 것은 거기 이미지가 있기 때문이 아니다(〈세 자매〉). 원난의 정신병원 안에는 볼 만한 것이 거의 없었다(〈광기가 우리를 갈라놓을 때까지〉). 국경 근처에서 토벌대에게 쫓기는 난민들을 따라 천막 안에서 포성을 들으며 한밤중을 보낼 때 거기에는 암흑 사이로 겨우 켜져 어둠을 가냘프게 밝히는 단 한 개의 손전등 불빛밖에 없었다(〈타양〉). 즈리전織里鎭에 자리한 아동복 피복 공장 1만 8000개 중의 한 작업실에 아침 8시에 들어간다. 그런 다음 밤 11시까지 그들 곁에서 그들을 찍는다. 아니, 그들과 함께 영화라는 노동을 한다. 영화라는 시간. 그 시간(안)의 노동(〈15시간〉). 저장성 후저우시 근처의 작은 시골 마을 마이후이의 어느 집. 그 집 한편에 마련된 침상에는 알츠하이머로 죽어가는 팡슈잉 할머니와 주변에 앉아 있는 가족들뿐이다(〈팡슈잉〉). 왕빙은 그 장소에 가서 그 사람(들)을 만났다. 다시 한번 반복하지만 그게 전부이다. 거기서 살아남은 육체. 그들의 영혼이 흩어지지 않게 한 장소에 모아놓은 거의 유일한 윤곽으로서의 몸. 그것을 간신히 하나로 만드는 힘은 무엇일까. 하나의 실존. 그 실존은 그 힘의 연장이며 표현일 것이다. 그러므로 왕빙은 그 표현의 본질을 보려는 것이다. 이때 이 표현은 어디서 온 것일까. 단지 그들의 실존을 그저 본질의 외연적 표현이라고 간단하게 말할 수 있을까. 나는 동의하지 않는다. 아마 왕빙도 그럴 것이다. 나는 지금 이 표현의 등가물을 찾으려는 것이다. 왕빙이 물리친 것은 이 표현의 관념이다. 그러므로 왕빙에게서 쇼트는 사유의 대상이 아니다. 그걸 분명히 하고 싶다. 그러면 거기엔 무엇이 있나요? 생명. 왕빙은 생명의 내용에 관심이 있다. 그 내용은 무엇으로 이루어지나요? 역사. 그것도 구체적인 역사. 피와 살을 가진 역사. 그 안에서 살아남아야 하는 몸.

다시 〈사령혼〉의 첫 번째 쇼트, 쇼트 안의 전문으로 돌아와서 질문을 시작할 것이다. 왕빙 영화에서의 몸. 그런데 〈사령혼〉에서의 몸. 하지만 가혹하게도 시간은 몸을 마모시켜나간다. 그때 시간은 몸에 머물지만 또 빠져나간다. 1957년, 그리고 1958년. 시간은 어떻게 지나갔는가. 시간은 어떻게 되돌아오는가. 이 사이에 놓인 세 개의 시간. 멀어져가는 시간, 기억 안에 머물고 있는 시간, 현재 상황으로부터의 호소에 응답해야 하는 시간. 이때 행위에의 필요라는 질문과 마주하게 될 것이다. 왕빙은 호소한다. 질문이라는 호소. 영화는 질문과 호소 사이에 놓이게 될 것이다. 카메라 앞에 선 생명은 사물이 아니다. 고비사막 자볜거우 강제노동수용소에서 돌아온 사람들. 그 사람들의 기억. 기억에도 인상이 있다면 그 안에 사건이 있을 것이다. 사건이 동사라는 사실을 잊으면 안 된다. 그것은 관념의 연합이 아니다. 그 안에서 활동하고 또 활동했을 것이다. 무언가 어긋난 정합성. 무엇과? 역사 안에서 무언가 일어났다. 어떤 탈구, 어떤 이탈, 어떤 불화, 어떤 사고. 그때 질문하게 될 것이다. 왜 그 사건은 나를 선택한 것일까. 그것은 내가 선택한 것이 아니다. 그럴 리가 없다. 역사 앞에서 나는 선택된다. 더도 덜도 아닌 카프카적인, 이 절망적인 그 앞에서, 라는 상황(『법 앞에서』).

그러므로 생명 안의 시간과 시간 속의 생명 사이에 놓인 간극이 문제가 된다. 그 둘 사이를 무엇으로 연결할 수 있을까. 목소리. 몸의 주인이 마치 자기 육신 속에 간직해둔 저 깊은 우물을 길어 올리듯, 동굴 속에서 희미한 메아리가 들리듯, 그렇게 시간은 목소리를 경유하여 귀환한다. 거기서 실존의 원인이 문제가 될 것이다. 역사라는 원인. 역사는 살아남은 자, 견뎌낸 자, 아니 이 표현은 지나치게 문학적이다. 남은 자. 그렇게 말할 수밖에 없는 실존. 남은 자를 통하여 표현된다. 그러므로 남은 자를 찍는 것은 역사의 표현과 마주하는 것이다. 이때 남은 자는 증인이라는 것을 셈에 포함해야 한다. 사상을 재교육한다는 말. 우리는 솔제니친이 굴라크에서 돌아와 기록한 『이반 데니소비치의 하루』를 읽었다. 그것은 소설이 아니라 증언이다. 우리는 프리모 레비가 아우슈비츠에서 돌아와 남긴 유서 『가라앉은 자와 구조된 자』를 읽었다. 〈사령혼〉을 보면서 어떻게 그 책들이, 그 문장들이, 그 글들이 떠오르지 않을 수 있을까. 역사가 오직 몸을 경유해서만 시간을 기록하였을 때 어디까지가 원인이고 어디서부터가 본질인가. 몸의 상태. 상태를 지시하는 기호들. 병리학적 신호. 생물학적 기록. 왕빙의 카메라는 기호들이 하나의 조건이라는 것을 알아차린다. 어떤 조건? 국가의 조건. 여기는 사회주의 중화인민공화국이다. 공화국의 역사는 지도자(마오쩌둥)의 강령이며, 테제이며, 실천이(었)다. 지도자가 1957년 10월 당내 사상투쟁의 이론가이며 서열 이인자였던 류사오치의 지지 아래 천명한 구호 "모진冒進"은 신호탄이 되었다. "더 크게, 더 신속하게, 더 좋게, 더 경제적으로." 아름다운 문장 아래 무자비한 피와 기근의 행진이 시작됐다. 행진 속에서 버림받은 것은 인민들이었다. 그리고 인민들 속에서 선택된 자들은 강제노동수용소로 보내졌다. 그런 다음 아무도 그들을 구출하지 않았다. 구출되어야 하는데 구출되지 않았을 때 그들은 버려져 있을 수밖에 없었다. 어디에? 역사 안에. 그들은 역사 바깥으로 나갈 수 없었다. 하나의 역사. 닫힌 역사. 사회주의의 역사. 중화인민공화국의 역사. 여기서 안과 바깥은 사유의 대상이 아니라 삶의 조건이 된다. 잃어버린 권리. 배제된 상황에 던져진다는 것. 내버려둔 상태. 버려진 존재. 그러나 생명이 버려진다는 것은 무슨 뜻인가.

3

1953년 3월 5일 이오시프 스탈린이 죽었을 때 그건 모두에게 좋은 소식이었다. 끝날 것 같지 않은 한국전쟁을 어떻게든 중단시켜야 했던 남한의 이승만에게도, 아시아에서 공산주의가 확산되는 것을 막아야 했던 미국의 해리 트루먼에게도, 미국이 국경을 넘어 중국까지 진격할 것이라는 위협을 느껴 스탈린의 군수지원을 약속받고 지원군을 파병했다가 지원이 이행되지 않아 인민들을 죽음의 진격이라고 불리는 '인해전술人海戰術'의 벼랑으로 몰아넣은 마오쩌둥에게도 휴전을 제기할 수 있는 명분이 생겼다. 스탈린은 끈질기게 협상을 무효로 되돌리려 했고, 그러는 동안 이 전쟁의 희생자는 전례 없는 숫자로 불어나고 있었다. 스탈린이 죽자 마오쩌둥은 재빨리 사회주의 블록 안에서 중국을 소비에트의 위성국가로부터 독립시키는 일에 나섰다. 그러기 위해서 무엇보다 레닌의 제자이자 마르크스-레닌주의의 적자였던 스탈린을 격하할 필요가 있었다. 베이징은 더 이상 모스크바의 교시를 기다릴 필요가 없다고 생각했다. 문제는 간단치 않았다. 모스크바는 모든 사회주의국가의 중앙당이며 그 당의 지도자는 무오류, 무결점의 교시를 내릴 것이며 그것을 실행하는 것은 공산당 당원의 의무이자 원칙이었다. 그런데 스탈린을 격하하는 것은 마오쩌둥에 대해서도 동일한 비판을 허용한다는 것을 의미했다. 마오쩌둥은 이것을 금방 알아차렸다. 실제로 그런 일이 벌어졌다. 1956년 9월 베이징에서 열린 제8차 전국대표대회에서 '주석' 마오쩌둥의 사상에 대한 언급이 어디에도 없었다. 지도자는 무언가 잘못되어가고 있다는 것을 알았다. 그래서 상황을 타개하기 위하여 1956년 1월에 시작한 소약진小躍進 운동에 박차를 가하라고 지시하였다. 농촌은 공장처럼 집산화되었다. 이 경제개혁의 성공을 통해서 외교적으로는 중국이 소비에트로부터 독립하고 당내에서는 정치적인 경쟁자들로부터 우위를 점할 수 있는 계기가 되리라 기대하였다. 하지만 도시의 공장에서는 원자재가 부족했고, 농촌에서는 기대만큼 수확량이 늘지 않았다. 심지어 봄이 되자 기근이 시작되었다. 당내에서 이 소약진 운동은 실패로 간주되었으며, 저우언라이는 지도자에게 이 운동을 중단할 것을 요청하였다. 1956년 6월 20일 《인민일보》는 사설에서 "모든 것을 하룻밤에 이루려는 시도"라고 비판하였다. 마오쩌둥은 겉으로 침묵을 지켰지만 이 모든 것을 자기의 권위에 대한 도전이라고 생각했다.

침묵은 오래 지속되지 않았다. 1957년 2월 마오쩌둥은 「인민 내부의 모순에 올바르게 대처하는 방법에 관하여」라는 연설을 하였다. "사회주의사회에는 적과의 모순과 인민 내부의 자체 모순이 있으며 두 종류의 모순은 각기 다른 방법으로 처리되어야 합니다. 적대적 모순은 폭력을 통해 적을 제거함으로써 해결되고, 비적대적인 모순은 협의, 비판, 자아비판을 통해 해결됩니다. 특히 인민 내부의 모순을 잘못 처리하게 되면 모순이 격화되어 적대적 모순으로 발전하게 됩니다." 문장만 보면 마오쩌둥이 1937년 8월에 발표한 「모순론」과 별 차이 없어 보이지만 이 연설은 당내 마오쩌둥의 반대파를 겨냥한 것이었다. 그 사실을 한눈에 알아본 사람은 덩샤오핑이었다. 그는 사태가 나쁜 방향으로 흘러가기 시작했다는 것을 눈치챘다. 하지만 지도자는 이미 결심했다. 피비린내 나는 숙청. 공산당은 인민들, 그중에서도 지식인들에게 당의 모순을 비판하라고 요구하였다. 물론 지식인들은 이 요구를 처음에는 의심스럽게 바라보았다. 공산당은 당내의 관료주의와 종파주의를 종식시키기 위해서 당신들의 비판, 인민으로부터의 비판이 필요하다고 거듭 요청했다. "온갖 꽃이 피어나듯이 온갖 의견이 논쟁을 해야 한다." 백화제방百花齊放, 백가쟁명百家爭鳴의 구호를 공산당 스스로 외쳤다. 춘추전국시대 제자백가를 연상케 하는 이 구호는 망설이던 지식인들로 하여금 조금씩 입을 열게 만들었다. 공산당은 "말하는 자에게 죄를 묻지 않는다言者無罪"라는 원칙을 천명하였다. 처음에는 조심스럽게 베이징대학교 벽에 대자보가 붙었다. 며칠이 지나도 그 대자보에 어떤 조치가 취해지지 않자 한두 명씩 앞으로 나서기 시작했다. 여기저기서 공개 비판이 시작되었다. 마오쩌둥이 진정 원한 것은 숙청을 위한 명분이었다. 지식인들은 대학을 비롯한 전문 기관을 당이 장악한 것을 비판하기 시작했고, 좀 더 제도적인 비판을 위해서 언론을 민주적인 방식으로 운영해야 한다고 주장하기 시작했다. 나아가 민주동맹을 결성했고, 그러는 과정에서 이 동맹에 가입하는 공산당원들도 나오기 시작했다. 고작 넉 달이 지난 1957년 6월 《인민일보》에 우파 보수주의자들이 나타났다고 비판하는 사설이 실렸다. 그리고 이 글은 신호탄이 되었다. 마오쩌둥은 자신의 뜻을 잘 알고 있는 덩샤오핑에게 공산당의 반동들이라고 불리게 될 우파 보수주의자들의 숙청을 맡겼다. 그리고 1958년 1월 1일《인민일보》사설에 류사오치는 지도자의 뜻을 담아 "전력투구하고 목표를 높이 잡아라"라고 썼다. 대약진이 시작되었다. 마오쩌둥은 1957년 11월, 모스크바에서 열린 10월 혁명 40주년을 기념하는 공산당 연설에서 호언장담했다. "흐루쇼프 동지는 소비에트가 15년 안에 미국을 따라잡을 것이라고 말했습니다. 나는 15년 안으로 중국이 영국을 추월할 것이라고 약속합니다." 하지만 대약진은 대기근이 되었다.

우파 보수주의 숙청은 길거리에서만 벌어진 것이 아니라 당내에서 오히려 더 치열하게 전개되었다. 마오쩌둥은 주변의 혁명 동지들을 차례로 시험하였다. 누구보다도 저우언라이는 집요하게 공격받았다. 저우언라이는 1956년 정책에 대한 책임을 져야 했고 그런 다음 다시 자신의 우파 보수주의에 대해 당 앞에서 자아비판 연설을 해야만 했다. 그러는 동안 류사오치는 저우언라이를 자신의 당내 경쟁자로 여기고 끈질기게 깎아내렸다. 당내에서 이 과정은 일종의 위협적인 경고가 되었다. 당원들은 마오쩌둥에 대한 비판을 일제히 중단하고 침묵을 지켰다. 다른 한편에서는 이것을 기회로 삼아 당내의 권력자들을 우파 보수주의자라고 공격하기 시작했다. 이제 우파 보수주의에 대한 공격은 중국 전역으로 퍼져나가기 시작했다. 1958년 여름이 되었을 때 2000명에 가까운 당원이 신문을 받았고 재판을 받은 다음 당에서 축출되었다. 여러 행정구역에서 150명의 지도자가 우파 보수주의로 비판받았고, 열 명 중에 한 명꼴로 직위에서 파면당했다. 숙청 운동은 쉬지 않고 전개되었다. 9000명의 당원에게 우파라는 통지서가 날아갔다. 그리고 그들은 "올바른 사회주의 사상으로 무장하기 위하여" 강제 노동을 해야만 했다. 1958년 여름 상하이 남쪽 평현豊縣에서는 100명이 넘는 사람이 자살을 했고 많은 사람이 한낮에 평균 40도를 넘나드는 그 무더운 날 들판에서 죽어갈 때까지 노역을 감당해야 했다. 중국 구석구석의 작은 마을에서는 저녁이면 인민들이 모여서 우파분자를 색출했고, 그들은 치욕을 감수하면서 국가와 사회주의에 대한 충성을 맹세해야만 했다.

대약진은 단지 정치적 숙청으로 끝난 것이 아니다. 상황은 훨씬 끔찍했다. 도시와 농촌 개발은 어떤 과학적 계획과 통제도 없는 상태에서 진행되었다. 토양은 오염되었고 관개시설은 오랜 자연의 정화 구조를 파괴하였다. 그 과정에서 갑작스러운 폐기물이 쌓여가면서 식수와 공업용수가 서로 뒤섞여 노동자들은 내내 폐수를 마셔야 했고 농사의 수확량은 갑자기 줄어들었다. 그러자 기근이 시작되었다. 산에서는 닥치는 대로 벌목을 하였고 숲 전체는 비가 오면 진흙탕이 되어갔다. 겨울에는 그 나무를 때면서 대기가 오염되기 시작했다. 삼림은 방치되었고 순식간에 수많은 지역의 산들은 허허벌판이 되어갔다. 하지만 중앙정부는 이 모든 것을 서류로만 접했기 때문에 심각하게 받아들이지 않았다. 정상적인 강우량에도 사방에서 재해를 입었다. 가장 나쁜 것은 공장에서 무책임하게 방류하기 시작한 페놀, 비소, 불소, 질산염, 황산염, 시안화물이었다. 1959년 쑹화강松花江 하류에서 어부들은 600톤이 넘는 폐사 어류들을 건져내야 했다. 푸순撫順과 선양에서는 물고기 자체가 사라졌다. 상하이에서는 매일 25만 톤의 쓰레기가 나왔다. 마오밍茂名의 한 공장에서는 매년 2만 4000톤의 등유를 아무 제재 없이 강에 방류하였다. 굶주린 메뚜기 떼가 가뭄이 닥치자 무리를 지어

1961년 후베이성湖北省에 펼쳐진 1만 3000헥타르에 달하는 논을 먹어치웠다. 하지만 마오쩌둥은 인민의 기근 앞에서 대답했다. "인민 절반이 배불리 먹을 수 있다면 나머지 절반은 굶어 죽게 두어야 한다." 무서운 일이 벌어졌다. 광둥廣東에서 먹을 것을 훔친 열세 살 소년은 체벌을 받고 오물을 뒤집어쓴 다음 일평생 불구로 살아야 했다. 후난성에서 열두 살 소녀는 공동 식당에서 음식을 훔쳤다고 우물에 던져져 죽임을 당했다. 한 소년은 곡식을 조금 훔친 죄로 마을 사람들 앞에서 공개 비판을 당했고 촌장은 아버지를 시켜 산 채로 아들을 땅에 묻게 했다. 아버지는 일주일 후에 나무에 목을 매달았다. 병들어 죽은 가축들을 몰래 도축해서 먹었고 전염병이 번지기 시작했다. 쥐는 병든 환자들을 먹었고, 사람들은 쥐를 잡아먹기 시작했다. 가장 무서운 일이 벌어졌다. 라오허澇河에서 지적장애인 아들을 그의 부모와 가족들이 굶겨 죽인 다음 삶아 먹었다. 여자들은 팔려 갔고 어린아이들은 종종 사라졌다.

다시 한번 〈사령혼〉의 첫 쇼트, 세 개의 문단으로 이루어진 전문으로 돌아가보자. 당에서 공개한 '부정확한' 자료에 따르면 1960년 4500명이 사형을 당했다. 그리고 21만 3000명이 체포되었고 67만 7000명이 공개적인 자아비판을 해야 했다. 이 숫자는 그 이전 연도와 크게 다르지 않다고 부언하고 있다. 이 시기를 연구한 학자들은 중국 근대사에서 어떤 시기보다도 자료들이 제한적이며 중국 정부가 공개를 꺼린다고 지적한다. 허베이성에서만 1958년에 약 1만 6000명의 반혁명분자들이 체포되었으며, 이들은 2만여 명에 달하는 일반 범죄자들의 수치에 가까운 것이었다 (나는 왕빙이 어떤 자료를 활용하였는지 알지 못한다). 1959년에는 이 중 약 800명이 총살형을 당했다. 당은 사형보다는 노동을 통한 사상

239

재교육을 선호하였다. 왜냐하면 그들의 노동을 '무료로' 사용할 수 있었기 때문이다. 강제노동수용소가 세워졌고 습한 늪지대 주변에 세워진 헤이룽장성黑龍江省에서 북서부 청하이구澄海區와 간쑤성 자벤거우로 이들을 보냈다. 1957년 12월 자벤거우에 2300명의 첫 재소자들이 도착했다. 1960년 9월 일부 재소자들이 다른 수용소로 옮겨 갈 무렵 1000명 이상이 사막의 수용소에서 죽었다. 12월 한 달에만 추위와 배고픔을 견디지 못하고 약 4000명이 죽었다. 강제노동수용소에는 7만 2000명만이 남아 있었다. 자료 보관소에서는 연간 재소자의 10퍼센트가 병사하거나 아사했을 것이라고 보고하지만 연구자들은 이 숫자를 훨씬 상회할 것으로 추정하고 있다. 1959년에서 1961년 사이에 강제노동수용소에서 약 70만 명이 죽었을 것이라고 한다. 물론 많은 재소자가 탈출을 하려고 했을지 모른다. 그러나 이들이 탈출에 성공해도 갈 곳이 없었다. 그곳은 경애하는 지도자 마오쩌둥의 나라, 사회주의 중화인민공화국이었다.

4

무관심으로부터 관심 안으로 들어온다는 것, 그것은 구출하는 것이다. 누구를? 역사에 의해 비판받고, 역사 안에서 착취당한 다음, 역사 바깥에 놓이게 된 사람들. 우파주의자들. 사회주의의 반동분자들. 권리를 잃은 생명들. 이제 알게 된 사실은 왕빙은 내내 〈사령혼〉을 찍고 있었다는 것이다. 2003년 〈철서구〉를 찍은 다음 왕빙은 자벤거우 강제노동수용소와 그 주변의 밍수이明水 부설 수용소에서 돌아온 사람들을 만나기 시작했다. 두 번째 영화 〈허펑밍〉에서 만난 허펑밍은 자벤거우에서의 우파 보수주의자들의 사상 재교육과 그곳에서의 노동에 대해 말한다. 이야기는 거기서 멈추지 않았다. 그런 다음 문화대혁명을 부언한다. 나는 이 영화의 방점이 허펑밍 할머니의 삶에 있다고 생각했다. 물론 그것이 틀린 것은 아니다. 하지만 이 영화는 〈사령혼〉의 일부였다. 그걸 이제야 알게 되었다. 왕빙은 2005년에 고비사막의 자벤거우를 혼자서 방문했다. 아마도 왕빙으로서는 이례적으로 짧은, 흑백으로 찍은 상영시간 25분의 〈흔적들遺址Traces〉은 2012년에야 공개되었다. 고비사막의 모래와 돌 그리고 바람이 그를 기다리고 있었다. 중국어 제목, 옛터. 어떤 터? 강제노동수용소가 있었던 터. 이제는 흔적조차 모래바람에 덮여 마치 달 표면처럼 보이는 황량한 풍경. 사람의 흔적은 그림자조차 없다. 나무 한 그루 없는 벌판. 어떤 흔적도 없어서 계절을 가늠할 수도 없다. 왕빙은 무언가를 찾기 위해 이리저리 두리번거린다. 영화는 내내 그렇게 두리번거린다. 영화의 마지막 장면. 무언가를 보았다는 듯이 바위에 다가간다. 더 다가간다. 아주 가까이 다가간다. 그리고 그 바위에 새겨진 글자를 본다. 단 두 개의 문자. 하나의 단어. '자유自由'. 누가 보아도 그 글자가 손톱으로 새겨졌다는 걸 알 수 있다. 누가 그걸 쓴 것일까. 자기 손톱이 갈리는데도 그걸 써야 했던 사람. 틀림없이 피를 흘려가면서 그 글자를 새겨놓은 행위. 이 텅 빈 사막에 누가 온 것일까. 여기는 여행하기에 좋은 곳이 아니다. 누가 있었던 것일까. 고비사막에서 〈원유〉를 찍었을 때에도 그 흔적을 찾고 있었을 것이다. 2010년 왕빙은 유일한 극영화인 〈자벤거우〉에서 역사적 사실을 복원하려고 하였다. 1960년, 그해 자벤거우 강제노동수용소에 우파분자로 분류된 지식인들이 도착한다. 그들은 1시간 49분 내내 추위 속에서 굶어 죽어가고, 시체는 계속해서 묻히는 와중에 새로운 재소자들이 또 도착한다. 이 영화를 처음 보았을 때 나는 어리석은 질문을 했다. "무슨 이야기인지 알겠어요. 그런데 왜 극영화를 찍었나요? 1960년, 그 시간의 그 장소에 갈 수 없기 때문에 만들었군요." 아니, 나는 무슨 이야기인지 몰랐다. 왕빙은 그런 이유로 이 영화를 만든 것이 아니다. 〈자볜거우〉는 〈허펑밍〉 그리고 〈흔적들〉로 이어지는 〈사령혼〉의 일부분이었다. 일부분? 왕빙은 자볜거우에서 돌아온 사람들을 만나면서 무언가 결함이 있는 것은 아닌지를 자문하고 있었다. 무엇이 일부 유보되고 있는 것일까. 완전히 나타나지 않은 저편에 무엇이 있었던 것일까. 〈자볜거우〉는 하나의 리허설이다. 어쩌면 이 표현이 역겨울지도 모르겠다. 인터뷰를 한 다음, 그 장소에 가서, 그들의 증언을 다시 한번 배우들과 함께 복기할 때, 그 실행 속에서 왕빙은 무언가를 보고 싶어 했다. 블랙홀과 같은 역사의 저편. 그것이 정말 가능하기나 한 것일까. 그 상황에서 살아간다는 것. 그 조건에서 살아남는다는 것. 그 과정에서 산다는 것. 그 장소에 돌아가서 그 시간을 기입하려고 했을 때 그 영화는 처음부터 실패를 전제로 한 것이었다. 실패를 무릅쓰고 만들어져야 하는 영화. 그래야만 더 밀고 나아갈 수 있었을 것이다. 왕빙은 내게 말했다. "그때 그 영화는 만들어져야만 했어요. 내게는 그게 필요했어요." 〈사령혼〉을 만들기 위해 자볜거우에서 살아 돌아온 사람 중 120명을 만나서 그들의 증언을 찍었고, 그 분량은 600시간에 달한다(고 한다). 하지만 한편으로 이미 찍은 사람들이 죽어가고 있었고, 또 만나기로 약속한 사람들이 죽었다는 소식을 전해왔다. 〈사령혼〉은 긴급한 영화가 되어갔다. 이 영화는 그렇게 시작한다.

　　방에 부부가 앉아 있다. 올해 여든다섯 살인 저우후이난周惠

南. 그리고 의자 곁 침상에 앉아 있는 올해 여든여섯 살의 가오구이팡高桂芳. 촬영 일자 2005년 11월 9일. 왕빙이 〈철서구〉를 찍은 지 2년 뒤, 그리고 아직 〈허펑밍〉을 찍기 1년 전. 저우후이난은 자신이 국민당을 지지했다고 말을 시작한다. 국공내전에서 공산당

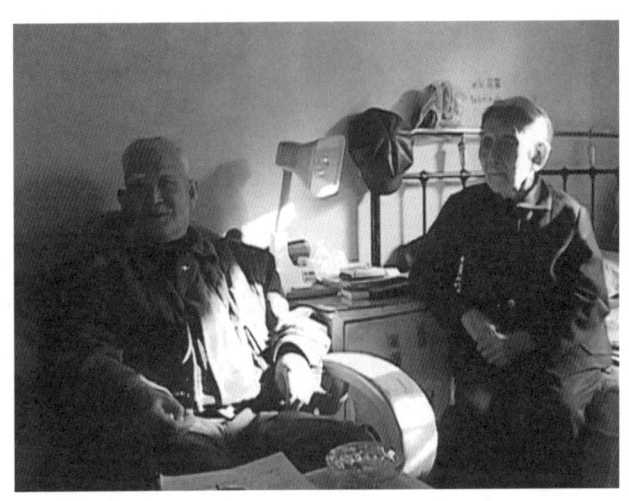

이 승리하자 그는 과오를 자아비판한 다음 8년 동안 군복무를 했다. 그 자신의 말에 따르면 충성을 맹세했다. 그는 좋은 평가를 받았고 복권되었다. 하지만 반우파 운동이 시작되었을 때 저우후이난은 우파로 분류되었다. 그리고 노동을 통한 사상 재교육을 위해 강제노동수용소 자볜거우로 보내졌다. 여기가 시작이다.

　　왕빙은 삼각대 위에 카메라를 세워놓았다. 그런 다음 왼쪽에 앉았(을 것이)다. 〈사령혼〉에서는 대부분 자신의 집 혹은 아파트에서 증언을 했다. 증언하는 그들은 혼자이거나 아니면 아내가 옆에

앉아 있었다. 그들은 혼자 살거나 (아내를 제외한) 가족들과 따로 살았다. 왕빙은 일단 이야기가 시작되면 모든 움직임을 멈추고 그걸 담기 시작했다. 이 첫 장면, 첫 증언, 첫 촬영은 이후 왕빙의 모든 영화에서 하나의 원칙, 하나의 방법이 되었다. 그는 증언하는 사람에게 아무것도 요구하지 않았다. 그 말, 그 표정, 그 제스처, 그 목소리, 그 몸, 그 생명, 그 생명의 실존이면 충분하다는 듯이 그렇게 바라보았다. 이따금 질문했지만 그는 들었다. 나는 그것을 왕빙의 청취聽取라고 정식화하고 싶다. 듣는다는 것. 잘 듣는다는 것. 최선을 다해서 듣는다는 것. 왕빙은 정말 그 말에 귀를 기울인다. 그리고 지금 그것보다 더 중요한 것은 없다는 듯 거기에 집중한다. 그 말을 듣기 위해서 왕빙은 지금 이 사람을 만나고 있는 것이다. 영화의 시청각 장치들은 그 말을 듣기 위해서 전력을 다한다. 물론 눈앞에 그 사람의 몸이 있다. 살아 있는 몸. 간신히 살아남은 몸. 몸 안에 담겨 있는 시간. 몸이라는 윤곽을 거의 부수다시피 한 역사. 그 사이에서 말이 기어 나와서 눈앞의 존재가 실존하고 있음을 표현한다. 우리들은 곧 보게 될 것이다. 지금도 집으로 돌아가지 못하고 밍수이의 공동묘지에서 파헤쳐진 흙 속에 뼈로 남겨진 재소자들을, 절반은 어디론가 사라진 재소자들의 두개골을, 아마도 그 자리를 서로 바꾸었을지도 모르는 이들의 흔적을 보게 될 것이다. 주인의 이름조차 알 수 없는 사방으로 흩어진 뼛조각들. 저우후이난은 살아서 집으로 돌아왔다.

카메라 앞에 앉은 저우후이난은 1954년, 그러니까 마오쩌둥이 '사회주의의 고조高潮'라고 부른 소약진 운동이 시작된 시기부터 말을 한다. 우리는 왕빙이 저우후이난과 가오구이팡 부부를 어떻게 찾아냈는지, 어떻게 만났는지, 어떻게 설득했는지 알지 못한다. 이 증언은 중국 근대화의 실패, 마오쩌둥의 실패에 대해서 말하는 것이다. 지금도 그저 추정으로만 알 수 있는 파국. 학자들은 1958년에서 1962년까지 적어도 4500만 명이 대약진의 과정에서 죽었을 것으로 추정하고 있다. 이 시기에 이루어진 건설을 명분으로 한 파괴는 제2차 세계대전 유럽 전체의 피해 규모를 넘을 것이라고 한다. 하지만 지금도 공산당은 이에 관한 확인에 대해 침묵하고 있다. 말하자면 금지된 지식(그래서 나는 1958년 혹은 1959년의 중화인민공화국의 상황에 대해 길게 설명했다). 그런 다음 강제노동수용소에서 돌아온 사람들은 망각 속에 갇혔다. 한편으로는 제도적으로, 다른 한편으로는 자발적으로 사라졌다. 우파 보수주의자들. 반동분자들. 그들은 그런 다음에도 다시 문화혁명을 건너와야했다. 조반유리造反有理의 계절. 1976년 9월 9일 지도자 마오쩌둥이 죽고 사인방이 재판을 받았다. 흑묘백묘黑猫白猫와 함께 개방정책이 시작되었지만 다시 '천안문사건'이 그들을 기다렸다. 그들은 숨죽이고 살아갔을 것이다. 그리고 꼭꼭 숨었을 것이다. 제발 나를 찾지 마세요, 더 이상 나를 괴롭히지 마세요. 왕빙은 그들을 찾아냈고, 찾아갔다. 그리고 카메라 앞에 앉혔다. 아마 그것만으로도 한 편의 영화가 될 수 있었을 것이다. 왕빙은 그런 걸 소개할 필요가 없다는 것처럼 무시한다. 그렇다고 해서 부언가를 숨기는 것도 아니다. 오히려 그런 것보다 훨씬 긴급한 문제가 있기 때문에 거기에 관심을 기울일 겨를이 없다는 것만 같은 태도가 있다. 거기서 지체할 수 없다는 긴급성. 하지만 그래서 〈사령혼〉은 중간부터 시작한다는 느낌을 준다. 어떤 부분이 지워진 것만 같은 시작. 중간에 갑자기 들어선 것만 같은 어리둥절함. 아니, 시작할 때이미 거의 마지막에 이른 것만 같은 순간. 더 미룰 수 없는 순간에 진행되는 촬영. 여기서 최상의 조건이라는 단어는 사치스러운 말이다. 왕빙은 더 이상 생명이 파괴되기 전에 시작해야만 했다. 우리는 생명과 죽음 사이에 놓인 과정을 알고 있다. 알츠하이머, 파킨슨, 실어증, 마비, 발작. 수많은 상실의 징후들. 왕빙이 저우후이난의 말을 끊는 방법은 그저 중간에 검은 화면black_out을 사용해서 이야기의 일부를 접는 것이다. 여섯 번의 검은 화면, 말은 거기서 끊어진다기보다 그 검은 화면을 건너 다시 시작한다는 안도감을 불러일으킨다. 아직 이야기가 끝나지 않았어요. 아직 할 말을 다 하지 않았어요. 저우후이난은 조금도 흥분하지 않고 말을 이어간다. 그렇다고 고통스럽게 이야기를 하지도 않는다. 차라리 이따금 명랑해 보이기까지 한다. 왕빙은 단지 두 번 저우후이난에게 질문한다. 그중의 한 번. "한때 당신은 우파분자로 불렸는데 공개 비판 집회에 참석해야 하지 않았나요?" 저우후이난은 아무렇지도 않다는 듯이 대답한다. "수없이 그래야 했지." 종종 저우후이난은 남의 이야기를 하듯이 말을 한다. 옆에 앉아 있는 아내 가오구이팡은 거의 말하지 않고 그저 앉아 있을 뿐이다. 말을 이어가는 저우후이난을 바라보지도 않는다. 하지만 왕빙은 가오구이팡을 놓치지 않으려고 애쓴다. 세 번째 검은 화면이 나온 다음 가오구이팡은 곁을 떠났고 저우후이난이 혼자 말을 이어간다. 나는 가오구이팡이 다른 방으로 자리를 옮겼다고 생각했다. 그런데 요지부동으로 멈춰 있던 왕빙의 카메라가 그 자리에 선 채 오른쪽으로 시선을 돌리자pan 의자에 가오구이팡이 앉아 있는 모습이 보였다. 여기서 가오구이팡이 무슨 말을 하는 것은 아니다. 그렇다고 저우후이난의 이야기를 보충하는 것도 아니다. 한참 뒤에 저우후이난이 착오를 일으킨 약간의 연도를 교정하고 난 다음 가오구이팡이 자벤거우까지 면회를 하러 간 이야기를 할 때까지 별다른 이야기를 더 하지 않는다. 그러면 왕빙에게 두 사람이 함께 있는 모습을 찍는 것은 왜 그렇게 중요했을까. 그 이후에 만난 모든 사람은 모두 단독으로single_shot 카메라 앞에 앉았다. 오직 저우후이난과 가오구이팡만 함께two_shot 카메라 앞에 앉았다. 나는 이것을 과도하게 미학의 원칙으로 환원하고 싶지 않다. 왕빙은 그런 방법을 따르지 않는다.

　하나의 예. 왕빙은 원칙을 갖고 윈난의 정신병원에 들어갔다. 줌과 이동촬영의 문제 그리고 인물과 카메라의 관계. 인물의 어디서부터 찍을 것인가. 어디까지 찍을 것인가. 어디서 멈출 것인가. 어디까지 따라갈 것인가. 왕빙은 자신의 촬영 조수와 함께 정신병원에 들어갔기 때문에 원칙의 문제가 중요했다. 두 대의 카메라(〈광기가 우리를 갈라놓을 때까지〉). 하지만 그 안에서 촬영이 시작되자 원칙에 얽매이지 않았다. 왕빙은 원칙보다 자기 카메라 앞에 서 있는 인물이 훨씬 중요하다고 믿는다. 거기에 카메라가 존재하지만 실존하는 것은 항상 그 인물이다, 라는 상위 원칙. 왕빙은 그것을 이항대립으로 만들지 않았다. 지금 여기, 라는 장소에 영화가 있음을 의식하면서 질문을 제기하는 특별한 존재자의 실존에 대해 그걸 내내 열어놓는 행위, 를 왕빙은 그저 찍는다, 라는 말로 내게 간단하게 설명했다. 이제까지 모두들 내게 어떻게 찍는지에 대해 설명하려고 애썼나. 왕빙은 그저 찍는다, 라는 말로 자기의 방법을 정식화시켰다. 이때 스스로를 표현하는 대상, 그것을 표현하는 영화, 그 사이에서 표현되는 행위, 그 사이에서 무엇이 무엇에로 연장되는지를 설명하는 것은 단순한 일이 아니다. 시시각각 변하는 상황. 나는 그걸 내내 옆에서 바라보았다.

저우후이난과 가오구이팡을 함께 찍은 것은 원칙의 위반이라기보다는 배치의 문제였을 것이다. 〈사령혼〉을 모두 본 다음 다시 맨 앞으로 돌아왔다. 누구라도 하는 말이지만 이 영화를 보면서 지치는 것은 단지 물리적인 상영시간의 길이 때문이 아니라 반복된다는 점 때문이다. 증언하고, 또 하고, 또 하고, 또 한다. 그 안에서 그들은 각자의 증언을 하지만(실존의 차이) 자볜거우와 그 주변에 관한 이야기로 돌아오고 다시 돌아온다(상황의 반복). 그 안에서 차이는 완만해 보이고, 그것을 분석의 수준으로 끌어올리려는 그 모든 노력을 애써 중단시킨다. 단지 여기에는 복수複數의 목소리가 있을 뿐이다. 그런 다음 대약진, 대기근, 반우파 정화 운동, 사상개조, 수용소, 노동, 기아, 죽음에 이르는 역사의 이면에서 거의 부동의 자세로 귀를 기울인다. 이때 왕빙은 누가 누구의 앞에 있는가, 누가 누구의 뒤에 있는가, 누가 누구보다 먼저 나오는가, 누가 누구 다음에 나오는가, 를 중요하게 전술적으로 배치한 것처럼 보인다. 왜냐하면 단지 다음이 아니라 하나가 나온 다음에 다시 거기에 하나가 더해지는 것이기 때문이다. 그때 두 번째는 동시에 둘이다. 세 번째는 동시에 셋이다. 그렇게 셈을 더해가게 될 것이다. 우리는 저우후이난의 증언을 들은 다음 동생 저우즈난周指南의 증언을 듣게 된다. 누가 누구의 동생이라는 관계. 만일 저우후이난의 장면이 없었다면 저우즈난은 그저 저우즈난이었을 것이다. 하지만 그들은 여기서 더 이상 각자가 아니다. 저우후이난은 동생 덕분에 살아남았다고 몇 번이고 설명한다. 침상에 누워 거의 꺼져가는 목소리로 간신히 말을 이어가면서 저우즈난은 형님에 대해 덧붙인다. 자볜거우 강제노동수용소는 그 둘을 다르게 분류하였다. 그래서 그 둘은 당이 내린 결정의 번복 불가능성 앞에서 각자에게 부여된 각자의 임무를 끌어안고 각자 살아남으려는 삶의 제스처를 취해야만 했다. 그러면서 그 둘의 증언은 서로의 증언을 보충한다. 하나 뒤의 하나. 하나 앞의 하나. 그들은 단지 수數가 아니다. 그들은 각자 기아 앞에 놓였다. 주변의 재소자들이 차례로 침상에서 그저 내버려진 채 굶어 죽어 갔다. 그러면서도 저우후이난과 저우즈난은 서로에게 먹을 것을 양보하였다. 형제라는 관계. 하나의 증언으로부터 다른 하나의 증언으로의 연장.

두 개의 질문. 첫 번째, 그렇다면 왕빙은 저우후이난을 왜 맨 앞에 배치했을까. 그건 저우후이난이 국공내전 이후 자볜거우 강제노동수용소에 이송되기까지의 과정을 설명하기 때문(일 것)이다. 말하자면 안으로부터의 역사. 왕빙은 역사를 바깥에서 바라보는 대신 그 안에서 살아온 사람의 관점으로 듣고 싶어 한다. 청취의 관점주의. 왕빙은 바깥으로부터의 해설을 듣기를 원치 않는다. 그가 원하는 것은 경험으로서의 역사이다. 역사는 이 사람의 몸을 경유하여 집행되었고 이 사람은 자기 몸으로 이 역사를 통과하였다. 저우후이난은 위에서 내려다보지 않는다, 혹은 못한다. 그는 굽이굽이 삶 안에서 마주친 고발과 인민재판, 자아비판, 당으로부터의 판결문, 이송 그리고 강제노동수용소에 이르는 그 사건의 과정을 두리번거리듯 설명한다. 왕빙은 그걸 놓고 역사의 대조표 위에서 검증하지 않는다. 〈사령혼〉에서 증언들은 종종 서로 숫자가 다르거나 연도가 일치하지 않는다. 왕빙은 개의치 않는다. 왜냐하면 숫자는 죽어가는 생명이고 연도는 수용소 안에 감금된 시간이기 때문이다. 거기서 진정한 방점은 정확성에 있는 것이 아니다. 그 증언에서 역사가 보지 못한 것, 말할 수 없었던 것, 으로부터 비로소 말할 수 있는 것, 그것을 통해서 상상할 수 있는 것으로 나아갈 수 있는 가능성과 만나는 것이다. 저우후이난은 인민공화국 건국 이후 공산당에 협조적이었던 자신이 얼마나 억울하게 자볜거우 강제노동수용소에 가게 되었는지를 설명하기 위해서 그 시간, 그 역사를 소환한다. 그것을 그저 한 시대라고 말할 수 있을까. 그 시대는 역사의 진공상태였다. 지금 그것을 말로 채워가는 중이다. 저우후이난은 그 진공상태를 측량하듯이 그 너비를 가늠하는 중이다. 언제 시작된 것일까. 언제 멈춘 것일까. 역사 안의 비가시적인 사건의 시작과 중단, 그 사이를 연결하기 위해 저우후이난은 말을 시작한다. 그리고 그 말은 영화 전체 안에서 시간의 지도가 된다. 당신은 그 시간에 어디 있었습니까. 그들은 동일한 역사, 동일한 장소에 있었다. 그리고 그들은 그 일부였다. 이 두 문장의 차이를 충분히 검토해주기 바란다. 거기에 있음과 그 있음의 일부가 된다는 것. 거기는 아무 장소가 아니다. 그때 거기는 3년 동안 70만 명이 굶어 죽은 곳이다. 저우후이난은 거기에 갔다고 말한다. 다른 이들은 거기에 있었다고 말한다. 그러므로 왕빙은 여기서 시작한다. 그 조건, 그 체제, 그 환경, (이렇게 말할 수밖에 없는데) 그 운명. 왕빙은 여기서 마치 선언하듯이 영화를 진행한다. 누군가 말한다는 것은 존재한다는 것이며, 존재한다는 것은 실존하는 것이며, 실존하기 위해서는 하여튼 무언가 말해야 하며, 오로지 그 말 안에서 자기의 존재, 자신이라는 주체를 회복하는 것이다. 저우후이난은 단순하게 첫 번째 사람이 아니다. 말의 존재, 말하는 행위의 있음, 그럼으로써 그 말을 하는 사람이 있음을 증명하는 절대적인 실존. 그렇게 여기서 시작하는 것이다. 저우후이난과 가오구이팡을 맨 처음에 의

도적으로 배치했음을 분명하게 하는 것은 촬영 날짜이다. 왕빙은 매번 촬영이 언제 되었는지를 밝히고 있다. 동생 저우즈난의 증언 촬영은 저우후이난과 가오구이팡보다 열흘 빠른 2005년 10월 31일에 했다. 만일 날짜순으로 배치했다면 그 순서가 바뀌었어야 했을 것이다.

두 번째 질문. 그렇다면 왜 저우후이난과 가오구이팡을 함께 찍었을까. 심지어 왕빙은 저우후이난을 찍다가 가오구이팡을 찾아서 거의 고정된 것처럼 카메라를 옆으로 이동하기까지pan 한다. 그 이동은 목소리를 찾아서 귀 기울이듯 움직인 것이 아니다. 그저 가오구이팡이 옆에 와서 앉은 것이 전부이다. 가오구이팡이 저우후이난의 말 중에서 연도의 일부를 수정한 다음 남편을 찾아갔던 이야기를 하는 것은 한참 뒤이다. 이 영화는 다큐멘터리이며, 각본을 쓰고 그걸 연기하는 극영화가 아니다. 그러므로 그걸 예상하고 카메라를 움직였을 리가 없다. 그렇다고 왕빙이 무언가 대답을 유도하기 위해서 질문하는 것도 아니다. 나는 그저 유심히 보았다. 무언가를 찾아내기 위해서가 아니라 왕빙이 내게 가르쳐준 대로 그렇게 무엇이 그 카메라를 잡아당겼을지를 들여다보았다. 잡아당긴 그 힘은 단 하나에서 나오는 것이다. 말할 필요도 없이 가오구이팡에서 오는 것이다. 여기엔 단 한 가지 목표만이 있다. 두 사람을 하나의 화면에 보여준다two_shot는 것이다. 그러면 그게 왜 중요한가. 나는 거의 끝나갈 무렵이 되어서야 대답을 얻을 수 있었다. 강제노동수용소 자볜거우에서 돌아왔을 때 사람들은 자기의 가정이 부서졌다는 사실과 만나야만 했다. 아내는 떠나갔고, 아이들은 흩어졌고, 혹은 새로운 가정을 꾸려야만 했다. 아니면 그냥 혼자 남겨졌다. 텅 빈 집. 가까스로 살아남아서 집home

에 돌아왔는데 집^{house}만 남아 있는 모습을 우리가 떠올려볼 수 있을까. 그들은 폐허로 돌아왔다. 단지 겉으로 드러난 모습에서만이 아니라 마음 안에 담겨진 정신에서도 그러했을 것이다. 가오구이팡은 단지 지금 곁에 있는 사람이 아니다. 국공내전을 거쳐 강제노동수용소에서 "그건 사람 꼴이 아니었지"라고 말할 수밖에 없는 모습으로 죽음 가까이 다가갔다 돌아온 저우후이난 곁에서 그렇게 함께 살아온 사람. 가오구이팡은 또 다른 생존자인 것이다. 그렇게 함께 있음은 단지 함께 살아왔다는 말로는 부족할 것이다. 그것은 무엇으로도 환원되지 않는, 그 자체로 하나의 역사라고 해야 할 것이다.

5

시간이 얼마 남지 않았다. 왕빙은 그걸 깨닫는다. 저우즈난이 가까스로 숨을 몰아쉬면서 증언을 한 다음 장면은 한 달 나흘 후인 2005년 12월 4일 그의 장례식이다. 그가 거의 마지막 숨을 내쉬고 있음을 보긴 했지만 그다음 장면에서 그의 죽음과 마주하는 것은 다른 문제이다. 증언의 중단. 한 명의 증인이 죽었다. 그러면 왕빙은 속수무책이 될 것이다. 그들에게 남은 삶의 시간이 얼마나 적은 것인가, 그리고 작은 것인가. 죽음은 생명의 부피와 너비를 무효로 만들 것이다. 이 장례식이 저우즈난의 죽음을 애도하는 것 말고는 증언의 진행과 아무 상관이 없는데도 그는 한나절을 꼬박 그 장소에서 상주들과 함께 보낸다. 저우즈난의 막내아들 저우옌린周延林은 아버지의 조문을 읽다가 그만 통곡을 한다. 우리는 저우즈난이 자볜거우에서 돌아온 다음에도 26년간 우파분자라는 모자를 쓰고 있어야 했다는 사실을 알게 된다. 그 말은 문화혁명 내내 그 모자를 쓴 다음에도 한참을 더 주홍 글씨처럼 쓰고 지내야 했다는 뜻이다. 말하자면 평생을 우파분자로 불린 삶. 사회주의국가에서 우파분자라는 것은 혁명에 반대하는 반동분자이며 마오쩌둥의 교시에 따르면 단지 적일 뿐만 아니라 "인민 내부의 모순"이었다. 그런데도 상주는 아버지의 억울함에 대해서 조문에서조차 국가를 비난하지 못한다. 그저 잘못 판 묘 구덩이를 보며 누군가 투덜대면서 "공산당이 하는 일이 그렇지 뭐"라고 말하는 게 전부이다. 날이 저물고 있다. 마치 시간이 저물어가는 것만 같다.

다음 장면은 11년 후인 2016년 8월 31일이다. 영화 〈팡슈잉〉에서 팡슈잉 할머니가 세상을 떠난 지 한 달 3주 뒤. 왕빙은 〈팡슈잉〉을 찍으면서도 〈사령혼〉을 찍고 있었다. 침상에 가오구이팡 할머니가 가까스로 앉아 있다. 아흔일곱 살. 그저 조금 건드리기만 해도 몸이 부서져버릴 것만 같은 윤곽. "빨리 죽기를 바랄 뿐이죠. 그게 고통이 덜한 거죠." 우리는 그동안 무슨 일이 있었는지 모른다. 왕빙은 여기서 와이드렌즈로 방 풍경 전체를 보여주면서 천천히 자기가 앉은 자리에서 한 바퀴 원을 그리며 360도 회전을 한다. 그러다가 벽에 걸려 있는 사진 한 장에 멈춘다. 그 사진은 가오구이팡 할머니가 남편 저우후이난과 함께 찍은 사진이다. 우리는 거기서 자막을 본다. "92세. 2012년 4월 26일 사망". 시간이 없다. 사람들이 죽어가고 있다. 증언이 사라져가고 있다. 왕빙은 세 번째 혹은 네 번째 사람을 만난다. 그러면서 틈만 나면 강제노동수용소 자볜거우와 공동묘지 밍수이의 들판을 찾아가 다짐하듯이 쳐다본다. 우리가 보지 못한 것은 말하는 것에서 멈추지 않을 것이다. 그 말이 우리들에게 보게 만들 것이다. 그러므로 말하는 것은 말하게 할 것이다.

6

반혁명분자들을 숙청하는 것은 적과 나의 모순으로 인한 투
쟁에 속합니다. 인민 내부에는 반혁명분자 숙청에 대해 다른
시각을 지닌 이들이 있습니다. 우리와 의견이 다른 이들은 두
분류로 나눌 수 있습니다. 우경사상을 지닌 이들은 적과 나를
구분하지 못하며 적을 우리로 착각합니다. 이들은 광대한 대
중이 적으로 여기는 자들을 오히려 친구로 여깁니다. 좌경사
상을 지닌 이들은 적과 나의 모순을 부풀리는 바람에 인민 내
부의 모순도 적과 나의 모순으로 착각하고 멀쩡한 이들도 반
혁명분자로 몰아세웁니다. 이 두 가지 관점은 잘못된 것입니
다. 이들은 둘 다 반혁명분자 숙청 문제를 올바르게 처리하거
나 올바르게 평가할 수 없습니다. 반혁명분자 숙청 사업을 올
바르게 평가하기 위해 헝가리 사건이 중국에 미친 영향을 살
펴보도록 합시다. 헝가리 사건이 발생한 이후 중국의 지식분
자들 사이에서는 일부 동요가 일었습니다. 하지만 이것이 풍
랑으로 발전하지는 않았습니다. 그 이유는 무엇입니까? 한
가지 이유는 우리가 반혁명분자들을 매우 철저하게 숙청했기
때문입니다.*

---

*   마오쩌둥, 「반혁명분자 숙청 문제」, 《인민일보》, 1957년 2월 27일.

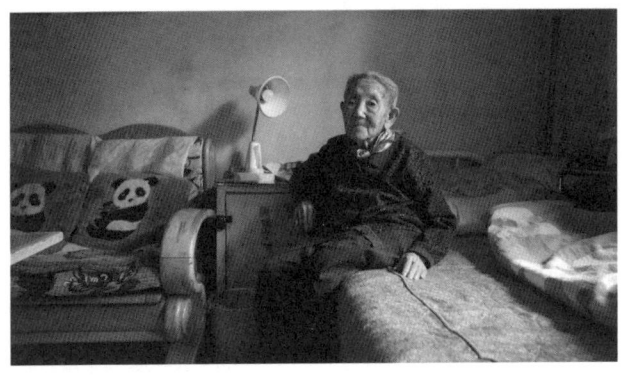

7

우리는 처음으로 우리의 언어로는 이런 모욕, 이와 같은 인간의 몰락을 표현할 수 없다는 것을 깨달았다. 순식간에, 거의 예언적인 직관과 함께 현실이 우리 앞에 고스란히 정체를 드러냈다. 우리는 바닥에 떨어져 있었다. 밑으로는 더 이상 내려갈 곳이 없었다. 이보다 더 비참한 인간의 조건은 존재하지도 않았고 상상할 수도 없었다. 우리 것은 이제 아무것도 없었다. 그들은 옷, 신발, 심지어 머리카락까지 빼앗아 갔다. 우리가 말을 해도 그들은 우리의 말을 듣지 않을 것이다. 설사 들어준다 해도 이해하지 못할 것이다. 그들은 우리의 이름마저 빼앗아 갈 것이다. 우리가 만일 그 이름을 그대로 간직하고 싶다면 우리는 우리 내부에서 그렇게 힐 수 있는 힘을 찾아내야만 할 터였다. 그 이름 뒤에 우리의 무엇인가가, 우리였던 존재의 무엇인가가 남아 있게 할 수 있는 힘을 찾아내야만 했다.*

8

그해 겨울 나는 왕빙의 집을 방문하였다. 베이징 외곽에 자리 잡은 그 아파트는 전형적인 사회주의 주거 단지였다. 동일한 모델의 아파트가 한없이 늘어서 있었고, 만일 어딘가에 나를 버려놓았다면 길을 잃었을지도 모른다. 을씨년스럽게 진눈깨비가 아침부터 내렸다. 왕빙의 인터뷰를 촬영하려고 했는데, 카메라까지 세워놓고 하기에 적당한 장소를 찾을 수 없었다. 왕빙은 사무실이 달리 없었고, 공개적인 장소에 카메라를 세워놓으면 베이징에서는 누군가 즉시 신고를 할 것이며 그러면 공안이 다가와서 내게 신분증과 용무를 물어보게 될 것이라고 조언했다. 나는 중국 출입국에 다큐멘터리를 찍기 위해서 입국했다고 신고한 적이 없기 때문에 즉시 체포될 것이라는 친절한 설명도 들었다. 왕빙은 약간 생각하더니 자기 집에서 하자고 제안했다. 집을 방문하는 것은 그 사람의 삶을 보는 것이기도 하다. 나는 이 사람의 일상생활이 궁금했다.

집에 도착했을 때 당황했다. 몇 층인지는 잊어버렸다. 서로 마주 보고 있는 두 개의 집을 사용하고 있었는데 하나는 작업실이었고 다른 하나는 침실이었다. 하나는 크고 하나는 그저 침대와 조그만 책상이 있는 작은 집이었다. 큰 집에는 찻주전자를 올려놓은 나무 책상과 긴 탁자, 그리고 그 위에 세 대의 애플 컴퓨터가 놓여 있

---

* 프리모 레비, 『이것이 인간인가』, 이현경 옮김, 돌베개, 2007, 34쪽.

었다. 옆에는 테이프가 담긴 박스가 잔뜩 쌓여 있었다. 왕빙은 이미 그때 〈세 자매〉를 찍은 다음이었다. 그리고, 그리고는, 아무것도 없었다. 거기는 집home이 아니라 그냥 집house이었다. 내가 그 집에서 느낀 찬 공기는 그저 난방이 잘 안 되고 날이 추웠기 때문만은 아닐 것이다. 그 장소에는 온기가 거의 없었다. 종종 집을 오랫동안 비운다는 것이 느껴졌다. 아니, 오히려 촬영 중에 잠시 베이징에 돌아올 때마다 그저 잠깐 머무는 것인지 모른다. 사무실 구석에는 먼지가 쌓여 있었다. 옆집에서 떠드는 소리가 벽을 타고 고스란히 전해져왔다. 어느 집인지는 알 수 없지만 아이 우는 소리가 들렸다. 왕빙의 대답을 녹음하는 데 방해가 되었기 때문에 그건 분명히 기억난다. 벽에는 〈철서구〉의 일본판 포스터와 〈허펑밍〉의 프랑스판 포스터가 붙어 있었다. 잘 간직하고 있다기보다는 회칠한 것만 같은 회색빛 벽에 그냥 붙어 있었다. 사무실에 다섯 칸짜리 작은 책장이 검은색과 흰색, 두 개가 있었다. 듬성듬성 책이 꽂혀 있었다. 내 시선을 끈 것은 안드레이 타르콥스키가 쓴 영화론인 『시간의 각인』의 중국어 판본이었다. 왕빙은 공식적인 자리에서는 남의 영화 이야기를 잘 안 하지만 식사를 하는 자리에서는 종종 다른 감독들 이름을 거명하였다. 그는 망설이지 않고 타르콥스키의 영화를 존경한다고 말했다. 그런 다음 재빨리 단서를 달았다. "내가 좋아하는 타르콥스키 영화는 러시아에서 만든 영화들이에요. 그 영화들은 사회주의에서 영화를 만들어도 우리가 성신적인 영역에 도달할 수 있다는 것을 보여주었습니다."

이어서 왕빙의 침대가 있는 집을 둘러보았다. 왕빙은 내가 그의 방을 보는 것을 말리지 않았다. 그의 단출한 책상을 보았다. 그러다가 책상 위에 올려놓은 DVD 앞에 멈춰 섰다. 그 영화는 네 장으로 된 클로드 란츠만의 〈쇼아Shoah〉였다. 11년 동안 촬영한 영화. 상영시간 9시간 26분. 1985년 4월 30일 파리에서 상영된 다큐멘터리. 아우슈비츠에 관한 영화. 하지만 클로드 란츠만은 아우슈비츠에서 벌어진 나치 SS대원들의 만행, 죽은 유대인들의 시체, 그들의 유품들, 어떤 화면 자료도 사용하지 않았다. 그저 이따금 강제노동수용소를 멀리서 바라보았다. 클로드 란츠만은 증언을 할 사람들을 카메라 앞에 앉혔고 그런 다음 이야기를 듣기 시작했다. 나는 이 영화를 그저 표지만 보아도 알 수 있었다. 그리고 멋대로 생각했다. 거의 즉각적으로 나는 〈쇼아〉와 〈허펑밍〉을 연결 지을 수밖에 없었다. 허펑밍 할머니. 눈 내린 겨울날 밤 방문하여 왕빙은 이 할머니의 이야기를 듣는다. 대약진운동이 시작되자 허펑밍 할머니의 남편은 우파 보수주의자로 몰려 밍수이 강제노동수용소에 보내진다. 대약진운동이 끝나자 문화혁명이 시작된다. 허펑밍 할머니는 자아비판을 강요받은 다음 대학 학업을 중단하고 사상 재교육을 위해 농촌으로 하방된다. 긴 이야기. 단 여섯 개의 쇼트. 하지만 왕빙은 두 번 다시 그런 방법으로 영화를 찍지 않았다. 카메라 앞에 앉혀놓는 방식. 그런 다음 경청하는 태도. 진술하는 허펑밍 할머니. 그게 전부인 영화. 왕빙은 고비사막에 가서 〈원유〉를 만들며 노동자들과 그냥 거기 머물러 있는 것으로 제 할 일을 다한 것처럼 멈추었다. 〈이름 없는 남자〉를 찍으면서 그는 그 남자를 내내 따라가기만 했다. 〈세 자매〉를 찍으면서 해발 3200미터 산 위에 올라가 그 어린 세 자매와 겨울 한철을 보냈다. 희박한 공기. 살을 에는 것만 같은 바람. 산 정상에 자리한 이 가난한 마을에 가려면 산 아래 가장 가까운 작은 읍내에서 아침부터 거의 만 하루를 차를 타고 꼬불꼬불 고갯길을 따라 올라가야 한밤중에 도착한다. 거의 동시에 어떤 대화도 함께 나눌 수 없는 원난의 정신병원 환자들과 그해 겨울을 보냈다(《광기가 우리를 갈라놓을 때까지》). 그런 다음 저장성 후저우시 근처 마이후이 마을에서 알츠하이머로 죽어가는 팡슈잉 할머니를 찍었다(《팡슈잉》). 나는 〈쇼아〉를 물끄러미 쳐다보았다. 왜 아직 이 영화가 여기 머물고 있는 것일까. 그저 우연히 오늘, 아니면 며칠 전 이 영화가 다시 이 책상 위에 올려진 것일까, 아니면 뒤돌아본 것일까. 하나의 소환, 어떤 호명. 어떤 영화가 책상 위에 있다. 그러나 〈쇼아〉는 아무 영화가 아니다. 촬영이 끝나고 왕빙의 집을 떠났다. 하지만 나는 왜 그 영화가 지금 책상 위에 있는지 물어보지 않았다. 그리고, 그리고 이제는 알겠다. 그 영화는 그때 '현재진행' 중이었다. 아니, 차라리 이렇게 말해야 할 것이다. 그 영화는 처음부터 진행 중이었다. 왕빙의 모든 영화, 모든 시간, 모든 과정, 모든 여행은 간쑤성 고비사막 근처 강제노동수용소 자볜거우에서 돌아온 사람들을 찾으러 다니고, 만나러 다니고, 설득하러 다니고, 그런 다음 촬영하러 다니는 과정이었다. 전체를 연결하는 하나의 임무, 흩어진 지명의 지도 아래 있는 하나로 이어지는 지도. 두 장의 지도.

9

증언과 증언의 행위 사이에는 간극이 있다는 것을 먼저 생각해야 한다. 〈사령혼〉을 모두 보고 난 다음에도 우리가 1957년 겨울에서 1962년 1월 사이에 진행된 중화인민공화국의 대약진운동에 대해서 특별하게 더 알게 된 지식, 정보, 비밀이 있는 것은 아니다. 물론 역사의 디테일을 알게 되었다. 하지만 카메라 앞에 앉아 있는 사람들은 역사학자가 아니다. 그들은 구체적인 정보, 데이터, 정치적인 결정, 우파 보수주의를 결정하는 범죄행위로서의 정의, 그들 사이의 분리의 원칙, 그 안에서의 형벌 사이의 차이, 수용소의 운영 방식, 사상의 검증 과정, 금고형이 부과되는 신체에 대한 처리의 매뉴얼, 수용소 안에서의 정규적인 과정의 목표, 그것이 목표로 하는 효과, 그 효과의 지속적인 과정의 조건들에 대해서 설명하지 못한다. 그들은 그런 자리에 있지 않았기 때문이다. 그들은 그것을 그 안에서 경험했고, 그 안에서 살아냈다. 그게 전부이다. 그리고 지금 그것을 말하는 중이다. 이때 그 증언은 대답하는 것이 아니라 질문하는 것이다. 역사는 이미 대답을 갖고 있다. 역사가 알지 못하는 것은 그 대답에 대한 질문이다. 〈사령혼〉에서 왕빙이 자벤거우, 그리고 그 곁에 자리 잡은 '시체 처리장' 밍수이에서 살아 돌아온 우파 보수주의자(로 분류된) 생존자들에게서 들으려는 것은 증언의 형태로 이루어진 질문이다. 이때 이들이 가진 유일한 증거는 살아 있는 육신이 전부이다. 사상개조를 위한 모든 강제노동 수용소의 어떤 촬영도 금지되었으며, 이 시기의 수용소 안의 재소자들에 관한 어떤 사진도 없으며, 그 시기의 인민들 중 누구에게도 카메라를 소유할 수 있을 정도의 경제적인 부가 허락되지 않았다. 그들은 빈곤을 넘어서서 기아 상태에 있었다. 그러므로 여기에는 필연적인 간극이 놓여 있다. 증거와 사건, 증언과 역사, 말과 기억 사이의 간극. 결코 좁힐 수 없는 심연. 우리는 좀 더 밀고 나아갈 수 있다. 전체와 개인, 역사 전체에서 벌어진 과정과 개인에게서 벌어진 일. 이때 생존자들은 역사의 물리적인 폭력 아래 개인이 겪어야 하는 차원에서 역사가 어떻게 진행되고 있었는지를 볼 수 있는 위치에 갈 수 없었을 것이다. 당연한 말이다. 그건 마치 그때 역사의 가장 높은 자리에서 서류에 서명을 하는 것만으로 이 모든 일이 작동될 수 있게 허락한 베이징의 지도자가 강제노동수용소에서 실제로 무슨 일이 벌어졌는지를 알지 못하는 것과의 사이에 놓인 아이러니한 간극이기도 하다. 하지만 이 서류는 일단 작동하기 시작하면 한 개인의 삶 안에서 섬세하게 물화되고 그런 다음 곧장 외화된 질서 안으로 보내졌다. 그들은 그때 무조건 지도자의 '올바른' 결정에 순종해야만 했다. 반성을 하라. 교정을 해야 한다. 그런 다음 건강하게 사회주의 인민이 되어 돌아오라. 그들의 육신은 대부분 부서졌다. 그리고 그걸 견디지 못한 나약한 육신들은 매장되었다. 1957년 2월 27일 '반혁명분자 숙청 문제' 지시를 내린 지도자는, 사상에는 세심한 주의를 기울였지만 그들의 육신에는 거의 관심이 없었다.

이때 왕빙은 어디에 놓여 있는가. 나는 이미 완성된 영화 〈사령혼〉으로부터 그 영화가 진행되어갔던 과정, 그 증언을 듣고 있는 장면의 시간으로 거슬러 올라가보고 싶다. 눈앞에 있는 대상. 공식적인 역사가 그렇게 오랫동안 숨겨왔던 이름들. 하나의 육신. 그들은 유령이 아니다. 하지만 그들은 유령처럼 존재했다. 왕빙은 여기서 듣는 쪽을 자처한다. 그는 그 앞에서 아무것도 안 하기 위해 애를 쓴다. 영화에서 아무것도 안 한다는 것은 얼마나 힘겨운 일인가. 카메라를 그 앞에 세운다. 왕빙은 카메라의 오른쪽 혹은 왼쪽에 앉는다(그래서 〈사령혼〉에서 증언을 하는 사람들은 정면이 아니라 카메라의 왼쪽 혹은 오른쪽을 본다). 카메라에 달린 마이크. "이제부터 말씀해주시죠." 그러면 그 앞에서 증언을 시작한다. 증언을 하는 사람들의 차이(속의 반복), 장면들의(반복 속의) 차이로 나는 잠시 후에 되돌아갈 것이다. 여기서는 지금 증언의 행위를 보는 중이다.

이때 왕빙이 증언하는 쪽을 바라보는 것은 증언에 동화되기 위해서가 아니라 반대로 증언을 듣는 쪽을 분리하기 위해서라는 것을 알게 된다. 〈사령혼〉의 증언에 대해서 문득 한 가지 사실을 깨닫게 된다. 그것은 증언으로부터 듣는 쪽이 증언을 하는 쪽 앞에 있다, 는 사실이다. 방점은 있다, 는 것이다. 영화의 자리, 왕빙의 자리. 증언을 하는 쪽이 진실을 말하기 위해서 더 애를 쓸수록 진실과 사실 사이의 괴리가 벌어지기 시작한다. 카메라를 사이에 두고 전이와 저항이라는 문제가 끼어들게 될 것이다. 여기서 어떻게 그 문제를 피할 수 있을까. 무엇이 무엇을 덮어쓰는가. 무엇이 무엇에게 매달리는가. 아마 그 사이에 있는 것은 그날로부터, 어떤 노력을 기울여도 추상적인 수준으로밖에 후퇴할 수 없는 그날로부터, 갑자기 그 모든 것으로부터, 가족으로부터, 친지들로부터, 친구들로부터, 직장으로부터, 그 모든 것으로부터 단절되어버린 그 어리둥절한 시간으로부터, 갑자기 그 침묵으로부터, 어느 날 갑자기 자신의 육신을 체포당한 다음 감금의 형태로 구속돼버린 그 사건으로부터, 갑자기 도면, 숫자, 이름들로 단순화된 일부가 되고, 베이징의 지도자의 교시와는 멀리 떨어져 있다고 생각했던 자신이 갑자기 스스로 도무지 받아들일 수 없는 세계로부터 단절된 그 경험으로부터, 갑자기 그 공식적인 역사로부터 배제된 다음 그렇게 남겨놓은 억압일 것이다. 갑자기, 라는 부사를 현실 앞에서 마주치는 이 무시무시한 순간. 여기서 증언은 정확하게 그 억압으로부터의 언어이다. 그 앞에서 왕빙은 몇 번이고 같은 말을 했을 것이다. "말씀해주십시오." 간청의 자리. 그때 그 말은 이렇게 번역할 수 있을 것이다. "기억해주십시오." 왕빙은 여기서 증언을 듣는 쪽일 뿐만 아니라 증언을 하는 쪽의 증인이 되려는 것이다. 그러므로 여기서 증인은 두 명이 된다. 증언을 하는 쪽과 증언을 듣는 쪽, 증언을 하는 쪽의 증언이 실현되는 장소로서의 영화.

왕빙은 여기서 증언을 하는 쪽의 사실을 확인할 생각이 없다. 혹은 확인할 방법이 없다. 그러면 반문할지 모른다. 우리는 그 증언을 어떻게 믿을 수 있나요? 똑같은 질문이 아우슈비츠에서 돌아온 유대인들의 증언에 던져졌다. 신역사주의 학자들은 요구하였다. 우리가 그 증언을 어떻게 믿을 수 있는가. 증거를 가져오라. 여기에는 긴 논쟁이 기다리고 있다. 나는 간단하게 대답하겠다. 만일 그것을 요구한다면 〈사령혼〉은 아무 대답도 할 수 없다. 왜냐하면 왕빙이 지금 찍고 있는 것은 사실이 아니기 때문이다. 사람은 역사 안 사실의 자료들이 아니다. 그 사람의 말을 그저 과잉해석의 오류, 단지 상상에 지나지 않는 두려움에서 비롯된 거짓말, 자기 자신을 방어하기 위한 알리바이, 한편으로는 망각이 진행되는 과정 속에서 다른 한편으로는 거기 그 일이 있었다고 상상하기 시작한 현장이 아닐까, 라는 의심의 사실주의와 같은 논법으로 따라가면 안 된다. 왕빙은 검증하기 위해 이 영화를 찍고 있는 것이 아니다. 지금 카메라 앞에는 강제노동수용소 자볜거우에서 살아 돌아온 사람들이 증언을 하고 있다. 그 증언 너머에 무엇이 있을까. 말하는 이들의 말 속의 저항. 중국공산당은 아직 대약진운동의 오류를 인정하지 않았다. "반혁명분자 숙청은 여전히 올바른 결정"이다. 문화혁명의 오류가 1981년 중국공산당 제11기 6중 전회에서 인정된 것과 비교해보라. 왕빙은 지금 무엇에 개입하고 있는 것일까. 〈사령혼〉은 대약진운동을 비판하기 위해서 만든 영화가 아니다. 이 영화는 그렇게 단순한 목표를 갖고 있지 않다. 이 저항은 어디서 오는가. 증언을 하는 쪽이 자신의 말이 목표로 하는 진리의 영역에 가닿을 수 없다는 데서 가질 수밖에 없는 무력감. 여기서 진리는 한 번 더(용기를 내서 프로이트의 개념을 빌려 쓴다면) 굴절하게 될 것이다. 그것을 구경할 수밖에 없는 왕빙의 또 다른 무력감. 〈사령혼〉은 정확하게 그런 의미에서 살아 돌아온 생존자들의 '이후'에 관한 영화이다. 그리고 그렇게 물어보아야 한다. 증언은 우리에게 무엇을 알려주고 있는가. 생존의 지평. 위험한 행위 안에서 간신히 견디는 존재(들). 증언이란 더도 덜도 아닌 트라우마, 바로 그것과 대면하는 행위의 시간이다. 나는 이 말을 몇 번이고 반복하고 싶다. 여기서 생명 자체가 증언이 되고 있다는 사실을 생각해야 한다.

왕빙이 간청하자 생존자들은 응답한다. 그러면서 이렇게 덧붙인다. "내 말 좀 들어보세요." 들어달라는 말. 레비나스는 이 과정을 정식화했다. 증인들은 그 자신을 통하여 말하고 있는 것을 증언한다. 그렇게 되면서 항상 증언은 증인을 넘어서기 시작한다. 〈사령혼〉은 먼저 한 가지 사실을 완전히 인정하는 데서 출발한다. 증언은 그것이 누구의 증언이건 완성된 형태일 수 없다. 왜 그러한가. 그 누구도 총체적인 자리에 가는 것이 불가능하기 때문이다. 단지 메타인식론적으로 그렇다는 것이 아니라 그들에게 주어진 거의 절대적인 조건 속에서 그러하다는 뜻이다. 서로 다른 자리에서 서로 다른 시기에 강제노동수용소 재소자들이었던 생존자들은 증언하고 또 한다. 그들은 셀 수 없는 날 동안 굶은 채로 침상에 하루 종일 이불을 둘러쓴 채 애벌레처럼 누워 있었고 옆에 누워 있던 그 누군가는 그다음 날 아침 깨어나지 않는 날이 반복되었다. 그때마다 하나의 질문이 떠올랐다. 나는 왜 여기에 있는가. 아무도 거기서 진리의 아름다움을 기대하지는 않았을 것이다. 동시에 질문에 대한 대답은 그때 그들이 살아내고 있는 경험 속에서 이미 얼마나 주어져 있었던가. 그러면 동일한 질문이 살아남은 자신을 두고 반복되었을 것이다. 그리고 질문만이 그들에게 아직은 살아 있다, 는 유일한 증거였을 것이다. 그러므로 지금 이 증언에는 결론이 포함되어 있지 않다. 지금 이 증언은 하나의 육체적 실천이자 유일한 (마오쩌둥의 표현을 그대로 돌려주자면) '역사 사회적 투쟁으로서의 실천'이다. "실천을 통해 진리를 발견하며, 실천을 통해 진리를 검증하고 발전시켜라. 감성적 인식에서 출발하여 능동적으로 이성적 인식에 도달하고, 이성적 인식에서 출발하여 능동적으로 혁명적 실천을 지도하며 주관적 세계와 객관적 세계를 개조하라."* 생존자들은 살아 돌아오는 방법으로 실천하였다. 그리고 지금 자신의 실천을 증언하는 중이다. 지도자의 진리. 그 진리는 올바른 것이었는가. 육신 안에서의 진리의 발견. 생명을 내놓고 하는 진리의 검증.

이때 왕빙은 카메라 앞에서 증언하는 그 모든 말이 전부라고 생각하지는 않았을 것이다. 하나의 사례. 나는 왕빙이 오전 내내 인터뷰를 촬영하는 것을 본 적이 있다. 해발 3200미터 산 위에 어린 세 자매를 버리다시피 한 아버지를 만나 자초지종을 들으면서 긴 시간 동안 이야기를 경청했다. 그것을 찍었고 그리고 녹음했다. 오후에 한참을 생각하더니 이 사람은 거짓말을 한 것 같다, 세 자매의 어머니를 만나러 간다, 라고 짧게 한마디 한 뒤 이틀 반을 이동해서 윈난 맨 끝 남쪽 정글 속의 마을에 숨어 살고 있는 그녀를 찾아내어 다시 인터뷰를 시작했다. 그렇게 시작하고 다시 시작했다. 여기서만 그렇게 했을 리가 없다. 왕빙은 이 과정 자체를 영

---

* 마오쩌둥, 「실천론」, 1937년 7월.

화를 만드는 과정이라고 생각한다. 말 그대로의 과정. 과정 안의 증언. 증언이라는 과정. 증언이라는 말은 성공하지 못한 억압이다. 그렇게 말의 바깥으로 실패한 억압이 무언가를 밀어내기 시작할 것이다. 영화는 정확하게 지금 이 자리에서 기다리고 있는 중이다. 그러면 당신은 질문할 것이다. 그 말은 무엇을 전달하기 위한 것인가요. 억압의 기원. 말이 자기 보호를 포기했을 때 그것은 무엇을 얻기 위한 것일까. 미루어진 증언, 연기된 증언. 이때 증인은 증언으로 인하여 체포되는 것이다. 무엇에게? 역사 뒤에서, 역사 옆에서, 역사 앞에서 증언에게. 그러므로 증인들은 거기서 자유의 몸이 되기를 원한다. 무엇으로부터? 증언으로부터. 증언이라는 감옥. 이때 사건은 정확하게 거기에 놓여 있게 될 것이다. 그들에게 사건은 그들이 체포된 순간이 아니라 그 체포의 시간에서 자유를 얻기 위하여 증언을 하는 순간이다. 그것이 증언의 전부이다. 하지만 간절한 전부이다. 이때 손상받지 않은 증언이란 존재하지 않는다. 왕빙은 여기서 상황을 역전시킨다. 감탄할 만한 전술. 〈사령혼〉의 원칙. 그들 사이에는 어떤 위계질서도 없다. 역사의 기록은 강제노동수용소 자볜거우에서 살아 돌아온 생존자들의 증언을 대체하지 못한다. 그들은 사례가 아니다. 하나의 증명. 하나가 다른 하나의 연장이 아니다. 그 둘 사이에 놓여 있는 것은 절단이다. 그 둘 사이에는 어떤 순서도 부여하면 안 된다. 그 둘은 서로를 보충하는 것이 아니다. 생존자들은 자기의 증언을 증명하기 위해 역사를 필요로 하지 않는다. 지금 말을 하는 육신, 그 육신을 여기 있게 만든 자기의 존재만으로 충분하다. 이때 증인들은 증언의 도구로 자기 자신을 사용한다. 그러므로 여기서 왕빙은 그 말이 진실이냐고 묻지 않는다. 그 대신 진실이 어디에 있느냐고 두리번거린다. 그것이 〈사령혼〉에서 영화의 행위이다.

여기에 이중 판본이 있다. 하나는 물론 증언하는 그 장면들이다. 다른 하나는 그 장면들의 앞이다. 증언들의 맨 처음. 맨 처음? 증언을 한다는 행위의 맨 처음. 그보다 앞에 무엇이 있었나요? 나는 마치 후렴구를 부르듯이 같은 말을 반복하는 중이다. 〈사령혼〉은 증언에서 시작하는 영화이다. 하지만 우리는 증언에서 시작하면 안 된다. 왕빙의 요구. 더 거슬러 올라가야 한다. 왜냐하면 생존자들은 지금 여기에 대해서 말하는 것이 아니라 그때 거기에 대해서 말하는 중이기 때문이다. 증언은 무언가 사건이 일어난 것이고, 그리고 그 사건이 지금 진행 중이라는 것을 증언하는 중이다. 나는 일부러 무언가라고 말하는 중이다. 어떻게 강제노동수용소 자볜거우에서 벌어진 일을 알 수 있을까. 우리가 보는 것은 밍수이 들판에서 아직도 황량한 대지에 흩어져 있는 두개골들 혹은 반쯤 떨어져 나간 갈비뼈 조각들 뿐이다. 모두의 바깥, 생존자들의 생활의 바깥, 사회의 바깥, 역사의 바깥, 바깥의 바깥에서 무언가 벌어졌고 그런 다음 그것이 오로지 생존자들만의 안으로 들어왔다. 그런 다음 바깥에서 벌어진 일이 안에서 금지의 명령을 내리기 시작했을 것이다. 긴 세월. 문화혁명. 덩샤오핑의 흑묘백묘의 시기. 그리고 다시 천안문. 침묵의 시간. 그 시간의 무게. 그 무게가 내리누르는 것을 견디다 못해 지금 그 무게 아래에서 살아남은 생존자가 증언이라는 행위를 통해 거기서 빠져나가려는 것이다. 〈사령혼〉의 생존자들의 증언에 따르면 그들에게는 약간의 서신 왕래와 면회가 허락되었다. 아내는 남편에게 편지를 보냈고, 이따금 답장도 받을 수 있었다. 한동안 답장이 오지 않으면 얼마 후 사망 통지서가 도착했다. 때로 며칠이 걸려 강제노동수용소 고비사막에 있는 자볜거우까지 면회를 갔다. 재소자들은 예외 없이 자신들이 잘 지내고 있다고 대답했다. 하지만 아내가 보기에 그건 "사람의 몰골이 아니었다." 증언을 하는 생존자들은 종종 일인칭 주어 나, 와 일인칭 복수 우리, 를 섞어서 말하곤 한다. 그건 당신이 겪은 일입니까, 아니면 당신이 본 일입니까. 왕빙은 여기서 정확성을 기하려 하지 않고 그냥 내버려둔다. 혹은 반문하지 않는다. 하지만 증언에서 그 둘은 서로 다른 것이다. 그리고 그 차이에서 증언은 동시에 언어와 사건 사이의 관계를 다시 세우는 일이라는 것을 생각해야 한다. 아마도 〈사령혼〉이 문자로 기록된 다음 글로 옮겨졌다면 완전히 다른 형태가 되었을 것이다. 왕빙은 이 영화를 문자로 기록하기 직전의 상태에서 멈춘다. 혹은 목소리에서 멈춘다. 그때 화면에 표정과 제스처, 말의 속도, 목소리의 높낮이, 문장 사이의 침묵과 종종 그 사이의 멈춤, 미처 말하지 않은 어떤 망설임이 찍힌다. 그것들은 모두 어디에서 오는가. 나는 이미 말했다. 증언을 하는 행위의 앞, 영화를 찍기 전의 앞, 거기서 시작한다. 그러므로 영화가 시작되면 증언이 시작되었다고 말하기보다는 증언이 도착했다, 라고 말하는 편이 더 정확할 것이다.

10

이번에는 카메라의 반대편을 바라보고 싶다. 왕빙은 〈사령혼〉을 찍으면서 몇 가지 원칙을 세운 것처럼 보인다. 나는 이미 왕빙이 2005년 11월 9일에 촬영한 첫 번째 증언, 여든다섯 저우후이난과 여든여섯 가오구이팡 부부의 디테일을 설명했다. 여기서는 그것을 정식화해보려고 한다. 증언을 하는 사람들은 카메라 앞에 앉았고 말을 시작했다. 왕빙은 그냥 듣기만 한다. 이따금 질문을 하지만 그건 반문하거나 혹은 어떤 대답을 끌어내려는 것이 아니다. 다만 증언의 배경이 되는 시기를 확인하거나 재차 확인하려고 할 때뿐이다. 그런 다음 대답을 들으면 거기에 대해서 더 이상 묻지 않았다. 그 앞에 왕빙은 카메라를 세워놓았다. 어떤 때는 들고 찍었고 어떤 때는 삼각대 위에 세워두었다. 여기에 어떤 미학적 원칙이 있다기보다는 그 방의 공간이 갖고 있는 특성에 따라 선택된 것처럼 보인다. 어떤 방은 지나치게 작아 보였고, 그래서 두 사람이 앉아 있는 것조차 버겁게 여겨졌고, 또 어떤 방은 건물의 자투리에 다른 목적으로 만들어졌던 공간을 용도 변경하여 방으로 만든 다음 간신히 들어간 것처럼 보였다. 증언을 하는 생존자들은 그런 곳에 살고 있었다. 어쩌면 카메라가 놓여 있는 방식은 그 자체로 증언을 하는 생존자들의 현재의 삶을 증언하는 것인지도 모른다. 하지만 왕빙은 그것을 드러내는 일에 별 관심이 없다. 그래서 그 사람을 찍을 때 어떤 미학적 구도를 염두에 두지는 않았다. (말이 이상하기는 하지만) 다만 가장 잘 들을 수 있는 그런 구도를 잡았다. 이따금 카메라가 이동하는데 그것은 방을 둘러보기 위해서였다. 일단 구도를 결정하면 거기서 계속 찍었다. 자리를 옮겨 가면서 증언을 듣는 일은 없었다. 왕빙은 경청을 하는 일에 열중할 뿐이다. 어쩌면 카메라를 이리저리 옮기는 것은 증언을 하는 행위를 방해하는 일이라고 생각했을지도 모른다. 방에는 단 한 대의 카메라가 들어갔고 그걸로 모두 찍었다. 그러므로 장면들은 항상 일대일의 관계로 진행되었다. 영화 안에서도 그렇고 (아마도) 영화 바깥에서도 그러했을 것이다. 카메라가 꺼지면 그것은 동시에 증언의 행위가 중단되는 것이기도 했다. 왕빙은 녹음을 하면서 카메라에 달려 있는 마이크를 사용했다. 증언을 하는 사람에게 핀마이크를 달아서 녹음하지 않았다. 옆집 이웃의 소리가 종종 녹음하는 말 속에 끼어들었다. 다행히도 대부분 방에서 인터뷰가 진행되었기 때문에 녹음에 문제가 생기지는 않았지만 그래도 벽이 얇은 아파트는 마치 생활환경을 증언하는 또 다른 소리처럼 증언하는 목소리와 뒤섞였다. 그런 다음 편집을 하면서 화면 바깥에서 어떤 설명도voice_over_narration 더 하지 않았다.

여기서 증언은 증언을 듣는 자를 반드시 포함하는 것이라는 사실을 환기하고 싶다. 아니, 차라리 이렇게 말해야 할 것이다. 듣는 자가 없는 증언은 아직 증언이 아니다. 하나의 명제. 증언은 증인을 반드시 포함한다. 왕빙은 그런 의미에서의 증인이다. 이때 증언을 하는 생존자와 증언을 듣는 왕빙 사이에 있는 영화가 증언을 완성한다. 나는 그것이 〈사령혼〉의 또 하나의 자리라고 생각한다. 여기에 사건이 기입되는 것이다. 이 과정에서 왕빙은 증인의 증인이 되는 것이며 증인과 증언을 공유하게 된다. 하지만 증언의 증인은 아무리 다가가도 증인과 겹쳐지지는 못할 것이다. 아마도, 아마도 여기서 왕빙의 원칙이 나왔을 것이다. 증언의 증인이 증언에 대해서 이성적으로 이해하고, 감정적으로 공감한다, 라고 아무리 말해도, 어떤 방법을 동원하더라도, 그는 끝내 증언의 마지막 문턱을 넘어서지 못할 것이다. 왜냐하면 증언의 증인에게는 경험을 공유할 수 있는 방법이 없기 때문이다. 그러므로 왕빙은 뒤로 물러난다. 할 수 있는 한 뒤로 물러난다. 그리고 증언을 들을 수 있는 그 거리에서 멈춘다. 느껴볼 수는 없지만 들을 수는 있는 거리. 상상할 수는 없지만 들어볼 수는 있는 거리. 아니, 좀 더 선언적으로 말하고 싶다. 들을 수만 있는 거리. 역사학자들이 증거가 없는 증언을 어떻게 믿어야 하냐고 물을 때 〈쇼아〉가 했던 것과 같은 거리로 (하지만 좀 다른 방법으로) 〈사령혼〉은 물러난다. 아마도 그래서 그 영화가 왕빙의 침대 옆 작은 책상 위에 그렇게 올려져 있었을 것이다. 그때 증언을 듣고 있는 왕빙이 그저 듣기만 할 뿐 어떤 개입도 하지 않는다는 것은 정확히 무슨 의미인가. 강제노동수용소 자볜거우에서 돌아온 생존자들의 증언에는 그들이 알고 있는 것과 모르는 것, 알 수 없는 것, 사이의 간극, 좀 더 조심스럽게 말해야겠지만 사실과 진실 사이에 놓여 있는 앎의 자리의 불안정함으로 인해 머뭇거리면서 넘기 힘든 심연이 놓여 있(었을 것이)다. 여기서 맹점은 무엇인가. 모든 증언은 주관적이라는 것이다. 말 사이에 놓인 간극. 그 자리를 차지한 심연. 왕빙은 그 간극을 듣고 있는 중이다. 그리고 영화는 심연을 듣고 있는 중이다. 그래서 나는 〈사령혼〉이 경청의 방법론을 따르고 있다고 이미 말했다. 증언에서 앎이라는 것은 증인에 의해 단순하게 주어지는 것이 아니라 그 자체로 하나의 권리라는 것을 셈에 포함해야 한다. 증인이 갖고 있었던 권리. 그러므로 증언은 증인이 증인의 증인에게 그 권리를 양도하는 시간이기도 하다. 여기서 우리의 방점은 '시간'에 놓여 있다. 그 시간은 영화를 찍고 있는 시간이다. 그리고 그 증언을 찍은 영화를 보고 있는 우리의 시간이다. 그렇게 권리는 양도받고 다시 양도될 것이다. 〈사령혼〉을 보는 시간은 감상의 시간이 아니라 양도의 시간이다. 이때 왕빙이 한 대의 카메라를 놓고 자리를 옮겨 가지 않고 영화의 편집 체계 안에서 스스로 하나의 쇼트에서 다른 쇼트로 옮겨 가는 것을 금지시키기라도 하듯 증언의 행위 사이를 나눌 수matching_in_action 없게 만든 것은 감정을 건드리지 않기 위해 나누지 않은long_take 쇼트의 방법론에서 온 것이 아니다. 여기서 왕빙이 찍는 것, 좀 더 정확하게 왕빙이 듣는 것은 침묵이다. 역사학자들은 증언에서 침묵의 시간, 침묵의 담론, 침묵이라는 저항, 침묵이라는 방어, 침묵이라는 증언을 이해하지 못한다. 문학은, 혹은 회화는 침묵의 시간, 침묵의 표현, 침묵의 표정, 침묵의 제스처를 기록하지 못할 것이다. 연극은 그 침묵을 재현해내지 못할 것이다. 오로지 영화만이 그 시간을 찍을 수 있(을 것이)다.

같은 말의 다른 판본. 여기서 그 시간은 주소를 갖고 있다. 생존자들은 그저 떠오르는 대로 말하고 있는 것이 아니다. 아니, 가끔은 그렇게 말한다. 거의 횡설수설에 가까운 증언. 하지만 그들은 결국 하나의 장소로 되돌아간다. 이 모든 증언은 하나의 장소로 되돌아가는 과정에 관한 기록이기도 하다. 거기, 라는 그 장소, 지금 여기에 있으면서 아직도 거기에 남아 있는 것만 같은 그 주소, 강제노동수용소 자벤거우, 그 곁의 시체 처리장 밍수이. 아무도 그 주소로부터 이사를 갈 수 없을 것이다. 그러므로 침묵은 증언 속에서 그 주소를 찾아가는 데 잠시 동안 길을 잊었거나 잃은 것이다. 잊으려는 안간힘. 잃어버려서라도 안도의 한숨을 돌리려는 노력. (이렇게 해서라도 지명을 피하면서) 거기서, 거기서 돌아왔을 때, 퇴소했을 때, 살아 돌아왔을 때, 그들에게 두 번째 감금이 시작된 것이다. 침묵의 감금, 기억의 감금, 트라우마의 감금. 어디로부터? 당으로부터, 가족으로부터, 친지들로부터, 친구들로부터, 고향으로부터, 직장으로부터, 사회로부터, 세상으로부터, 국가로부터. 그들에게 바깥은 없었다. 오해하면 안 된다. 그들은 과거에 갇혀서 산 것이 아니다. 그들은 자기 자신의 육신에 벌어진 사건과 함께 살고 있는 것이다. 이 감금은 그런 의미에서 끝이 없는 것이며, 이 기억은 마모되지 않을 것이다. 여기에는 그저 끝없는 현재, 시간을 알 수 없는 지금, 저기와 여기를 구별할 수 없는 중국, 이라는 장소만이 있을 뿐이다. 자볜거우와 고향이 무슨 차이가 있는가. 베이징과 밍수이가 무슨 차이가 있는가. 그들이 돌아왔을 때 지도자는 살아 있었고, 지도자는 죽어서도 살아남았다. 여기는 사회주의 중화인민공화국이다. 아우슈비츠와 자볜거우의 결정적인 차이점은 유대인들은 전쟁이 끝나고 감금에서 풀려난 다음 해방되었지만 우파 보수주의자들은 돌아온 다음 문화혁명을 맞이하였다는 것이다. 그들은 다시 '반동反動'이라는 글자가 적힌 붉은 모자를 쓴 채 젊은 홍위병들에게 불려 나가 광장에서 무릎을 꿇고 혁명 사업에 대한 자신들의 과오를 자아비판하고 노동을 통한 사상개조 과정에서 무엇을 배웠는지 동네 사람들 앞에서 진술해야만 했다. 가까스로 살아 돌아온 많은 사람이 이 과정에서 미쳐버리거나, 병들거나, 자살하였다. 아직 끝나지 않았다. 그들은 1989년 6월 4일 천안문 광장에 탱크가 진입했다는 이야기를 전해 들었다. 천안문 광장 앞에 걸려 있는 마오쩌둥의 초상화에서 큰 웃음소리가 들리는 것만 같다.

11

우리의 방침은 반혁명분자는 반드시 숙청하고 잘못이 생기면 반드시 바로잡는다, 는 것입니다. 반혁명분자 숙청 사업에 대한 우리의 노선은 대중노선입니다. 대중노선을 채택할 경우, 물론 결함이 생길 수는 있지만, 그 수가 적고 오류 또한 손쉽게 바로잡을 수 있습니다. 대중은 투쟁 속에서 경험을 얻습니다. 일 처리를 올바르게 하면 올바른 경험을 얻을 수 있습니다. 오류를 저질렀다면 오류에 대한 반면교사로서의 경험을 얻을 수 있습니다. 반혁명분자 숙청에서 나타나는 모든 오류는 바로잡는 단계를 이미 거쳤거나 거치고 있는 중입니다. 우리는 아직 발견되지 않은 오류도 일단 발견되기만 하면 수정할 준비가 되어 있습니다. 어떠한 오류든지 이를 수정하고 나면 이 사실을 널리 알려야 합니다. 우리는 올해나 내년에 반혁명분자 숙청 사업을 전면적으로 조사할 것입니다.*

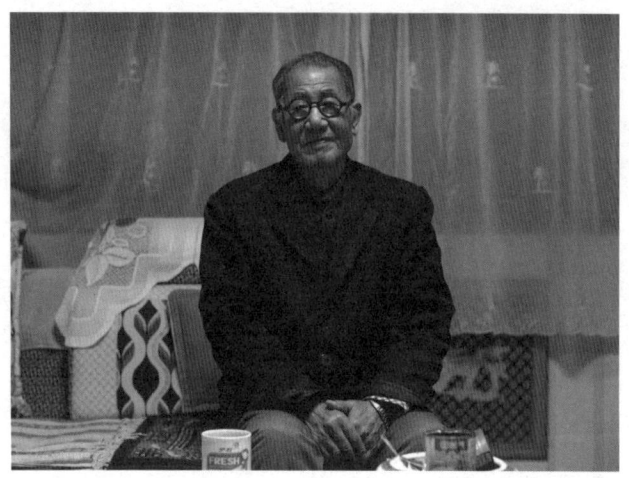

12

다른 사람 대신에 살아남았기 때문에 부끄러운가? 특히, 나보다 더 관대하고, 더 섬세하고, 더 현명하고, 더 쓸모 있고, 더 자격 있는 사람 대신에? 그런 생각을 떨쳐버릴 수가 없다.

---

*   마오쩌둥, 「반혁명분자 숙청 문제」.

그래서 자신을 찬찬히 검토하고, 자신의 기억들을 모두 되살릴 수 있기를 바라면서 또 그 기억들 중 무엇도 가면을 쓰고 있거나 위장하고 있지 않기를 바라면서 스스로를 점검해본다. 그런데 아니다. 명백한 범법 행위를 발견하지 못한다. 누구의 자리를 빼앗은 적도 없고, 누구를 구타한 적도 없으며(그럴 힘이라도 있었겠는가?), 어떤 임무를 받아들인 적도 없고(맡겨지지도 않았지만……), 그 누구의 빵도 훔친 적이 없다. 그럼에도 그런 생각을 떨쳐버릴 수가 없다. 각자가 자기 형제의 카인이라는 것, 우리 모두가(나는 이번에는 매우 광대한, 아니 보편적인 의미에서 "우리"라고 한다) 자기 옆 사람의 자리를 빼앗고 그 사람 대신에 산다는 것은 하나의 상상, 아니 의심의 그림자에 불과하다. 그러나 이와 같은 상상이 우리의 정신을 갉아먹는 것이다. 좀벌레처럼 우리 머릿속 깊숙이 자리 잡고 들어앉아 갉아먹으며 귀에 거슬리는 소리를 낸다.*

13

먼저 하나의 장면을 건드릴 것이다. 이 장면은 이상하다. 장면이 이상한 것은 아닌데 그걸 놓은 자리, 배치의 문제, 그걸 이어 놓은 방식, 연결의 방법, 그걸 놓은 앞과 뒤, 그리고 그 사이의 장면들이 이상하다. 저음에는 그 장면이 갑자기 나타나서 무언가 영화 안으로 침입한 것만 같은 인상을 받았다. 하지만 영화는 아무렇지도 않다는 듯이 진행되었다. 나는 이 장면이 일시적인 단절,

***

* 프리모 레비, 『가라앉은 자와 구조된 자』, 95~96쪽.

혹은 구성상의 분산처럼 보였다. 내가 틀렸다는 것을 알았다. 〈사령혼〉은 영화 내부에서 무언가를 추론해내는 것을 완강하게 거절하고 있다는 것을 몇 번이고 반복해서 깨달았다. 단순하게 서로를 상호 관계 속에 놓지 못하도록 얼마나 애를 쓰고 있던가. 그 안에서 당신은 단순하게 시간의 흐름에 따라 무언가를 무언가로 조직화해내는 데 매번 실패할 것이다. 증인들을 단순하게 공통의 공간이라는 말로 요약하는 것이 단 한순간이라도 가능한 적이 있던가. 거기서 부여받을 수 있는 위치의 개념이 있던가. 거기서 어떤 지표를 찾았는가. 〈사령혼〉은 그것을 본 다음 내부적인 구조로 환원하여 분석할 수 있는 가능성이 없는 영화이다. 증언을 하는 증인들. 그런데 갑자기 우리 앞에 증언을 할 수 없는 증인들이 나타났다. 여기서부터 이야기를 다시 시작해야 할 것 같다.

여덟 명 혹은 아홉 명을 만난 다음(셈하는 방법에 따라 다를 수 있다) 왕빙은 카메라를 들고 밍수이 들판에 서 있다. 그냥 카메라가 서 있다고 말하는 편이 맞을 것이다. 텅 빈 벌판, 아니, 차라리 사막이라고 해야 할 것 같다. 바람이 몹시 불고 파란 하늘에는 구름이 무심하게 떠 있다. 먼저 순서에 대해 말해야 할 것 같다. 밍수이 들판은 영화에서 처음 나온다. 그런데 이 밍수이 들판 장면은 하나의 시퀀스처럼 보이지만 둘로 나뉘어져 있다. 밍수이 들판에서 왕빙은 양치기 농부를 만난다. 푸하이성伏海生. 하지만 다른 사람을 소개할 때와 달리 나이도 없고 촬영한 날짜도 없다. 단지 그가 밍수이 마을의 농부라는 소개가 전부이다. 왕빙은 카메라를 들고 푸하이성을 뒤쫓아 밍수이 들판을 따라 걸어 마을에 이른다. 그리고 마을에서 우물을 보고 예전에 역이 있었다는 곳에 와본다. 여기까지가 하나의 씬이다. 그런 다음 밍수이 들판을 찾아온 사람들과 만난다. 그 사람들은 우파분자로 고발당한 다음 자볜거우 강제노동수용소에 수용되었다가 살아 돌아간 사람들이다. 밍수이에 살고 있는 농부 푸하이성과 밍수이를 다시 찾아온 생존자들을 다른 날에 찍은 것은 분명하다. 왜냐하면 푸하이성과 대화가 거의 끝나갈 무렵 이미 해가 저물고 있었기 때문이다. 그러나 그 두 개의 씬의 시간적 간격이 며칠 사이인지 아니면 몇 년 사이인지는 알 수 없다. 그러니까 왕빙이 밍수이를 10여 년 만에 다시 찾아온 것인지 아니면 거기 머물면서 그 두 개의 씬을 모두 찍은 것인지는 알 수 없다. 〈사령혼〉은 시간순으로 편집한 영화가 아니다. 밍수이 들판을 보여주기 전에 만난 사람, 그러니까 여덟 번째 혹은 아홉 번째 만난 증인은 천쭝하이陳宗海이다. 일흔네 살. 촬영한 날짜 2016년 8월 29일. 그런데 밍수이 들판에 찾아온 사람들 중에서 우리는 천쭝하이를 다시 만난다. 그러나 다시, 라는 말이 좀 이상해진다. 촬영한 날짜는 2005년 8월 16일(그러니까 〈사령혼〉의 맨 첫 장면, 저우후이난의 증언 장면보다도 앞서는 것이다). 두 장면 사이의 시간은 11년에 이른다. 그런데 뒤에 있는 씬이 앞에 있는 씬보다 11년이나 앞선다. 간단하게 말하겠다. 앞에 촬영한 씬을 뒤에 붙여놓았다. 같은 말이지만 나중에 촬영한 증언을 앞에 붙여놓았다. 왕빙은 여기서 둘 사이를 이상하게 편집했다. 천쭝하이는 〈사령혼〉에 등장하는 첫 번째 증인이 아니다. 만일 첫 번째 증인이라면 천쭝하이를 먼저 보여준 다음 왕빙이 밍수이 들판을, 강제노동수용소 자볜거우 근처의 공동묘지나 다름없는 밍수이를 보여주는 순서, 밍수이 들판을 다시 찾아온 천쭝하이를 보여주는 것에 대해서 우리는 구태여 설명할 필요를 느끼지 않을 것이다. 귀납적 편집. 그러나 천쭝하이에 앞서서 많은 증인이 자볜거우에 대해서 증언하고, 또 증언했다. 그런 다음 다시 많은 증인이 자벤거우에 대해서 증언하고, 또 증언할 것이다. 질문은 두 가지이다. 첫 번째, 천쭝하이의 증언을 보여준 다음 밍수이의 방문을 보여준다면 우리는 이 둘 사이에서 몽타주의 이미지를 가져볼 수 있을 것이다. 그러나 왕빙은 천쭝하이의 증언 장면과 밍수이 들판 방문 사이에 의도적으로 밍수이 들판 근처에 살고 있는 농부 푸하이성의 긴 씬을 포함시켰다. 이것을 포함이라고 해야 할지(그래서 푸하이성의 씬을 밍수이 시퀀스를 소개하는 장면이라고 해야 할지 아니면) 간섭이라고 해야 할지에(그래서 의도적으로 두 개의 서로 다른 천쭝하이의 씬을 나눠놓는 분절의 역할을 하는 것인지에) 대해서는 긴 논의가 필요하다. 하나의 칸막이. 두 번째 질문은 밍수이의 방문을 보여준 다음 천쭝하이의 증언을 배열하지 않은 이유는 무엇이냐는 것이다. 아마 부주의한 누군가는 천쭝하이가 두 번 등장한다는 사실을 놓쳤을 것이다. 좀 더 주의 깊은 이들도 두 개의 씬 사이의 시간적인 차이를 셈하기란 쉽지 않다. 왕빙은 구태여 그 사실을 일깨워주지 않는다. 대신 밍수이 들판에서 처음 나오는 것처럼 천쭝하이를 두 번 모두 소개한다.

왕빙은 〈사령혼〉의 구성에서 인과관계로 만들어질지도 모를, 상상할 수 있는 감상주의를 필사적으로 피하고 있다. 이 두 개의 씬은 원인과 결과의 관계가 아니라는 것을 먼저 이해해야 한다. 한계부터 고백해야 할 것 같다. 나는 이 둘 사이의 시간적인 차이, 거의 10년에 이르는 간격이 왜 생겼는지 알지 못한다. 천쭝하이가 증언을 줄기차게 거절했을 수도 있다. 그래서 왕빙은 천쭝하이를 찾아가고, 찾아가고, 찾아가고, 다시 찾아갔을지 모른다. 하지만 그렇다면 그보다 훨씬 앞서는 밍수이 들판에서는 왜 촬영을 허락했을까. 왕빙이 그전부터 천쭝하이를 알았을 리가 없다. 그렇다면 왕빙이 질문을 준비하기 위해 그 시간이 필요했던 것일까. 그것도 설명되지 않는다. 왕빙은 첫 번째 증언을 한 저우후이난을 2005년 11월 9일에 만났다. 왕빙은 자신이 증인을 만나는 과정에 대해서 단 한 쇼트도 할애하지 않기 때문에 우리는 그 시간적 간격을 채울 수 없다. 〈사령혼〉에서만 그런 것이 아니다. 왕빙은 단 한 번도 자신이 어떻게 촬영의 대상, 장소, 인물에게 다가가는지 과정 자체를 찍은 적이 없다. 생략된 과정, 내가 모든 영화 현장을 본 것은 아니지만 윈난의 정신병원에 들어갈 때에도 어떤 촬영도 하지 않았다(〈광기가 우리를 갈라놓을 때까지〉). 쿤밍시 푸민현富民縣 외곽의 공장 구석에 자리한 한 뼘만 한 작은 집에 살고 있는 아버지와 두 아들을 찍으러 갈 때에도 단 한 번도 카메라를 손에 들지 않았다(〈아버지와 아들〉). 왕빙은 차오자현에서 강을 따라 댐을 건너 한나절을 차를 타고 들어간 다음 거기서 내려 다시 세 시간 가까이 다소 위태로운 산길로 이어지는 비탈길을 따라 걸어 도착한 작은 동네에서 공사장을 내려다보며 탄식하듯이 중얼거렸다. "조만간에 이 풍경이 다 사라질 거예요. 댐이 완공되고 물에 잠기면 다 사라지겠지요"라면서 한참을 지켜보았다. 하지만 왕빙은 그저 지켜보기만 했다. 그 먼 곳까지 그 무거운 소니 베타캠 카메라를 틀림없이 들고 왔다. 하지만 단 한 순간도 그걸 찍지 않았다. 정글 속의 세 자매 어머니를 만나러 갈 때에도 아무것도 찍지 않았다. 어머니를 인터뷰할 때에 비로소 왕빙은 카메라를 들었다. 왕빙에게는 언제 카메라를 들 것인가, 라는 질문이 있다. 대신 왕빙은 옆으로 둘러멘 가방에 항상 작은 니콘 카메라를 넣어 다녔다. 그리고 거의 습관적으로 찍었다. 왕빙은 디지털카메라를 선호하지 않았다. 가방 안에는 필름을 잔뜩 챙겨가지고 다녔다. 하지만 〈사령혼〉을 찍으면서 증인들의 사진을 찍었는지는 내가 알지 못한다. 한 가지는 알고 있다. 왕빙은 밍수이 들판과 자벤거우의 풍경을 수없이 찍었다. 나는 퐁피두센터에서 열린 왕빙의 사진전에서 그 사진들을 본 적이 있다. 그 사진들은 영화를 위해서 찍은 것은 아닐 것이다. 왜냐하면 모두 흑백사진이기 때문이다. 왕빙은 흑백영화를 찍은 적이 없다. 왕빙은 영화와 사진을 마치 분리된 이미지, 서로 교류하지 않는 예술처럼 다룬다.

먼저 밍수이 들판에서 만난 푸하이성의 씬을 바라본 다음 다시 천쭝하이에게 돌아올 것이다. 그래야만 설명이 될 것이다. 나는 구태여 바라본다, 라고 말했다. 그럴 수밖에 없다. 왕빙은 이 장면을 그렇게 찍었다. 〈사령혼〉은 시작하자마자 실내에서 증언을 듣고 계속해서 실내에서 증언을 듣는다. 물론 침상에 누운 저우즈난의 증언을 들은 다음 야외로 나간다. 그러나 그것은 저우즈난의 장례식을 찍기 위해서 나간 것이다. 달리 장례식을 찍을 방법이 있었을까. 그런 다음 세 번째 혹은 네 번째 증언을 듣기 위해서 다시 실내로 들어온다. 좀 더 정확하게는 집으로 들어온다. 물론 집에서 증언이 이어지는 것은 집 바깥 어디에서도 촬영이 불가능했을 것이기 때문이다. 이건 그냥 증언이 아니다. 지도자의 교시에 따라 강제노동수용소에 보내졌던 우파분자들. 그들은 아직도 복권하지 못했다. 그들은 지금도 중화인민공화국 대약진의 역사 앞에서 (마오쩌둥의 표현을 빌리자면) '모순'이다. 마오쩌둥은 대약진 앞에서 이 모순을 해결하기 위해 부정 변증법의 전술을 이용하였다. 여기서 사회주의 중국은 대립물의 통일 대신 한 측면이 다른 측면에 승리할 때까지 계속되어야 한다는 전술을 선택했다. 이 과정에서 반대의 측면이라는 우파분자의 자리에 불려간 인민들은 강제노동 수용소로 끌려갔다. 〈사령혼〉에서 증인들은 반복해서 말한다. "내가 왜 그때 거기에 갔는지 지금도 모르겠어요." 당이 투쟁해야 할 대상인 우파분자들은 어떤 저항도 할 수 없었다. 당은 아직도 자신들의 결정에 대해서 어떤 오류도 인정하지 않았다. 왕빙은 지금 당이 의기양양하게 승리했다고 기록한 한 줌의 모순들, 가까스로 살아남은 우파분자들의 증언을 촬영하는 중이다. 중국 어디에서건 공공장소에서 카메라로 무언가를 촬영하면 공안이 나타나서 촬영 허가증을 요구한다. 후렴구처럼 반복하겠다. 여기는 사회주의 중화인민공화국이다.

적막한 벌판. 황량한 사막. 물론 왕빙은 삼각대를 사용하지 않았다. 볼 것이라고는 아무것도 없다. 저 멀리 트럭이 지나간다. 너무 멀어서 점처럼 보인다. 그러다가 땅바닥을 내려다본다. 거기서 보는 것은 뼛조각이다. 누가 보아도 그게 넓적다리뼈나 정강이뼈라는 것을 알 수 있다. 아니, 사람의 뼈라는 것을 알 수 있다. 벌판에 널려 있는 사람의 뼈. 누가 여기에 가져다 놓은 것일까. 아니, 그럴 리 없다. 묻혀 있는 것들이 모습을 드러낸 것이다. 밍수이 들판. 강제노동수용소 자볜거우에서 죽은 자들을 이곳에 묻었다고 증인들은 반복해서 진술했다. 공식적인 기록에는 자볜거우 강제노동수용소를 1960년 12월에 폐쇄했다고 하지만 증언에 따르면 그들 중 일부는(혹은 살아남은 대부분은) 1962년에야 돌아왔다. 이 기록은 (내가 알고 있는) 대부분의 자료에서 부정확하다. 대약진운동은 1962년 여름 그 어느 날 베이징에 있는 수영장에서 오후를 보내던 마오쩌둥을 찾아간 류사오치가 "너무 많은 사람이 죽었소. 역사는 당신과 나를 심판할 것이요, 심지어 식인 행위도 역사책에 남게 될 것이오"라고 보고했을 때 비로소 끝났을 것이다. 내가 여기서 하려는 말은 대약진운동의 정확한 시기 구분이 아니다. 그렇게 끝난 다음 40년이 지났다. 그리고 지금 사람의 뼈가 밍수이 들판에, 눈앞에 놓여 있다. 조금도 숨길 생각 없이, 감추려는 어떤 노력도 없이, 그걸 찾아간 사람도 없이, 그렇게 황폐한 땅 위에 굴러다니고 있다. 왕빙은 힘들게 들판을 뒤져가면서 하나의 흔적, 거기에 묻었던 시체가 드러난 모습, 뼈 한 조각을 발견한 것이 아니다. 여기서 왕빙은 어떤 편집도 하지 않고long_take 땅바닥을 내려다보면서 걸어간다. 어떤 다른 장비의 도움도 없이 카메라를 손으로 들고 바닥을 내려다보면서, 그렇게 사방을 두리번거리면서 걸어간다. 여기엔 어떤 미학적 결정도 없다. 그걸 분명하게 보여주는 건 내려다보는 카메라의 화면에 보이는 왕빙의 그림자이다. 피하려면 피할 수도 있었을 것이다. 그림자의 길이로 미루어보건대 아마도 해는 중천에 떠 있고 지금 찍고 있는 방향에서 한 번 더 반대 방향으로 찍으면 될 것이다. 왕빙은 이걸 다시 찍을 생각이 없다. 아니, 그런 노력 자체를 할 생각이 없다. 여기엔 오직 대답이 있을 뿐이다. 어떤 대답? 지금 영화가 여기에 있음, 이라는 대답이다. 네, 여기에 있습니다. 그때 영화는 여기에 없었다. 너무 늦긴 했지만 지금에야 영화가 밍수이에 도착했다. 그리고 자볜거우의 흔적을 두리번거리는 중이다. 이제는 대답할 수 없는 사람들. 자신의 시체조차 찾을 길 없는 사람들, 단지 볼썽사납게 바닥에 흩어진 뼛조각으로만 자신이 여기에 있었음을 증명할 수 있는 사람들. 바람 부는 들판에 서서 그들을 내려다보면서 영화가 지금에야 여기에 왔음을 대답하는 중이다. 그렇다. 여기서 영화는 대답이다. 온 사방 여기저기서 뼛조각을 보게 된다. 발견하다, 라는 말은 밍수이 들판에 어울리지 않는다. 눈을 돌리면 눈이 멈추는 곳에서 뼈를 볼 수 있다. 대약진운동이 끝난 다음에도, 문화대혁명이 지나간 다음에도, 덩샤오핑으로 시작한 개혁의 시대 그 이후에도, 천안문 이후에도, 21세기에도, 베이징은 강제노동수용소의 역사를 감추거나, 지우거나, 가리거나, 숨길 생각이 없었(던 것 같)다. 거기에 죽은 우파분자들을 매장했고, 그러면 그들은 거기에 매장된 것이다. 나는 의도적으로 같은 말을 두 번 썼다. 여기서는 물리적인 정리가 역사적인 정리와 동등한 의미를 지니고 있다는 것을 생각해야 한다.

왕빙은 들판 여기저기에 흩어진 뼛조각을 따라 이리저리 돌아다니다가 문득 허리를 펴고 저 멀리 바라본다. 누군가 걸어가고 있다. 그 사람을 카메라가 할 수 있는 한 최대한 가까이 다가가서 보려고 한다zoom_in. 하지만 화면에서 그 누군가는 그저 풍경의 일부처럼 흐릿하게 지워진 채focus_out 벌판에 달라붙은 것처럼 보인다. 게다가 바람이 몹시 불고 있다. 아무런 보호도 하지 않은 마이크에 잡히는 바람 소리는 마치 찢어질 듯한 노이즈처럼 들린다. 바람은 카메라를 든 왕빙을 서 있기도 힘들게 흔든다. 그래서 화면은 고정되지 못한 채 금방 날아가버릴 듯이 흔들린다. 망원렌즈로 잡은 화면이라 더 그렇게 보였을지 모른다.

아마도 저 멀리서 걸어온 남자가 푸하이성일 것이다. 밍수이 마을에 살고 있는 농부. 푸하이성은 이 낯선 방문객에게 별다른 경계심을 품지 않는다. 하지만 그렇다고 호의를 베풀 생각도 없다. 왕빙은 이 남자에게 계속 말을 걸고 질문을 한다(이하 푸하이성의 대답은 전문을 녹취한 것이 아니라 발췌한 것이다). 아마 여기 오래 살았던 것 같다. "여기에 시체를 무더기로 가져왔고, (우리가) 무덤을 훼손하지는 않았어요." "여기에 (당신들이 이주해 왔을 때) 무덤이 많이 있었나요?" "(들판을 가리키면서) 저기도 있었고, 나머지는 마을 뒤에도 있어요." 왕빙은 푸하이성의 이야기를 듣고 있지만 그에게 별 관심이 없다. 그 대신 푸하이성의 손짓을 따라 카메라가 시선을 옮긴다. 그의 손길을 따라 마을을 바라보지만 거기에는 마을이라기보다는 그저 몇 채의 집이 보일 뿐이다. "당신 집 뒤에도 있나요?" "그럼요." 두 가지 사실을 알 수 있다. 밍수이에 사람들이 살기 위해 이주해 왔을 때 무덤이 사방에 있었고, 그걸 모두 치우고 새로 집을 지을 수 없을 만큼 많았다는 뜻이다. 무덤 곁에서 집을 짓고 살고 싶은 사람은 없다. 한 가지 더. 자벤거우 강제노동수용소에 폐쇄 명령이 내려지자 그걸 관리하던 공무원들은 그 상태로 내버려둔 채 떠났다는 뜻이다. 아마도 따로 명령이 없었을 것이다. 시체들을 매장한 밍수이 들판. 그러므로 새로운 이주민들은 그들이 매장한 다음 별다른 후속 조치를 취하지 않은 채 버려진 들판과 마주했다는 뜻이다. "우리 집 앞마당을 평평하게 만들었을 때 뼈를 발견했어요. 많이요. 아주 많이요." 푸하이성은 이 말을 하면서 아무 감정이 담기지 않은 목소리로 알려준다. 그 설명에는 어떤 망설임도 없다. 사람의 뼈를 많이, 아주 많이 발견했다고 말을 할 때에도 푸하이성은 무표정할 따름이다. "언제 여기로 왔나요?" "1987년이요." 베이징에서 '천안문사건'이 벌어지기 2년 전. 그때까지 밍수이는 사람도 살지 않는 그저 시체들의 허허벌판이었을 것이다. 역사의 무관심. 당의 무관심. 사회주의 중화인민공화국의 무관심. "그때는 밭도 없었어요. 그냥 넓은 사막이었어요." "당신들은 여기를 분배받은 건가요?" "네." 그 대답을 한 다음 푸하이성이 멀어져 간다. 길을 따라 걸어가는 푸하이성은 여기저기를 가리키며 설명해준다. 우물이 있는 곳, 동굴이 있는 곳, 평평하게 다져놓은 언덕. 이때 왕빙이 예기치 않은 질문을 한다. "손을 묶어놓은 시체들은 어디에 있나요?" 손을 묶어놓은 시체? 만일 굶어 죽었거나, 병들어 죽었거나, 맞아 죽었다면, 그러니까 시체를 매장한 것이라면 손을 묶을 이유가 없다. 적지 않은 사람들이 손을 묶인 채로 생매장당했다는 뜻이다. "저 위에. 아니면 바닥 어딘가일 거예요. 예전에 여긴 사막이었어요." 푸하이성은 그렇게 죽은 시체들의 흔적을 보았다는 뜻이다. 그러니까 대답을 할 수 있을 것이다. 푸하이성이 가리키는 곳에는 풀이 자라고 나무가 자라고 있다. 그리고 그 아래 가지런히 심어놓은 옥수수밭이 이어지고 있다. 푸하이성이 좁게 이어지는 옥수수밭 길로 걸어가면 왕빙이 그 뒤를 따라간다. (끔찍한 말이긴 하지만) 이 옥수수들은 밍수이에 묻어놓은 시체들을 먹으면서 자라났을 것이다. 달리 무슨 상상을 할 수 있을까. 사람의 키만큼 자라난 옥수수들, 나쁜 상상. 마치 시체들이 서 있는 것처럼 보인다. 고통스러운 동행hand_held_following. 왕빙은 푸하이성을 따라가는 것이지만 동시에 그의 카메라는 이 지역을 측정하는 것처럼 보인다. 밭의 너비는 매장한 공동묘지의 크기이기도 하다. 시체들을 매장한 다음 그 위에 흙을 덮고, 모래가 쌓이고, 비가 오고, 바람이 불고, 세월이 간 다음, 이주해 온 사람들은 다시 개간을 하여 그 위에 옥수수를 심었다. 농작의 지층, 시체의 지층, 역사의 지층. 해가 기울어가고 있다. "저기 보이는 오솔길과 큰길이 모두 배수로였어요." "배수로였다고요?" "네." "배수로에 동굴이 있었나요?" "네, 저쪽으로 가면 몇 개 찾아낼 수 있을 거예요." 푸하이성은 웃으면서 대답을 한다. 푸하이성의 웃음. 그는 자기가 대답한 동굴이 무얼 뜻하는지 모른다. 1958년 혹은 1960년 그때 우파분자들로 지목된 재소자들은 이 동굴에서 겨울과 여름을 보내야만 했다. 그들은 모포 한 장을 덮고 겨울을 보냈으며, 죽 한 사발을 먹는 날은 운이 좋은 날이었다. 아침에 일어났을 때 옆자리의 재소자는 아직도 자고 있었다. 점심이 되어도 일어나지 않았다. 저녁에 그의 시체를 벌판에 묻고 돌아왔다. 힘이 없어서 땅을 깊이 팔 수 없었다. 우리는 이 장면을 보기 전에 이미 같은 증언을 듣고 또 들었다. 그리고 듣고 또 듣게 될 것이다. 동네에 들어서자 아이들이 카메라 앞으로 달려와서 신기한 듯이 들여다보고 도망치기를 반복한다. 왕빙은 그 아이들을 쫓을 생각이 없다. "큰 우물은 어디 있나요?" "여기요." 우물이라기보다는 땅을 판 다음 거기에 큰 하수관을 심어놓았다. 아이들이 그 주변에서 놀고 있다. "역 관리소는 저기예요. 저기에다가 여러 개의 오두막을 지었죠." 하지만 우리가 보는 것은 그저 흙으로 지은 벽이다. 모두 허물어졌거나 긴 세월 속에 무너졌을 것이다. 오두막이 그 세월을 견뎠을 리가 없다. "밍수이 수용소의 중간 역"이라는 자막. 여기까지 우파분자들을 트럭에 실어서 데려온 다음 버리듯이 내려놓고 떠났을 것이다. 그들의 가족은 힘들게 여기까지 찾아와서 면회를 신청하고 잠시 동안 만났을 것이다. 푸하이성과 밍수이를 돌아보는 것은 여기까지이다. 그런 다음에는 밍수이를 방문한 이들의 장면으로 옮겨 간다. 이들 중 한 명이 천쭝하이다.

밍수이 들판에서의 두 번째 씬을 설명하기 전에 먼저 밍수이 들판을 방문한 이들에 관한 설명을 해야 할 것 같다. 왕빙은 한 할아버지를 따라간다. 왼손에 백주를 들었고 다른 손에는 이런저런 것을 담은 비닐봉지가 있다. 그 할아버지가 천쭝하이다. 하지만 2005년에는 아마도 천쭝하이를 다시 찍을 생각을 미처 하지 못했을지 모른다. 왕빙이 천쭝하이만을 찍은 것은 아니다. 여러 명이 모여서 땅 위에 모습을 드러낸 뼈를 바라본다. 그중 누군가는 손으로 돌을 파내기까지 한다. 그때 누군가 말을 한다. "허펑밍과 함께 여기 왔을 때 (돌에서) 이름을 발견했어." 허펑밍. 왕빙의 두 번째 영화 〈허펑밍〉의 단 한 명의 증인. 어쩌면 왕빙은 허펑밍의 친척 가운데 누군가를 소개받은 다음 이들과 함께 여기에 왔고, 여기서 처음 천쭝하이를 만났을지도 모른다. 나는 제작 과정을 모르기 때문에 가정법으로 쓸 수밖에 없다. 이때 땅바닥에서 묶여 있는 밧줄을 발견한다. 거의 조건반사적으로 바로 앞 씬, 푸하이성에게 했던 질문이 떠오른다. "손을 묶어놓은 시체들은 어디에 있나요?" 왕빙은 여기서 뼈들과 묶어놓은 밧줄을 발견한 다음 푸하이성에게 물어본 것일까(그렇다면 왜 푸하이성 장면을 앞에다 배치한 것일까), 아니면 이미 알고 있었는데 푸하이성과 밍수이 들판과 마을을 둘러볼 때는 발견하지 못했다가 지금 그걸 발견한 것일까(그렇다면 밧줄로 묶어놓은 시체들의 존재를 어떻게 알 수 있었던 것일까). 한 가지 더. 그렇다면 푸하이성의 장면은 2005년에 찍은 것일까. 그런데 왜 그 장면에서는 구태여 촬영 날짜를 밝히지 않은 것일까. 왕빙은 천쭝하이를 찍다가 함께 온 쉬샤산許霞山을 소개한다. 일흔한 살. (자막에 따르면) 자볜거우 강제노동수용소 생존자. 저 멀리서 양 떼를 몰고 농부가 방문객들에게 다가온다. 리젠궈李建國, 쉰다섯 살, 1981년에 간쑤성 딩시시定西市에서 이주한 농부. 그는 방문객들에게 알려준다. "여러분들에게 도랑을 보여주는 게 나을 것 같군요. 그러면 동굴을 찾을 수 있을 거예요. 피난처인 거죠." 그런 다음 그들은 흙벽처럼 보이는 곳에 커다란 구멍이 난 것 같은 동굴 앞으로 온다. "내가 여기 처음 왔을 때는 농작물도 없었어요. 밭도 없었어요. 허허벌판이었어요. 그냥 푸른 하늘만 있었죠. 내가 오기 전에는 사람이 지낼 수 없는 사막이었어요. 서른 가구가 여기에 왔어요. 나는 그때 머물기로 했고 다들 떠났죠." "다 떠났어요?" "사람이 살 수 없는 곳이라는 걸 알고 떠났죠. 새로 예순 가구가 왔어요. 셋만 남았죠. 다른 선택의 여지가 없었어요. 이주해 오기 힘든 곳이었어요." 그런 다음 동굴을 가리킨다. 자세히 다가가서 본다. 동굴이라기보다는 흙벽을 파서 만든 큰 구멍이라고 해야 할 것이다. "저기 동굴 네 개가 있어요. 지금은 농작물이 자라고 있지만 그래도 입구를 볼 수 있을 거예요." 이들은 여기에 처음 온 사람들이 아니다. 아무도 리젠궈에게 말하지 않지만 이들은 이 동굴, 저 동굴에서 사람이 살 수 없다고 말하던 것보다 20년도 전에 그해를 여기서 보냈고 겨우 목숨을 껴안고 살아 돌아간 사람들이다.

　방문객들은 벌판에 모여서 지전紙錢을 태운다. 그러면서 말한다. "내게 음식을 나누어 주었어요. 그게 없었으면 나는 여기 살아 있지 못했을 거예요." 그들은 흙바닥에 나뒹구는 돌에 대한 미련을 버리지 못한다. 이 돌 저 돌을 주워서 거기에 글자가 새겨져 있는지를 확인해본다. 누군가 글자가 새겨진 돌을 찾아내자 먼지를 지워내기 위해 물을 부으면서 희미한 글자를 읽으려고 애를 쓴다. 어쩌면 알지도 모르는 이름을 만날 수 있을 거라는 우연을 기대하지만 그런 일은 일어나지 않는다. 가슴을 뭉클하게 만드는 것은 그 돌을 아무도 함부로 바닥에 내던지지 않는 모습이다. 어쩌면 여기를 방문할 또 다른 누군가의 아는 사람일지도 모른다는 생각에 행여 오랜 풍화작용으로 부서지기라도 할 것처럼 그걸 그 자리에 조심스럽게 내려놓는다. 왕빙은 이들과 헤어져서 오던 길을 되돌아간다. "밍수이 강제노동수용소 서쪽 역"이라는 자막과 함께 볼 수 있는 것은 그냥 흙벽이다. 그런 다음 동굴을 보러 간다. 이번

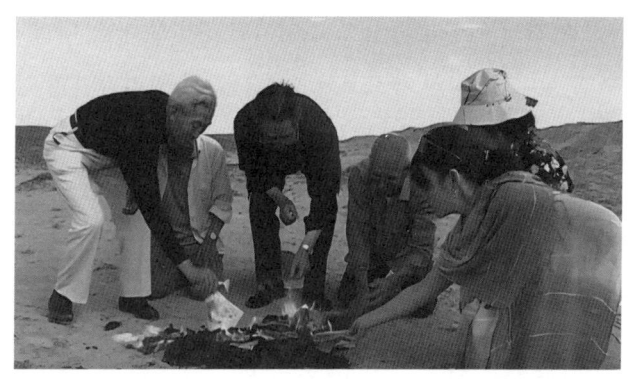

에는 그 안을 가까이 다가가서zoom_in 본다. 텅 빈 동굴. 저 안에서 어떻게 살 수 있었을까. 저 안에서 어떻게 그 긴 겨울을 날 수 있었을까. 저 흙바닥에서 어떻게 매일 잠들 수 있었을까. 왕빙은 다시 증언을 듣기 위해 아홉 번째 혹은 열 번째 증인을 만난다. 싱더刑德, 여든여섯 살, 촬영 날짜 2005년 11월 3일.

14

처음의 질문으로 돌아가자. 왕빙은 왜 이렇게 배열을 한 것일까. 가장 단순한 대답은 2016년 8월 29일 천쭝하이를 먼저 본 다음 2005년 8월 16일 밍수이에서 천쭝하이를 보는 걸 플래시백으로 셈하는 것이다. 하지만 그렇게 되면 그 사이에 푸하이성은 왜 있는 것일까. 천쭝하이와 그와 함께 온 방문객들을 동굴까지 안내하는 사람은 푸하이성이 아니라 리젠궈이다. 게다가 푸하이성을 왕빙이 언제 만났는지 알지 못한다. 정확한 대답은 그 반대로 답하는 것이다. 왕빙은 여기서 플래시백 효과의 무효를 목표로 하고 있다. 나는 여기서 위험을 무릅쓰고 어쩌면 왕빙보다 좀 더 멀리 나아가보고 싶다. 그렇게 함으로써 〈사령혼〉의 알리바이를 만들어 낼 수 있다면 그렇게 해야 한다.

　나는 그 무효의 전술을 자벤거우 강제노동수용소에서 가져올 필요를 느낀다. 마오쩌둥은 대약진에 관한 그의 문건에서 지속적으로 우파분자 숙청을 '투쟁'이라고 불렀으며 그들을 '인민 내부의 모순'으로 규정하였다. 그러면서 지도자는 이 모든 투쟁이 "평화로운 노동 활동에 인민들이 전념할 수 있도록 하기 위함"이라는 목표를 내세웠다. 우파분자들은 어떤 소동을 일으켰는가? 우파분자들은 어떤 반동 행위를 했는가? 마오의 문건은 신경질적으로 대답하였다. "물론 주요 반혁명분자들은 숙청하였습니다. 그리고 일부는 사형을 시켰습니다. (…) 우리의 근본 임무는 생산력 해방이라는 단계를 넘어서서 새로운 생산관계하에서 생산력을 보호하고 발전시키는 것입니다. 지금의 정책은 지금의 상황에 적합한 것이요, 과거의 정책은 과거의 상황에 적합한 것입니다." 새로운 모순. 새로운 긴장 관계. 그것을 해결하기 위하여 어떻게 해야 하는가. "우리의 방침은 반혁명분자는 반드시 숙청하고 잘못이 생기면 반드시 바로잡는다, 는 것입니다." 사회 모순의 나쁜 측면을 숙청이라는 방법으로 해결하려고 할 때, 변증법이 잠깐 잊어버리는 것은 그 나쁜 측면이 지금의 사회를 출발시켰고, 그것을 구성하고, 그것을 유지하는 일부라는 사실이다. 이때 이 숙청은 하나의 사회와의 단절, 더 나아가 역사와의 (폭력적인) 단절로 밀고 나아가는 구호가 될 것이다. 폭력적인 전환, 토픽의 단절에서 놓친 것은 무엇일까. 그 둘 사이를 그저 징검다리를 건너가듯이 도약할 수 있을까. 대약진에서 그 사이의 매개가 강제노동수용소였다는 사실을 놓치면 안 된다. 하나의 사회. 하나의 역사가 수용소로 간 다음 침묵을 요구받았다. 마오쩌둥은 세 번 반복해서 같은 구호를 요구했다. "농민들 속으로 들어가라, 농촌으로 돌아가라." 대장정의 행진. 대약진의 토대. 문화대혁명의 하방. 이때 우파분자들이라는 모순은 어디에 위치시켜야 하는가. 왜 그들을 분리해 놓아야 하는가. 〈사령혼〉에서 증인들은 반복해서 같은 질문을 한다. 나는 왜 강제노동수용소에 가야했나요, 나의 죄목은 무엇인가요. 그들은 지금도 대답을 듣지 못했다. 왜냐하면 그 질문을 하는 것 자체가 그들 죄의 일부이기 때문이다. 그들의 증언은 반복된 질문이다.

간단명료한 대답. 그때 우파는 발명되어야만 했다. 그들은 사회주의 중화인민공화국의 1958년 생산관계 속에서 주요모순인가, 근본 모순인가. 혹은 모순인가, 모순의 주요 측면인가. 지도자는 이 질문 앞에서 이미 대답했다. "모순의 보편성이 내재하는 곳은 정확하게 모순의 특수성 속에서입니다." 특수한 상황 안에서 우파분자들은 주요모순이 되었다. 대약진이라는 생산관계의 특수한 상황. 그들이 그때 가로막은 것은 정확히 무엇이었는가. 그때에도 동일한 행위였다. 대약진의 토대에 대한 질문. 댐은 왜 그렇게 (불합리하게) 지어져야 하나요. 통계 보고서는 왜 그렇게 (부정확하게) 작성되어야 하나요. 왕빙의 카메라 앞에서 우파분자들은 지금도 베이징의 결정을 이해하지 못한다. 난 이해할 수가 없어요. 왜 내가 강제노동수용소에 보내졌는지요. 반복된 반문. 왜냐하면 그들은 지도자의 강령에 반대하기는커녕 남들보다 더 충실하게 대약진운동을 도약시키기 위해 복무한 사회주의 인민들이었기 때문이다. 그들은 당의 결정에 대해서 무언가를 질문했고 당은 그들에게 재교육이라는 형식으로 되돌려주었다. 그들은 올바른 질문을 했지만 당의 정책 실행 앞에서 오작동을 일으키는 모순이 되었다. 그때 논점은 단순하게 진리와 정치 사이의 모순이 아니다. 지도자의 교시는 역사의 생산력이어야만 했다. 이때 질문은 다가올 미래의 역사 앞에서 오작동을 일으키는 모순의 담론을 생산할 위험한 진리일 수 있었다. 왜냐하면 그들의 질문은 1958년 중화인민공화국의 생산관계를 앞질러 갔기 때문이다. 앞을 향해서 나아가는 생산력의 변증법은 자신이 질문 앞에서 뒤처지고 있다는 사실을 숨겨야만 했다. 그래서 망설이지 않고 악순환을 선택했다. 부정, 부정의 부정, 부정의 부정의 부정. 이론이 아니라 현실에서 벌어진 악순환은 그때마다 숙청의 형식으로 모순을 제거해나가기 시작했다. 여기서 지도자의 변증법적 종합은 두 개가 결합하여 하나가 되고, 그 하나는 두 대립물 사이의 분리 불가능한 결합, 이라고 정의 내렸다. 그것은 명령이 아니라 하나의 정의가 되었다. 그러므로 질문은 대약진 앞에서 비판이 아니라 침묵의 형식으로 종합을 완성시켜야만 했다. 왜냐하면 그것이 비판을 받는 동안 종합은 대약진의 운동을 지체시키는 모순이 되기 때문이다. 여기서 그 유명한 "결합될 수 있는 모든 것은 절단될 수 있다"라는 명제가 나왔다. 절단. 토픽의 절단. 질문의 절단. 여기까지는 아름답게 들린다. 그러나 인민의 절단, 으로 밀고 나아가면 상황은 다른 차원으로 옮겨 간다. 절단당한 인민들을 기다리는 곳은 강제노동수용소였다. 그들은 정말로 중국 사회주의 발전에 방해가 되었는가? 그 대답은 내 능력을 훨씬 넘어서는 것이다. 하지만 이렇게는 말할 수 있다. 그때 지도자는 우파가 필요했다. 그러므로 역설적으로 이렇게 말할 수도 있다. 그때 우파는 대약진의 명백한 실패로부터 사회주의 중화인민공화국을 구할 수 있는 유일한 방법이었다. 인민으로부터 인민을 배제하는 과정, 물론 모든 인민은 평등하며 그들은 동등한 권리를 갖고 있으며 혁명의 주체들이다. 하지만 인민들 속에 적들이 숨어 있다("내부의 적"). 그 적들을 찾아내라. 지도자는 1930년 1월 5일 자 편지에 썼다. "한 알의 불씨가 광야를 태울 것이다." 1958년, 이제 같은 말을 반대로 사용하고 있다. 사회주의 중화인민공화국의 풍요로운 대약진을 불태워버릴지도 모르는 불씨들을 찾아내라. 그런 다음 그 불씨를 꺼트려라. 이 시적인 상징을 대상으로 국가가 전쟁을 선언했을 때 우파분자들은 더 이상 인민이 아니라 숫자, 번호, 서류가 되었다. 그러므로 그들에게 어떤 인간적인 대접, 인민으로서의 권리는 개입의 여지가 없었다. 우파분자들의 불씨를 꺼트려야 한다는 이 아름다운 표현은 강제노동수용소 안에서 생명의 불씨를 꺼트려야 한다는 무시무시한 집행 과정이 되었다. 그들은 여기서 굶어 죽었고, 병들어 죽었고, 추위와 모래먼지 속에서 죽어갔다. 〈사령혼〉에서 증인들은 자신이 어떻게 살아 돌아왔는지를 설명하는 대신 곁에 누워 있던 재소자들이 어떻게 죽어갔는지를 증언한다. 그런 다음 서로 다른 증인들은 서로 다른 자리에서 같은 말을 한다. "나는 운이 좋았어요." 이때 이 무자비한 진행을 성립시킨 지도자의 문건 속에서 반복적으로 사용된 변증법적 유물론의 구호는 "역사는 우리 편이다"라는 강력한 교시이다. 우리 편으로서의 역사. 이때 우파분자들은 역사 바깥에 놓였다. 역사 바깥으로 쫓겨난 것이다.

15

비로소 우리들은 무효의 자리로 돌아왔다. 영화에서 플래시

293

백은 과거시제가 아니라 기억의 현재시제라는 것을 환기할 필요가 있다. 이때 영화의 기억은 하나의 장면, 하나의 쇼트, 하나의 씬 안에서 세계 안에서의 기억인 동시에 역사 속에서의 기억이 그 사람, 그 사람의 삶, 그 사람의 생명 안에 어떻게 성립하고 있는지를 물어보는 하나의 문장, 하나의 질문이다. 나는 이 질문을 과도하게 추상적으로 만들고 싶지 않다.

〈사령혼〉에서 그 사람이 카메라 앞에 있을 때, 증인이 왕빙 앞에 있을 때, 그것은 기억이 증언의 형식으로 여기 도착한 것이다. 여기서 증언을 듣고 있을 때, 증언을 찍고 있을 때, 증언이 카메라 앞에서 진행되는 동안, 그것은 동시에 이미지로 되돌려주어야 하는 기억의 청각적 신호들이다. 그런데 어디에도 시각적인 이미지가 남아 있지 않다. 사진 혹은 영상들. 1958년 혹은 1960년은 기록되지 않았다. 역사학자들은 문건에 의지해서 수치, 도면, 지명, 날짜, 행정 보고서를 통하여 인과관계의 퍼즐을 짜맞추려고 애쓴다. 물론 그것은 매우 중요할 뿐만 아니라 필요한 작업이다. 하지만 왕빙은 역사학자가 아니다. 그는 〈사령혼〉을 만들기 위해서 문서고에 가보는 대신 이제 만날 수 없는 증인들을 만나기 위하여 밍수이 들판에 간다. 그리고 거기서 증언할 수 없는 증인들의 두개골, 온 사방에 흩어져서 시신을 맞출 수 없는 부러진 뼛조각들, 파헤쳐진 구덩이 사이를 걸어간다.

이 행위는 정확하게 무엇인가. 이제까지와는 반대로 이번에는 증언할 수 없는 증인들을 만나러 왔다. 그때 그들의 기억을 어떻게 배치해야 할까. 뼈는 개념이 아니다. 두개골은 담론이 아니다. 아니, 뼈와 개념 사이에는 좁힐 수 없는 간극이 있다. 이 사이에 놓여 있는 불연속. 우리들이 아무리 이해하려고 해도 그걸 뛰어넘을 수 없는 심연이 여기저기 놓여 있다. 거기에 사건이 있었다. 여기에 흔적이 있다. 그들은 거기에 있었고, 지금도 여기에 있다. 그때 그들은 생명을 가지고 있었고, 지금은 뼈가 있다. 그러므로 방금 한 말을 나는 부정해야 한다. 그들은 거기에 있었고, 지금은 여기에 없다. 나는 같은 문장을 반대로 다시 한번 썼다. 두 개의 문장, 그 둘 사이에 영화가 있다. 이 둘 사이에 무엇이 있었나? 역사의 침묵. 강요당한 침묵. 이 둘 사이에 무엇이 있는가? 사회주의 중화인민공화국. 베이징의 지도자. 여전히 그 자리에 있는 천안문의 초상화. 이 둘 사이에 무엇이 있을 것인가? 올바르게 매장되지 않은 밍수이 들판의 뼈들. 여기서 그저 이미지를 보는 이들에게 〈사령혼〉은 아무 말도 하지 않을 것이다. 아니, 그것이 중국공산당의 공식적인 역사가 바라는 것이다. 왕빙은 여기에 저항하는 중이다. 이때 〈사령혼〉이 보여주는 것은 증거의 제시가 아니다. 사회주의 중화인민공화국은 우파분자들을 매장했고, 대약진이 끝난 다음 이 매장의 들판을 청소할 어떤 노력도 하지 않은 채 그냥 내버려두었다. (너무 끔찍한 표현이라 말하기 두렵지만) 그들은 이 들판을 긴 역사 안에서 전시하였다. 그건 언제든지 반복될 수 있다는 하나의 메시지였다. 반복될 수 있는 혁명. 반복될 수 있는 숙청. 변증법은 영원히 운동을 멈추지 않을 것이다. 혹은 지도자의 철학은 그래야 한다고 가르친다. (반복해서 말하지만) 공산당은 아직까지 대약진운동에 대한 어떤 자기비판도 하지 않았다. 중화인민공화국의 역사에서 대약진은 오류가 아니다. 만일 누군가 밍수이를 찾아와서 그 흔적을 보려고 했다면 누구라도 지금 우리가 〈사령혼〉에서 본 그 벌판에서 그 뼈들을 발견할 수 있었을 것이다. 그러므로 밍수이 들판에 서 있는 왕빙은 지금 고발의 증거를 찾으러 간 것이 아니다. 왕빙은 이제까지 만난 여덟 명 혹은 아홉 명의 증인과 마찬가지로 증인을 만나러 간 것이다. 그게 전부이다. 물론 거기 증인 대신 뼈가 자신을 기다리고 있을 것이라는 사실을 잘 알고 있었(을 것이)다. 그렇다면 그런 헛고생을 무엇 때문에 하러 가는가. 거기에는 증언의 실재, 시간의 실재, 사건의 실재가 기다리고 있다. 모든 수단을 동원해도 상징으로 환원되기를 거절하는 대상. 그것에 대한 의미를 아무리 설명하려고 애를 써도 침묵으로 그 자리에 존재하는 것으로 대신하는 사물. 지도자의 변증법에 대한 연설을 중단시키는 목구멍 속의 뼈. 말 그대로의 뼈. 들판의 풍경화 앞에 그렇게 얼룩처럼 남겨진 얼룩. 왕빙은 밍수이 들판에서 도대체 이게 뭐지, 라는 듯이 바라본다. 그런 다음 이게 도대체 왜 여기에 놓여 있지, 라는 듯이 둘러본다. 뼈는 역사 바깥에 있다. 그리고 바깥에서 공식적인 역사를 일시에 무효로 만든다. 몇 가지 예를 들 수 있다. 한스 홀바인의 〈대사들Die Gesandten〉의 해골. 〈시민 케인Citizen Kane〉의 장미꽃 봉오리. 〈멀홀랜드 드라이브〉의 실렌시오. 그 무효의 장소에 영화가 와서 무엇을 찍고 있는가. 여기에 세 개의 시간이 있다. 사건의 시간. 침묵의 시간. 증인(없는 증언)의 시간.

이제까지 증인들은 어디서 증언을 시작해야 할지를 알고 있었고, 어디까지 이야기해야 할지를 알고 있었고, 어디서 멈춰야 할지를 알고 있었다. 밍수이 들판의 뼈를 지금 찍고 있다. 그때 얼마나 오랫동안 지켜보아야 하는 것일까. 언제 멈춰야 할까. 여기서 아무것도 결정할 수가 없다. 이 결정 불가능성 앞에서 왕빙은 어떻게 해야 할까. 단 한마디로 영화는 어떻게 기억해야 할까. 먼저 우리 눈앞에 있는 이미지를 말해야 할 것이다. 벌판에 버려진 해골과 뼈는 흙의 일부가 되지 않았다. 아니, 거절했다고 말해야 할 것이다. 그때 그 뼈와 해골은 마치 왕빙을 기다린 것처럼 흙모래 먼지 속에서 자기를 드러내 보인다. 우리는 분명히 느낄 수 있었다. 그걸 어디서부터 찍어야 할지 당황하는 것만 같은 왕빙의 발걸음. 여기서 카메라를 손에 든 육체의 발걸음, 때로는 서두르고 때로는 멈추는 발걸음, 그런 다음 렌즈 조리개에 의지하는 대신zoom 몸의 균형을 잃을지도 모르는 위태로운 무게의 이동을 각오하고 허리를 구부려서 해골에 가까이 다가가 보고 뼛조각들을 바라보는 것보다 더 영화적인 노동이 있을 수 있을까.

왕빙의 질문, 그걸 어디에 놓아야 하는 것일까. 그건 단지 편집의 문제가 아니다. 이 설명 불가능성의 불연속 앞에서 배치는 미학의 질문이 아니다. 이 쇼트들은 중화인민공화국이라는 체제, 체제의 역사, 역사의 변증법적 순환, 순환의 운동 바깥으로 빠져나온 것이다. 빠져나와야 한다. 빠져나올 것이다. 이 쇼트들은 절단이며, 탈구이고, 저항이다. 아니, 차라리 용기를 내서 대립한다, 라고까지 쓰고 싶다. 이때 왕빙은 어떤 결단을 내린다. 그렇게 말할 수밖에 없다. 여기서 인민의 역사는 부서졌다. 하나의 영화 안에서 어떻게 증언하는 증인과 증언할 수 없는 증인을 공존시킬 것인가. 그건 몽타주가 부서져버렸음을 드러내 보이는 것이다. 들판에 해골이 모습을 드러내고 뼈가 나타난 것처럼 그렇게 몽타주의 뼈와 해골을 보여주어야 한다, 는 결단.

여기에는 두 가지 목표가 있다. 하나는 물론 공식적인 연대기, 중화인민공화국의 공식적인 역사, 그 역사에 순종하는 시간의 연표에 따라 진행하는 영화의 기억을 중단시키는 것이다. 영화는 때로 세계 안에서의 기억, 역사 속에서의 기억에 너무 쉽게 복종한다. 〈사령혼〉에서 순간적으로 뒤죽박죽이 되어버린 것만 같은 배열은 왕빙의 전술이다. 거의 유일한 전술. 문법에 따라 분류하지 말 것. 역사는 우리를 속였고, 우리에게 감추었고, 우리에게 부당한 명령을 내렸다. 그러니 역사의 논리를 거슬러야 한다. 여기에는 전체로서의 증언만이 있을 뿐이다. 이 말을 반복하고 싶다. 전체로서의 증언, 그 증언들이 모여서 하나의 성운처럼 하나의 균형, 하나의 세계, 하나의 역사를 드러낼 것이다. 그 애처로운 별자리, 간신히 또 하나의 인민의 형상을 이룬 성좌. 왕빙은 다시 한번 별자리를 만들어내기 위해 애를 쓰고 있다. 그러므로 어떤 권위도 인정하지 않을 것이며, 주어진 순서, 주어진 질서, 주어진 배열도 따르지 않을 것이다. 좀 더 단순하게 말하겠다. 편집을 하면서 왕빙은 선언이라기보다는 자신의 의무처럼 그렇게 한다. 나는 그렇게 하고 싶지 않습니다. 그것이 호소라는 것을 이해해야 한다. 그렇게 하여 무엇을 얻었는가. 이것이 두 번째 대답이다. 왕빙은 뼈와 해골들에게 생명을 부여하고 싶어 한다. 그들은 1958년 혹은 1960년 여기 살아 있었으며, 지금 카메라 앞에서 마치 증인들이 증언을 하는 육체로 살아 있는 것처럼 증언할 수 없는 증인들이 뼈와 해골로 증언할 수 있게 함으로써 살아 있게 하고, 그리고 〈사령혼〉과 함께 살아남을 것이다. 그때 비로소 밍수이의 들판은 (왕빙이 존경한다고 말했던) 타르콥스키의 〈스토커Stalker〉에서 마주했던 금지구역 존zone의 들판, 유클리드기하학으로 가늠할 수 없는 그 초원이 된다. 마치 시간이 감정을 갖고 있는 것처럼 운동하는 공간, 하나의 뇌가 활동하는 것처럼 시시각각 변화하는 체제 바깥의 세계, 이때 밍수이의 들판은 역사 속에서 침묵당한 채 아무도 살지 못했던 황폐한 장소, 이주해 온 이들조차 살지 못하고 떠나간 땅으로부터 증언을 하기 위해 뼈와 해골이 거기 그 자리에 멈춰서서 그 긴 시간 동안 견뎌낸 증인의 거주지가 된다. 거주지. 무언가를 할 수 있는 자리.

16

열다섯 명 혹은 열여섯 명의 증인을 만난 다음 왕빙은 다시 한번 밍수이의 들판에 간다. 〈사령혼〉에 마지막으로 나온 증인은 판페이린范培琳이다. 간쑤성 톈수이시天水市. 촬영 날짜는 2005년 11월 7일. 판페이린은 첫 번째 남편이 자볜거우 강제노동수용소에서 죽었고, 두 번째 남편은 문화혁명 기간 중에 보수주의 반동으로 몰려 구타를 당한 다음 1984년에 죽었다. 판페이린은 가끔 눈시울을 적시지만 눈물을 흘리지 않고 끝까지 증언한다. 그런 다음 2012년 1월 18일, 왕빙은 밍수이 들판을 걷는다. 카메라가 걷는다고 말하는 편이 맞을 것이다. 하늘에는 구름이 잔뜩 끼었다. 날은 흐리고 이미 저녁이 가까웠다. 바람 소리가 요란하다. 그리고 (왕빙의) 발걸음 소리가 들린다. 그저 추측으로 쓸 수밖에 없는 나를 이해해주기 바란다. 왜냐하면 화면에서 우리가 볼 수 있는 것은 카메라가 찍은 풍경밖에 없기 때문이다. 카메라의 흔들거리는 발걸음hand_held. 그때 왕빙의 발걸음은 화가 난 것처럼 보인다. 우리는 이미 2005년, 밍수이 들판을 본 적이 있다. 그리고 지금 밍수이 들판으로 돌아왔다. 여전히 뼈가 굴러다니고 있다. 갈라진 들판. 이곳은 비가 잘 내리지 않는다는 뜻이다. 여전히 허허벌판으로 펼쳐진 들판. 농작물은 여기서 거의 자라지 않을 것이다. 그동안 논밭은 조금도 개간되지 않았다. 왕빙은 뼈를 바라보다가 다시 걷는다. 발길이 닿는 곳마다 뼈가 굴러다니고 있다. 그사이에 더 많은 흙이 파헤쳐지면서 더 많은 뼈가 모습을 드러낸 것처럼 보인다. 왕빙은 언덕 위에서 그 뼛조각들을 내려다본다. 그러다가 왼쪽 언덕마루를 바라보자 거기에 해골이 놓여 있다. 흙먼지가 묻긴 했지만 그건 두개골이 분명하다. 왕빙은 다시 걷는다. 이번에 펼쳐진 눈앞에는 뼛조각들이 널려 있다시피 하다. 다시 걷는다. 왕빙은 이 장면을 손대면 안 된다는 듯 편집하지 않았다long_take. 이번에는 두개골에서 떨어져 나간 턱뼈에 치아가 가지런히 붙어 있다. 그리고 그 곁에 또 다른 해골이 보인다. 점점 더 어둠이 내린다. 시간이 없다. 왕빙은 하나라도 더 찍기 위해 발걸음을 서두르는 것처럼 보인다. 다시 걷는다. 거기에 또 두 개의 해골이 놓여 있다. 밍수이 들판에 도대체 얼마나 많은 사람을 묻은 것일까. 아직도 얼마나 많은 사람이 묻혀 있는 것일까. 바람 소리가 점점 더 요란해진다. 그래도 왕빙은 걷는다. 흔들리는 카메라에 풍경 전체가 지워지듯이 흔들린다. 어쩌면 어둠 때문에 지워지는 것인지도 모른다. 어쩌면, 어쩌면 카메라가 흘리는 눈물 때문에 지워지는 것인지도 모른다.

17

올겨울이나 내년 봄부터 기간별로, 또는 집단별로 계급투쟁에 참가하라. 이렇게 해야만 무언가를 배울 수 있다. 혁명을 배울 수 있다. 왕 아무개가 지방에 내려가서 작성한 보고서에 따르면, 그곳에는 온기도 없고, 함께 먹고 자며, 음식은 변변치 못하고, 두 차례나 감기에 걸렸다고 한다. 설 명절에 나는 그를 만나 다시 내려갈 거냐고 물어보았다. 그는 다시 가겠다고 대답했다. 며칠 열이 났을 뿐이라는 것이다. 여러분, 지식분자는 날마다 사무실에 앉아 배불리 먹고 잘 차려입은 채 걸어 다니지도 않는다. 이러니 병이 나는 것이다. 의, 식, 주와 교통은 병을 일으키는 4대 원인이다. 생활 여건이 좋다가 나빠지고 계급투쟁에 참가하여 사청四淸 운동과 오반五反 운동에 몸담아 자신을 단련한다면 여러분 지식분자들은 면모가 일신될 것이다. 계급투쟁을 하지 않고서 무슨 철학을 한단 말인가? 내려가서 직접 확인해보아야 한다. 만일 병이 정말 심해진다면 돌아오라. 죽지 않는 것을 원칙으로 삼으라. 곧 죽을 것 같거든 돌아오라. 하지만 일단 내려가면 기운이 날 것이다.*

*   마오쩌둥, 「철학 문제에 대한 연설」, 1964년 8월 18일.

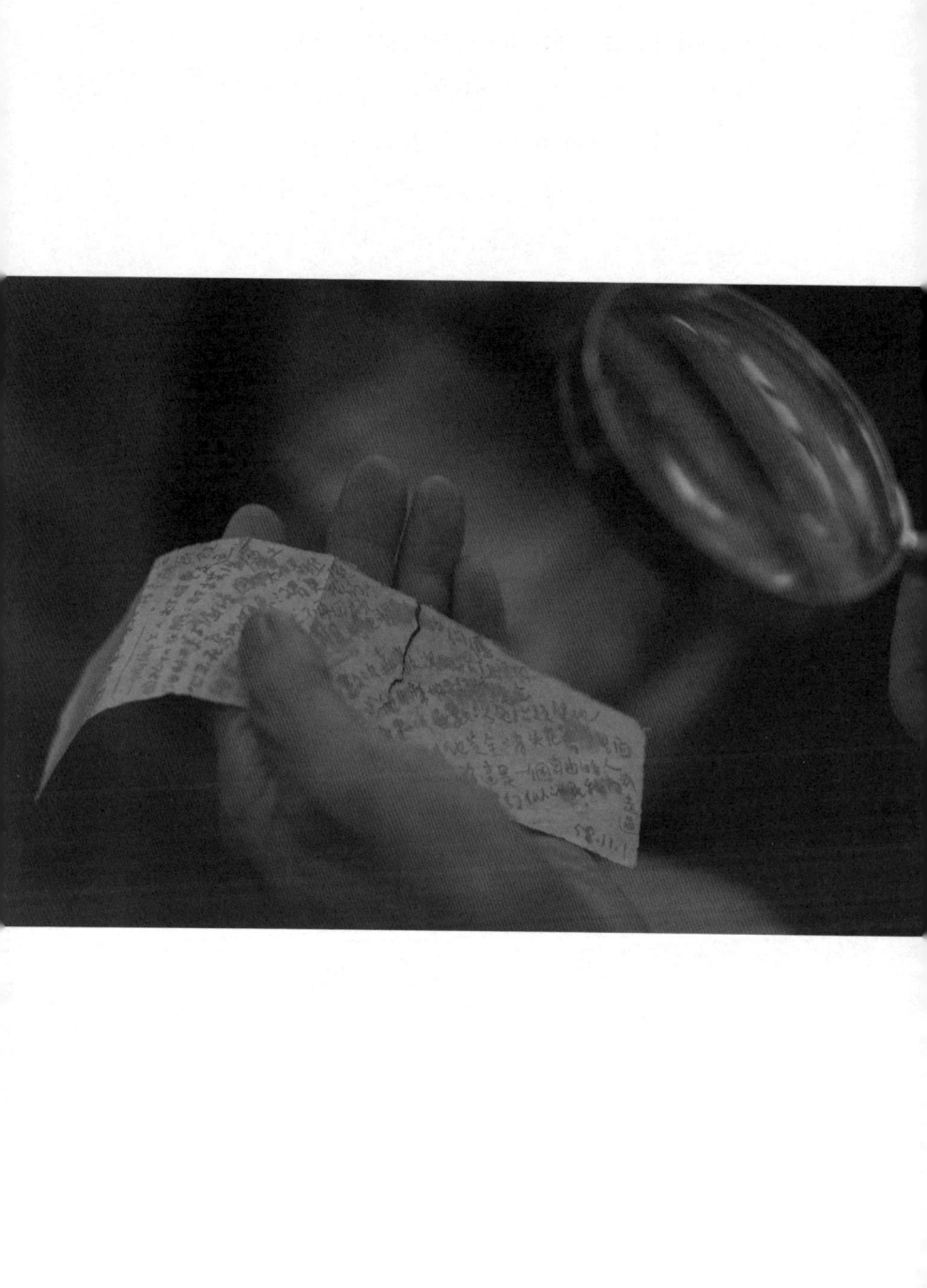

마오와 예술가
미는 자유에 있다

1

내 핏줄에 흐르고 있는 것은
선혈이 아니라
재난이자 비밀이며
소리 없는 광상곡일 뿐
철쇄
채찍
소녀의 사랑
또는 월계수로 엮은 모자
무엇으로도
이 두렵고 당혹스럽고 절박한 선율을
억압할 수 없다*

---

*   가오얼타이, 「자유自由」, 1958.

2

　가오얼타이高爾泰는 1935년에 장쑤성江蘇省 가오춘현高淳縣에서 태어났고 장쑤사범대학교(현 쑤저우대학교)에서 공부했다. 그의 아버지는 서예가로 유명하다. 가오얼타이는 졸업 후 학생을 가르치면서 미학에 관한 글을 쓰고 그림을 그렸다. 1957년 7월 잡지《신건설新建設》에 논문「미를 논하다論美」를 발표하였다. 이 글이 문제가 되어 대약진 기간 중에 우파분자로 고발당해 학교에서 해임되었으며, 혁명위원회로부터 노동 교화를 통한 사상 재교육 재판을 받고 간쑤성 고비사막 근처에 있는 자볜거우 강제노동수용소로 이송되었다. 1959년, 우여곡절 끝에 간쑤성박물관으로 재배치되어 거기서 둔황敦煌 문화유적 복원 사업에 복무하게 되었다. 1962년 봄, 자볜거우 강제노동수용소가 폐쇄되었고, 가오얼타이는 고향으로 귀향 조치되었다. 하지만 복권되지는 않았다. 1966년 문화혁명이 시작되자 가오얼타이는 다시 우파분자로 고발당했고 노동 교화를 통한 재무장을 위해 하방되었다. 문화혁명이 끝난 해인 1977년 이 하방은 해제되었다. 이듬해 란저우대학교 철학과 교수로 부임했다. 이 시기에 쓴 저서『미는 자유의 상징이다美是自由的象徵』가 널리 읽혔다. 그러나 1989년, 천안문과 관련하여 '6·4사건'으로 반혁명 선전선동죄 판결을 받고 138일간 구금된 후 학교에서 다시 해임되었다. 1992년 7월 11일 비밀리에 그의 두 번째 아내 푸샤오위浦小雨와 함께 국경을 넘어 홍콩으로 향했고 1993년 미국으로 이주했다. '천안문사건' 이후에 출간된 두 권의 저서『미적 항쟁美的抗爭』과『미적 각성美的覺醒』은 중국 예술가들과 지식인들에게 널리 읽히는 책이 되었다. 미국에 이주한 다음에 쓴『풀빛은 구름처럼 이어졌다草色連雲』는 그의 산문집이다. 지금은 미국 네바다대학교에 초빙교수 자격으로 머물고 있다. 바이두百度 인명 사전에 가오얼타이는 화가, 미학자, 서예가, 산문작가로 소개되어 있다.

3

아직 이야기가 끝나지 않았다. 다소 산만하게 설명해야 할 것 같다. 첫 번째 정리. 왕빙은 〈사령혼〉을 마친 다음 이 영화가 3부작 이 될 것이라고 말했다. 나는 왕빙이 이미 촬영한 분량이 너무 많 아서 실용적인 이유로 한 편의 영화를 셋으로 나누었다고 생각했 다. 그의 말에 따르면 120명을 이미 인터뷰했고, 그 내용은 600시 간 분량이라고 했다. 왕빙이 어떤 계획을 갖고 있었는지는 모른다. 그래서 두 번째 〈사령혼〉을 기다리고 있었다. 이 말에는 다음 영 화, 라는 뜻보다는 〈사령혼〉의 3분의 1만을 보았고 이제 하나를 셋 으로 나눈 두 번째 영화를 기다리고 있었다는 말이 맞을 것이다. 그런데 왕빙은 미국 라스베이거스에 가서 네바다대학교에 초빙교 수로 머물고 있는 가오얼타이의 증언을 담은 영화를 만들었다. 그 사람은 누구인가요? 가오얼타이는 화가이고 미학자이지만, 여기 서 왕빙의 관심은 가오얼타이가 대약진 시기에 우파분자로 재판 을 받은 다음 자볜거우 강제노동수용소에 보내졌다가 돌아온 사 람 중의 한 명이라는 데 있다. 이 영화가 당신이 말한 3부작 중 두 번째 〈사령혼〉인가요? 만일 그렇게 셈해야 한다면 왕빙은 이미 3부작을 완성한 것이다. 첫 번째 자볜거우 강제노동수용소에 관한 영화는 〈허펑밍〉이다. 이렇게도 말할 수 있다. 아니면 〈사령혼〉과 별개로 일련의 또 다른 자볜거우 강제노동수용소에 관한 영화가 만들어지고 있는 것인가요? 어쩌면 반문할지 모른다. 그걸 셈하는 게 무슨 의미가 있나요? 물론이다. 그저 낱낱으로 보면 된다. 프로그램처럼 카테고리를 만드는 것은 보는 쪽에서 하는 부질없는 짓이기 때문이다. 하지만, 하지만 이번에는 그렇지 않다. 아직까지 자벤거우 강제노동수용소에 관한 공식적인 기록은 매우 제한적으로 공개되어 있으며, 그마저도 중화인민공화국 당 기록 보관소에서 나왔는데 심지어 보관소마다 자료들의 범위와 내용의 신뢰성에 차이가 있으며, 이 자료들도 여전히 상당수가 '비공개'로 분류되어 있다(고 한다). 서방세계의 역사학자들은 그래서 중앙기록보관소의 자료보다는 오히려 각 성省과 현縣의 기록 문건들이 신뢰할 만하다는 사실을 알게 되었다. 그러나 지방 자료들은 전문적인 훈련을 받은 적이 없는 공무원들이 각자의 방법으로 정리했기 때문에 체계가 전혀 없었으며, 문건들을 대조하는 과정에서 중앙정부에 보고서를 올리기 위해 상당한 수치들이 날조되었음을 알게 되었다. 결정적으로 역사학자들에게 이 시기를 경험한 인민들의 면접 조사가 엄격히 금지되었다. 그러자 역사학자들은 시선을 그 당시에 주고받은 인민들의 편지로 돌렸다. 심지어 그 당시의 지방 여러 마을에서 벌어진 인민재판의 회의록이 공식 기록보다 많은 자료를 담고 있음을 알게 되었다. 이 상황에서 지금 왕빙이 진행하는 인터뷰는 1957년부터 1961년까지 자벤거우 강제노동수용소에 관한 어떤 이미지도 없는 상태에서, 영화에서 증언이라는 능력에 관한 질문을 던지는 것일 뿐만 아니라(우리들의 관심은 여기에 있다) 중국 근대사의 블랙홀이라고 할 수 있는 대약진 시대의 증언이라는 기록이 되고 있다(이 문제는 우리의 능력을 벗어나는 일이다). 그러므로 이 영화들 사이의 네트워크가 중요해진 것이다. 이 영화들, 이 영화들 속의 인물들, 이 인물들의 증언은 서로 어떻게 인접 관계를 맺을 것인가. 이 관계를 어떻게 종합할 것인가. 이 종합은 역사와 어떤 방식으로 상관관계를 가져야 하는가. 관계 안에서 증언을 하는 증인들의 목소리는 진실인가. 무엇이 거기서 삭제되었고, 무엇이 거기서 각색되었는가. 어디까지가 자기검열이며, 어디서부터가 트라우마에 저항하는 환상인가. 여기서 중요한 차이를 간과하면 안 된다. 왕빙은 역사학자로 증인들에게 다가간 것이 아니다. 그들이 지금 살아 있기 때문에 그 곁에 있는 것이다. 다시 한번 반복하겠다. 그 곁에 있는 영화. 왕빙의 출발은 분명하다. 누군가 역사에 대해서 말한다. 그러면 거기에 영화가 있어야 한다. 그들이 자벤거우 강제노동수용소에 갔을 때 영화는 그들을 담지 못했다. 그렇다면 이제 영화가 해야 할 유일한 임무는 거기서 살아 돌아온 사람들의 증언을 담는 일이다. 영화의 임무, 여기에 영화와 역사, 영화감독과 역사학자 사이의 교집합이 생겨나는 것이다. 그러므로 여기서 이 영화들 사이의 관계, 이 관계의 집합들, 집합의 부분들, 그 사이에 놓일 수 있는 증언들의 배치를 질문하는 것은 그 관계 속에 어쩌면 미처 깨닫지 못한 증언들 사이의 중얼거림, 어쩌면 왕빙도 놓쳤을지 모르는 증언들 사이, 바로 그 사이에 있을지도 모르는 미처 말하지 않은 목소리의 몽타주를 활성화시켜보려는 것이다.

두 번째 정리. 누군가는 제목을 중요하게 생각하고 또 누군가는 하찮은 표지 혹은 호명 정도로 생각할 것이다. 왕빙의 영화에서 제목은 단순하지만 어떤 영화는 까다로운 질문을 던진다. 허펑밍 할머니를 만나러 갔을 때는 제목을 "허펑밍和鳳鳴"으로 지었다. 토굴에 살고 있는 이름 없는 남자를 만나러 갔을 때는 "이름 없는 남자無名者"로 지었다. 윈난의 해발 3200미터 산 정상에 살고 있는 어린 세 자매를 만나러 갔을 때는 "세 자매三姉妹"로 지었다. 임종을 앞둔 팡슈잉 할머니를 만나러 갔을 때는 "팡슈잉方綉英"으로 지었다. 그러나 정신병원에 들어가서 환자들을 찍었을 때는 "미친 사랑瘋愛"이라고 지었다. 영화 앞에 달라붙어 있는 제목. 영화의 어느 순간에 결정된 이름. 나는 여기서 지나치게 놀이를 할 생각은 없다. 어떤 영화는 제목에 지배되고, 어떤 영화는 거의 끈이 끊어질 것만 같은 은유이다. 다소 추상적이긴 하지만 〈사령혼〉에 대해서 나는 별다른 주석을 달지 않았다. 하지만 여기서는 몇 가지 보충을 해야 할 것 같다. 이 영화의 중국어 제목은 "美在自由"이다. 영어 제목은 "Beauty Lives in Freedom"이다. 〈아름다움은 자유에 있다〉는 (국내에서 첫 상영을 한) DMZ국제다큐멘터리영화제의 번역이다. 아마 중국어 제목에서 가져왔을 것이다. 내가 문제 삼으려는 말은 동사가 아니라 '아름다움'에 있다. 아름다움은 한국어에서 너무 큰 말이다. 왕빙은 이 제목을 (아마도) 가오얼타이의 저작 제목에서 가져왔을 것이다. 우리는 '미학'을 '아름다운 학'이라고 부르지는 않는다(나는 여기서 이 말이 '감각하고, 느끼고, 지각하는' 아이스테시스에서 온 개념이며 지각을 감각한다, 라는 이 학문의 어원으로 거슬러 올라가지는 않을 것이다). 가오얼타이는 영화에서 '미美'에 대한 자신의 개념을 설명한다. 그런 다음 그 개념이 어떻게 '자유自由'를 요구하는 행동으로 밀고 나갈 필요가 있는지 학생들과 토론을 나눈 일화를 소개한다. 가오얼타이에게 미美는 막연한 개념이 아니다. 그 자신이 평생에 걸쳐서 그걸 지켜내기 위해 스스로에게 질문하고, 그런 다음 얻어낸 결론. 말 그대로 결론으로서의 결론. 그는 그걸 아카데미 안에 있는 자기 방에서 생각하고 얻어낸 것이 아니다. 노동

으로 고통스러운 육체. 기아 상태에 놓인 몸. 자벤거우 강제노동수
용소에서 굶주리면서 질문하고, 문화유적인 고비사막의 둔황석굴
복원작업에 동원되어 벽에 마오쩌둥의 혁명 구호를 그려 넣으면
서 질문하고, 문화혁명 기간 중에 하방되어 농민들 틈에서 질문하
였다. 내가 무언가 잘못한 것일까. 모든 시작은 단 하나의 글,「미
를 논하다」에서 시작하였다. 미美에 대한 질문, 내 오류는 무엇인
가. 거기서 나는 무엇을 지켜야 하는가. 그때 그의 손에 들린 책은
단 두 권뿐이었다. 마르크스가 1857년에 쓴 『정치경제학 비판 요
강』, 그리고 레닌이 1914년에 쓴 『철학노트Philosophical Notebooks』. 두
책을 지지해서가 아니라 그 두 권만 허락됐기 때문이다. 하지만 가
오얼타이는 두 권의 책을 (비판적으로) 읽어나가면서 소외의 문제
를 미美의 감상이라는 차원에서 발생시키는 모순의 질문으로 밀고
나아갔다. 나는 왕빙이 가오얼타이의 책을 어떻게 읽었는지에 관
한 독후감을 알지 못한다(또한 나도 가오얼타이의 미학에 관한 이론에 대
해서 잘 알지 못한다). 하지만 왕빙은 그 책을 읽었을 것이다. 독서의
감흥. 거기서 멈추지 않고 왕빙은 더 나아가 가오얼타이의 미학에
서의 자유와 소외, 라는 질문에 대해 심층적 연대의 감정을 가지고
있는지도 모른다. 철학 개념의 관념성과 언어의 묵시적 형이상학.
하지만 왕빙은 이걸 쓴 사람의 삶을 알고 있다. 그리고 그 책을 쓴
과정을 알고 있다. 그리고 그 과정을 통과하고 살아남은 사람들의
증언을 기록하고 있는 중이다. 아직 작업은 끝나지 않았다. 그들은
죽어가면서 증언을 한다. 그리고 왕빙은 미처 증언을 못 하고 죽은
후 매장도 되지 못한 채, 그래서 해골과 뼈가 된 채 수습할 수 없을
지경으로 드러난 밍수이의 들판을 보았다. 여기서 문자의 불완전
성을 보충하는 것은 무엇인가. 마오쩌둥의 시간과 시진핑의 시간.

중화인민공화국의 역사 안에서의 두 개의 시간. 예술가로서의 지위에 대한 그들 각자의 고립된 자리. 여기서 가오얼타이의 미美는 제도에서 나온 말이 아니다. 그건 살아남은 말이다. 그러므로 나는 여기서 이 영화의 제목을 "미는 자유에 있다"로 옮겨야 한다고 생각한다. 가오얼타이는 자기에 관한 영화의 제목에서 자기가 지키려고 했던 그 말을 스스로 들을 수 있는 권리가 있다. 그럼으로써 이 제목은 가오얼타이에게로 다시 귀속되어야 한다. 그렇지 않다면 이 제목이 무슨 의미가 있겠는가.

4

왕빙은 그 사람을 찍으러 거기에 간다. 거기서 영화가 시작한다. 〈미는 자유에 있다〉는 자벤거우 강제노동수용소에서 살아 돌아온 사람의 증언을 기록한다는 점에서는 〈허펑밍〉 혹은 〈사령혼〉의 연장이지만 이제까지의 왕빙의 모든 영화와 세 가지 다른 점이 있다. 첫 번째, 왕빙은 한 번도 영화를 찍으면서 중국 바깥으로 나가 누군가를 만난 적이 없었다. 그들은 여기저기에 있기는 했지만 모두 중국 안에 있었다. 북쪽에 있는 선양(〈철서구〉), 서쪽 칭하이성(〈원유〉), 동쪽에 있는 대도시 상하이(〈비터 머니〉), 남쪽 윈난의 산 정상(〈세 자매〉). 왕빙은 가오얼타이를 만나기 위해서 미국 라스베이거스에 왔다. 그를 만나기 위해서라면 다른 방법이 없었을 것이다. 가오얼타이는 미국에 머물고 있고, 망명이 아니라 네바다대학교 초빙교수로 머물고 있지만 그와 그의 부인은 중국으로 돌아갈 생각이 없다는 것을 (증언을 하다 말고 카메라 앞에서) 분명히 말한다. 미국, 왕빙의 영화에서 처음 방문한 외국. 그런데 〈미는 자유에 있다〉는 미국에 전혀 관심이 없다. 영화가 시작하면 이미 라스베이거스에 있는 가오얼타이의 집 안에 도착해 있다. 그런 다음 함께 외출을 하는데 그저 잠깐 달려가는 차에서 창문 너머로 네바다사막을, 문자 그대로, 흘낏 바라본 게 미국 풍경의 전부이다. 나는 거기서 어떤 감흥을 읽을 수 없었다. 아마 먼 거리를 이동한 것 같다. 중간에 휴식을 취하기 위해 가오얼타이는 차에서 내려 사막을 바라보며 잠시 거기서 있었다. 그 모습을 왕빙이 물끄러미 바라본다. 거기에 무슨 의미가 있는 것도 아니고, 거기서 특별한 이미지를 붙잡으려고도 하지 않는다. 물론 〈사령혼〉을 본 사람들은 그 사막에서 고비사막 위에 흔적도 없이 사라진 자볜거우 강제노동수용소가 있던 들판이 떠올랐을지도 모른다. 고비사막과 네바다사막. 둘 사이의 거리. 둘 사이의 유사성. 사막이라는 공통의 영토, 그리고 고통의 지질地質. 하지만 왕빙은 그걸 떠올릴 어떤 힌트도 주지 않는다. 무언가를 떠올리기에는 너무 짧다. 다만 한 가지는 알겠다. 가오얼타이는 여기서 아무것도 떠올리지 않고 있다. 왕빙은 그걸 찍고 있는지도 모른다. 그런 다음 가오얼타이의 작업실로 돌아가서 의자에 앉으면 거기서 내내 증언을 경청한다. 왕빙은 바깥으로 나갈 생각이 없다. 혹은 미국에 관심이 없다. 가오얼타이는 긴 증언 중에, 무심결에라도, 단 하나의 단어도 영어로 말하지 않는다. 그의 아내 역시 단 한마디도 영어를 사용하지 않는다. 영화에는 어디서도 영어가 들리지 않는다. 다만 우리는 마치 세트장 같은 무미건조한 미국식 건축물의 실내를 보게 될 따름이다.

두 번째 다른 점은 첫 번째와 연결되어 있다. 왕빙은 단 한 번도 좋은 조건에서 촬영한 적이 없다. 좋은 조건이라는 이상한 말. 다큐멘터리에서 이 말은 영화의 운명과 연결 지어진다. 그는 항상 촬영이 언제 중단될지 모른다는 두려움을 느끼고 있었다. 왕빙은 단 한 번도 정부의 허가를 받고 촬영한 적이 없다. 거기는 사회주의 중화인민공화국이었다. 〈광기가 우리를 갈라놓을 때까지〉를 찍은 정신병원의 의사들과 간호사들은 왕빙을 방송국에서 나온 프로그램 제작 팀으로 알고 있었다. 실제로 윈난의 작은 도시 마진푸馬金鋪 주거 지구 공장 부근에 있는, 한 뼘 정도 되는 창고에서 생활하는 두 아들과 아버지에 관한 기록인 〈아버지와 아들〉은 공장 관리자에게 촬영이 발각되어 도중에 중단되었다. 이 영화는 불완전한 상태로 공개되었다. 외부적으로는 공안의 감시를 피해야 했으며, 종종 여러 가지 이유로 촬영은 강제적으로 중단되었다. 문제는 거기에만 있지 않았다. 왕빙은 해발 3200미터 산을 오르거나 라오스 국경 근처의 정글 마을에 들어갔을 때(〈세 자매〉) 언제든지 카메라가 문제를 일으킬 수 있다고 근심했다. 왕빙은 종종 기술적 도움을 받을 수 없을 만큼 도시로부터 먼 장소로 들어가야만 했다(〈타양〉). 영화에서 예술의 실행은 카메라의 실행과 동의어이다. 또한 그가 촬영한 모든 장소는 조명의 도움을 받을 수 없었으며 일부 데이터들은 복원할 수 없을 정도로 어둡거나 어떤 증감프로그램을 사용해도 노출부족 때문에 거의 보이지 않는 암부 상태로 내버려둘 수밖에 없었다. 왕빙은 종종 어둠 속의 화면 노이즈를 그냥 내버려두었다(〈원유〉). 그는 한 대 혹은 촬영 조수를 포함하여 두 대의 카메라로 찍었으며, 마이크는 대상이 아니라 카메라에 매달고 찍었기 때문에 대부분 음질이 좋지 않았다(그래서 왕빙 영화에서 일부 대사들은 번역되지 않는다). 이 기술적인 문제는 왕빙영화에서 너무나도 중요하고 결정적인 부분이기 때문에 차라리그걸 받아들이면서 처음부터 그걸 자신의 미학처럼 인정하였다.

재난이라는 방법론. 그래서 그는 영화에서 종종 지적되는(기술에 관한 교과서들이 표현하는) '기술적 에러'에 대해서 관심이 없다. 아니, 오히려 그럴 수밖에 없는 '기술적 에러'가 지금 촬영하고 있는 환경을 기록하고 있다고 믿는다. 거기서 무언가를 더해서 상황을 오해시키는 것보다는 그걸 받아들임으로써 우리로 하여금 그걸 읽게 만들고 그런 다음 이해시키는 전술을 선택했다. 그러자 재난이 선물처럼 주어졌다. 〈철서구〉는 그런 의미에서 재난 속에서 영화가 경험하는 기록이다. 하나의 정식화. 그에게 '기술적 에러'는 영화의 일부이다.

그런 맥락에서 〈미는 자유에 있다〉는 완전히 다른 조건에서 촬영할 수 있었(을 것이)다. 왕빙과 가오얼타이는 누군가에 의해서 촬영이 중단될 걱정을 할 필요가 없었다. 여기서는 아무도 그들을 방해하지 않을 것이며, 누구도 그들을 감시할 권리가 없을 것이다. 더 간단하게 말하겠다. 여기는 표현의 자유를 수정헌법일조로 보호하는 미국이다. 게다가 카메라에 문제가 생기면 언제든지 수리할 수 있었을 것이다. 또한 가오얼타이의 작업실은 원했다면 촬영을 위해 조명을 설치하고 보다 좋은 음질의 증언을 담기 위해 마이크를 사용할 수 있었을 것이다. 작업실에 방음장치가 된 것은 아니지만 사방의 창문을 열어놓았는데도 외부로부터 어떤 소리도 들리지 않는다. 〈사령혼〉에서 열다섯 명 혹은 열여섯 명의 증언을 찍을 때 사방의 문을 닫아놓았는데도 지속적으로 공공 아파트의 얇은 벽면을 타고 들려오는 이웃의 소리가 녹음되어 있던 것을 떠올려보라. 한 번도 주어진 적이 없었던 가장 좋은 환경. 그런데 왕빙은 가오얼타이의 증언을 촬영하고 녹음하면서 어떤 조명이나 마이크의 도움도 빌리지 않았다. 그것이 원칙이기라도 한 것처럼 그렇게 작업했다. 좀 더 디테일을 설명할 필요를 느낀다. 〈미는 자유에 있다〉는 내용으로만 다가가면 〈허펑밍〉과 2부작을 이루는 것처럼 보인다. 두 편 모두 단 한 명의 증인이 의자에 앉으면 어떤 개입 없이, 어떤 화면 자료나 플래시백, 삽입화면 없이 경청으로만 진행된다. 왕빙은 아주 가끔 질문하거나 "너무 어두워졌는데 불을 켜도 괜찮을까요?"라고 부탁하는 게 전부이다(〈허펑밍〉). 우리는 영화에서 왕빙의 얼굴을 본 적이 없다. 그는 항상 카메라 뒤에 있다. 〈허펑밍〉은 왕빙 혼자서 찍었다. 하지만 〈미는 자유에 있다〉는 두 대의 카메라로 동시에 촬영했다. (현장에 있었던 것은 아니지만 분명하게 말할 수 있는 것은) 촬영 도중에 한 대의 카메라 옆에서 촬영하고 있는 또 한 대의 카메라가 찍혔기 때문이다. 동시에 촬영하고 있었으니 다른 한쪽의 카메라가 찍은 분량을 써도 될 텐데 왕빙은 그렇게 하지 않았다. 하나는 의자에 앉아 있는 가오얼타이를 정면으로 바라보면서 knee_shot 와이드렌즈로 찍었다. 아마 작업실이 좁았던 것 같다. 방은 깊어 보이고 옆은 넓어 보인다. 다른 하나는 손으로 들고 망원렌즈로 찍었다. 그런 다음 두 대의 카메라로 찍은 장면을 섞어서 편집했다. 두 대의 카메라가 찍은 장면들 사이에서 선택의 기준을 세운 것은 아닐 것이다(나는 현장에 있었던 것이 아니기 때문에 추론할 수밖에 없다). 이 편집은 도식적이지 않다. 하지만 그 둘은 가오얼타이를 완전히 다르게 찍었다. 나는 이 차이를 설명하는 것이 〈미는 자유에 있다〉에서 중요하다고 생각한다. 여기서 차이는 단지 렌즈 사이의 기술적인 차이나 상투적인 미학적 설명의 차이를 훨씬 넘어선다. 여기서는 차이를 만든다, 라고까지 말하고 싶다. 그건 일반적인 구별이 아니었다. 그리고 그 차이가 세 번째 다른 점에 연결되어 있다.

〈미는 자유에 있다〉의 세 번째 다른 점. 이제까지 왕빙의 카메라 앞에 앉은 사람(〈허펑밍〉〈사령혼〉), 왕빙이 따라간 사람(〈이름 없는 남자〉〈타양〉), 바라본 사람(〈광기가 우리를 갈라놓을 때까지〉〈펑슈잉〉), 찾아간 사람(〈세 자매〉)들과 다른 점은 가오얼타이가 (1966년 문화혁명의 표현을 빌리면) 지식분자이자 예술가라는 사실이다. 상황을 환기하기 위해서 무리를 무릅쓰고 긴 인용을 하겠다. 1957년 2월 27일 마오쩌둥은 「인민 내부의 모순에 올바르게 대처하는 방법에 관하여」에서 지식분자를 반혁명분자, 농민, 상공업자, 학생들로부터 분리하여 설명했다. "⋯⋯수많은 지식분자가 진보를 이룩한 것은 사실이지만 그렇다고 자만해서는 안 됩니다. 새 사회의 요구에 충분히 적응하고 노동자, 농민의 일치단결을 위해서 지식분자는 계속해서 스스로를 개조하여 점차 유산계급의 세계관을 버리고 무산계급의 공산주의 세계관을 수립해야 합니다. 세계관의 변화는 근본적인 변화입니다. 현재 많은 지식분자가 이러한 변화를 완성했다고 말할 수는 없는 상황입니다. 우리는 지식분자들이 계속 전진하기를 바랍니다. 이들이 스스로의 사업과 학습 과정을 통해 점차 공산주의 세계관을 수립하고 마르크스-레닌주의를 잘 학습하며, 노동자 농민과 혼연일체가 되기를 바랍니다. 중도에 멈추거나 포기해서는 안 됩니다. 후퇴하는 자에게는 미래가 없습니다. 중국의 사회제도가 바뀌었고 유산계급의 사상적 토대가 근본적으로 소멸했기 때문에, 많은 지식분자가 자신의 세계관을 개조하는 일은 필요할 뿐만 아니라 가능하기도 합니다. 하지만 세계관을 철저히 바꾸는 데는 긴 시간이 소요됩니다. 우리는 인내심을 갖고 노력해야 합니다. 절대 서둘러서는 안 됩니다. 사실, 사상적으로 마르크스-레닌주의와 공산주의를 도무지 받아들이지 않는 이들이 있습니다. 이러한 이들에게 지나친 요구를 해서는 안 됩니다. 이들이 국가의 요구에 복종하고 정상적으로 노동하는 한, 이들에게도 적절한 활동 기회를 주어야 합니다." 이 연설은 '우파 지식분자' 가오얼타이에게 '적절한 활동 기회'를 주기 위한 사상개조를 하라는 베이징으로부터의 지시가 되었다. 그리고 그는 자벤거우 강제노동수용소로 보내졌다. 단 하나의 글. 가오얼타이는 〈사령혼〉에서 만난 인민들과 다른 이유, 다른 증거로 재판받았고, 그런 다음 그곳에 갔다. 돌아온 후에도 우파 지식분자라는 호명은 그를 계속 쫓아다녔다. 그리고 문화혁명은 그를 다시 하방시켰다. 가오얼타이의 다른 점은 그 기간 동안 노동에 복무하면서도 자기 입장을 철회하지 않은 것이다. 마오쩌둥의 학습지도 방법은 실패했다. 예술가란 무엇인가? 이 무시무시한 질문, 나는 여기서 멈춰야 한다. 그 대답을 구하는 것은 당신들 각자의 몫이다. 내 질문은 거기에 있지 않다. 지금 여기 앉아 있는 사람. 한 사람의 예술가. 자기를 스스로 증명하기 위해 미美에 대한 개념을 질문한 철학자. "지도자 동지, 당신의 교육은 나의 사상을 단련시켰습니다. 나는 오류를 범하지 않았습니다." 지금 이 말을 경청하는 왕빙의 심정은 어떤 것일까. 가오얼타이와 왕빙의 관계. 그런데, 그런데 뜻밖에도 지금 왕빙은 가오얼타이가 예술가라는 사실 그리고 미학자, 말하자면 지식분자로서의 사상투쟁의 내용에 대해 아무 관심도 없는 것처럼 다가간다. 〈미는 자유에 있다〉는 처음에 잠시 가오얼타이가 커다란 유화 캔버스 앞에서 붓질하는 모습을 바라보지만 두 번 다시 그 앞으로 되돌아가지 않는다. 왕빙은 그의 미술 작품을 유심히 바라보지도 않는다. 또한 그의 저술들을 소개하지도 않는다. 증언이 시작되면 가오얼타이는 자벤거우 강제노동수용소, 그리고 둔황 문화유적 발굴 노동 현장, 그리고 문화혁명에 관한 이야기, 그리고 가족들의 고난에 관한 이야기, 그리고 그 밖의 여러 이야기를 두서없이 꺼내 든다. 왕빙은 여기서 순서를 정리할 생각이 없다. 영화는 그 증언을 낮과 밤, 며칠에 걸쳐 경청한다. 여기에는 고난의 과정만이 담긴다. 그러므로 반문하고 싶어진다. 만일 자볜거우 강제노동수용소에서 살아 돌아온 사람을 만나는 것이라면 중국에서 더 많은 증언을 들을 수 있었을 것이다. 왕빙은 오로지 가오얼타이를 만나기 위해서 비행기를 타고 미국 라스베이거스에 왔다. 이렇게 말할 수도 있다. 가오얼타이라서 만나러 온 것이다. 하지만 가오얼타이는 유일한 생존자가 아니다. 그러므로 질문해야 한다. 차이는 어디에 있습니까.

왕빙은 여기서 조심한다. 자칫하면 내 영화가 정치적 제스처가 될지도 몰라. 왕빙은 거듭해서 완강하게 부인했다. 그의 영화가 기록하려는 것은 살아남은 자들이 존재한다, 라는 사실이다. 그들의 존재는 오로지 증언을 통해서만 세상 안으로 귀환할 것이다. 오해하면 안 된다. 왕빙은 지금 대약진의 이면을 고발하기 위해서 이 영화를 만들고 있는 것이 아니다. 중국에서 인민들은 각자가 그때마다의 방식으로 존재해왔다. 왕빙은 그 방식의 곁에 가려는 것이며, 그 방식의 증언을 경청하는 것이며, 그 방식이 왕빙 영화의 존재 방식이 되었다. 가오얼타이는 지도자와 논쟁을 할 준비가 되어 있다. 게다가 여기는 논쟁하기에 좋은 장소이다. 중국의 지구 반대편, 미국, 왕빙은 (아마도) 가오얼타이의 증언을 멈추지 않고_{long_take} 찍었(을 것이)다. 거기 앉아 있는 가오얼타이. 거기 (아마도 트라이포드에) 세워진 카메라. 〈허펑밍〉과 〈미는 자유에 있다〉의 차이는 같은 방법으로 찍었으나 편집의 방법이 다르다는

데 있다. 〈미는 자유에 있다〉는 자꾸만 증언의 진행이 중단된다. 오해가 없길 바란다. 중단하는 것은 가오얼타이가 아니라 영화이다. 중단을 알리는 검은 화면black_out_insert. 가오얼타이는 일단 이야기가 시작되면 쉬지 않고 말한다. 왕빙은 증언을 들을 때 거의 개입하지 않는다. 그저 경청할 뿐이다. 그리고 이따금 연도를 확인하거나 이름을 물어볼 때에만 질문한다. 검은 화면은 증언의 일부를 중단시키는 역할을 한다. 물론 휴식을 취하거나, 식사를 하거나, 혹은 다른 일정이 있을 수 있다. 여기서 말하는 중단은 시간의 점핑이 아니다. 증언이 진행되는 동안의 중단. 한 가지 사실을 더 환기하겠다. 왕빙은 상영시간의 경제성을 고려하지 않는다. 저장성 후저우시 즈리전 어느 의류 공장에서 하루 15시간씩 일하는 노동자들을 찍은 〈15시간〉은 상영시간이 16시간 30분이다. 그렇다면 여기서 무슨 증언이 중단된 것일까. 너무 결정적인 질문이 될 수 있기 때문에 추론을 하는 것은 위험한 일이다. 나는 영화에서 가오얼타이가 증언한 내용만을 말할 수 있을 뿐이다. 그 대신 질문을 하고 싶어진다. 가오얼타이, 당신은 왜 당신의 미학적 주장을 하지 않습니까. 그 주장이 당신을 침묵시키기 위해 고비사막의 강제노동수용소로 보냈고, 그런 다음 다시 11년 동안 하방시켰고, 그런 다음 다시 당신을 학교에서 해임한 것이 아닙니까. 나는 궁금하지만 왕빙은 이 질문이 궁금하지 않다. 혹은 〈미는 자유에 있다〉는 이 질문이 궁금하지 않다. 이것이 이 영화의 태도라는 것을 먼저 받아들여야 한다.

왜 궁금하지 않은 것일까. 카메라 앞에 가오얼타이가 있는 것으로 충분하기 때문이다. 이것이 왕빙의 정치학이며 존재론이다. 가오얼타이는 증언하기 위해 카메라 앞에 앉았다. 증언하는 행위가 자유自由이며, 자유는 미美이며是, 미는 자유에 있는在 것이다. 그러므로 증언은 미美이며, 증언을 하는 가오얼타이는 카메라 앞에서 하는 미美의 증인이다. 아마도 여기서 두 대의 카메라 중 하나의 방법론이 나왔을 것이다. 망원렌즈의 카메라. 망원렌즈로 찍은 이 장면은 의자에 앉은 가오얼타이에만 초점이 맞아, 그가 몸을 조금만 뒤로 젖히면서 물러나도 화면에는 흐릿하게 보인다out_of_focus. 그래서 가오얼타이는 초점거리 안에 앉아 있다가도 금방 그 바깥으로 나가버리곤 한다. 그렇게 하나의 쇼트 안에서 종종 초점이 흐린 화면들과 계속 만나게 된다. 좀 더 정확하게 초점 안으로 들어왔다 나가기를 반복한다. 화면 안에서 나가는 것. 화면 안으로 되돌아 들어오는 것. 하지만 화면에 머무는 가오얼타이. 초점 안에 있건 바깥에 있건 상관없이 자기의 존재를 펼쳐 보이는 형상. 나는 왕빙의 영화에서 수많은 '기술적 에러'를 보았지만 이렇게 지속적으로 흐린 화면을 본 것은 처음이다. 반복해서 말하겠다. 촬영하기에 가장 좋은 환경. 게다가 동시에 촬영하고 있는 다른 카메라가 있다. 그런데도 그렇게 진행하고 있다. 이때 내가 보는 것은 화면 앞에서 나갔다가 되돌아 들어오는 가오얼타이다. 희미해졌다가 다시 되돌아 들어와서 초점 안에 놓이는 가오얼타이. 그 존재의 미美. 그것이 가오얼타이의 삶이 아니었던가. 흐릿해졌을 때에도, 분명하게 초점거리 안에 있을 때에도 가오얼타이는 멈추지 않고 증언을 계속한다. 세상 안에서 가오얼타이라는 미美의 형상은 그렇게 희미해졌다 되돌아 들어온다. 하지만 그는 단 한 번도 사라진 적이 없다. 가오얼타이가 사라지는 것은 언제인가. 자신의 미美에 대한 질문을 중단하는 순간. 그는 단 한 번도 그런 순간이 없었다고 지금 증언하는 중이다. 그러므로 자신 있게 대답할 수 있다. 가오얼타이가 지금 카메라 앞에 앉아 있다는 사실, 그것이야말로 〈미는 자유에 있다〉에서의 미美의 존재론적(이자 동시에 정치적) 근거이다. 이것이 세 번째 차이의 긍정이다.

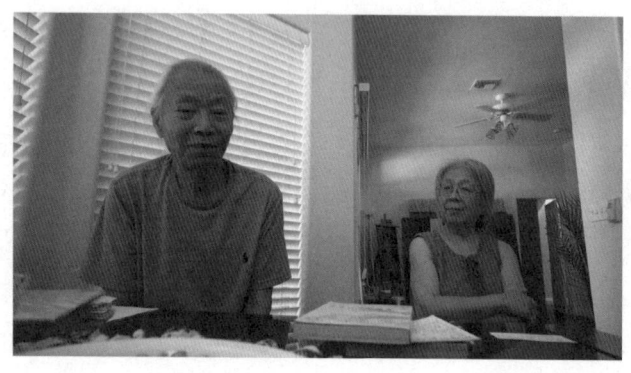

5

　가오얼타이는 딸 가오링高玲의 사진을 꺼내서 보여준다. 어린 시절의 흑백사진. 그 곁에 놓인 숙녀가 된 후의 빛바랜 컬러사진. 그는 몇 번이고 딸이 너무 말랐다고 말한다. 가오얼타이는 딸에 대한 증언을 띄엄띄엄 한다. 딸 이야기를 시작하면서 가오얼타이는 이제까지 한 번도 보여준 적이 없는 모습을 보여준다full_shot. 그는 말하면서 자기도 모르게 오른쪽 다리를 눈에 띄게 위아래로 떤다. 그건 가오얼타이의 습관이 아니다. 근육의 긴장. 심리적인 고통. 첫 번째 아내와의 사이에서 낳은 딸. 가오링의 어머니는 하방된 상태에서 약도 제대로 쓰지 못하고 임종했다. 그녀는 간호사였고, 그녀의 아버지와 친척들은 모두 의사였는데도 약을 배급받지 못했다. 그녀를 매장하던 날의 이야기를 고통스럽게, 몹시 고통스럽게 증언한다. 그런 다음 가오얼타이는 딸과 만나고 헤어지기를 반복했다. 가오얼타이가 하방하거나 해임되면 도리 없이 어린 가오링을 친척들에게 맡길 수밖에 없었다. 가오링을 키운 것은 가오얼타이의 큰누나였다. 가오얼타이는 두 번째 아내 푸샤오위와 함께 홍콩으로 빠져나올 때 가오링을 데리고 나오지 못했다. 가오링은 지질학자였던 여동생과 대도시 청두成都에서 살았다. 그런 다음 가오얼타이의 큰누나가 어머니와 함께 살고 있는 고향 가오춘현으로 데려갔다. 곁에서 듣고 있던out_of_frame 아내 푸샤오위가 그 말에 "시어머니는 그때 이미 돌아가셨어요"라고 덧붙인다off_voice. 그러자 가오얼타이는 말한다. "나머지는 내 책에 있는 대로예요. 자세한 내용이 있어요." 여기서 말이 끝났다기보다 말을 끊었다고 해야 할 것 같다. 그렇게 말하는 이유. 거기까지 말한 다음 가오얼타이는 마주 보던 카메라에서 왼쪽으로 얼굴을 돌린다. 거기에 무언가 볼 것이 있어서가 아니다. 여기서는 단지 얼굴을 돌리는 게 아니라 카메라와 시선을 마주하기를 피한다고 말하고 싶다.

여기서 예기치 않은 순간S#_2과 마주치게 된다. 나는 지금부터 기록하는 대신 느껴지는 대로 영화를 받아 적을 것이다. 그럴 수밖에 없는 순간. 아마 여기서부터 더 이상 비평이 아닐지 모른다. 그럼에도 모험을 무릅쓰고 싶다. 그렇게 하지 않으면 이 장면, 이 순간과 마주하는 경험을 드러낼 수 있는 다른 방법이 없기 때문이다. 나는 지금 이 장면과 대결하는 것이 아니라 이 장면에 완전히 흡수되려고 한다. 힘의 전환. 말 그대로 완전한 긍정. 거기서 무언가 중얼거리는 형상을 관찰하려는 것이다. 가오링에 관한 이야기를 하던 가오얼타이가 남은 이야기는 책에 있다고 말한 장면과 다음 장면, 사이에 무언가 빠진 것처럼 보인다. 이 말을 주의 깊게 읽어주기 바란다. 앞 장면과 뒷 장면의 사이. 나는 과도한 추리를 않겠다고 이미 말했다. 두 장면 사이의 편집점matching action이 맞지 않는다. 왼쪽을 보던 가오얼타이는S#_1 카메라를 마주 본다S#_2. 그러므로 이 사이에 무언가 사라졌다고 말할 수밖에 없다. 사이를 건너뛰었을 때 그게 생략이라고 생각했다. 나를 얼어붙게 만든 건 가오얼타이의 말이다. "나는 돌아가지 않았어요, 나는 돌아가지 않았어요. 내 누님은 내 딸의 장례식에 관한 모든 걸 처리해주셨어요." 방금 전에 본 사진 속의 가녀린 소녀. 나는 가오링이 죽었다고는 생각하지 못했다. "나는 그걸 생각하면서……"라고 말한 다음 가오얼타이는 말을 멈춘다. 아마 왕빙은 그 사실을 이미 알고 있었을 것이다. 가오얼타이는 자세한 사연을 모두 책에 써놓았다고 말했다. 그런데 그 말을 미처 마무리하지 못하고 가오얼타이는 말을 멈춘다. 왕빙은 그 얼굴을 지켜보고 가오얼타이는 앉아서 카메라의 시선을 피하며 왼쪽을 바라보다가 흘깃 카메라를 쳐다본 다음 오른쪽을 보았다가 다시 반대편으로 고개를 돌려 천장 쪽을 바라본다. 〈미는 자유에 있다〉는 종종 편집 없이 증언하는 가오얼타이의 얼굴close_up로 10분에 가까운 쇼트들long_take이 계속 이어지지만 지금처럼 침묵이 이어지는 쇼트는 이 장면뿐이다. 그래서 58초 동안 이어지는 이 장면은 물리적으로 이 영화 안에서 상대적으로 짧지만 (같은 표현으로) 심리적으로 이 영화 안에서 상대적으로 이상할 정도로 길고 무겁다. 가오얼타이의 얼굴, 상기된 혈색, 점차로 젖는 눈가. 약간 벌어진 입. 우리는 동물 중에서 같은 조건을 가진 인간이기 때문에 지금 가오얼타이가 눈물을 참고 있다는 것을 별다른 설명 없이 누구나 알 수 있다. 가오얼타이는 눈물을 흘리지 않는다. 왕빙은 눈물을 기다린 것이 아니다. 가오얼타이의 다음 말을 기다린 것이다. 〈미는 자유에 있다〉는 증언을 찍고 있는 영화이다. 하지만 가오얼타이는 아무 말도 하지 못한다. 그 대신 눈을 질끈 감고 심호흡을 하더니 깊은숨을 몰아쉰다. 그런 다음 의자에서 일어난다. 그리고 화면 바깥으로 나간다out_of_frame. 왕빙은 가오얼타이를 따라가지 않는다.

그 대신 푸샤오위에게 질문한다S#_3. 같은 시간. 같은 장소. 가오얼타이가 곁에 있다는 걸 알 수 있다. 가오얼타이의 무거운 발걸음 소리. 그는 의자에서 일어난 다음 집 안을 빙빙 돌듯이 걸어 다니는 중이다. 카메라 앞에 증명사진처럼 선 푸샤오위. 그녀는 한 번도 카메라 앞에서 증언한 적이 없다. 그래서 그녀에 대해 우리가 알 수 있는 건 그녀가 두 번째 부인이고, 두 사람이 함께 홍콩으로 건너간 다음 미국에 왔다는 것뿐이다. "당신들은 돌아간 적이 있나요?"off_voice "아뇨. 전혀요. 1992년에 떠난 뒤에 우리 중 누구도 돌아간 적이 없어요. 제 아버지가 세상을 떠났을 때도 가보지 않았어요. 내 남동생이 세상을 떠났을 때도요. 왜냐고요? 우리가 귀국하기를 원하면 서약서를 요구당할 거라는 이야기를 들었어요. 우리는 쓰지 않을 거예요. 그게 첫 번째(이유)예요. 다른 거(이유는) 2017년, 작년이 25주기였어요. 가오링이 1992년에 세상을 떠났어요. 그 아이는 스물다섯 살에 죽었어요. 만약에 살아 있었으면 그 아이는 지금 당신 (왕빙을 바라보며) 나이였을 거예요. 작년에 소품을 썼어요. 그녀를 기억하기 위해서요. 가오링과 함께한 시간, 그리고 가오링에 관한 시간. 그녀에 대한 추모예요. 가오얼타이의 큰누님은 이제 아흔 살이 넘었어요. 그래서 그분은 (이런 것들이) 희미할 거예요. 그분 따님이 그 시절 그분의 일기를 갖고 있었어요. 그분 따님이 일기 중의 일부를 보내주었어요. 가오링이 우리 곁을 떠났을 때에 관한 것이었어요. 그래서 그 일기를 읽고 나서 생각했어요. 그 시간으로 돌아가서 생각했어요. 가오얼타이의 누님이 (가오링의) 장례식을 치를 때 도와준 모든 친구들, 그리고 학생들. 나는 그분들에게 감사하고 싶어요. 너무 늦었죠. 나도 알아요. 그래도 가오얼타이와 나는 마음을 다해서 감사하고 싶어요." 이상한 말이지만 이 장면에서 내 관심은 푸샤오위의 증언에 있지 않다. 어쩌면, 어쩌면 왕빙도 그럴지 모른다. 왕빙은 가오얼타이에게 관심이 있고, 나는 왕빙의 관심에 관심이 있다. 무언가 방향을 잃어버린 증언의 현장. 이제까지 유지했던 안정된 자리와 거리가 무너졌다. 돌발적인 동선. 언제 다시 이어질지 알 수 없는 불안정한 중단. 푸샤오위가 카메라 앞에서 증언을 하는 동안 계속해서 가오얼타이의 발걸음 소리가 들린다. 가오얼타이는 쉬지 않고 집 안을 돌아다니고 있(는 것 같)다. 보이지 않는 가오얼타이. 하지만 분명하게 들리는 발걸음 소리. 가오얼타이가 방 안에서 나왔을 때in_frame 푸샤오위가 카메라 앞에서 증언을 하고 있는데도 왕빙은 곁을 지나가는 가오얼타이 쪽으로 자신의 카메라를 돌린다. 하지만 가오얼타이는 그저 카메라를 흘낏 보고는 지나쳐 간다. 푸샤오위는 계속해서 증언을 이어간다. 가오얼타이는 좀 전에 증언을 했던 작업실로 되돌아왔다. 푸샤오위의 증언이 잠시 멈추자마자 왕빙은 재빨리 카메라를 그에게로 돌린다. 하지만 가오얼타이는 의자에 다시 앉을 생각이 없다. 그는 방 오른쪽으로 나간다out_of_frame. 왕빙은 카메라를 들고 그쪽으로 따라가거나follow_shot 혹은 그쪽을 돌아볼pan 생각이 없다. 그저 카메라를 들고 그 자리에

서서 가오얼타이가 아니라 방금 전까지 증언을 들었던 방을 바라본다.

　캔버스들이 놓여 있는 작업실S#_4. 가오얼타이는 캔버스를 바라본다. 두 쇼트의 사이에 대해서 약간의 보충 설명. 여기서 두 쇼트 사이를 연결하는 디테일의 쇼트나 외부 쇼트를 사용하지 않고transitional_shot 그 둘 사이의 시간적인 틈을 보여준다jump_cut. 왕빙은 그 작업실에 따라 들어가지 않고 방금 전까지 서 있던 곳에 서서, 마치 이 집의 상상선을 360도로 설정하고 그곳이 원의 중심이기라도 한 것처럼, 작업실 바깥에서 바라본다. 벽 때문에 가오얼타이가 잘 보이지 않는다. 왕빙은 더 잘 보기 위해 서 있던 장소에서 위치를 옮기지 않는다. 가오얼타이는 캔버스가 놓여 있는 작업실에서 나오면서 다시 한번 심호흡을 하며 깊은 숨을 내뱉는다. 그리고 방금 전까지 증언하고 촬영을 했던 작업실로 간다. 이때 푸샤오위는 잠시 멈춘 다음 계속 증언을 한다. 아마 다른 카메라 앞에 서일 것이다. 하지만 우리가 보는 것은 가오얼타이가 집 안을 오가는 동선이며, 푸샤오위의 증언은 목소리만 들린다off_voice. “가오얼타이는 여전히 마음속으로 무척 고통받고 있어요. 사람들은 그가 이기적인 아버지라고 말하지요. 나는 계모이고, 게다가 집에 병든 어린 딸을 남겨두고 그와 함께 중국 본토를 떠났지요. 우리를 욕하는 사람들이 거기 있다는 걸 알아요. 그래도 생각할 때마다 상처를 받지요. 진실은 그가 매우 사랑이 깊은 아버지라는 거예요. 나는 그를 알아요.” 이 쇼트는 ‘가오얼타이의 카메라 앞’ 장면과 ‘푸샤오위’의 소리가 분리되었다기보다는 기이하게도 푸샤오위가 화면 바깥에서 가오얼타이의 심정을 설명하는 것처럼voice_over_narration 들린다.

갑자기 다시 시작하는 것만 같은 장면이 나온다S#_6. 가오얼 타이는 서서full_shot 정면으로 카메라를, 왕빙을 바라보고 있다. 왕빙이 질문한다. "저는 당신들이 한 번은 돌아간 적이 있다고 생각했습니다." 나는 이 질문을 왕빙이 무심코 한 것인지, 아니면 의도를 갖고 한 것인지 알지 못한다. 질문을 했을 때 왕빙과 가오얼타이 사이에는 물리적인 거리가 있었고, 이 말을 가오얼타이는 못 알아들었다. 왕빙의 질문에 즉각적인 반응을 한 사람은 푸샤오위이다. 푸샤오위는 곁에 있다가out_of_frame "아뇨, 결코요"라고 대답을 하면서off_voice 가오얼타이 곁으로 다가와into_frame 왕빙의 질문을 큰 소리로 말해준다. "이 사람이 우리가 중국 본토에 돌아간 적이 있다고 생각했대요." 왕빙은 질문을 한 자리에 그냥 서서 듣는다. 물론 다가가지도 않고zoom_in 움직이지도 않는다pan. 그리고 질문에 부언 설명을 하지도 않는다. 지금부터는 어떤 편집도 없기 때문에 가오얼타이에 대한 기록일 뿐만 아니라 왕빙 자신의 촬영에 대한 기록이기도 하다. 푸샤오위의 표정. 나는 영화에서 얼굴에 대해 설명하려고 할 때마다 한계와 마주한다. 표현의 지각과 지각의 표현. 주관적인 인상과 객관적인 기록 사이의 그 어딘가에 내 경험이 놓여 있을 때 더 밀고 들어가도 괜찮은 것인지 아니면 거기서 멈추어야 하는지를 놓고 내기를 해야 할 때가 있다. 이때 왕빙은 이 모호한 순간을 영화 안에 그냥 남겨놓았다. 이 무시무시한 정직성. 나는 영화를 완전히 긍정하는 방법을 사용하겠다고 이미 말했다. 푸샤오위는 왕빙의 질문에 반응했다. 어떤 반응? 놀라움의 반응. 그건 분명하다. 어떤 놀라움? 그건 설명하기 어렵다. 왜냐하면 지금 이 반응에는 어떤 감정이 담겼기 때문이다. 정확하게는 질문에 대한 감정. 왕빙의 질문을 한 번 더 반복하겠다. "저는 당신들이 한 번은 돌아간 적이 있다고 생각했습니다." 그 질문이 푸샤오위에게 무언가를 안겨주었다. 푸샤오위는 이제까지 왕빙에게 보여주었던 친절함을 철수시키고 놀란 얼굴로 단호하게 대답한다. "아뇨, 우리는 그런 적 없어요. 우리는 결코 그런 적 없어요. 그리고 지금 분위기에서 그럴 리도 없을 거예요. 왜냐하면 그이가 반성문을 쓴다는 건 있을 수 없는 일이기 때문이에요." 문자 그대로 대답을 읽는다면 푸샤오위는 왕빙의 질문을 반성문을 쓰라는 요구로 들었(을지도 모른)다. 나는 여기서 조심하고 싶다. 객관적으로 푸샤오위가 왕빙의 질문을 어떻게 '받아들였는지' 알 수 없다. 하지만 그 질문에 즉각적으로 반응했다. 왕빙은 반성문이라는 단어를 꺼내 든 적이 없다. 그러나 가오얼타이가 중국에 들어가기 위해서는 그걸 써야 한다. 푸샤오위는 거기서 더 할 말이 없다는 듯이 부언하지 않는다. 푸샤오위에게서 왕빙의 질문을 들은 가오얼타이는 아무 대답 없이 그냥 그 자리에 서서 손에 든 붓을 만지작거린다two_shot. 카메라를 피하는 시선, 왕빙에게서 돌린 눈길. 그 자세가, 그 제스처가 왕빙에게 대답하는 것만 같다. 나는 이제 할 말이 없습니다. 나는 더 이상 당신과 말하지 않겠습니다. 가오얼타이는 등을 돌리고 작업실 맞은편 벽 쪽으로 걸어간다. 푸샤오위는 그 말이 끝나자 제 할 일을 했다는 듯이 왕빙을 흘낏 보면서 걸어와 카메라 곁을 스쳐 지나간다out_of_frame. 가오얼타이와 푸샤오위의 서로 반대편으로 이동하는 동선. 왕빙을 쳐다본 푸샤오위의 짧은 시선에 대해서는 긴 주석을 달 수 있을 것이다. 하지만 위험한 일이다. 비평을 멈추어야 하는 순간이 있다. 지금이 그때이다. 다시 카메라 앞으로 다가온 가오얼타이는 왕빙을 쳐다본다. 그 시선에 담긴 수많은 언어. 그저 쳐다본다. 그 눈길은 왕빙의 질문에 대한 대답이다. 나는 소설을 쓰는 것이 아니다. 여기서는 기록에서 멈출 것이다. 두 가지를 지적해야 할 것 같다. 아직 영화가 끝나지 않았다. 왕빙은 계속 그 장소, 그 시간을 찍고 있다. 가오얼타이는 두 번 다시 왕빙을 바라보지 않는다. 가오얼타이와 영화 사이의 대화는 거기서 끝났다. 한 가지 더. 가오얼타이가 왕빙을 바라볼 때 카메라는 그 눈길을 피하듯이 바로 옆 소파에 앉아 있는 푸샤오위에게로 향한다. 푸샤오위는 (아마도) 걱정스럽다는 듯이 곁에 서 있는out_of_frame 가오얼타이를 올려다본다.

아마jump_cut 왕빙은 그 자리에 계속 서 있었을 것이다S#_7. 방 저쪽에서 가오얼타이가 걸어 나온다into_frame. 가오얼타이는 왕빙의 카메라 앞으로 다가오지만 눈길 한번 주지 않는다. 아무 대화도 없다. 왕빙은 이 시간을 견딘다. 그저 이렇게 말할 수밖에 없다. 이때 왕빙은 얼어붙은 듯이 자기의 자리에 서서 가오얼타이의 동선을 따라 회전하면서rounding_pan 어떤 기계적인 도움도zoom_in 받지 않고 바라본다. 마치 그 둘 사이에 놓인 거리를 인정하는 것만 같은 자리. 가오얼타이는 쉬지 않고 집 안을 걷는다. 후렴구처럼 반복할 수밖에 없는 표현. 무거운 발걸음. 집 안에 울리는 발걸음 소리. 그 발걸음은 분명히 무언가를 말하고 있는 중이다. 누구에게? 왕빙에게. 하지만 나는 여기서 주석을 달지 않을 것이다. 왕빙은 우리에게 해석을 넘긴 것이 아니다. 이 장면을 그렇게 읽으면 당신은 완전히 오해한 것이다. 이 장면이 무얼 말하는지는 분명하다. 요점은 거기에 있는 것이 아니다. 왕빙은 그걸 영화 안에 남겨놓았다. 그는 지금 이것이 하나의 증언이라고 생각하는 것이다. 증언의 퍼포먼스. 가오얼타이는 정원이 바라보이는 통유리 창문 앞

까지 다가간 다음 바깥을 바라보다가 왼쪽에 있는 방으로 들어가
버린다out_of_frame. 왕빙은 텅 빈 장면을 계속 바라보고 있다. 거기
엔 볼 것이 없다. 무얼 찍고 있는 것인가. 기다림. 가오얼타이가 방
에서 다시 나오기를 기다리는 시간. 잠시 후에 가오얼타이는 거기
서 나오지만 (분명히) 그는 촬영이 중단되었을 것이라고 생각한 것
같다. 그는 나오자마자 왕빙이 기다렸다는 사실을 깨닫고 잠깐, 아
주 잠깐 멈칫하더니 다시 뒤돌아 그 방으로 들어간다. 그래도 왕빙
은 기다린다. 다시 나온 가오얼타이는 이번에는 작업실 오른쪽으
로 갔다가out_of_frame 나와 다시 통유리 창문 앞에서 정원을 바라
본다. 거기서 한동안 바깥을 바라본다. 나는 여기서 영화가 끝난다
고 생각했다. 이 쇼트는 몇 번이고 끝나는 것만 같은 순간들이 이
어지고 다시 이어진다. 가오얼타이는 다시 왼쪽의 방으로 들어가
버린다. 거기서 이 쇼트는 끝난다. 마지막 장면은S#_8 정원의 나무
를 다듬고 있는 가오얼타이의 뒷모습이다. 나는 이 쇼트가 그날 찍
은 것인지, 그다음 날 찍은 것인지, 그 이전에 찍은 것인지 알지 못
한다. 다만 이 쇼트는 그다음에 있을 뿐이다. 청명한 날. 바람 좋은
날. 그저 뒷모습을 찍었을 뿐이다. 하지만 그 장면은 내게 가오얼
타이가 왕빙에게 등 돌린 모습으로 보인다. 아마, 틀림없이 아마,
내 오해일 것이다.

6

〈미는 자유에 있다〉는 두 개의 자막으로 끝난다. 첫 번째 자막은
다음과 같다. "중국 북서쪽 고비사막에 있는 자볜거우는 '노동 교화
수용소'로 불렸다. 1957년에서 1961년 사이에 간쑤성의 3200명의

남녀가 우파분자로 고발되어 이곳으로 보내졌다. 노동으로 혹사당하고 기아 상태에서 대부분 구금된 채로 그곳에서 죽었다. 수용소는 1961년 봄에 폐쇄되었고, 약 500명이 살아 돌아왔다."

그리고 두 번째 자막. "모가오 석굴은 중국 북서쪽 사막지역인 둔황 근처에 있다. 1600년에 걸친 역사 속에 열 번의 왕조를 거치면서 불화佛畵 벽화와 조각, 불경 고전, 도교, 조로아스터교, 기독교, 마니교를 비롯한 고전들이 보존되어 있다. 이 고전들은 한나라 시대 중국어, 고대 티베트어, 고대 위구르어, 호탄 사카어, 구자라트어, 고대 튀르키예어로 쓰여 있다. 이곳은 국제적으로 알려져 있으며, 둔황 연구는 학술적 연구 분야로 주목받고 있다."

7

조용히 하렴, 마음을 가라앉히고
조용히 하렴, 흔들리는 생각을 붙잡아,
관대한 가슴은 평안을 의미하지.
우리는 같은 고난을 나누고
사랑으로 마음의 상처를 치유하자.
새벽이 여전히 열려 있다는 걸 알기를.
발밑에는 거칠고 사악한 심연만 있으니.
사랑하는 사람아, 생각해보렴.
이렇게 소와 양처럼 내몰린 사람을 사랑할 수 있겠어?
백정의 칼에 네 행복을 맡길 수 없지.
노예들은 영원히 방 안에 갇혀 있을 테니
동쪽을 계속 쳐다볼 필요 없을 거야.

저항의 불을 지피지 않으면

새로운 새벽빛은 영원히 볼 수 없을 테니.*

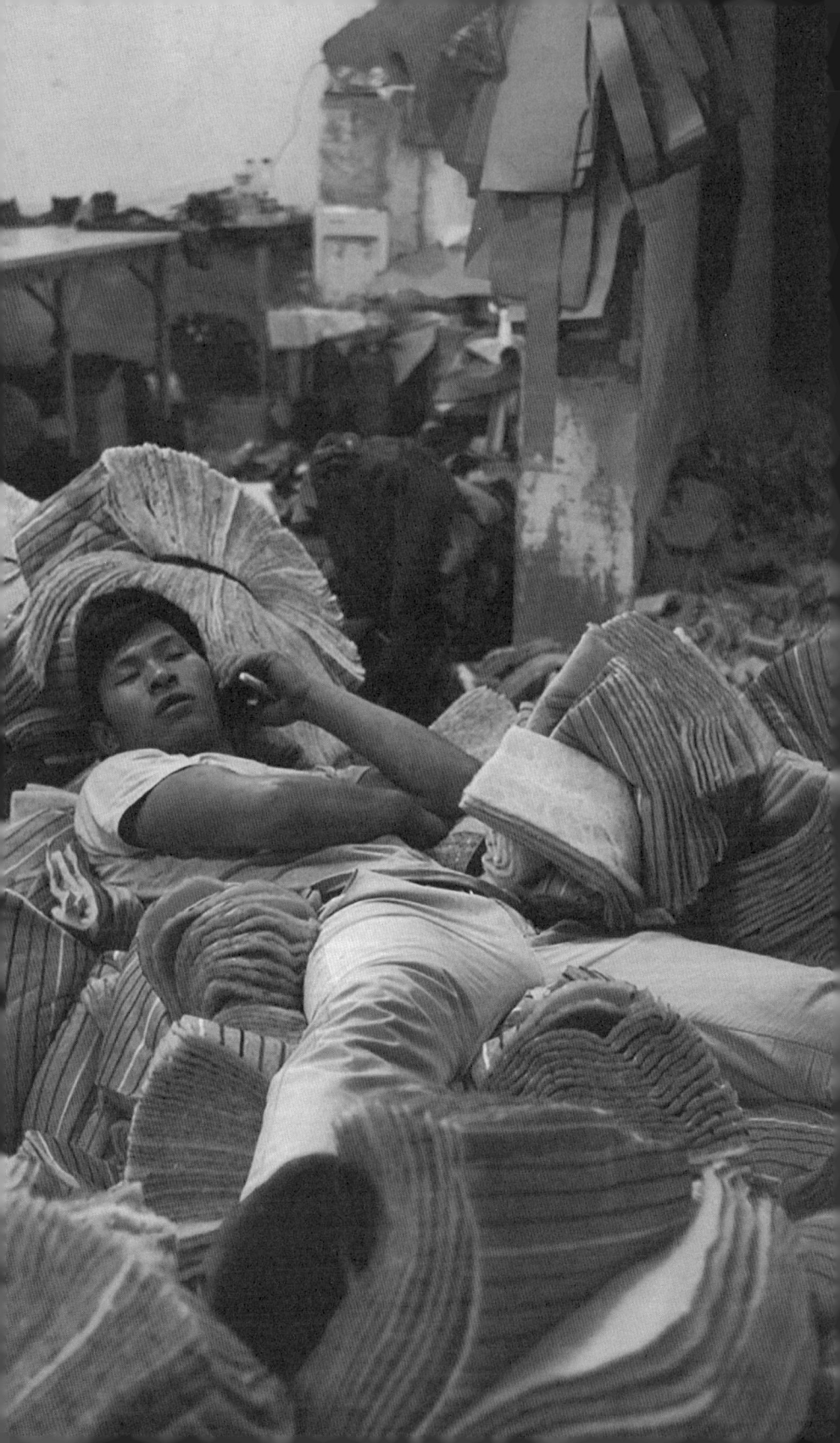

피와 땀을 지불하고, 청춘을 바쳤노라

청춘: 봄

1

"이 영화는 2014년에서 2018년까지 저장성 후저우시에 자리한 즈리전에서 찍었다. 즈리전의 1만 8000여 개의 개인이 운영하는 작업장에서 아동복을 만든다. 대부분 국내 시장용이지만 일부는 해외에 수출된다. 작업장은 30여만 명의 이주노동자를 고용하였다. 이들은 윈난성, 구이저우성, 장시성江西省, 허난성, 장쑤성 등 시골에서 왔다."*

2

먼저 지도를 찾아보기 바란다. 즈리전은 상하이에서 150킬로미터 떨어진 곳에 자리한 도시이다. 그런 다음 차례로 윈난성, 구이저우성, 장시성, 허난성, 장쑤성을 찾아보아야 한다. 왕빙은 안후이성安徽省을 어떤 이유에서인지 빠트렸다. 〈청춘: 봄〉(이하 〈청

---

* 〈청춘: 봄〉의 마지막 자막.

춘〉〉의 자막에는 수많은 노동자가 어디서 왔는지 소개된다. 이 여러 개의 성省이 즈리전을 둘러싸고 있어서라기보다는, 반대로 마치 거대한 구멍이라도 난 것처럼 여러 개의 성에서 각자의 사연, 각자의 처지, 각자의 상황, 각자의 꿈, 각자의 결심, 각자의 목표, 하지만 모두에게 공통된 단 하나의 이유, 고향에서의 가난 때문에 돈을 벌기 위해 집을 떠난 '청춘'들을 빨아들이고 있다.

각자의 이야기를 들어보는 대신(〈청춘〉에는 각자의 사연이 소개되지 않는다) 왕빙을 따라가는 편이 어떻게 그들이 이곳에 이르게 되었는지 더 잘 설명할 수 있을 것이다. 왕빙은 윈난성에서 〈세 자매〉와 〈광기가 우리를 갈라놓을 때까지〉를 찍었다. 두 영화를 번갈아 찍으면서 윈난성 중서부에 위치한 차오자현 야오산 정상에 자리한 작은 마을 시양탕촌에서 라오스 국경 근처에 있는 남쪽 끝 멍라이촌까지 이동했고, 그런 다음 다시 북쪽 끝에 자리한 자오퉁시 정신병원으로 돌아왔다. 그때 왕빙이 두 개의 목적지만을 오간 것은 아니다. 두 편의 영화 촬영을 진행하면서 윈난의 농촌에서 대규모 도시로 떠나는 '청춘'들과 마주쳤다. 그들과 이야기를 나누는 데 조금도 아낌없이 시간을 썼으며, 어느 날은 경로를 벗어나서 낯선 농촌 마을에 들어가 떠나온 그들의 부모, 그들이 살았던 동네, 그 동네 사람들, 살았던 집을 방문하였다. 그리고 반나절을 거기서 보내기도 하였다. 무얼 찍은 것은 아니다. 왕빙이 가장 잘하는 방법의 하나는 물끄러미 바라보는 것이다. 그때 아무 말도 하지 않는다. 그리고 어떤 대답도 해주지 않는다. 〈광기가 우리를 갈라놓을 때까지〉의 촬영을 마친 다음 윈난성에서 돈을 벌기 위해 상하이로 간 '청춘'들과 함께 고향에 돌아가는 영화를 찍을 계획이었다. 제목도 정해져 있었다. 영어 제목으로만 알려졌고, 중국어 제목은 나중에 지을 생각이었다. 그 제목이 "Shanghai Youth"(내 멋대로 옮기자면 '상하이 청춘')이다. 중국 웹사이트 바이두에는 〈上海靑年상하이 청년〉이라고 소개되어 있다. 나중에 왕빙은 "Shanghai Youth"를 '프로젝트'라고 정정해서 불렀다.

그런데 자오퉁시에서 열여섯 살 샤오민小敏, 스물네 살 위안전元珍, 열여덟 살 샤오쑨小孫을 만났다. 그리고 그녀들이 직장을 구했다고 알려준 즈리전까지 동행하게 되었다. 2014년의 이야기이다. 즈리전에서 새로운 '청춘'들을 만났다. 지옥의 가장자리. 의류, 장난감, 여러 종류의 봉제 공장이 개미굴처럼 이어진 건물들로 이루어진 도시. 여기에 도착한 '청춘'들은 너무 고단해서 슬픔을 염려할 겨를이 없다. 왕빙은 즈리전에서 2016년까지 자신을 포함해 다섯 명의 동료와 함께 2000시간 이상 촬영했다. 그 영화가 〈비터 머니苦錢〉이다. "Bitter Money". 나는 이 영화 제목을 한글로 번역할 때 무언가를 놓쳤다는 망설임이 남는다. '쓰디쓴'과 '고통스러운', '고생한', 이 세 가지를 모두 담고 있는 '고苦'를 어느 하나로 고정하는 것은 그 '돈'에 담겨 있는 마음, 슬픔, 아픔, 분노 그리고 이것을 끌어안는 과정, 거기서 가져보는 무기력한 탄식, 돈을 손에 쥐는 순간 대가로 치러야 하는 상실을 배제하게 된다. 그러므로 그것들이 고여 있는 어떤 수식어도 없는 단 하나의 문자, '고苦'는 누군가에게는 읽을 수 없는 글자이다.

왕빙은 거기 계속 머물렀다. 더 정확하게는 다른 영화를 찍으면서 계속 돌아왔다. 왕빙은 2017년에 즈리전의 작업장이 얼마나 무시무시한 노동 강도로 작업을 진행하는지를 보여주는 또 한 편의 영화를 만들었다. 〈15시간〉은 제목 그대로의 영화이다. 즈리전 한 작업장에서 어느 날 하루, 여기서 어느, 라는 관형사는 매일 모든 작업장에서, 라는 의미를 포함하는데, 아침 7시부터 밤 10시까지 쉬지 않고 일하는 '청춘'을 열다섯 시간 동안 촬영했고, 영화는 새벽에 가까운 아침에 출근하는 '청춘'들과 함께 작업장에 가서 내내 머물고, 밤늦은 시간에 함께 퇴근하면서 상영시간 990분, 그러니까 열여섯 시간 30분 동안 이어진다. 중국 노동자의 시간. 노동의 시간. 이 둘 사이의 교집합. 민공들의 열악한 노동 환경을 표현하는 말 중에 '9·9·6'이라는 표현이 있다. 아침 9시부터 밤 9시까지 일주일에 6일 일한다는 말이다. 즈리전 봉제 공장에서는 아침 7시부터 밤 10시까지 일주일에 7일을 일한다. 그래서 즈리전 민공들은 아무도 '싱치텐星期天일요일'을 말하지 않는다. 이때 여기에 왕빙의 노동의 자리가 포함된다. 노동자에게 허락되지 않는 것은 나태할 권리이다. 그렇기 때문에 왕빙에게도 허락되지 않는다. 그리고 왕빙은 그것을 문자 그대로 받아들인다. 이 영화에는 어떤 편집의 이면도 없다. 거기에 있어야 하기 때문에 거기에 있다. 자신의 대상이 퇴근하지 않았기 때문에 거기에 머문다. 이 말 앞에서 아무도 웃지 못할 것이다. 이 간단한 원칙이 가져올 노동의 시간을 생각해야 한다. 하지만 왕빙은 강요당한 자가 아니라 선택받은 자처럼 거기에 함께 머문다. 그날의 노동. 그날의 '청춘'. 이것은 일상이지만 노동의 일상이다. 이것은 활동이지만 노동의 활동이다. 노동하는 육체. 육체의 피로. 거기엔 어떤 관념도 없다. 왕빙은 거기서 일하는 몸을 믿을 뿐이다. 분명하게 말하겠다. 왕빙은 즈리전 작업장의 노동을 고발할 만큼 한가하지 않다. 왕빙은 관념과 구호의 하늘을 바라보고 있을 겨를이 없다. 이때 카메라는 노동의 실존, 달리 말을 돌릴 수 없는 바로 그 상황, 그 장소에서 상품의 교환과 잉여가치의 생산을 노동하는 몸과 교환하는 노동자의 사건

(이것을 사건이 아니면 달리 무엇이라고 부를 수 있을까), 바로 오늘의 사건과 마주하고 있다. 오늘, 지금, 이 시간, 이 순간. 땀 흘려본 적 없는 자들은 노동을 시간의 진공상태로 보낼 것이다. 일하는 자들은 언제나 노동이 지금의 문제라는 것을 안다. 나중의 고통이란 얼마

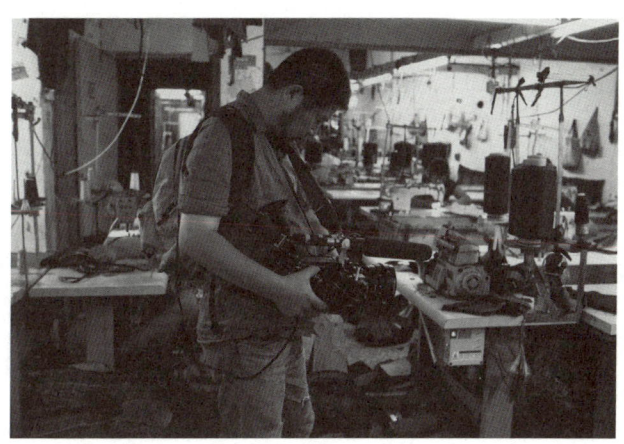

나 공허한 말인가. 〈15시간〉은 (많은 장소에서) 영화관이 아니라 미술관에서 인스톨레이션으로 상영되었으며, 서울에서는 서울현대미술관에서 이틀에 나누어 상영하였다. (2017년도 당시) 관람객을 배려한 것이지만, 왕빙은 이 영화를 관람객이 하루에 보기를 원했다. 비평가 크리스 후지와라는 왕빙의 영화를 본 다음 "노동을 찍은 영화가 아니라 왕빙 자신의 노동을 영화가 찍고 있다"고 말했다. 〈15시간〉을 보고 나면 동일한 노동을 관객에게 요구하고 있다고 말해보고 싶어진다.

3

적과 나의 모순은 적대적 모순이다. 인민 내부의 모순은 노동 인민 사이에는 적대적 모순이 아니지만, 피착취계급과 착취 계급 사이에는 적대적인 측면과 비적대적인 측면이 둘 다 존재한다. 인민 내부의 모순은 오래전부터 존재해왔다. 현재 중국의 조건에서 인민 내부의 모순이란 노동자계급 내부의 모순, 농민계급 내부의 모순, 지식분자 내부의 모순, 노동자와 농민 양兩 계급 사이의 모순, 노동자와 농민, 지식분자 세 계급 사이의 모순, 노동자계급과 기타 노동 인민, 민족 자본가 계급 사이의 모순, 민족 자본가계급 내분의 모순을 말한다. 우리의 인민 정부는 인민의 이익을 진정으로 대변하여 인민을 위해 복무한다. (…) 일반적으로 인민 내부의 모순에서는 인민의 이익이 근본적으로 일치한다.*

4

그런데 인민은 어디에 있는가. 아니, 어디로 가고 있는가. 1976년 9월 9일 마오쩌둥이 세상을 떠나자 문화혁명이 끝났다. 이듬해 여름 덩샤오핑이 천안문에 돌아왔다. 덩샤오핑은 "사실에 입각해서 진리를 탐구하라"는 '실사구시' 교시를 내세웠다. 빠른 변화가 시작되었다. 하지만 모든 것을 바꿀 수는 없었다. 너무 멀리 와버린 것이다. 덩샤오핑은 1978년 12월 중국공산당 제11기 중

---

*   마오쩌둥, 「인민 내부의 모순에 올바르게 대처하는 방법에 관하여」, 《인민일보》, 1957년 2월.

앙위원회 제3회 전체회의에서 '사회주의식 현대화의 올바른 노선'을 새로운 강령으로 채택했다. 이 강령에는 여러 가지 논점이 있다. 무엇보다 대약진이라고 명명했던 대기근 기간에 진행된 집산화로부터 1962년에 시행된 조치를 부활시켰다. 인민공사 소유의 토지를 분할하는 것은 금지되었으며, 1979년 4월 이후 집단농장을 이탈한 농민들에게 복귀를 요구했다. 농민들은 새로운 지도자에게 저항하지는 않았지만 스스로 빈곤을 벗어나는 방법을 찾아 나섰다. 천안문에서 멀리 떨어진 성省의 농촌에서는 자유시장 경제가 각자의 방식으로 번져나갔다. 토지를 임의로 임대하기 시작했고, 상품은 암시장을 통해서 거래되기 시작했으며, 비공개 방식으로 소규모 공장들이 세워졌고, 농민들은 토지를 내버려두고 임금을 받기 위해 그곳으로 모여들기 시작했다. 천안문은 이 변화를 알고 있었지만 못 본 척할 수밖에 없을 만큼 '조용한 혁명'이 시작되었다. 1983년 겨울 인민공사 해체를 결정한 공산당의 발표는 '조용한 혁명'에 대한 암묵적 인정이었다. 하지만 동시에 이 발표는 농민들에게 하나의 메시지가 되었다. 이제 은밀했던 지하경제가 지상으로 올라온 것이다. 농민들은 집으로 돌아왔다. 그리고 당에서 내려온 계획경제를 무시하고 돈이 되는 환금작물 재배에 나섰다. 여기서 방점은 돈, 이다. 사회주의 중화인민공화국에서 돈은 세상의 중심을 움직이는 가치의 자리를 차지했다. 이 문장을 몇 번이고 다시 읽어주기 바란다. 여기가 〈청춘〉의 시작이다. 탈집산화로 인민공사 농장에서 돌아온 농민들은 토지에서 얻을 수 있는 수익이 많지 않을 뿐만 아니라, 불확실하다는 것을 오랜 경험으로 알고 있었다. 덩샤오핑의 현대화 정책은 빠른 속도로, 도시 중심으로 중국 경제 전체를 바꾸고 있었다. 하지만 국영기업들은 비능률적인 방식으로 속도를 내지 못하고 있었다. 덩샤오핑은 결단을 내렸다. "검은 고양이든 흰 고양이든, 쥐를 잘 잡는 고양이가 좋은 고양이다不管黑猫白猫 能捉到老鼠就是好猫." 개인이 공장을 운영하기 시작했고, 자본가들이 나타났다. 물론 사회주의 중국에서는 그들을 자본가라고 부르는 대신 '사업가事業家'라고 불렀고, 그들이 사업가를 고용하는 자본가가 되면 '기업가企業家'라고 불렀다. 하지만 그 표현이야말로 검은 고양이건 흰 고양이건 생선을 먹기 위해서 수단 방법을 가리지 않는 고양이라는 '본질적인' 사실에는 차이가 없는 말이다. 천안문의 새로운 지도자는 도시의 사업가들이 농촌에 가서 새로운 사업을 시작하기를 기대했다. 하지만 벌어진 일은 정반대였다. 수많은 농민이 돈을 벌기 위해서 토지를 버리고 공장이 있는 도시로 향했다. 농촌에서 도시로, 지방 도시에서 더 큰 도시로, 그리고 더 큰 도시에서 베이징으로, 상하이로, 광저우廣州로, 충칭重慶으로, 선전深圳으로, 톈진天津으로, 우한武漢으로 향했다(이제 이 도시들은 인구가 1000만 명이 넘는다). 분명한 건 다시 한번 농민이 역사의 무대 중심에 섰다는 사실이다. 첫 번째 도약, 농민들은 국공내전에서 국민당 군대와 싸운 인민해방군을 불가능했던 승리로 이끌었다. 봉건적인 중국은 1949년 10월 1일 사회주의 중화인민공화국으로 다시 시작했다. 그런 다음 두 번째 도약. 이번에는 농민들이 봉건적인 사회주의 중국을 근대화 자본주의로 이끌었다. 하지만 농민들을 기다리는 것은 기회라고 부르는 피비린내 나는 착취였다. 역사의 법칙은 사회주의 중화인민공화국에서도 어김없이 진행되었다.

사태는 그렇게 간단하지 않다. 자막에서 '청춘' 노동자들을 한자로는 "外來勞動者외래노동자"라고 불렀고, 그 단어를 영어 자막으로는 "migrant worker이주노동자"라고 옮겼다. 하지만 영어에서 한글로 옮길 때 올바른 번역은 '철새 노동자'이다. 중국에서는 농촌에서 도시로 일자리를 찾으러 온 인민들을 '농민공農民工' 또는 '민공'이라고 부른다. '농민農民'과 '공인工人노동자'을 하나로 만든 합성어이다. 이 단어는 덩샤오핑의 수정주의 경제 노선 이후에 생겨났다. 왜 이런 말이 필요해진 것일까. 주의를 환기하기 위해서 이렇게 질문하겠다. 어제까지 농촌에서 농사를 지었고, 오늘부터 공장에서 일하게 되었다. 그러면 어제까지는 농민이라고 부르고, 오늘부터는 공장노동자라고 부르면 된다. 그런데 왜 농민과 노동자 사이의 중간 지대를 구별하게 된 것일까.

중국 정부는 1958년 대약진 정책을 실행하는 과정에서 소규모 노동협동조합을 지역마다 거대한 집단 공동체로 다시 조직하면서 인민공사를 창립하였다. "무장한 인민이 필수다"라는 구호 아래 경제개발을 또 한 번의 내전처럼 조직화하려고 했다. 경제발전 과정에 경험이 없는 간부들은 군사화, 전투화, 규율화라는 3대 강령에 따라 생산 법칙을 도외시하고 계획경제와 배급 제도에 따라 노동의 문제와 자본의 문제를 동시에 해결할 수 있다고 믿었다. 그래서 인민들을 군대처럼 통제할 필요가 생겼고, 거주이전의 자유를 제한하는 '후커우 등록 조례'가 도입되었다. 이 제도에 따라 신분과 거주지를 확인했고, 인민들에게는 자유로운 '이동'은 허락됐지만 자유로운 '이주'는 금지되었다. 모든 인민은 부모의 후커우를 물려받게 되었으며, 관공서의 허가를 얻어 이주지에서 후커우등록증을 교부받아야 후커우를 변경하고 합법적으로 이사를 할 수 있게 되었다. 그러면서 크게는 도시 후커우와 농촌 후커우로 나뉘게 되었다. 상대적으로 도시 거주자가 농촌 후커우를 받는 것은 쉬운 편이지만 농촌 거주자가 도시 후커우를 받기는 어렵다. 심지어 도시 사이에서도 다른 도시의 후커우가 베이징 후커우를 얻는 것은 어려운 일이다. 〈청춘〉의 '민공'을 이해하기 위해서 예를 들어보겠다. 다른 지역의 후커우가 베이징 후커우를 얻으려면 정부 기관의 고급 공무원이 되거나, 베이징의 경제발전에 상당한 기여를 한 기업의 임원이어야 한다. 해외에서 유학하고 귀국하여 베이징에 있는 기업에 취직하는 경우도 베이징 후커우를 받을 수 있다. 또는 베이징 후커우를 가진 사람과 결혼하여 일정 기간이 지나면 베이징 이전을 허락받는다. 베이징 소재 대학의 경우 다른 지역의 후커우가 입학하면 임시 베이징 후커우가 발급되지만, 만일 졸업을 하면서 베이징에 있는 기업에 취직하지 못하면 임시 후커우는 취소되고 원래 지역으로 돌아가야 한다. 그러다 임시 거주 증서인 '잠주증暫住證'제도를 폐지하고 2016년 '공회법工會法'에 노동자 권리를 보호하는 조항을 포함하여 일부 개선하였지만, 근본적인 문제는 그대로 남아 있다.

여기서 가장 문제가 된 것은 거민신분증居民身分證이다. 이 신분증이 없으면 농촌 후커우는 도시에 가서 임시로 머물 수는 있지만, 이주 도시에서 국가 고용정책이 보장하는 교육, 의료, 취업에 관련된 상해, 퇴직, 임금에 대해 어떤 혜택도 받지 못한다. 문제가 생기면 각자가 '알아서' 해결해야 한다. 노동 현장에서 이 말이 얼마나 무서운 표현인지 알 것이다. 근로시간도, 휴식 시간도, 그리고 무엇보다 임금도 '알아서' 결정된다. 민공은 (서방세계에서는 중국의 통계를 신뢰하지 않는다. 하지만 2015년 발표된 바에 따르면) 2억 4700만 명에 이른다. 이 숫자는 당시 중국 인구의 18퍼센트에 달하고, 전체 노동자의 33퍼센트, 그러니까 3분의 1에 해당한(다고 한)다. 민공은 수정주의 경제 노선 이전에는 존재하지 않았던 사람들이다. 자유롭게 직업을 구할 수 있지만, 동시에 이들에게는 어떤 사회적 보호도 없다. 그들은 언젠가 집으로 돌아가야 하고, 그래서 그들은 어디에도 뿌리를 내릴 수 없고, 운명은 시장경제에 내맡겨진다.

5

　서로 다른 역사, 서로 다른 나라, 서로 다른 공장에 있었던 노동의 순례자들. 그들의 공통점. 빈곤, 저임금, 더러운 거처, 그들이 다루는 기계보다 더 빠른 속도로 마모되어가는 몸. 민공들은 고향을 떠나면서 주문처럼 말했다. "나는 환경을 바꿔야 해요我想换环境." 하지만 이 말의 저편에서 들리는 메아리가 있다. 민공들은 일을 찾아서 떠나는 것이지 고향을 떠나는 것은 목표가 아니다. '청춘'들이 친구를 따라, 누군가는 친지를 찾아, 누군가는 가족의 일부와 함께 고향을 떠날 때 그들의 목표는 돈을 벌어서 고향에 보내주는 것이다. 갈가리 찢어진 목표와 환경과 심정. 대륙의 대이동이라고 조롱하듯이 말하면서 매년 춘제에 왜 그렇게 많은 인민이 하루도 넘게 걸리는 거리를 내내 서서 가면서도 고향에 가기 위해 열차에 몸을 싣는지를 생각해본 적이 있는가. 그렇게 떠난 민공들은 도시 근로자보다 더 적은 임금과 더 많은 노동시간을 요구하는 직장을 찾아 나섰다. 여전히 세계 상품경제 시장의 가격경쟁에서 우위를 점하고 있는 저가격 임노동은 이렇게 형성되었다. 노동시장에 던져진 민공들은 중국 국영 뉴스통신사《신화통신新華通信》보도에 따르면 65퍼센트 이상이 이른바 3D 업종, 더럽고dirty, 위험하고dangerous, 힘든demanding 일로 분류되는 직종에 일하고 있고, 50퍼센트 이상이 직업병에 시달리고 있으며, 작업장에서 사고로 사망하는 숫자의 90퍼센트에 달한다고 한다.

하지만 열악한 민공의 환경은 나아지지 않을 것이다. 왜냐하면 중국 사회에는 민공에 대한 부정적인 이미지와 편견이 널리 퍼져 있기 때문이다. 중국 방송, 드라마, 영화, 신문, 인터넷에 민공들은 반복해서 "바보 같고, 머리가 나쁘며, 더럽고, 염치가 없는" 인민들로 다루어져왔다. 게다가 민공들이 모여 사는 도시 주변 구역은 "도둑들의 천국이자 창녀들의 캠프"라고도 불렸다. 한마디로 범죄자들의 소굴. 심지어 민공들을 경멸하며 "섹스에 굶주린 동물들"이라고 칭하기도 한다. 남자들은 잠재적인 성범죄자들이고, 여자들은 언제든지 성매매할 준비가 되어 있다고도 했다. 중국은 마르크스-레닌주의 정치경제학과 마오쩌둥의 정치를 교육했지만, 이 나라의 도덕은 여전히 공자의 유교라는 생각을 해야 한다. 중국에서는 민공을 "민공조民工潮민공 썰물"라고 부르면서 "맹류盲流눈먼 듯이 무작정 흘러들어 오는 물살"로 취급하였다. "맹류"를 "국가적 재난"이라는 표현까지 사용하면서 비난하기도 했다. 《인민일보》 사설에서는 민공의 도시 유입을 비판하면서 "무분별하고, 어리석게도 아무 계획 없이 도시로 몰려들어 중국의 근대화를 위험에 빠트리고 있다"라고 탄식했다. 무엇보다도 이 과정에서 민공이 저임금을 감수하고 힘든 일을 떠맡으며 재빨리 새로운 일자리를 차지하자 도시 근로자들이 이들을 노동시장에서의 경쟁자로 여기면서 적대시하는 감정이 지배적인 상황이 벌어졌다. 물론 농촌에서 올라온 민공들은 공장 노동에 숙련되지 않았으며, 그래서 그들이 원한 것이 아니라 필연적으로 저임금 고강도 노동을 떠안으면서 시장 안에 뛰어들었다. 게다가 이들은 후커우 등록 조례에 따라 거민신분증이 없었기 때문에 어떤 보호도 받지 못했고, 노동자로서 어떤 혜택도 누릴 수 없었다. 하지만 도시 근로자들은 당장 눈앞에 나타난 경쟁자의 처지를 배려할 겨를이 없었다.

　여기는 사회주의 중화인민공화국이다. 노동자의 나라. 1848년 2월 런던에서 마르크스와 엥겔스는 호소하듯이 선언했다. "지배계급으로 하여금 공산주의 혁명 앞에 전율케 하라. 공산주의 혁명으로 프롤레타리아는 자신들을 묶어놓았던 쇠사슬 이외엔 잃을 것이 없고 그들이 쟁취해야 할 것은 전 세계이다. 전 세계 노동자들이여, 단결하라!"* 그리고 마오쩌둥은 더 구체적으로 자신의 미래의 인민들을 향해 1939년 12월 문건 「중국 혁명과 중국공산당」에서 분명히 말했다. "빈농貧農은 토지가 없거나 혹은 토지가 부족한 광범위한 농민대중으로 농촌에서의 반半 무산계급이며, 중국 혁명의 가장 커다란 동력으로 무산계급의 본래의 가장 신뢰할 만한 동맹자이자, 또한 중국 혁명 군대의 주력군이다. 빈농과 중농은 모두 무산계급의 지도하에서만 해방될 수 있다. 그리고 무산계급도 빈농, 중농과 견고한 연맹을 결성해야만 비로소 혁명을 지도하여 승리할 수 있으며, 그렇지 않으면 불가능하다." 그런데 지금 민공들은 일자리를 찾아 도시를 배회하면서 공공연하게 '이류 인민二流人民2등급 인민'이라고 불리고 있다. 마르크스와 엥겔스가 미처 예상하지 못했다고 그냥 지나쳐 가야 할까. 마오쩌둥이 미처 도달하지 못한 지점은 무엇인가. 아니면 이 모든 것은 공허한 정치적 제스처인가. 혹은 그렇지 않다면 자본주의는 결국 사회주의에 승리했는가. 아직 너무 이른

* 　카를 마르크스 · 프리드리히 엥겔스, 『공산당 선언』, 1848년 2월.

것인가. 아니면 이미 너무 늦은 것인가. 하여튼, 이 무시무시하고 냉정한 부사의 전제 아래, 덩샤오핑의 근대화는 긴 우회로를 거쳐서 경제적으로 성공했다. 엄청난 부를 축적했고, 수많은 부자가 나타났으며, 그중 일부는 자본의 제국에 가서 하버드대학교 학생들에게 성공의 신화에 관한 강의를 한다.

민공은 이 모든 것이 성공이 맞지만 어떤 성공이냐고 반문한다. 더 중요한 질문이 있다. 여기에 어떤 희망이 있습니까. 우리는 이 혁명 앞에서, 혁명 속에서, 혁명 곁에서 존재하지 않는 인민들입니까. 아니다. 민공은 사회주의가 알고 있는 것보다 더 많은 것을 알고 있는 존재들이다. 왕빙은 그렇게 생각한다. 이들은 반동분자들이 아니다. 그러기는커녕 역사 속의 억압된 자들의 귀환이라고 불러야 할 것이다. 어떤 억압? 사회주의 안의 자본주의의 억압. 왕빙은 실패를 바라보고 있다. 여기서 어떤 대답이나 질문을 하기 위해 바라보는 것이 아니다. 왕빙이 하는 일은 무엇인가. 이미지를 긁어내는 것이다. 민공들의 이미지. 중국 사회는 내내 민공들을 중국 시장 안에서 계획경제를 불가능하게 만드는 '해병害病해를 일으키는 병'과 같은 존재로 취급하였다. 주강珠江 삼각주에서 온 이름 없는 민공은 고향으로 돌아가는 인터뷰에서 대답했다. "피와 땀을 지불하고, 청춘을 바쳤노라付出血汗 奉獻青春." 이 대답은 사방에 울려 퍼졌다. 누군가는 설날 고향으로 돌아가는 기차 안에서 펑펑 울었을 것이며, 누군가는 베이징 혹은 상하이 스타벅스에서 서방세계에서 온 명품 옷과 신발을 신고 여유롭게 맥북으로 기사를 읽으면서 비로소 눈 돌렸을 것이다. 하지만 누구나 알고 있는 사실. 민공들은 중국 근대화의 하부 토대를 값싼 임금으로 떠안았으며, 그들의 매일매일의 힘겨운 날들이 세계 시장경제 안에서 중국 상품의 경쟁력을 만들어냈으며, 잉여가치만이 유일하게 승리인 지구에서 중국을 거만하게 만들었다. 왕빙은 바라보고 있다. 그리고 다시 한번 하나를 둘로 나눈다. 인민 내부의 모순, '일분위이─分爲二', 하나를 둘로 나누어라. 이제까지 모두 사업가 그리고 기업가를 쳐다보았다. 이제 둘 중 다른 하나, 민공을 볼 차례이다.

6

왕빙이 즈리전에만 머문 것은 아니다. 〈청춘〉을 촬영하면서 다른 두 편의 영화 〈팡슈잉〉과 〈타양德昂Ta'ang〉을 찍기 위해 저장성 후저우시 마이후이와 윈난성 미얀마 국경 근처의 소수민족 타양족 난민캠프 사이를 오가야 했다. 그리고 중국 북방으로 다시 올라와서 〈사령혼〉의 인터뷰를 계속 진행했다. 그래서 즈리전은 왕빙과 함께 다른 네 명이 번갈아가면서 촬영을 했다. 〈청춘〉에서 어떤 장면을 왕빙이 촬영했는지는 별다른 기록이 없다. 다만 이렇게는 말할 수 있다. 여기에 원칙이 있었을 것이다. 일관성을 위해서이기도 하지만, 더 중요한 이유가 있다. 왕빙은 다큐멘터리를 찍는다는 문제는 카메라와 피사체 사이의 거리distance에 관한 문제라고 생각한다. 이때 거리는 기술적인 문제가 아니다. 왕빙은 피사체를 가까이 찍을 때 카메라가 다가가서 바라보는 촬영과, 망원렌즈를 이용해zoom_in (영화 현장에서 사용하는 표현을 빌리면) '잡아당겨서' 찍는 촬영은 완전히 다른 장면이라고, 자신과 함께 정신병원에 들어가서 환자를 찍은 촬영 연출자들에게 낮에 촬영한 장면을 놓고 늦은 밤 다시 보면서 몇 번이고 강조했다(〈천당의 밤과 안개〉). 실용적인 관점에서 보면 망원렌즈로 '잡아당겨서' 찍은 쪽이 유리할 뿐만 아니라 안전할 수 있다. 왕빙은 그렇게 찍으면 보는 쪽에서 유리할 뿐만 아니라 안전한 바로 그 거리를 보게 된다고 말한다. 영화는 그 안에 있어야 할 뿐만 아니라(장소) 그 곁에 있어야 한다(대상). 여기에 거짓이 개입하면 안 된다. 이것이 왕빙이 왕빙 자신에게 내리는 정언명령이다. 그러므로 영화는 내가 거기에 있었을 뿐만 아니라 그 곁에 있었다는 증거이자 흔적이다. 같은 말의 다른 판본. 영화가 기록하는 것은 찍는 대상이지만 동시에 영화를 찍고 있는 나, 인 것이다. 왜 이 문제가 중요해진 것일까.

"다큐멘터리에서 영화가 찍고 있는 것은 영화를 찍는 그 사람입니다. 그러므로 어디 서 있는가, 어디서 바라보는가, 누구를 바라보는가, 무엇을 바라보는가, 얼마나 멀리 있는가, 얼마나 가까이 있는가, 어디까지 따라가는가, 어디서 멈추는가, 언제까지 바라보는가, 얼마나 오래 바라보는가, 언제 눈길을 멈추는가, 언제 눈길을 돌리는가, 이 모든 것은, 결국, 찍는 쪽의 결정입니다."

영화를 찍는 자리는 유령의 자리에 가는 것이 아니다. 정반대로 그 자리에 가면 (하라 가즈오의 표현을 빌리면) 증인의 자리에 서는 것이다. 왕빙은 영화가 거기 있을 때 어떤 환상도 품지 않는다. 거기에 있기를 결정했으면 그곳에서 거기에 있는 사람을 찍는다. 그때 영화와 왕빙 그리고 대상 사이에 어떤 모순도 없어야 한다. 이 말을 들은 왕빙은 내게 모순이라는 표현 대신 "거짓이 없어야 한다"라고 정정해주었다. 그런 다음 거기서 섬광 같은 순간을 기다린다. 만일 영화가 그때 그 시간에 없었다면 그저 스쳐 지나가버렸을 그 순간. 언제 섬광 같은 순간이 벌어지는가. 재현할 수 없는 이미지가 지나쳐 가는 시간. 영화는 얼마나 무능력한가. 그렇기 때문에 영화는 무능력 안에서 능력의 가능성, 가능성의 순간을 찾아야 한다. 왕빙은 자기의 임무를 수행 중이다.

7

　물론 여기서 항상 문제를 만드는 것, 언제나 다큐멘터리 감독들을 현장에서 난처하게 만드는 것은 손에 들고 있는 카메라라는 기록 기계의 광학적 한계이다. 즈리전 봉제 공장 작업장. 왕빙은 여러 작업장을 옮겨 다니면서 촬영했다. 두 가지 인상적인 점. 하나, 작업장에 관한 실내 전경을 보여주는 장면master_shot이 없다. 다른 또 하나, 찍고 있던 대상 인물이 이동할 때 예외적인 몇몇 장면을 제외하면 따라가는 대신follow_shot 망설이지 않고 바로 옆의 다른 인물에게로 옮겨 간다pan_shot.

　(내가 할 수 있는) 다섯 가지 추론. 첫 번째, 작업장 전체를 보여줄 수 있는 위치가 없다는 뜻이다. 단 하나의 위치가 있다. 작업하는 작업대 위 혹은 의자 위에 올라가서 찍으면 된다. 하지만 그것도 안 되겠다. 재봉틀을 올려놓은 작업대 바로 위에 형광등이 마치 줄을 선 듯이 매달려 있다. 게다가 형광등은 재봉틀 작업대마다 바로 위에 매달려 있다. 그래서 카메라의 시야를 가릴 것이다. 단지 작업장 장소의 공간설계에 관해 설명하려는 것이 목표가 아니다. 이 설명은 노동환경을 말하는 것이다. 여기서 찍을 수 없는 장면이라는 설명은 환경과 노동의 일치이며, 장소와 몸 사이 관계의 물화이며, 카메라의 제약 조건은 노동자의 일상적인 고역으로 실행될 것이다. 다시 한번 말하고 싶다. 왕빙은 그래서 어떤 기술적 편법을 동원해서는 안 된다고 다짐하는 것이다.

두 번째, (영화의 180도 화면 법칙에 따라) 작업장의 절반을 찍으면서 대상을 따라가는 장면들이 몇 번 있다. 언제? 모두 퇴근한 다음 아무도 남은 이 없이 텅 비어 있을 때 따라가는 대상은 작업장에서 퇴근하는 마지막 노동자이다. 거기에 무슨 사건이 있어서 기다린 것도 아니다. 드물게 마주치는 이 장면, 갑자기 개입하듯이 나타난 이 장면에서 거의 조건반사적으로 무심코 바라보던 이전 장면들의 진행, 그러니까 반대로 가득 차 있던 작업장의 장면이 떠오른다. 〈청춘〉의 편집은 일정한 간격으로 이 영화의 진행에 익숙해지려는 우리에게 쇼크를 주는 방식으로 이 장소로부터 낯설게 일깨우는 장면을 개입시킨다. 마치 이 장면들은 하나의 리듬처럼 출몰한다. 설명할 필요도 없이 언제나, 언제나, 언제나 작업장은 노동하는 '청춘'들로 지나칠 정도로 과밀하게 가득 차 있다. 여기가 봉제 공장이라는 사실을 잊으면 안 된다. 쌓여 있는 직물들. 거기서 날리는 실밥들. 옷감에 쌓여 있는 먼지들. 산더미처럼 쌓여 있는 그 옷들을 하루에 열다섯 시간 이리 옮기고 저리 옮기면서 일해야 한다. 나는 어떤 장면에서도 이 작업장의 환풍기를 본 적이 없다. 동시녹음한 이 영화를 최신 돌비사운드 스피커로 상영하는 극장에서 보면서 환풍기가 돌아가는 소리를 듣지 못했다. 그 안에서 하루 열다섯 시간 숨을 쉬어야 하는 폐와 한순간도 쉴 틈 없는 눈이 노출된다. 만일 한눈을 팔면 무정한 재봉틀은 망설임 없이 손가락을 옷 선에 맞추어 재봉질할 것이다. 단 한순간도 노동자는 자기 본연의 자리를 잊어서는 안 된다. 작업장의 모든 재봉틀은 쉬지 않고 박음질을 하고 있다.

세 번째, 일단 작업장 안에 들어오면 앉아서 촬영했다. 이때 왕빙은 재봉틀을 사이에 두고 재봉질을 하는 상대를 180도 맞은편에서 찍었다. 〈청춘〉의 첫 장면은 안후이성 쉬안청宣城에서 온 열아홉 살 민공, 후쭈궈Hu Zuguo를 맞은편에서 마치 오즈 야스지로 영화의 한 장면처럼 바라보면서 시작한다. 그렇게 보이는 까닭은 정면으로 찍었을 뿐만 아니라 인물을 바라보는 구도에서, 아래에서 위로 올려다보는 대신low_angle 수직으로 내려와서 정면으로 바라보고low_axis_angle 있기 때문이다. 이때 이 정면 구도는 같은 방법으로 이후에도 반복된다. 이 구도와 함께 인물을 90도 옆자리에서 찍은 장면이 반복되는 것이다. 예외적인 몇 장면을 제외하면 모두 이 구도로 찍었다. 예외적인 장면은 촬영할 수 있는 자리가 없어서 대상으로부터 두 개 혹은 건너편 작업대 뒤 혹은 대각선 방향으로 물러나서 찍었다. 그렇게 장소가 요구하는 예외가 있긴 하지만 원칙처럼 반복되는 두 개의 장면, 맞은편에서 바라보거나, 아니면 바로 곁에서 바라보는 장면은 구도의 문제가 아니라 자리의 문제에 대한 대답으로 보인다. 재봉질하는 장면을 보기 위해서는 인물 바로 곁으로 와 머리 뒤에서 촬영했다. 이 장면은 어깨 너머로 찍었다기보다는over_the_shoulder 할 수 있는 한 재봉질 작업을 하는 민공의 시선으로 바라보고 있는 것에 가까운 자리를 찾는다. 하지만 왕빙은 카메라와 민공 사이의 시선의 동일화를 위한 편집을 하지 않았다. 카메라와 민공 사이의 거리는 끝까지 유지된다. 그래서 우리는 화면을 바라보고, 카메라는 민공을 바라본다. 이 셋은 그렇게 분리되고 하나로 종합되지 않는다.

　　그러면 이 구도는 왕빙의 어떤 미학적 표현을 담은 구도인가. 이런 식으로 질문을 하면 끝내 대답을 얻지 못할 것이다. 이 구도는 아마도, 아마도, 이 장소에 도착해서 물끄러미 바라보는 관찰로 얻어낸 자리일 것이다. 무엇을? 민공의 노동. 노동을 가장 잘 볼 수 있는 자리. 이때 왕빙은 당연히 아동 의류를 어떻게 만드는지엔 관심이 없다. 미키 마우스 장식을 어떻게 박음질하는지, 별을 어느 주머니에 달아야 하는지, 주름을 연달아 잇기 위해서 어떻게 해야 하는지에 관심이 없다. 왕빙이 바라보는 것은 그 일을 하고 있는 민공의 쉴 새 없는 손놀림, 재봉틀 부근을 번개처럼 두리번거리는 눈길, 화면 속도를 빨리 돌리고 있는 것처럼 움직이는slow_speed_shooting(단어에 속지 말기 바란다. 슬로모션이 아니다) 어깨의 율동. 그렇다, 봉제 공장에서 일하는 노동은 작업대에 앉아서 하는 상반신의 스펙터클이다. 착취의 스펙터클. 상반신을 이보다 더 잘 볼 수 있는 구도가 있을까. 또 하나의 구도, 옆자리에 가서 바라보는 장면을 같은 방법으로 설명할 수 있다. 이때 이 구도는 무엇을 보고 있는가. 봉제 공장에서 하는 노동은 몸의 어느 부위를 사용하고 있는가. 팔과 어깨. 그 옆자리는 팔과 어깨의 운동을 바라보고 있다. 왕빙은 할 수 있는 한 단순하게 찍고 정확하게 바라본다. 그러므로 왕빙 영화를 볼 때는 항상 단순하고 정확하게 보면 된다.

네 번째 혹은 다섯 번째. 그 둘을 함께 이야기해야 할 것 같다. 〈청춘〉에는 (다큐멘터리의 의미에서) 주인공이 없다. 왕빙의 경우에 예외적인 일은 아니다. 〈철서구〉에는 주인공이 없다. 〈광기가 우리를 갈라놓을 때까지〉에도 주인공이 없다. 〈사령혼〉에도 주인공이 없다. 오히려 주인공이 있는 경우가 예외적인 사례처럼 보인다. 〈허평밍〉〈이름 없는 남자〉〈세 자매〉〈팡슈잉〉. 주인공이 없다는 이야기를 하려는 것이 아니다. 〈청춘〉은 계속해서 카메라 앞의 민공을 즈리전의 작업장 여기서 저기로 옮겨 간다. 그래서 같은 작업장에서 카메라 앞의 대상이 작업이 끝난 옷을 잔뜩 들고 일어나서 자리를 옮기면 망설이지 않고 옆자리에 앉아 있는 민공에게로 옮겨 간

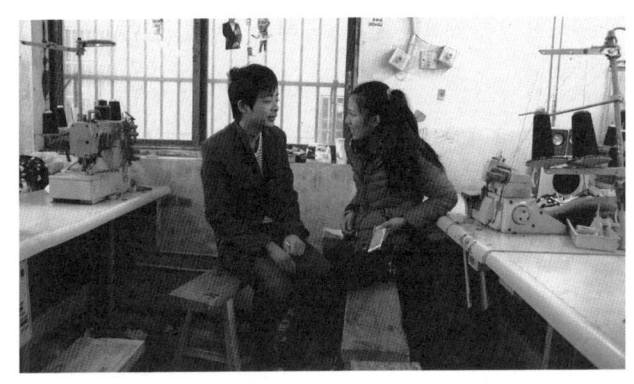

다. 이때 이 둘은 같은 작업장에 있다는 것 말고는 어떤 사이도 아니다. 오히려 작업장 안에서 서로 친분을 나누는 사이, 작업장에는 많은 '청춘'이 있고 서로 옆자리에 앉아 있으며, 각자가 할 수 있는 가장 빠른 속도로 진행되는 반복적인 작업의 권태와 피로를 잊으려고 쉴 새 없이 대화를 나누는데, 그러면서 누군가는 서로에게 호감을 품고 또 다른 누군가는 냉담한 잡담을 주고받는데, 그 사이를 왕빙은 더 밀고 들어가지 않는다. 처음에는 왜 여기서 멈추는가, 라고 질문했다. 금방 대답을 얻었다. 왕빙은 몇 번이고 작업이 끝난 후 퇴근하는 민공을 따라나선다. 문을 열고 바깥으로 나가면 이미 한밤중이다. 게다가 민공들은 기숙사와 같은 숙소에서 여러 명이 공동생활을 한다. 〈청춘〉에서 자기 개인 숙소를 가진 민공은 단 한 명도 없다. 네 명 혹은 다섯 명, 그리고 여섯 명. 하나의 방에 여러 개의 침대가 놓여 있고, 그 침대는 이층 침대로 방 안의 위아래를 차지하고 있다. 비좁은 작업장에서 돌아와 비좁은 숙소에서 잠을 자야 한다. 숙소의 복도 또한 비좁고, 서로 지나갈 때마다 옆으로 비켜서야 한다. 방은 마치 여관처럼 복도를 따라 줄지어 있으며, 게다가 층마다 하나뿐인 공동욕실을 사용하고 있다. 아침 7시에 출근해서 밤 10시에 퇴근하는 민공들에게는 다른 시간이라는 것이 없다. 이 말을 다시 한번 읽어주기 바란다. 다른 시간이 없다. 그러면 하루 중 남은 시간은 무엇인가. 노동하는 시간, 그리고 잠자는 시간. 그 둘은 서로 연결되어 있으며, 그 사이라는 것은 여기에 없다. 매일매일의 시간 안에서의 의무. 그런 다음 주어지는 자유를 잠이 빼앗아 간다. 다음 날다시 작업장에 도착하면 민공에게는 다시 싸움이 시작된다. 누구와의 싸움? 자기 자신의 근육에 쌓여가는 피로와의 싸움. 만일 왕빙이낭만적인 순간, 사이의 시간을 찍겠다고 부탁하면 그들은 어리둥절한 표정을 지을 것이다. 그런 시간이 어디에 있나요? 아니, 작업장에 있기는 있다. 작업하는 내내 작업장에서 귀가 먹먹할 정도로 울려 퍼지는 라디오의 유행가 가사. 종종 누군가 재봉질을 하면서 흘러나오는 사랑 노래의 가사를 목청껏 따라 부르기도 한다. 하지만 그 표정은 조금도 행복하지 않다. 따라 부르는 '청춘'은 상상할 겨를도 없다.

　일부러 장황하게 설명했다. 〈청춘〉을 보는 내내 즈리전 어느 작업장에서건 민공들은 하나의 덩어리처럼 보인다. 작업장의 재봉틀이 돌아가고, 그 안에서 민공들이 옷을 만들면, 그 옷은 옆에 쌓여가고, 쌓인 옷과 이제부터 만들어야 할 옷을 준비하는 옷감들이 다시 쌓이면서, 점점 더 구별할 수 없게 된다. 긴 하루가 끝나고 숙소로 돌아가면 같은 방을 쓰는 민공들과 서로의 침대에 마주 앉아 각자의 휴대폰 스크린을 들여다보면서 의미 없는 잡담을 나눈다. 이미 누군가는 이불을 뒤집어쓰고 잠들었다. 이때 이불속에 들어간 누군가는 고치에 들어간 누에처럼 보인다. 창문 바깥은 검은 도화지를 붙여놓은 듯 칠흑 같고, 침대에 앉아 있는 '청춘'들은 더는 할 일이 없다는 것처럼 시간을 보낸다. 거기서 왕빙은 무엇을 하고 있는가. 덩어리를 한 명씩 쪼개내는 일이다. 그래서 할 수 있는 한 많은 이의 이름과 나이, 그들 고향의 지명을 화면에 명기한다. 왕빙은 여러 명 사이에서 하여튼 한 명을 찍는다. 그런 다음 다시 한 명을 찍는다. 그런 다음 다시 한 명을 찍는다. 이 사람은 저 사람이 아니다. 저 사람은 이 사람과 다른 사람이다. 〈청춘〉의 첫 장면. 왕빙은 민공을 찍는다, 라고 하는 대신 안후이성 쉬안청에서 온 열아홉 살 후쭈궈가 안후이성 안칭安慶에서 온 스무 살 리성난Li Shengnan과 서로 더 빨리 더 많은 옷의 재봉을 경쟁하는 모습에서 시작한다. 안후이성 쉬안청에서 온 두멍Du Meng은 이미 밤 10시가 넘었는데 작업장 안 여기서 저기로 재봉틀을 옮겨 가며 일하면서도 오늘 할당량을 끝내지 못할 것을 걱정한다. 그러면서도 외친다. "11시까지 끝낼 거야!" 그렇게 왕빙은 영화 내내 계속해서 한 명씩, 한 명씩, 한 명씩 호명한다. 다시 한번 후렴구처럼 말하겠다. 그들은 한 명, 한 명, 한 명 이름이 있고, 나이가 있고, 고향이 있다. 왕빙은 작업장에서 한 명을 바라보다가 다른 한 명으로 옮겨 갈 때마다 하나의 세계에서 다른 하나의 세계로 옮겨 가듯이, 한 편의 영화에서 다른 한 편의 영화를 시작하듯이, 그렇게 카메라를 이 자리의 민공에서 저 자리의 민공에게로, 저 '청춘'에서 이 '청춘'으로 옮겨 간다. 이때 카메라의 이동은 한 명, 한 명, 한 명의 세계를 밝힌다. 카메라가 옮겨 갈 때마다, 그렇게 그 순간의 패닝panning을 마주할 때마다, 다른 하나의 사람을 마주한다. 고다르는 "트래블링은 도덕의 문제이다"라고 말했다. 왕빙에게 패닝은 하나의 세계에서 또 하나의 세계라는 각자의 몫partage, 랑시에르가 말한 분배의 문제이다. 그때 영화를 본다는 문제와 우리는 마주하게 될 것이다. 본다는 문제. 고다르의 말을 가져온 세르주 다네의 말을 그 위에 겹쳐놓고 인용하겠다. 좀 더 정확하게 하기 위해 한글 번역 뒤에 원문을 일부 포함했다. "······ 누가 이런 스크린 체험을 알고 있을까? 식별되지 않는 이미지들이 망막 위에 기입되고, 미지의 사건이 불가항력처럼 일어나며, 내뱉은 대사가 자기에 대한 불가능한 지식의 비밀번호가 된다. '보지도 못하고 붙잡지도 못한pas vu pas pris' 이런 순간들은 영화 애호가가 겪는 최초의 장면이며 '그것이 자기에게만 일어나는데도 자기가 존재하지 않는où il n'était pas alors qu'il ne s'agissait que de lui' 장면이다. 장 폴랑이 문학에 대해 '우리가 존재하지 않을 때quand nous ne sommes pas' 겪는 세계 체험이라고 말하고, 라캉이 '자기 자리에 없는 것ce qui manque à sa place' 이라고 말할 때의 바로 그 의미에서 그렇다."*

8

왕빙의 영화에서 기술적 에러를 보는 것은 드문 일이 아니라고 했다. 이 문제에 관해 질문할 때마다 왕빙은 망설이지 않고 "언제나 내게 중요한 건 대상과 나의 문제이고, 그 사이를 연결하는 카메라의 기술적 문제는 개의치 않습니다"라고 대답했다. 때로 이 문제는 녹음에서 말썽을 일으키기도 했다. 게다가 왕빙 다큐멘터리에서는 종종 기술적 에러가 촬영하고 있는 장소의 상황을 설명하고 있(는 것처럼 보일 때가 있)다. 특히 〈사령혼〉. 하지만 보는 쪽에서 단순하게 개의치 않을 수 없는 까닭은 왕빙이 계속해서 카메라

*　세르주 다네 외, 「〈카포〉의 트래블링」, 『사유 속의 영화』, 이윤영 엮고 옮김, 문학과지성사, 2011, 335쪽. 병기된 원문은 《트래픽Traffic》 1992년 가을호에서 발췌했다.

기종을 바꿔가며 촬영하기 때문이다. 디지털카메라는 선택 기종에 따라 장면을 설명하는 대신 반대로 많은 선택 중에서 왜 이 기종을 선택했는가, 라는 질문을 카메라가 영화를 향해 던지게 한다.

〈청춘〉에서는 이 문제를 질문처럼 던져보는 일이 중요할 것이다. 왕빙은 여기서 소니 알파 7과 소니 알파 7S 두 가지 기종을 사용하였다(하지만 화면상의 장면만으로는 두 개의 기종을 구별하기 힘들다. 어쩌면 한 장면을 두 명이 촬영하면서 두 대의 카메라를 동시에 사용한 다음 한 씬 안에서 섞어서 편집했을 수도 있다). 가로 127밀리미터, 세로 96밀리미터, 무게 627그램의 기종. 한 번도 이 카메라를 본 적이 없다면 자로 재서 비슷한 크기의 물건을 손으로 들어보길 바란다. 어른 손바닥에 올려놓을 수 있는 크기. 물론 여기에 마이크를 더하면 무게와 크기가 늘어날 것이다. 미러리스카메라인 이 기종은 1200만 화소를 제공하고 있다. 즉각 떠오르는 선택의 이유. 무엇보다 소니 알파 7 시리즈 카메라의 가장 큰 장점은 저조도low_light_level에서 밝은 촬영을 할 수 있다는 점이다. 왕빙은 작업장과 기숙사, 특히 복도의 조명을 염두에 두고 있었(을 것이)다. 그리고 작업장에서 퇴근한 다음 실외인 길거리로 외출하는 대상을 따라 나가 찍은 한밤중의 장면에서 소니 알파 7 카메라는 주변의 제한된 광원만으로도 풍경을 충분히 보여주고 있었다.

그러나 앞서 말했듯 〈청춘〉에서도 기술적 에러를 찾을 수 있다. 이를테면 작업장에서 찍고 있던 대상이 갑자기 문을 열고 바깥으로 달려 나갈 때 카메라가 뒤를 쫓는다. 그때 어두운 작업장에서 문 바깥 대낮의 햇빛 속으로 나가면서 화면은 데이터 정보를 잃고 순간적으로 거의 백색으로 지워진다. 이 장면을 왕빙은 실내와 실외를 편집하지 않고 이어지는 한 쇼트로 보여준다. 또 다른 장면. 작업장에서 퇴근하고 숙소로 돌아온 민공들은 단 하나뿐인 욕실을 사용하기 위해 자기 차례를 기다린다. 숙소의 방이 밝지는 않지만 광원은 충분하다. 방 바깥 복도에는 아무 광원도 없다. 욕실 앞에 등이 켜져 있고, 카메라는 두 개의 광원 사이, 그러니까 멀리 있는 욕실 문 앞 광원과 반쯤 문이 열린 바로 곁의 방 안 광원 사이 아무 빛도 없는 복도에 우두커니 서 있다. 이때 바로 앞을 오고 가며 지나치는 인물들은 흐릿하게out_of_focus 보이면서 구별되지 않는다. 물론 어떤 미학적인 이유도 없다. 여기서 우리가 보는 것은 어둠에 적응해서 어둠을 보지 못하고 밝은 상태로 머물다가 갑자기 바깥으로 나가 햇빛을 마주하는 순간 망막에 상처를 주는 듯한 스크린의 백색 앞에 마치 눈이 머는 것만 같은 시야의 손실이다. 또는 어두침침한 그림자 아래서 오가는 자신들을 그림자처럼 쳐다보는 그림자 속의 그림자가 되어버린 어둠이 있다. 여기에는 어떤 은유도 없다. 반대로 왕빙은 기술적 에러라는 광학적 유물론을 우리에게 마주하게 한다.

9

되돌아가보자. 그렇다면 조금 전 장면의 맞은편을 구체적으로 다시 떠올려볼 수 있을 것이다. 왕빙은 소니 알파 7 카메라를 들고 어떤 자세로 재봉틀 앞에 앉아 있는 민공을 마주 보고 있었던 것일까. 맞은편의 거울처럼 같은 자세. 재봉틀 앞의 민공이 시선을 내려 박음질하는 모습을 왕빙은 카메라를 들고 뷰파인더로 마주 바라보는 대신, 지금 앞에서 대상이 하는 일에 아무 관심도 없는 것처럼 자기 손바닥 위에 카메라를 올려놓고 나도 내 할 일을 한다는 듯 이미지센서 프레임을 내려다보고 있었을 것이다. 이 자세를 음미할 필요가 있다. 왜 중요한가. 다큐멘터리 교과서의 오래된 조언. 카메라는 피사체와의 관계에서 항상 하나의 권력이라는 생각을 해야 한다. 이때 피사체와의 관계에서 카메라라는 권력을 해체시키고 피사체를 해방하지 않으면 피사체는 퍼포먼스를 하거나 반대로 아무것도 하지 않을 것이다. 또는 내내 가면을 쓰고 있을 것이다. 모든 다큐멘터리 연출자에게 이 문제는 대상이 아니라 찍는 카메라의 자리로 재귀한다. 여러 가지 방법이 고안되었고, 수많은 조언이 있다. 하지만 결론은 여러 경로를 거쳐서 동일한 대답으로 귀결된다. 카메라의 자리를 잠재적 부재로 만들라, 는 것이다. 있지만 거기에 없어야 한다. 그런 다음 없지만, 거기에 있어야 한다.

그래서 왕빙은 여기서 어떻게 하는가. 맞은편에 앉아서 손바닥에 소니 알파 7 혹은 7S를 올려놓고 이미지센서 프레임을 들여다보고 있는 왕빙을 떠올려주기 바란다. 좀 더 단순한 설명. 왕빙은 마주 보는 대신 내려다보고 있었을 것이다. 약간의 상상을 허락해주기 바란다. 한 번 더 말하겠다. 마주 보는 대신 내려다본다. 그때 대상은 자신이 피사체의 자리에 있다는 호명의 관계, 체포의 암시, 감금을 가정하는 스크린의 상상적인 구도에서 벗어날 수 있을 것이다. 영화를 찍는다, 라는 관계가 생겨나면 대상은 구조 안으로 들어왔다는 가정을 하게 된다. 소니 알파 7은 이 가정을 부정할 수 있는 위치와 자세를 제공해주고 있(었을 것이)다. 이제 영화 전체에서 리듬처럼 반복해 재봉틀 앞에 앉아 있는 민공을 맞은편에서 바라보는 카메라의 구도가 설명되었을 것이다. 가슴 아래 수직으로 내려온 다음 정면으로 바라보는 구도. 대상과 카메라, 피사체와 영화, 민공과 왕빙의 관계의 구조로부터 해방의 구도. 그리고 이 구도를 성립시키기 위해 소니 알파 7 혹은 7S는 거기에 있지만 그 앞에 없다. 그리고 그 앞에 없지만, 거기에 있다. 바로 이두 문장 사이에 놓여 있는 간극이 왕빙의 전술의 핵심이다.

10

민공들은 즈리전에 돈을 벌기 위해서 왔다. 자연히 돈에 관련된 문제와 마주하게 된다. 그게 돈의 법칙이다. 민공은 법칙에 따라 세 개의 다른 상태의 광경과 마주하게 된다. 첫 번째 광경은 내내 설명한 미끄러지는 스펙터클이다. 작업장 안에서 이 민공에서 저 민공에게로, 저 민공에서 그 곁의 민공에게로 미끄러지듯이 옮겨 간다. 그때 미끄러짐은 자유로워서가 아니라 반대로 멈추는 것이 불가능하기 때문에 일어난다. 돌아가는 재봉틀은 단 한순간도 멈추지 않는다. 그러기는커녕 민공들은 서로 더 빨리 경쟁에 나설

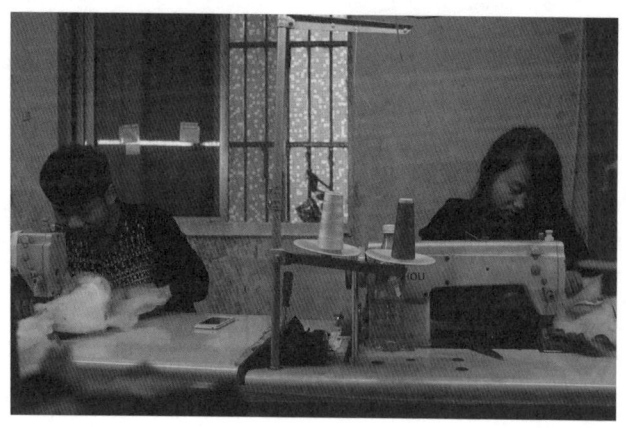

때도 있다. 그러면서 새로 도착한 민공의 서투른 작업 속도에 짜증을 내기도 한다. 속도에 내맡겨진 스펙터클. 같은 동작의 반복. 여기서 이미 밤인가, 라는 말과 벌써 아침인가, 라는 말은 서로 붙어 있다. 하지만 이 노동의 결말은 없다. 마치 최면에 걸린 것 같은 근육의 활동. 소란스러운 유행가들. 라디오의 가수들은 사랑을 호소한다. 어떤 작업장에서는 조잡한 일렉트로닉 댄스음악이 빠른 템포의 노이즈에 가까운 볼륨으로 클럽에서 울려 퍼지는 것처럼 휘감고, 그 사운드는 작업장 민공들의 속도를 재촉하는 노동의 하모니처럼 들린다. 여기서도, 저기서도, 여기가 저기이고, 저기가 거기인 것처럼, 노동의 가속도 속에서 열광하는 것 같은 격정적인 순간들과 반복해서 마주하게 된다. 그 안에서 헐떡거리는 사람은 이 사람에서 저 사람으로, 저 사람에서 다시 또 다른 사람으로 옮겨 다니는 왕빙의 카메라이다.

두 번째 광경은 멈춘 시간이다. 작업장 사장의 방. 거의 멈추어 선 카메라. 이 방에 시간이 고이는 것 같다. 리성난의 아버지가 한밤중에 사장과 이야기하고 있다. 대화는 조용하고 느리게 진행된다. 리성난. 영화가 시작하고 후쭈귀와 누가 더 빨리 작업을 끝내는지 경쟁하던 스무 살 여자 민공. 아버지와 사장이 대화를 나누는 시간이 한밤중이라고 말했는데, 물론 아직 작업장에서는 모두 일하고 있다. 리성난도 일하고 있을 것이다. 아버지는 리성난이 임신 2개월이라고 말한다. 우리는 방금 리성난이 작업장에서 일하는 모습을 보았다. 하지만 아무도 리성난을 말리지 않았다. 아무도 걱정하지 않았다. 아버지가 작업장에 왔지만, 그가 걱정하는 건 임신중절수술을 시켜야 하는데 돈이 든다는 것이다. 돈이 문제이다. 다음 장면은 처음으로 영화에서 보는 건물 풍경이다. 마치 폐허처럼 보인다. 을씨년스럽게 비가 내리고 있다. 이 편집을 상징이나 은유로 읽는다면 아직 관념적인 것이다. 아마도 다음 장면이 화창한 아침이라면 아이러니라고 한가하게 말할 것이다. 올바른 대답은 무엇인가. 다음 장면은 아침이라는 것이다. 왕빙은 다음 날 아침이 맑은 날이어도 찍었을 것이다. 그러므로 비가 오는 날, 오늘의 다음 날, 내일 아침을 찍었다. 내일이 되었고, 오늘은 비가 내린다는 것이 대답이다. 시간은 리성난을 위해 멈춰주지 않을 것이다. 그러므로 결정해야 할 것이다. 수술을 받고 즈리전 봉제 공장 작업장에서 계속 일을 할 것인가, 아니면 고향으로 돌아가서 아이를 낳을 것인가. 양자택일은 죽느냐 사느냐 그것이 문제로다, 의 다른 판본이다. 리성난은 그 질문의 자리에 있다. 리성난이 봉제 공장을 떠나도 사장은 붙잡지 않을 것이다. 새로운 민공이 그 자리를 기다리고 있기 때문이다. 수술해도 아버지는 말리지 않을 것이다. 그래야만 리성난은 고향에 돈을 보내줄 수 있기 때문이다. 그러면 반문할 것이다. 무엇이 멈추었나요. 리성난의 시간. 결정하기 위해서 잠시 멈추어야 한다. 그런 다음 두 개의 시간에서 하나를 선택해야 한다. 왕빙은 미끄러지는 스펙터클에서 그때마다 멈춘 다음 그 사람을 바라본다. 즈리전에는 다른 리성난, 그렇다, 수많은 다른 리성난이 있을 것이다. 〈청춘〉은 시작할 때 즈리전의 봉제 공장, 수많은 봉제 공장 중의 하나인 리밍로黎明路 93 작업장, 작업장을 가득 채운 재봉틀 앞의 민공들, 민공 중에서 한 명, 리성난을 마주 보았다. 리성난은 더 많은 아동복, 더 많은 상품, 더 많은 가치를 생산하기 위해서 필요노동시간을 단축하는 속도전에 뛰어들었다. 하지만 지금은 리성난의 시간이다. 얼마나 많은 리성난이 자신의 시간을 근심 속에서, 슬픔 속에서, 고통스럽게 멈춰 세울까.

　누군가는 이 선택에서 아이를 낳는다. 또 다른 멈추어 선 시간. 잠시 노동을 멈추고 작업장에서 복도로 나온 안후이성 쉬안청 출신의 젊은 민공(나이를 표기하지 않았다) 위성둥^{Yu Shengdong}이 전화를 한다. 상대방이 전화를 받자 기쁜 목소리로 말한다. "아빠라고 불러 봐." 상대방의 목소리는 들리지 않는다. "엄마는 자고 있어." 위성둥은 (아마도) 어린아이를 고향에 두고 즈리전 봉제 공장에 일자리를 찾아온 젊은 아버지이다. 민공 부부가 고향에 맡기고 온 자녀를 '유수아동^{留守兒童 집을 지키면서 남아 있는 아이}'이라고 부른다. 세 가지 이유로 민공 부부는 자녀를 데리고 오지 못한다. 첫 번째는 민공들이 받는 저임금으로는 도시에서 교육을 시킬 수 없기 때문이다. 두 번째는 첫 번째와 서로 연결되어 있는데 거민신분증이 없어서 국가가 보장하는 교육을 받을 수 없기 때문이다. 세 번째는 아직 미취학아동이라면 더 문제가 된다. 부부가 아침 7시에 출근해서 밤 10시에 퇴근하면 보모를 구하거나 탁아소에 보내야 하기 때문인데, 문제는 원점으로 돌아온다. 거민신분증이 없으면 혜택을 제공하지 않는다. 그러면 고향에서 누군가 자녀를 돌보게 된다. 아마도 부부의 부모 중 한쪽 혹은 친지일 것이다. 농촌에서 교육받지 못하고 자란 아이들은 자라서 민공을 대물림하게 된다. 《신화통신》 통계에 따르면 코로나19 이전에 부부가 모두 도시로 떠나고 농촌에 남겨진 유수아동 숫자가 6000만 명에 이른다고 한다. 위성둥우 더 많은 이야기를 나누고 싶어 하지만 전화가 끊어진다. 위성둥은 손에 든 전화를 물끄러미 바라본다. 그 모습은 슬퍼 보인다기보다는 영혼이 증발한 것처럼 보인다.

　세 번째 광경은 마찰의 자리이다. 돈의 법칙은 언제 마찰을 일으키는가. 임금을 협상할 때. 어디서 일어나는가. 임노동자와 고용주의 사이. 나는 중국 노동법을 잘 모르기 때문에 〈청춘〉에서 이 장면을 설명하는 데 한계를 느낀다. 잘 알고 있는 대로 노동법이란 그 나라 사회구성체의 생산양식을 설명하는 형식이다. 여기서는 〈청춘〉에서 내가 본 장면에 관한 제한적인 수준의 주석에서 멈출 것이다. 〈청춘〉을 보면서 가장 의아한 부분은 작업장에 관리자가 없다는 점이다. 왕빙은 여러 작업장을 옮겨 다녔지만 모두 마찬가지였다. 작업장에는 두 종류의 직위, 사장과 민공이 있다. 경리일도 사장이 직접하고, 금고를 열어서 임금을 나누어 주는 일도 직접하고, 그 앞에서 장부를 펼쳐 각자에게 돈을 줄 때 받는 임금 수령 서명도 직접 받는다. 이것이 중국 제조 공장의 일반적인 풍경인지 아니면 즈리전 봉제 공장의 특별한 관행인지는 내가 알지 못한다. 위층 작업장의 민공들은 각자 자기 앞에 놓인 물량을 작업했으며, 왕빙은 작업장에서 선별해 찍지 않았으며, 어떤 의미에서는 닥치는 대로 찍었다. 닥치는 대로 찍었다는 장면의 예. 즈리전 리밍로 173 작업장의 장면. 안후이성 쉬안청에서 온 스물네 살 민공 샤오웨이Xiao Wei는 재봉틀 앞에서 일하다가 누군가 휴대폰을 집어 던지자 그걸 맞고 벌떡 일어나서 불같이 화를 낸다. "누가 던졌어?"라고 소리치자 수평으로 맞은편에서 한 남자가 "내가 던졌다"라고 대답한다. 말싸움으로 끝날 줄 알았는데 갑자기 상대방이 샤오웨이에게 달려들어 발로 찬 다음 머리를 주먹으로 때린다. 샤오웨이는 가위를 들고 소리 지른다. "죽여버린다!" 그러자 샤오웨이의 엄마가 말리면서 상대방을 야단치지만 샤오웨이는 "내 친구들을 모두 끌고 올 거야!"라고 소리친다. 이때 왕빙은 싸움을 바라보는 대신 재빨리 카메라를 옆으로 돌려서pan 잠시 재봉틀 작업을 멈추고 무표정으로 물끄러미 쳐다보는 빨간 옷을 입은 여자 민공을 바라본다. 〈청춘〉에서 몇몇 민공에는 소개 자막이 없다. 촬영은 허락했지만 소개를 거절했을 수 있다. 그런 다음 다시 샤오웨이를 본다. 갑자기 벌어진 일. 편집이 포함되어 있지만 왕빙은 한번 리허설해본 장면을 찍는 것처럼 이리저리 따라간다. 이때 카메라는 촘촘히 연결된 작업대 아래 의자를 트랙track처럼 사용하면서 놀랄 만큼 기민하게 자리를 옮겨 간다. 여기서 방점은 촬영 기술이 아니다. 왕빙은 좁은 장소에서 너무 가깝게 벌어진 사건을 하나의 쇼트로 보여줄 수 있는 자리를 재빨리 포기한다. 대신 샤오웨이의 난투극을 머릿속에 전체의 장면master_shot으로 조감하면서 부분의 디테일로 조각내 위치를 옮겨 가면서 찍는다. 이 디테일을 찍을 때 부분이 전체를 그려내기 위한 대상의 상대방을 문자 그대로 닥치는 대로 찍는다. 디테일의 네트워크. 이 방법은 왕빙이 가상의 전체 장면을 구성하는 방법이다.

원래의 이야기로 돌아오자. 임금이 문제가 되었다. 〈청춘〉은 작업장을 옮겨 가면서 몇 차례 임금협상의 자리를 바라본다. 첫번째 임금협상의 자리. 사장은 아래층에 있고, 민공들의 작업장은 위층에 있다. 사장이라고 해서 편하게 책상 앞 의자에 앉아 있는 것은 아니다. 사장도 산더미처럼 쌓인 옷감 앞에서 작업하고 있다. 그 옆에는 (누군가 "여사장님"이라고 부른다) 사장의 아내와 친지 한 명이 일을 돕고 있다. 이미 마지막 장면 자막에서 소개한 것처럼 즈리전 봉제 공장은 아파트 단지 같은 1만 8000여 개의 소규모 개인 업체들이 서로 이웃하여 늘어서서 마치 집단수용소처럼 보이는 도시이다. 추론. (아마도) 이 작업장의 사장은 민공으로 여기에 남들보다 먼저 와서 성공한 다음 고향의 가족을 불러 작업장을 차리고 민공들을 고용했을 것이다. 언제 어디서나 누군가는 시장에서 성공한다. 그렇지 않다면 위층의 민공들이 하는 재봉틀 작업을 아래층의 사장과 그의 아내가 그토록 능숙하게 할 리가 없다. 위층의 민공들은 작업을 중단하고 임금 문제를 의논한다. 누군가는 종이 위에 물량과 임금을 놓고 계산하고, 주변에 선 다른 민공들은 종이를 들여다보고 있으며, 누군가는 멀찍이 자기 자리에서 구경만 한다. 그런 다음 대표를 뽑아서 아래층의 사장과 면담하기 위해 계단을 따라 내려간다. 하지만 사장은 크게 화를 내면서 지금 쌓여 있는 밀린 일감이 보이지 않느냐며, 그 이야기를 지금 해야 하느냐고 야단친다. 민공 대표는 대꾸도 잘 못 하고 위층 작업장으로 올라온다. 그러자 위층 민공들이 모두 내려가서 따져 묻는다. 양쪽은 서로 목청을 높인다. 사장은 그만두고 싶으면 그만두라고 말하면서 다른 사람을 고용하면 된다고 맞받아친다. 여사장은 생각 좀 하면서 살라고 거든다. 민공들은 다시 계단을 올라 작업장으로 돌아온다. 하지만 숙소 방으로 돌아온 민공들은 서로 큰 목소리로 불평을 늘어놓는다.

왕빙은 여기서 협상의 내용을 담기는 하지만 구체적인 과정을 따라가지는 않는다. 그래서 협상이 어떻게 진행되는지 설명하지 않는다. 다만 한 가지는 알 수 있다. 불공정의 결과로 끝난다. 사장과 민공들은 서로의 이기주의를 비난하고, 서로에 대한 불신을 드러낸다. 물론 이것은 새로운 이야기가 아니다. 노동시장에서 언제든지 마주치는 모습이다. 여기서 무엇을 찍고 있는가. 이 질문을 현상으로부터 상황으로 돌려놓아보자. 다시 한번 환기하겠다. 여기는 사회주의 중화인민공화국이다. 만일 충분히 근대화되지 않은 장소에서 같은 현상이 벌어지고 있다면 대답은 자본주의를 도입해야 한다, 가 될 것이다. 충분히 자본주의를 이룬 장소에서 벌어지고 있다면 대답은 사회주의를 일으켜야 한다, 가 될 것이다. 그런데 사회주의를 이룬 장소에서 벌어지고 있다면 어떻게 해야 하는가. (마르크스-레닌-)마오주의의 나라. 여기서 마르크스를 재창조해야 하는가, 아니면 레닌을 재정식화해야 하는가. 그도 아니면 마오주의가 이 과정 어딘가에서 오류를 저질렀다고 수정을 요구해야 하는가. 물론 왕빙은 이 질문에 이론적인 개입을 하려는 것이 아니다. 하지만 먼저 여기를 생각해야 한다. 잘 알려진 공식, 마르크스는 자본주의가 최고 단계에 이르면 자동적으로 내부 모순에 의해 붕괴할 것이라고 예언하였다. 로자 룩셈부르크는 붕괴를 기다리는 대신 혁명을 서둘러야 한다고 주장했다. 레닌은 이걸 자본주의의 약한 고리 이론으로 정식화했고, 그런 다음 볼셰비키혁명을 성공시켰다. 마오쩌둥은 더 밀고 나아갔다. 그래서 무산계급의 맨 밑바닥, 노동자계급보다 더 아래에 있는 농민들과의 연대를 주장하였다. 여기서 마르크스주의 정치경제학을 논하는 것은 논점을 벗어난 일이다. 방점은 어디에 있는가. 지금 여기의 이 자리는 역사 과정의 오류라는 것이다. 그런데 오류의 피할 수 없는 성립이 만든 임금협상의 자리에서 그 둘은 반대의 이해관계를 내세우며 마주 앉아 있다. 지치지 않고 같은 말을 반복하겠다. 원론적인 이야기. 마르크스는 1865년 「가치, 가격, 이윤」에서 분명히 말했다. "만약 노동자들이 고임금을 얻기 위하여 투쟁하지 않는다면 그들은 비참한 과거의 노예 수준으로 지위가 떨어질 것이며, 자본과의 일상적 투쟁에서 겁먹고 양보한다면 어떤 운동도 시작할 수 없을 것이다." 수없이 많은 문건에 인용되었고, 더 많은 책에서 옮겨 쓴 구절. 그러므로 자본주의의 자리에서 원칙에 관한 질문은 간단하다. 누가 희생자인가. 하지만 지금 여기는 어디인가. 오류의 자리. 설명하기는 복잡하지만, 이번에는 대답이 간단하다. 양쪽 모두 역사 과정의 희생자라는 것이다. 이 임금협상의 자리에 올 때마다 왕빙은 이상할 정도로 결정을 미룬 채 애매하게 찍고 있다. 이쪽을 바라보다 말고 저쪽을 쳐다보고, 다시 이쪽을 바라본다. 이 장면은 천안문의 관리들을 불편하게 만들 것이다. 왜냐하면 중국 경제는 시장경제가 아니라 국가 계획경제 수정주의 노선의 주도 아래 여기에 도착한 것이기 때문이다. 그러므로 이 마찰의 순간이 정치적일 뿐만 아니라, 역사가 마찰을 일으키는 자리라는 것을 바라보아야 한다. 하나의 자리. 마찰의 자리. 이해관계로 분할된 세계. 양쪽은 서로에게 굴욕을 느끼고, 각자의 비참함을 호소하고, 자기의 처지가 막다른 골목에 이르렀음을 서로에게 외친다. 사회주의 체제 아래 자본의 미로 속에서 여기에는 그들이 서로 나눌 어떤 우정도 없음을 서로에게 가르쳐준다. 그들은 쥐를 잡았는가. 몇몇은 하얀 고양이의 탈을 쓰고, 그리고 또 누군가는 검은 고양이의 가면을 쓰고 원하는 걸 얻었다. 하지만 대부분은 낯선 길거리를 떠돌며 생계를 위해 돈 냄새가 나는 곳, 거기에 덫이 있다는 것을 알면서도, 그런데도 제 발로 찾아가는 쥐가 되었다. 왕빙은 시선을 돌리듯이 협상의 자리에서 돈을 바라보고 다시 바라본다. 중국 돈을 '런민비人民幣'라고 부른다. 문자 그대로 인민의 화폐. 런민비는 여섯 개 단위로 나뉜다. 1위안, 5위안, 10위안, 20위안, 50위안, 100위안. 이 돈은 액수에 따라 색이 다르지만 동일한 모양이다. 모든 '런민비'에는 마오쩌둥의 초상화가 그려져 있다. 임금은 모두 현찰로 지급된다. 마오쩌둥의 초상화가 그려진 현금 다발을 들고 민공들은 가까스로 웃음 짓는다. 마오쩌

등, 당신이 연대해야 한다고 약속하듯이 말한 농민들이 지금 여기
에 있습니다.

11

시간이 흘러가고 계절이 바뀐다. 계절은 어디에 있는가. 민공
들의 옷. 〈청춘〉이 처음 시작하는 장면에서는 모두 파카나 점퍼를
입고 있었다. 아마도 누군가는 예민하게 보았을 것이다. 작업장에
서 한 명, 두 명 얇은 옷으로 바뀐다. 그리고 마지막 임금협상 장면
이 끝날 무렵 반팔 셔츠를 입거나 민소매를 입고 있다. 작업장에
서 누군가는 상반신에 아무것도 걸치지 않은 채 웃통을 드러내고
일을 한다.

갑자기 장소가 바뀐다. 샤오웨이와 두 여자가 시골길을 걷고
있다. 새로 옮긴 잉춘로迎春路 9 작업장에서 만난 두 여자 민공. 한
여자 민공은(이름과 나이, 고향을 소개하지 않았다) 짧은 팬츠에 분홍
티셔츠를 입었고, 샹샹Xiang Xiang(나이와 고향을 소개하지 않았다)은 분
홍 원피스를 입었다. 자막에 "안후이성 쉬안청, 샤오웨이의 고향"
이라고 소개된다. 방금 비가 내렸는지 길은 젖었고, 군데군데 물이
고여 있다. 하늘에는 구름이 잔뜩 머물고 있다. 한 사람은 우산을
쓰고 걸어가고 샤오웨이와 샹샹은 우산을 들고 걸어간다. 이슬비
가 내리는 모양이다. 한 여자가 "자두가 열려 있네"라고 하자 샤오
웨이는 다른 나무를 가리키며 "아직 복숭아가 녹색이야"라고 말
한다. 고향에 왔다고 하지만 동네는 마치 폐허처럼 아무도 보이지
않고 띄엄띄엄 마주치는 집은 모두 비어 있다. 한 대의 오토바이
가 지나가지만 서로 인사를 나누지 않는 걸 보면 모르는 사람이거

나 다른 동네 사람일 것이다. 어떤 집에 도착한다. 샤오웨이의 집이다. 샹샹이 "문을 잠그고 다니지 않아?"라고 묻지만 샤오웨이는 "괜찮아"라고 한 다음 문을 연다. 집에는 아무도 없다. 샤오웨이는 어떤 방으로 안내한다. 그 방에는 소파도 있고, 벽걸이 텔레비전도 있다. 그리고 창문 블라인드에는 싸구려 그림이 그려져 있다. 샤오웨이가 "우리 엄마의 고상한 취향이지"라고 말한다. 침대에서 일어난 샤오웨이는 해바라기씨를 먹고 있는 샹샹에게 "지금 집에 갈 게 아니면 오늘 밤 여기 머물러"라고 제안한다. 그리고 샹샹과 함께 나가서 집 앞에 흐르는 강을 바라본다. "여기서 물고기도 잡고 게를 낚시하곤 했지." "여기 게가 있다고?" "그럼, 잡기 쉬워. 게뿐만이 아냐. 쏘가리도 잡혀, 더 쉬워." 샹샹은 대화에 관심이 없다. 그냥 할 말이 없어서 대꾸하는 것이다. 샹샹은 계속해서 해바라기씨를 먹는다. 아니, 뱉는다. 그러다가 샹샹이 웃으면서 말한다. "너 참 재미있다. 다 큰 남자가 여자랑 말하면서 얼굴 빨개진 거 봐." 샤오웨이는 강을 바라보면서 대답한다. "빨개지지 않았어." 샤오웨이는 어디선가 들은 구절을 인용한다. "냉정한 여자와 함께 있는 남자에게는 기회가 없어." 샹샹은 웃으면서 집 안으로 들어간다. 샤오웨이는 강을 바라보며 해바라기씨를 뱉는다. 샤오웨이가 지금 무슨 생각을 하는지는 알 수 없다. 〈청춘〉은 여기서 갑자기 끝난다. 둘 사이가 어떻게 될지 모른다는 뜻이 아니다. 두 사람은 다시 즈리전 방직 공장의 작업장으로 돌아가야 할 것이다. 우리는 방금 샤오웨이의 고향을 보았다. 여기서는 할 일이 아무것도 없다. 아무도 샤오웨이를 기다리지 않는다. 샤오웨이는 고향집에 와서 흐르는 강물을 바라보며 침을 뱉듯이 해바라기씨를 뱉는다. 우리는 이미 다음 장면을 보았다. 계절이 바뀌면 다시 첫 장면일 것이다. 이 영화의 제목은 〈청춘〉이다. 한 번 더 제목을 음미해주기 바란다. 청춘. 민공들의 청춘. 왕빙은 3부작으로 준비하고 있으며, 곧 〈청춘: 봄〉에 이어지는 두 번째 〈청춘: 고생〉과 세 번째 〈청춘: 귀향〉을 보게 될 것이다.*

---

* 〈청춘〉을 영어 자막본으로 보았기 때문에 영화에서 소개하는 민공들의 한자 이름을 확인할 수 없었다. 그래서 영어 자막에 의존해 영화에 소개된 이름으로 표기하였다.

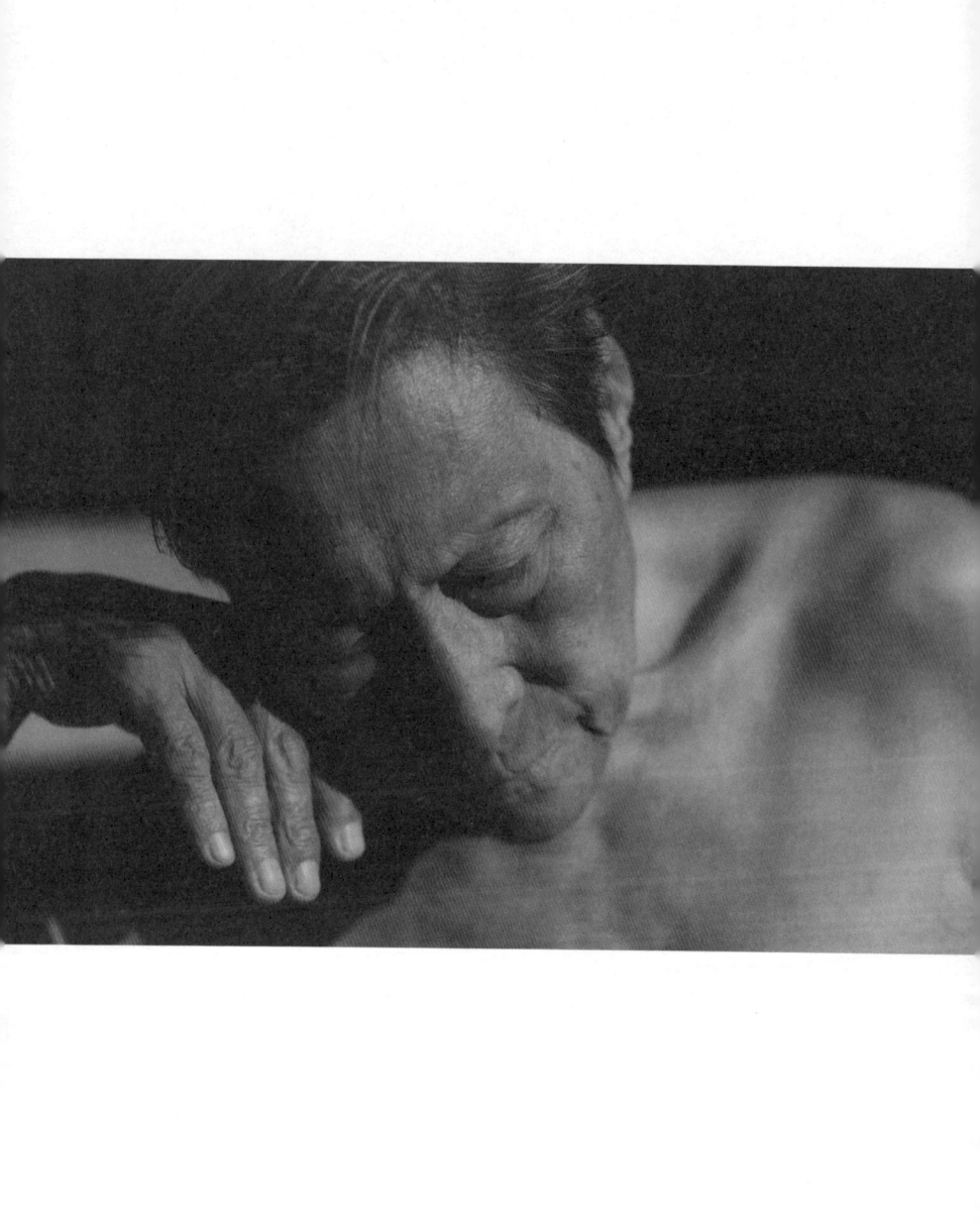

제트기 자세 수난곡
흑의인

1

내가 이 글을 감히 쓸 수 있을까. 정말 써도 괜찮은 것일까. 왕빙이 왕시린王西麟을 찍은 〈흑의인黑衣人Man in Black〉은 모골이 송연해지는 영화이다. 영화라고 간단하게 쓰긴 했지만 어떤 영화냐고 묻는다면 장황하게 설명하게 될 것이다. 지금 내가 빠져버린 혼란. 왕빙의 영화를 보고 있지만 이제까지 내가 본 것과는 다른 왕빙의 영화. 단순하게 스타일을 말하는 것이 아니다. 이 경우 혼란에 빠진 것은 왕빙의 영화가 아니라 물론 나 자신이다. 설명하기 힘든 긴 여운, 하지만 이제까지와는 다른 카오스 앞에서 이것을 개념으로 처리해버린다면 거기서 무언가 결정적인 것이 빠져나가버릴 것 같은 두려움이 든다. 그렇다. 카오스. 모두 부서져버린 것만 같은 방법. 이제까지와 다른 장소, 극장. 아니, 극장에 오다니. 무대, 무대에 선 증인. 증인이 무대에 서다니. 하지만, 하지만 왕빙은 내게 몇 번이고 상대방이 말을 하면 믿어야 한다고 말했다. 내가 왕빙을 믿지 않아야 할 어떤 이유가 있는가. 왕빙은 보여주었다. 믿지 않으면 한 걸음도 거기서 더 나아갈 수 없다고 가르쳐주었다(《천당의 밤과 안개》). 내가 본 것을 믿지 않으면 어떻게 거기서 한 걸음 더 나아갈 수 있겠는가. 믿음의 정식화. 할 수 있는 한 이 영화에 머무르고 싶다. 그리고 최대한 나중에 떠나고 싶다. 당신은 내게 요구할 것이다. 알겠소. 하지만 먼저 설명하시오. 그렇다. 그게 내 할 일이다. 그러니 여기서는 할 수 있는 한 단순하게 쓸 요량이다. 우선 이 영화를 떠맡고 지탱하는 요소들에 관해서 이야기하겠다.

카메라 앞에 선 왕시린. 이 영화에는 처음부터 끝까지 왕시린 단 한 명만 나온다. 왕빙 영화에서 드문 일은 아니다. 두 번째 영화 〈허펑밍〉에서도 허펑밍 혼자 카메라 앞에 앉아서 내내 증언을 한다. 〈사령혼〉에서도 증언이 시작되면 증인들은 혼자 카메라 앞에 장시간 앉아 있었다. 물론 부부가 함께 앉아 있을 때도 있었다. 하지만 다른 점은 무엇인가. 왕시린은 노래를 부르기도 하고, 피아노를 연주하기도 한다. 그렇다. 왕시린은 작곡가이다. 그는 자신이 작곡한 곡을 부르기도 하고, 피아노를 치기도 한다.

두 번째 다른 점. 〈흑의인〉은 예술가에 관한 영화이다. 왕빙은 예술가에 관한 영화를 찍은 적이 있다. 〈미는 자유에 있다〉에서 화가 가오얼타이를 만났다. 하지만 화가를 만났는데 단 한 번도 그의 그림을 보여주지 않는다. 아니, 옆에 그림이 있는데도 눈길 한번 주지 않는다. 가오얼타이의 작업실에서 왕빙은 오로지 대약진 시기에 우파분자로 몰려 강제노동수용소에서 보낸 증언에만 귀 기울인다. 하지만 〈흑의인〉에서 왕빙은 왕시린을 공연 극장에서 만난 다음 거기서 왕시린의 음악을 듣고, 왕시린은 증언을 하다가 내키면 노래하고, 피아노 앞에 앉아 연주한다. 종종 왕시린은 일어서서 마치 배우처럼 퍼포먼스를 하기도 한다. 여기서 퍼포먼스라는 말은 과장이 아니다. 왕시린은 아무것도 몸에 걸치지 않은 채, 말 그대로 벌거벗고, 자신의 몸 어떤 부위도 숨길 생각 없이, 카메라 앞으로 걸어 나온다. 연기를 한다기보다는 말 그대로 감정의 손짓, 심정의 몸짓, 기억에 잠긴 발걸음으로 무대 위를 휘젓는다. 여기서 우리가 보는 것은 문화혁명을 견뎌낸 살과 뼈, 고기처럼 지낸 몸, 거기 남겨진 흔적들, 깊이 파인 상흔과 금방이라도 찢어질 것처럼 헤진 피부, 피부 위의 얼룩덜룩한 반점들, 그 사이로 돌출한 척추, 그 위에 매달려 있는 머리, 머리의 두 개의 구멍, 구멍 사이로 바라보는 번득이는 눈길, 또 다른 구멍, 입에서 쏟아져 나오는 증언과 노래이다. 물론 왕시린은 문화혁명에 관한 긴 증언을 한다. 하지만 종종 긴 증언은 왕시린이 작곡한 교향곡의 요란한 소리에 묻혀 잘 들리지 않기까지 한다.

세 번째 다른 점. 나는 왕빙의 영화에서 카메라가 서 있는 장소의 텔레비전에서 흘러나오는 소란스러운 음악 소리가 섞여 들어가는 것을 들은 적이 있지만(〈광기가 우리를 갈라놓을 때까지〉), 화면 바깥에서 음악이 들려오는 것은 처음 들었다. 나는 이 영화의 촬영 조건을 알지 못하기 때문에 왕시린이 증언하는 동안 들려오는 (왕시린이 작곡한) 교향곡 제3번과 제4번, 피아노협주곡 음악 소리가 현장에서 음반을 틀어놓고 스피커를 통해 흘러나오는 것인지 아니면 포스트프로덕션에서 음악을 다시 믹싱한 것인지 분명히 알지 못한다. 왕시린의 음성 높낮이의 변화로 미루어 후시 믹싱한 것으로 들린다. 하지만 내가 틀릴 수 있다. 기술적 과정은 요점이 아니다. 여기서 음악은 단순하게 사운드의 기계적 배열이나 장면의 감정적 설명이 아니다. 다시 환기하지만 왕시린은 작곡가이고, 이 음악은 그가 작곡한 곡들이다. 그리고 이 음악은 왕시린 자신이자, 그의 삶의 기록이며, 여기서 삶은 기쁨이나 행복이 아니라 분노와 슬픔, 공포, 절망을 옮겨놓은 것이며, 이 모든 것은 중국의 역사, 막연한 개념으로서의 역사가 아니라 바로 그때, 그 시간, 문화혁명의 수많은 날, 그 나날 중의 바로 그날 오후의 광장 혹은 이리저리 끌려다니던 한밤중을 향해서 비명 지르는 것이다. 그러므로 이 음악은 역사의 영토에 관한 것이다. 구체적인 시간의 영토를 살아내는 경험, 경험이라는 악보. 그 역사를 살아낸 기억. 기억이라는 선율. 악보와 선율의 풍경. 피비린내.

2

네 번째 다른 점. 이제까지 왕빙의 영화는 왕빙이 카메라를 들고 찍었다. 〈철서구〉를 보고 있으면 왕빙이 찍고 있다는 사실에 의심의 여지가 없을 뿐만 아니라, 찍지 않았다는 상상조차 하기 힘들다. 문자 그대로 몸이 하는 노동으로서의 영화. 때로 두 대의 카메라를 사용하기도 했지만, 항상 한 대는 자기가 손에 들었다. 그런데 여기서 처음으로 카메라를 남에게 맡겼다. 〈흑의인〉은 두 대의 카메라로 찍었다. 하지만 둘 중 어느 쪽도 들지 않았다. 카롤린 샹페티에는 니콜라 에베일로와 조이 보이타, 두 명의 조수와 함께 촬영했다. 카롤린 샹페티에는 1981년 자크 리베트의 〈북쪽 다리Le Pont du Nord〉로 경력을 시작했고, 장마리 스트로브와 다니엘 위예의 〈아메리카, 계급 관계Klassenverhältnisse〉(1984), 장뤼크 고다르의 〈오! 슬프도다Helas Pour Moi〉(1993), 필립 가렐의 〈밤에 부는 바람Le Vent de la Nuit〉(1999), 그자비에 보브아의 〈신과 인간〉(2010), 레오 카락스의 두 편의 영화 〈홀리 모터스〉(2012)와 〈아네트〉(2021)를 촬영했다.

아시아 영화감독과도 작업했다. 스와 노부히로와 두 편의 영화를 찍었다. 일본 히로시마에서 〈H 스토리ᴴ Story〉(2001)를, 그리고 파리에서 프랑스 배우들과 〈퍼펙트 커플〉(2005)을, 중국 영화감독 왕차오의 〈로메를 찾아서壽找羅麥〉(2018)를 찍었다.

결정적인 차이는 무엇인가. 첫 번째, 〈흑의인〉은 다큐멘터리이다. 두 번째, 〈H 스토리〉는 히로시마에서 촬영이 진행되지만, 주연으로 프랑스 배우 베아트리체 달이 나온다. 〈퍼펙트 커플〉은 프랑스 배우들로 진행한다. 〈로메를 찾아서〉는 파리에서 시작해서 티베트로 옮겨 가면서 프랑스 배우들이 나오고 프랑스어로 대사를 진행한다. 중국 배우 한경은 프랑스어로 통역 없이 프랑스인들과 대사를 한다. 카롤린 샹페티에는 자기 카메라 앞에 있는 배우가 지금 바로 이 순간 무슨 이야기를 하는지, 이해하면서 촬영할 수 있는 상황에 머물고 있었다. 좀 더 중요한 조건. 카롤린 샹페티에는 촬영 전에 시나리오를 읽을 수 있었고, 시나리오를 놓고 감독과 대화를 나누고 콘셉트를 잡은 다음 촬영 준비를 할 수 있었(을 것이)다. 촬영 도중 몇몇 씬의 설정을 바꾸어도 다시 준비할 수 있었고, 배우가 카메라 앞에서 하는 대사를 이해하고 있었(을 것이)다.

하지만 〈흑의인〉은 당연히 어떤 시나리오도 없었을 것이며, 왕시린은 중국어로 내내 증언한다. 상상해보길 바란다. 자기 카메라 앞에 서 있는 사람이 한마디도 알아들을 수 없는 말을 시작한다. 그런데 맞은편에 있는 감독은 그 말을 알아들을 수 있다. 당연히 왕빙은 왕시린의 말을 이해한다. 카롤린 샹페티에는 어떻게 왕시린의 말을 따라갔을까. 말을 하는 동안 기술적으로 카메라와 피사체, 언어문화적으로 촬영하는 프랑스인과 말하는 중국인, 그 둘 사이의 (다소 엄밀한 의미에서, 그래서 수사적인 의미에서가 아니라, 기표로 매개되어 간접적인 효과만을 갖게 된다는 자크 알랭 밀레의 정의에 의지해서) 정동적 거리를 어떻게 정할 수 있었을까. 따분한 표현을 사용하겠다. 기표가 날아와서 지나쳐 갈 때 기의를 놓치면 어디서 카메라가 그걸 붙잡아야 할지 어떻게 측정할 수 있을까. 이미지가 기의에 대해서 '귀머거리'가 되었을 때 기표의 고정적 지시자를 매듭지을 방법이 있을까. 이론적으로는 다만 의미의 망 사이에서 무의미가 틈을 벌리고, 그 안에서 기의의 결여가 이 모든 것을 카오스로 이끄는 것이 아닐까. 나는 단순하게 설명하겠다고 이미 말했다. 내가 가정하는 현장. 카롤린 샹페티에는 왕시린이 말을 할 때 자신의 눈앞에서 전개되는 정동의 표정을 어떻게 매 순간 받아들인 것일까. 〈흑의인〉은 카메라를 고정하지 않았다. 계속해서 카메라는 이동하고, 움직이고, 다가가고, 멀어진다. 카롤린 샹페티에는 카메라의 움직임과 왕시린이 전개하는 몸짓의 운동 사이의 힘들, 물러날 것인가, 다가가야 할 것인가, 하는 그 힘들 사이에서 빚어지는 작용과 반작용의 원심력과 구심력을 어떻게 구별해낼 수 있었을까.

아니다, 설명을 바꾸어야 한다. 어떻게? 다시 처음으로, 원래의 자리로 돌아가서, 왕빙은 틀림없이 이런 상황을 예상했을 뿐만 아니라 (용기를 내서 말하고 싶은데) 기다리고 있었을 것이다. 그러므로 이렇게 말할 수밖에 없다. 이런 상황이 필요했다. 왕빙은 왕시린과의 작업을 오래전부터 준비했다. 왕빙은 왕시린의 교향곡 3번과 4번을 2005년에 처음 들었고, 그 교향곡을 첫 번째 극영화 〈자벤거우〉에서 사용할 생각이었다. 하지만 몇 가지 문제가 생겼고, 미루어졌다. 왕빙은 왕시린을 찍어야 한다고 결심했다. 그래서 2006년과 2012년 왕시린의 공연을 찍었다. 또한 유럽에서의 콘서트를 찍었고, 빈에서도 촬영했다. 독일 마인츠의 왕시린의 집에서 일상생활도 찍었다. 하지만 거기에 무언가 빠졌다고 생각했다. 거기에 '그것'이 있어야 한다. 그런데 그것이 무엇이어야 하는 걸까.

〈흑의인〉의 촬영 상황. 이 영화는 2022년 5월 27일 프랑스 파리 10구 샤펠가 37번지에 있는 극장 테아트르 데 부프 뒤 노르Théâtre des Bouffes du Nord에서 단 하루 만에 촬영되었다. 역시 왕빙에게 특별한 상황은 아니다. 하지만 단 하루의 촬영은 여기서 단 한 번의 증언이 아니라 단 한 회의 공연으로 다가온다. 그래서 왕빙은 이제까지 만나온 증인들과 마찬가지로 여전히 왕시린의 증언에 귀 기울이는 자리에 머무르지만, 카메라를 내맡긴 채 경청의 자리와 대면의 자리를 분리한다. 왜 분리가 필요해진 것일까. 조심스러운 표현. 왕빙은 왕시린을 만나면서 왜 관람객이 필요해진 것일까. 왕시린의 말을 알아듣지 못하는 관람객. 카롤린 샹페티에에게 말은 음성기호로 머물렀을 것이다. 물론 왕시린의 삶에 관한 설명뿐만 아니라 문화혁명 시기에 관해서 당연히 읽었을 것이며, 그리고 왕빙에게 질문을 하고 대답을 들었을 것이며, 그 대답의 일부를 우리는 이미 왕빙의 영화에서 보았고, 그래서 짐작할 수 있으며, 어쩌면 이미 촬영 전에 왕시린의 음악을 들어보아서 알고 있었을 것이다. 하지만 찍는다는 문제를 생각해야 한다. 촬영은 끝없는 순간의 집합이다. 기표가 허공 속에 사라져갈 때 기의가 장소에 머무는 법은 없다. 소쉬르의 조언. 기표와 기의는 이항대립의 한 쌍입니다. 카롤린 샹페티에는 카메라를 들고 그 자리에 있어야 하는 사람이다. 왕빙이 이제까지 해온 일, 그걸 지금 카롤린 샹페티에가 해야 한다. 이 영화에 새로운 점이 있다면 여기에 있을 것이다. 마찬가지로 이 영화에 위험이 있다면 여기에 있을 것이다.

　여기서 방점을 관람객에 둔 장황한 이론을 전개하는 대신 (그렇다. 그건 눈앞의 이미지에 멈추는 것처럼 느껴진다), 이미지에서 잔존survivance을 찾아내 생명의 존재, 일련의 기능, 일련의 형태, 일련의 힘을 찾아내라는 조르주 디디-위베르만의 권고에 따라, 눈을 돌려 왕시린이 서 있는 무대로 옮겨 가야 하는 것이 아닐까, 하고 좀 더 물러나보기로 했다. 일회적인 공연을 떠올리게 만드는 조건으로서의 상황. 나는 무대를 바라보면서 무언가 그 둘 사이에 있는, 왕시린과 카롤린 샹페티에가 아니라 왕시린과 왕빙 사이에 있는, 서로에게 누구에게도 귀속되지 않는 장소를 가지지 않는 장소, 두 사람 모두의 바깥에 왔구나, 라고 중얼거렸다. 어떤 바깥? 이건 비유가 아니다. 왜냐하면 두 명의 중국인에게 무대는 그들의 역사의 장소, 경험의 장소, 삶의 장소, 그러므로 시간의 장소가 아니기 때문이다. 같은 말의 다른 말. 그러므로 무대는 아직 시간이 아니며 아직 장소가 아니다. 여기서 나는 아직, 이라는 부사를 바라보는 중이다. 그리고 그것이 왕빙이 왕시린을 이해하는 거리, 다가가는 거리, 귀 기울이는 거리라고 말해볼 수 없을까. 무엇이 여기에 없는가. 바라보는 거리. 물론 이것은 왕시린의 문제가 아니다. 나는 질문을 옮겨놓고 싶다. 왕빙은 화가 가오얼타이를 만날 때도 중국 반대편 미국 네바다주에 있는 그의 집을 찾아갔다(〈미는 자유에 있다〉). 무슨 차이가 있는가. 이번에는 왕빙의 거주지라는 차이가 있다. 영화 바깥에 있는 셈. 계산 바깥의 계산. 왕시린은 2017년 10월 24일 이후 독일 라인란트팔츠주 마인츠에서 거주하고 있다. 그리고 쉬지 않고 문화혁명 시기에 자살하고, 처형당하고, 불구가 되고, 정신이상에 걸린 그의 스승들, 그의 여동생에게 바치는 새로운 곡을 작곡하고 있다. 왕빙은 대약진 시기의 생존자들에 관한 증언을 담은 〈사령혼〉을 공개한 다음 (비공식적으로) 2018년 5월 이후 프랑스 파리에 머물고 있다. 두 사람에게 무대는 어떤 장소인가. 문화혁명에 대해서 공산당은 인민들에게 사과했지만, 모든 죄과는 린뱌오와 사인방인 장칭, 장춘차오, 왕훙원, 야오원위안에게 돌아가고 천안문의 지도자는 면죄부를 받았다. 1981년 7월 중국공산당 창당 60주년 행사에서 덩샤오핑은 문화혁명에 대해 "70퍼센트는 성공했고 30퍼센트는 실패했다"라고 선언한 다음 역사의 페이지를 넘겼다. 그리고 대약진에 대해서는 시진핑 시대인 지금까지 침묵하고 있다. 아무것도 청산되지 않았고, 누구도 사과하지 않았다. 비판은 여전히 용서되지 않는다. 그건 적을 유리하게 만드는 반동적인 행위이다.

중국 반대편, 파리의 극장 테아트르 데 부프 뒤 노르의 무대에서 한밤중에 역사는 순간적으로 중단되었고, 이 중단은 역사의 불가능성 한복판에 서는 것이다. 두 사람 모두 자발적으로 다시 그 안으로 돌아가고 싶지 않을지 모른다. 그래서 여기 멈춰 서 있는 것이다. 그리고 그렇기 때문에 여기서 만났을 것이다. 재앙의 시간. 왕시린은 시간을 노래하고, 연주하고, 피아노를 두들긴다. 왕빙은 여기에 구원의 시간을 약속하기 위해서 찾아온 것이 아니다. 이 방문은 또 다른 추락이다. 재앙과 추락, 둘 사이의 교집합을 어떻게 불러야 좋을까. 나는 개념을 실험하고 싶지 않다. 여기서 질문은 질문의 경험 안에서만 존재한다. 역사의 암흑. 이때 무대는 가녀린 빛으로 가까스로 밝혀지고 있다.

여기서 한 명 더 말해야 할 것 같다. 편집을 작업한 클레르 애서턴. 샹탈 아케르만과 1986년 〈레터스 홈Letters Home〉을 작업한 이후 2015년 마지막 영화 〈노 홈 무비No Home Movie〉까지 편집했을 뿐 아니라, 이 긴 기간 동안 샹탈과 인스톨레이션, 사진에 이르기까지 모두 작업한 동료. 왕빙은 초기부터 검열 문제로 중국 바깥에서 편집해야 했기 때문에 편집을 외국에서 진행하고 다시 자신이 그것을 확인하는 방법으로 작업했다. 여기서는 복잡한 과정을 밟았다. 〈흑의인〉은 왕시린이 문화혁명 시기에 받은 형벌을 재연하는 앞부분, 증언하는 중간 부분 그리고 피아노 연주를 하는 뒷부분, 이렇게 세 부분으로 나눌 수 있는데 왕시린의 증언이 없는 부분은 클레르 애서턴이 작업하고, 왕시린의 중국어 증언을 언어적인 이유로 이해하지 못하는 중간 대목은 왕빙과 함께 작업했다. 편집이라는 관점에서 다시 바라보자. 왕시린의 말의 증언과 음악이라는 증언. 왕시린의 몸이라는 증인으로서의 증언. 어떻게 하나의 장면, 하나의 씬, 하나의 쇼트에서 증언과 증인, 음악과 증인은 (예이젠시테인이 말했던 바로 그 의미에서) 충돌하고, 그 안에서 서로의 위계질서를 통해서 수평과 수직으로 화음을 이루면서 역사를 잡아당길 수 있을 것인가. 그 안에서의 긴장, 긴장의 상호관계.

여기에 더해 촬영과 편집만큼 중요한 것이 있다. 나는 〈흑의인〉을 보면서 내내 무대를 바라보았다. 이 무대를 바라보아야 한다. 가까이서 왕시린을, 멀리서 무대를. 여기는 무대와 객석으로 분리된 극장이 아니라 원형무대를 이루고 있다. 아마 그래서 왕빙은 여기에 왔을 것이다. 카롤린 샹페티에의 카메라는 나선형으로 회전하듯이 원형무대를 따라 천천히 돈다. 이때 나선형을 따라서 물이 고여들 듯이 회전하면서 심연 속으로 빨려 들어가고 있는 것만 같다. 역사의 나선형. 그 가운데 왕시린이 있다. 마치 유령들이 앉아 있는 원형으로 둘러싸인 객석 가운데 불려 나오는 것처럼 그렇게 걸어 나온다. 불편한 걸음걸이는 틀림없이 왕시린의 관절에 문제가 생겼음을 보여준다. 그래도 그렇게 불려 나오듯 계단을 따라 걸어 내려온다. 거기서 왕시린이 증언을 시작한다. 왕빙은 그 말에 귀 기울인다. 언제나처럼 경청하면서, 이번에는 어떤 반문도 하지 않고, 어떤 질문도 하지 않고, 어떤 대답도 하지 않고, 자신이 그 앞에 있지도 않다는 듯이 맞은편에 머문다. 왕빙은 맞은편의 메아리처럼 거기에 있다. 이때 둘 사이를 카롤린 샹페티에의 카메라가 떠돌기 시작한다. 완전히 이질적인 존재. 존재의 운동. 운동하는 힘. 나는 이 힘을 오해하고 싶지 않다. 어떻게 해야 할까. 왕시린의 말에 귀 기울여야 한다.

3

그때 이후, 불확실한 시간에
고통은 되돌아온다.
그리고 나의 섬뜩한 이야기가 말해질 때까지
내 안의 심장은 불타리라.*

4

왕시린은 무대 한복판에 벌거벗고 서서 허리를 90도 직각으

---

* 프리모 레비의 『가라앉은 자와 구조된 자』 헌사에 인용된 새뮤얼 테일러 콜리지의 「늙은 뱃사람의 노래The Rime of The Ancient Mariner」 582~585행에서 재인용.

로 수그린 다음 뒤쪽으로 양손을 일직선으로 뻗는다. 그리고 무릎을 조금 구부린다. 어쩌면 자신의 몸무게 때문에 중심을 잡다 구부러진 것인지도 모른다. 이 자세가 얼마나 힘든지 궁금하다면 지금 읽기를 중단하고 한번 해보기를 바란다. 어떤 노동도 머리로 하는 것보다, 몸으로 하는 게 힘들다. 몸이라는 반응. 몸을 이루는 뼈와 살, 그 사이를 연결하는 신경조직, 조직의 대답이 뇌에 전달될 때, 감각이 비명을 지르기 시작할 것이다. 하물며 지금 이 동작은 노동이 아니라 고문이다. 왕시린은 하다가 금방 주저앉는다. 그런데 마치 누가 주변에서 일어나, 라고 명령이라도 한 것처럼 다시 일어나서 그 자세를 한다. 하지만 다시 주저앉는다. 아니, 바닥에 눕는다. 다시 일어나서 그 자세를 한다.

일명 제트기 자세. 공식적으로는 계급투쟁을 향한 사상개조를 하는 자아비판 자세. 1962년 여름, 마오쩌둥은 4500만 명이 기근으로 죽은 대약진이 실패했다는 사실을 인정해야만 했다. 하지만 천안문 안에서의 권력투쟁은 새로운 혁명을 준비하고 있었다. 마오쩌둥은 집단농장에서의 토지 재분할 상황을 비난하면서 "계급투쟁을 잊지 마라"라고 또 한 번 테제를 내세운다. 당내 이론가이자 부주석이었던 류사오치는 대약진의 실패에 대해 베이징 전당대회에서 주석을 공격하기는 했지만, 자신의 충성심을 확인시키기 위해 할 수 있는 모든 일을 할 준비가 되어 있었다. 그는 자신이 "흔들리지 않는 혁명가"일 뿐만 아니라, "주석을 계승할 자격"이 있다는 사실을 증명해야 했다. 1963년 2월, "주석의 심기를 불편하게 만들 수 있는" 부패 실태 보고를 가로막고 사회주의 교육이 "우리 당의 생사를 결정하는 매우 중요한 계급투쟁"이라고 경고했다. 류사오치는 명백히 주석보다 더 급진적인 좌익 노선으로 돌아섰다. 1963년 류사오치는 중국공산당 전국 인민대표회의 상무위원장을 지낸 아내 왕광메이를 공작대를 지도하라는 요청과 함께 농촌으로 보냈다. 왕광메이는 "계급의 적들로부터 힘을 되찾겠다"라는 테제를 발표했고, 당의 적으로 간주되는 자들을 먼저 색출했다. 왕광메이는 대약진 시대에 보았던 우파분자 색

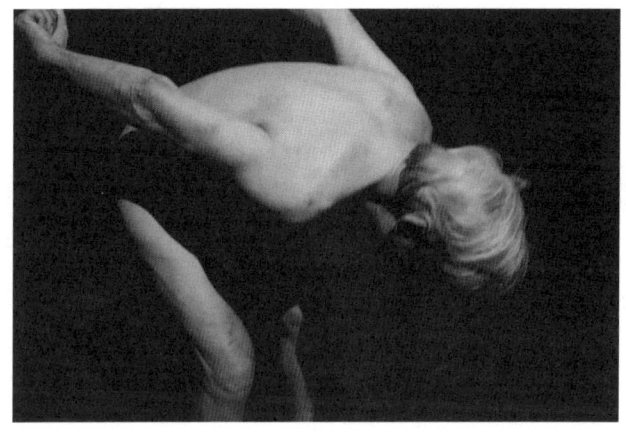

출을 반복한다고 생각했겠지만, 자신이 문화혁명을 예고한다고는 미처 상상하지 못했을 것이다. 그녀는 '계급투쟁의 적'을 색출해서 인민들 앞에 내세워 반성하는 모습을 보여주는 새로운 방법을 "창안했다". 이 방법은 두 가지를 동시에 이루었다. 하나는 공포심을 유발하는 것이고, 다른 하나는 구경거리를 만드는 것이었다. 왕광메이는 자신이 부주석 류사오치의 아내이며, 계급투쟁의 충성스러운 전사라는 것을 동시에 보여줄 기회라고 여겼다. 이전에 본 적이 없는 자세를 고안해냈다. '계급투쟁의 적'이라고 색출

된 반동분자를 광장으로 끌고 나와 인민들 앞에서 발가벗긴 다음 뜨거운 여름 대낮의 햇볕 아래, 아니면 차가운 겨울바람이 부는 운동장에 세웠다. 그리고 '계급투쟁의 적'에게 무릎을 반쯤 구부리고 양팔을 뒤로 쭉 뻗은 다음 "자신의 과오"를 자아비판하면서 몇 시간이고 그 자세를 유지하라고 요구하였다. 지금 왕시린이 넘어져도 일어나서 다시 하는 바로 그 자세. 그러다가 결국 바닥에 엎드려 소리 내어 흐느끼는 그 자세. 자아비판을 하다가 쓰러지거나 넘어지면 아직도 사상개조가 되지 않았다고 인민들은 크게 웃으면서 욕을 해댔고, 곁에 선 당원들은 가혹한 폭행을 가하면서 얼른 일어나 계속하라고 일으켜 세웠다. 전국에 이 자세가 보급되었다. 이 모습을 지켜본 사람들 사이에서 '제트기 자세'로 불렸다. 마을마다 벽에 구호가 쓰였다. "계급투쟁은 죽을 때까지 싸워야 하는 사상투쟁이다."

왕광메이가 한 가지 몰랐던 사실이 있다. 제트기 자세로 인민들 앞에서 고통받고 모욕당하며 서 있어야 했던 '계급투쟁의 적'들을 부모 곁에서 어린아이들이 함께 지켜보고 있었다는 것이다. 1966년 6월 1일, 천안문의 지도자는 "모든 괴물과 악마를 척결하라"고 촉구하는 교시를 《인민일보》에 발표했다. 8월 5일, 지도자는 자신이 직접 쓴 대자보 「사령부를 포격하라」를 다시 《인민일보》에 실었다. 그리고 8월 18일, 천안문 앞에서 100만 명의 학생이 당에서 지급한 비단으로 만든 붉은색 완장을 팔에 두르고 지도자를 맞이하였다. 홍위병의 시대가 시작되었다. 어린 홍위병들은 자신의 교사를, 자신의 부모를, 자신에게 명령하는 모두를, 지도자를 제외하고, 남김없이 고발하고, 무릎 꿇게 한 다음, 자아비판을 요구했다. 어린 홍위병들은 어린 시절에 부모 곁에서 지켜본 대로 불려 나온 '괴물과 악마'에게 제트기 자세를 요구했다. 지도자의 아내 장칭은 "악한 사람이 선한 사람에게 맞는 건 맞을 만하기 때문이다. 선한 사람이 악한 사람에게 맞으면 칭찬은 선한 사람에게 돌아간다. 선한 사람이 선한 사람을 때리면 그것은 오해 때문이며 반드시 풀어야 한다"라면서 홍위병을 부추겼다. 왕광메이도 이 공격을 피해가지 못했다. 칭화대학교 공과대학 화학과 학생이었던 콰이다푸는 다른 학생들과 함께 "무산계급 혁명無産階級革命, 조반 정신 만세造反情神萬歲"라는 구호를 내걸었다. 그러면서 칭화대 공작대에게 "공작대의 권력이 우리를 대변하고 있는가? 권력은 홍위병에게 이양되어야 한다"라고 선언한 다음 공개 토론을 요구했다. 이 요구는 전국 공작대를 이끌던 왕광메이에게 보고되었고, 왕광메이는 콰이다푸를 "권력을 장악하려는 우파분자"라고 비판했다. 콰이다푸는 반혁명분자로 몰려 감금당하고, 공작대로부터 수모를 당했다. 공작대는 이를 시작으로 베이징에서만 1만 명이 넘는 학생들을 우파분자로 규정했다. 마오쩌둥은 이를 기회로 자신의 지위를 위협하는 류사오치를 제거하기로 했다. 콰이다푸는 풀려났고, 이듬해 베이징시 혁명위원회 상무위원이자 홍위병 대표회의 핵심 소조 부소장으로 돌아왔다. 그리고 장칭의 지지를 받으면서 저우언라이의 묵인 아래 왕광메이를 칭화대 학생 홍위병들 앞에 세웠다. 그때 여학생들이 왕광메이에게 하이힐을 신기고 옆이 트인 치파오를 입힌 다음 뒤에서 양손을 붙잡아 강제로 제트기 자세를 취하고 인민 앞에 고개를 숙이게 했다. 자신이 창안한 자세. 왕시린은 마치 어제 일처럼 그 자세, 왕광메이가 창안한 자세, 들리지도 않는 명령을 따르기라도 하듯이, 그렇게 훈련되기라도 한 것처럼 제트기 자세를 반복한다.

5

왕시린은 일어나 좀 전의 자신과 대결이라도 하듯, 그건 내 일이 아니야. 내가 해야 하는 진짜 일은 말이야, 라는 듯이 일어나서 노래하기 시작한다. 한 사람이 갑자기 다른 인간이 된다. 바닥에 엎드려 울던 왕시린은 일어서서 벌거벗은 채로, 그렇게 부끄러워 몸서리치다 자신감에 차서 늠름하게 외치듯이 부른다. 굵은 목소리, 정확한 음정. 아무 반주도 없이 어떤 가사도 없이 그렇게 노래한다. 하지만 다시 제트기 자세를 한다. 마임이라도 하듯 벽에 못을 박는 흉내를 내고 무거운 짐을 나르는 시늉을 하기도 한다. 그리고 다시 제트기 자세를 하다가 바닥에 쓰러진다. 그러더니 누군가의 명령을 받기라도 한 것처럼 오른쪽으로 구르고 왼쪽으로 구른다. 그런 다음 일어나 쪼그리고 앉아서 양손을 깍지 낀 다음 머리에 가져다 댄다. 마치 왕빙에게 이런 내 모습을 보러 온 것이 아닙니까, 이것이 내 증언입니다. 내 증언 대신 내 모습, 내 자세를 보십시오, 라고 하는 것만 같다. 아니, 이 모습은 왕시린이 왕빙에게 당신은 아직 내 증언을 들을 준비가 되지 않았습니다, 라고 하는 것만 같다. 그러더니 피아노 앞에 앉아서 연주한다. 아름답던 선율은 마지막에 건반을 양손으로 쾅쾅 내려치면서 끝난다. 그때까지 왕시린은 한마디도 하지 않는다. 그러다가 일어나서 공연장 바깥으로 나간다. 따라가는 카롤린 샹페티에, 왕시린이 화장실로 들어가자 바깥에서 기다린다.

6

고문당한 사람은 고문에 시달리는 채로 남는다. (…) 고문당한 사람은 더 이상 세상에 적응할 수 없을 것이다. 철저하게 그를 무無로 만들어버린 데서 오는 혐오감은 절대로 사라지지 않는다. 인간에 대한 신뢰는 첫 따귀로 이미 금이 가고, 이어지는 고문으로 더 이상 회복되지 않는다.*

7

증언을 시작한다. 나는 왕시린의 말에 귀를 기울이자고 제안한다. 왜냐하면 왕시린을 어떤 다른 문장, 정보, 인용으로 불러오는 것보다 왕시린의 말 자체가 더 많은 것을 말하고 있기 때문이다. 그리고 그 말은 역사 안의 운명을 기록하는 것일 뿐만 아니라 역사 앞에 살아남은 자기 존재의 증명이기도 하기 때문이다. 나는 여기서 먼저 비평을 뒤로 보내고 말을 옮겨 쓴다(하지만 영화 속 왕시린의 모든 증언을 옮겨 적은 것은 아니다). 이 말은 혁명이란 무엇인가, 에 대한 대답이 될 것이다. 어처구니없을 정도로 커다란 하나의 대답. 하지만 한 명의 인간이, 한 사람의 예술가가, 온몸으로 그 혁명을 통과하면서 하는 대답. 한 명은 세계보다 작은 것이 아니다.

"1949년, 나는 열세 살이었어요. 간쑤성 핑량平涼에 있는 미션 스쿨 졸업반이었어요. 인민해방군이 우리 도시로 입성했어요. 우리는 가난했고, 합류했죠. 가족의 입을 하나라도 줄여야 했거든요. 1949년 9월 18일, 나는 인민해방군에 입대했어요. 문화선전대

---

* 프리모 레비의 『가라앉은 자와 구조된 자』에 인용된 장 아메리의 글에서 재인용.

11반, 제1야전부대였어요. 나는 그해부터 1957년까지 복무했어요. 8년이었죠. 마지막 두 해는 베이징에서 복무했어요. 신중앙군부위원회가 학교를 개교했어요. 군악대 지휘자를 양성하기 위해서였죠. 나는 18개월간 학교에 다녔고 좋은 성적을 얻었어요. 그래서 교사 교육을 받기 위해 다른 지휘자들로부터 배울 수 있는 상하이로 전출되었어요. 거기서 상하이음악학원上海音樂學院 교수들을 만났어요. 교수 중에는 지휘자도 있었고, 피아니스트도 있었어요. 피아니스트 루훙언 선생님을 만났고, 선생님에게서 피아노를 배웠어요. 군에서는 곧 학교 문을 닫았어요. 나는 상하이음악학원에 입학 지원서를 냈어요. 기준이 높았어요. 하지만 제대로 하고 있었습니다. 작품 1번인 〈청년 군인 행진곡〉을 제출했어요. 거기서 1957년부터 1962년까지 5년을 보냈어요. 3년간 나는 정치적으로 학습받았고, 자발적으로 사회주의 건설을 위해서 일했어요. 청년연맹에서 젊은 간부로 활동했죠. 그런데 그때 모든 게 변했어요. 나는 연주 분야에서 일하길 원했어요. 나에겐 그게 음악에서 핵심적으로 여겨졌어요. 나는 당으로부터 이탈하기 시작하면서 성장했어요. 당에 내 소신을 설명하려고 애를 썼어요. 그때부터 당과 나는 서로 다르게 생각하기 시작했어요. 그들이 말했어요. 음악을 작곡하기 위해서 무엇보다 먼저 사상을 교정할 필요가 있다. 그러니 마르크스-레닌주의 지식을 배워라. 그렇게 해야만 너는 땅으로 내려올 수 있다. 인민들처럼 먹고, 살아가고, 일하라. 연주는 나중의 문제다. 하지만 (연주) 테크닉이 없으면 시작조차 할 수 없다는 걸 알고 있었죠. 그래서 나는 당과 결별했어요. 그리고 다시는 가입하지 않았어요. 나로서는 학위를 얻을 기회가 사라진 거죠. 학교 동기들은 내가 잘못된 사상을 갖고 있다고 비판했어요. 책상을 두들기면서 말했어요. 우익분자를 끝장내라. 악몽이었죠. 그리고 5년 동안 모든 게 바뀌었어요."*

왕시린은 객석 의자에 앉아서 증언한다. 카롤린 상페티에는 왕시린을 중심에 놓고 처음은 왼쪽에서 바라보면서 찍고, 그러고는 오른쪽에서 바라보면서 찍고, 그런 다음 다시 정면에서 찍었다. 이걸 순열처럼 반복하지는 않고 순서를 뒤바꿔가면서 진행한다. 하지만 (왕빙과) 카롤린 상페티에는 장마리 스트로브와 다니엘 위예가 〈엠페도클레스의 죽음Der Tod des Empedokles〉에서 촬영 설계를 한 것처럼, 꼭짓점을 정한 다음 엄격하게 등분을 나누듯이 진행하지는 않는다. 오히려 그보다는 훨씬 자유롭게 왕시린에게 다가갔다가 멀어진다. 때로 만질 듯이 다가가고, 반대로 말이 자유롭게 활동할 공간을 주기라도 하듯이 물러난다. 아니, 그보다는 말 사이로 갑자기 뛰어드는 음악을 위해서 여백을 열어놓는다. 이 말과 음악이 빚어내는 불협화음은 너무나 격렬해서 때로 증언 일부가 잘 들리지 않기까지 한다. 단지 서로가 뒤섞인다기보다는 마치 음악이 증언을 지워버리는 것만 같은 소리 영역의 침범이 일어난다. 특히나 비명을 지르는 금관악기들과 모골이 송연해지는 현악기의 갑작스러운 높고 큰 소리는 단순하게 분위기와 관련된 것이 아니라, 그 자체로 왕시린과 증언의 이중창을 하는 것처럼 들린다.

"첫 번째 교향곡 첫 악장을 작곡했을 때 나는 취웨이 교수님

---

* 왕시린이 〈흑의인〉에서 증언한 말을 모두 옮긴 것은 아니다. 또한 일부는 역사의 문맥에 맞추어 윤문하였다. 이 증언 채록들은 영어 자막을 기준으로 필자가 번역하였다. 이하 같은 원칙에 따라 인용하였다.

에게서 배웠어요. 많은 것을 배웠고, 항상 감사해요. 첫 악장 작곡을 끝낸 후 라디오 교향악단에 입단했는데 창의적인 자리가 아니어서 곧 후회했어요. 하지만 나는 거기 있어야 했고, 거기서 테크닉을 연마했어요. 교향곡 1번의 2악장과 3악장을 작곡했고, 윈난 지방의 교향시에서 가져온 〈훠바제火把節 횃불 축제 발췌 편곡〉 여섯 개 악장을 작곡했어요. 두 곡 모두 나에게는 중요한 작업입니다. 그때 나는 중국에서 단지 두 곡을 작곡한 학사 졸업생이었어요. 나에게 여전히 정말 재능이 있는지 확신할 수 없었어요. 1963년 10월, 당에서 내 태도에 대한 반응을 보기 위해 큰 소리로 두 시간 동안 졸업생들에게 연설하라고 요구했어요. 나는 복종해야만 했습니다. 내가 말했습니다. 예술이 아니라 정치를 말하라는 거죠? 내 대답을 악질적이라고 받아들였어요. 그들이 말했어요. 반동이군. 많은 이가 내게 동의했지만, 당은 나를 골라냈어요. 그리고 6개월 동안 열 번이 넘는 자아비판을 해야만 했습니다. 그러면 누구든지 나를 공격할 수 있었어요. 나는 청년동맹에서 제명되었습니다. 1964년, 베이징을 떠났습니다."

8

"1966년에 문화혁명이 시작되었어요. 나는 다퉁시에 있는 정신병원에 있었어요. 몹시 쇠약한 상태였어요. 악몽을 꾸었습니다. 밤에는 비명을 질렀죠. 의식이 혼탁한 상태였어요. 그들이 나를 거기로 보냈어요. 6개월 좀 넘게 있었습니다. 문화혁명이 시작되었어요. 그들은 나를 자아비판시키기 위해서 끌고 나갔어요. 끌려가면서 온 사방에 붙은 격문을 보았어요. 왕시린을 무릎 꿇어 앉혀라! 무서웠어요. '바보 모자'*를 씌우고 목에 구호를 매달았어요. '투쟁 학습'. 잠깐 잠잠해지는 것 같았어요. 그래서 홍위병에 가입했어요. 평화로워진 것 같았어요. 마오쩌둥 학습선전대가 행동에 나섰어요. 폭력이 정점에 달했어요. 박해는 잔혹했어요. 그해에 나는 치아를 모두 잃었고, 청력도 일부 잃었어요. 그들은 밤에 나를 찾아와서 이 마을 저 마을 끌고 다녔어요. 서로 우리를 때리면서 한참 끌고 다녔어요. 그들은 말이 끄는 마차 앞에 타 있었고, 우리는 뒤에서 걸어서 끌려갔어요. 손을 밧줄로 묶었어요. 앞에는 이렇게 써놓았어요. '반혁명분자들'. 걸어가면서 생각했어요. 나는 유죄이고, 정치적인 죄수이다. 갑자기 자부심을 느꼈어요. 반항하듯이, '데카브리스트dekabrist'**들처럼, 그런 심정으로 나는 언젠가 교향곡으로 이 이야기를 하고야 말 것이다 생각했고, 그렇게 교향곡 제3번이 나를 찾아왔어요. 죄인으로 매질당하고 박해받으면서, 그것이 제1악장 죄인의 형상 소절이 시작하는 악상이에요. 1968년과 1969년, 나는 다퉁에 있었어요. 학대는 1969년까지 내내 이어졌어요. 그들은 내 치아를 모두 망가트렸어요. 1970년에 선전대가 옆으로 물러났고, 인민해방군이 장악했어요. 그들은 내가 예전에 해방군이었다는 걸 알고 보내줬어요. 나는 할 수 있는 한 빨리 다퉁을 떠나야 했어요. 또다시 매질이 시작되면 그때는 정말 살아남지 못했을 테니까요. 산시山西 가극단에서 나를 불렀고, 타이위안太原으

---

* 원뿔 모양의 긴 고깔모자. 이 모자를 씌우고 광장 한가운데 세우면 인민들이 모여들어 바보라고 부른다.

** 1825년 12월 러시아 귀족 청년들이 보장된 미래를 포기하고 상트페테르부르크 광장에서 열린 신임 황제 즉위식에서 입헌군주제와 농노제 폐지를 주장하며 반란을 일으켰다. 여기에 가담한 귀족 청년들을 데카브리스트라고 부른다.

로 갔어요. 나는 거기서 가극 〈사자방沙家浜〉을 지휘했어요. 그들이 내가 지휘자라는 걸 알고는 따로 불러서 전속시켜 준다는 거예요, 대답했죠. 어디든지 갈 수 있어요. 걱정하지 말아라, 우리가 다 처리해주겠다. 그렇게 해서 나올 수 있었어요. 나는 산시 성도에서 부랑자처럼 1년 동안 떠돌았어요. 떠돌이 개처럼, 가극단 극장에 있는 짐꾼들 쪽방에서 자면서, 그렇게 내가 지내는 걸 극장 단원들 모두 알면서 아무도 나를 고용하지 않았어요. 나는 개처럼 움츠러들고 있었어요."

왕시린은 참지 못하고 눈물을 흘린다. 〈흑의인〉에는 몇 번 검은 화면이black_out 나온다. 하지만 그건 시간을 건너뛰거나, 증언을 생략하려는 게 아니다. 그건 기다림의 시간이다. 왕빙은 왕시린이 감정을 쏟을 시간에 그를 가려주기라도 하듯이 그렇게 검은 화면을 장막처럼 드리웠다. 말이 가져다주는 감정의 기호들, 기억의 신호들, 어떤 제스처, 어떤 억양, 어떤 몸짓 뒤에 따라오는 육체적 반응을 훔치는 일을 왕빙은 거절한다. 검은 화면. 눈물은 암흑의 심연 속으로 떨어진다. 여기서 왕빙이 붙잡으려는 것은 말하는 순간, 증언하는 시간이다. 그래서 왕시린의 말은 쉼도 없고, 끊임도 없이 이어진다.

9

왕시린은 자신의 작품을 설명하기 시작한다. 증언을 가로막으면서, 아니, 증언과 함께 이중창을 외치면서, 그렇게 무대를 증언의 장소로 옮겨놓는 음악에 대해서 누구도 왕시린보다 더 잘 설명할 수는 없을 것이다. 그러므로 왕시린의 말을 옮겨 쓰는 것이다. 이 영화는 보아야 할 뿐 아니라 들어야 한다. 나는 이미 비평을 영화 뒤에 가져다 놓겠다고 말했다. 왕시린은 일찍 작곡을 시작했지만, 문화혁명이 끝나고 1978년 덩샤오핑 시대가 시작되고 나서야 현대음악 작곡가들, 왕시린 자신이 영향받았다고 말하는, 벨러 버르토크, 스트라빈스키, 쇤베르크, 크시슈토프 펜데레츠키, 알프레트 시닛케, 비톨트 루토스와프스키를 들을 수 있었다. 왕시린은 맹렬하게 작곡했다. 아홉 개의 교향곡, 두 개의 교향조곡, 두 개의 교향 칸타타, 세 개의 교향 서곡, 합창 협주곡, 피아노협주곡 그리고 바이올린협주곡. 〈흑의인〉에는 그중에서 교향곡 3번과 4번, 피아노협주곡이 증언과 함께 갑자기 비명 지르고 종종 울부짖는다. 당혹스러울 만큼 지나치게 비유적인 수사인 걸까. 나는 음악이 증언 사이사이로 파고들 때마다, 끼어들 때마다, 마치 중단시키기라도 하듯이 울려 퍼질 때마다, 그러면서 함께 외칠 때마다, 그걸 설명할 수 있는 다른 표현을 알지 못한다. 그러므로 여기서 이 효과를 설명하겠다고 내가 나서는 대신 왕시린의 말을 옮겨놓는 것이 당연한 일이다. 이 말은 증언이자 역사이며 스스로 작품 해설로 나서고 있기 때문이다. 카롤린 샹페티에는 왕시린의 몸 가까이 다가가서 금방 흘러내릴 것 같은 피부를 따라 구석구석 훑어 내려간다. 피부에 피어나는 검버섯들, 그 사이로 움푹 파인 흔적들, 무릎에서 발로 이어지는 하지정맥의 푸른 혈관이 튀어나와서 꿈틀거린다. 왕시린의 몸은 상처받았다기보다는 그 자체로 상처가 발가벗겨진 것처럼 보인다. 무대에 홀로 던져진 왕시린의 몸을 빛들이 여기저기서 달려들어 갉아먹는 것처럼 보인다. 상투적으로 말하자면 표현주의영화처럼 보이기도 하고, 하지만 그렇게 말하면 안 된다. 왕시린은 미장센이 아니다. 한편으로는 미술관의 조각상처럼 보이기도 하고, 하지만 그렇게 말하면 안 된다. 왕시린은 박물관으로 보낸 역사의 유품이 아니다. 그렇기 때문에 반대로 말하고 싶어진다. 왕시린은 자기 몸을 갉아먹으려는 것들과 싸운다.

"나는 붉은색에 병적인 공포심을 갖고 있어요. 꿈에서 내게 말해요. 당 지도자의 초상화를 본다면 부들부들 떨 거예요. 내가 지금 여든여섯 살이에요. 지금도 아내가 옆에서 자야 해요. 이십 대에 받았던 사상개조 과정은 내 평생 악몽을 안겨줬어요. 내 여동생은 미쳐버렸는데, 1957년에 우파분자 딱지가 붙었어요. 3년간 신장新降 중노동수용소에 보내졌어요. 풀려나긴 했지만 그런 다음에도 지속적인 감시에 놓였어요. 죽을 때, 그때까지, 귀신을 보았어요. 남동생은 1961년에 3년간의 기근으로 굶어 죽었어요. 우리 형제 중에 내가 살아남은 유일한 사람이에요. 그래서 1968년에 겪은 죄수로서의 경험을 담아 1989년 교향곡 제3번 제1악장 〈대약진〉에서 죄수들이 된 중국 인민들의 끝날 줄 모르게 기나긴 줄로 이어지죠. 하지만 〈도살장〉과 〈광인의 노래〉가 찾아오죠. 미쳐버릴 것만 같은, 다른 사람들처럼, 그중에는 자살하는 사람도 있어요. 자백을 강요하는 테러, 너를 부정해라. 또, 또, 애원해도 용서의 기회를 주지 않았어요. 끝없이 두꺼운 공책을 채워야 했어요. 공책은 그들에게 강요당한 자백으로 채워졌어요. 그래서 나는 3악장을 〈광인의 노래〉라고 이름 지었어요. 내 작품은 광인들로 가득 차 있어요. 산산이 부서지는 마음. 교향곡 5번도 테마가 광기예요. 중국 인민들이 죄인이 되어 줄을 선 것처럼, 그렇게 서서 광야를 통과하면서 움직이는 소리 없는 행렬. 사슬에 묶인 채 얼굴은 희미하고 회색이죠. 이 이미지들이 나를 떠나지 않아요. 첫 악장의 죄수처럼 붙잡혀서, 그러고 나면 2악장, 나는 도살장 장면을 택했어요. 무장한 억압의 행패들, 나는 그날 광장에 있었어요. 오전 11시경, 스피커에서 큰 소리로 경보가 울렸어요. 자전거를 타고 집으로 돌아왔기 때문에 거기에 있지 않았어요. 하지만 나는 그 장면을 묘사할 수 있어요. 그리고 내 음악이 그려낼 수 있어요. 진군하는 군대, 양편에 군대가 있고 사람들이 흩어져 달려가요. 내가 거기 서 있는 것처럼 생생해요. 나중에 리루이의 시를 읽었어요. 거기서 살육을 묘사했어요. 정확하게 내가 상상했던 것이었어요. 2악장은 피로 물든 숙청을 묘사했어요. 3악장은 아다지오예요. 사람들은 미쳐갔어요. 죽은 듯한 침묵. 광인의 음울한 노래. 그 소리는 어떤 것일까. 광인에게는 노래가 없어요. 그의 마음을 떠나가버렸어요. 그는 울부짖으면서 침묵 속에서 피 흘려요. 하늘로부터 소리 없이 눈이 내립니다. 피가 침묵 속에 땅 위를 흐르죠. 움직이는 모든 것은 침묵 속에 머물고, 눈과 피, 그것이 이 장면이에요."

왕시린은 여기서 웅웅, 거리면서 신음처럼 자신이 작곡한 선율을 소리 내어 부른다. 아니, 자기의 음성을, 자기의 몸을, 자기 자신이라는 악기를 자신이 지휘한다. 자신이 오케스트라인 것처럼, 그래서 몸에 기록된 역사의 소리, 혁명의 구호, 구호의 명령 속에 던져진 인민들의 단말마 침묵을 끌어내서 재현시키는 음향 기계인 것처럼, 그렇게 소리 낸다. 응고되어버린 기억. 자기 자신을 역사에 빼앗긴 한 남자. 살과 뼈만 남은 그가 지금 여기서 자신이 움켜쥔 유일한 것, 음악을 붙들고 증언한다.

"마치 울기를 원하는 것처럼, 하지만 눈물이 나오질 않아요. 광인이 노래를 부릅니다. 단조롭게 부릅니다. 그게 3악장이에요. 그리고 4악장, 거대한 인민들의 폭동, 그 숫자는 엄청나게 많고,

들끓고 있어요. 웅장하게 파도치면서, 나는 광장에서 인민들에게
두 번 말합니다. 그들은 나를 들어 올려서 마차에 태웁니다. 그들
이 내게 병을 건네지만 비었어요. 그들이 외칩니다. 축배해요, 승
리에게! 사람들이 숨 쉬는 걸 얼마나 격렬하게 느끼는지! 그래서
4악장은 거대한 군중장면이에요. 하지만 끝에는 죄수로 돌아가요,
왜냐하면 나는 미래가 없다고 보기 때문입니다. 예술가로서 나는
사람들에게 헛된 희망을 줄 수 없어요. 영광스러운 미래를 그리라
고? 나는 하나도 안 보여요. 사람들에게 동화를 팔라고? 절대로!"

10

왕시린은 노래를 부른다. 자신이 작곡한 〈흑의인지가黑衣人之
歌〉이다. 이 영화의 제목으로도 사용된 '검은 옷을 입은 남자의 노
래'. 왕시린이 부르는 가사만으로는 이 노래를 따라가지 못한다.
이 노래의 가사는 원래 루쉰이 1926년에 쓴 단편소설 「주검鑄劍」*
에서 가져온 것이다. 가사는 루쉰의 소설 줄거리를 알지 못하면
맥락을 알 수가 없다. 고사성어를 역사적 배경 없이 한자의 뜻만
으로 이해할 수 없는 것과 같은 이치이다. 그러므로 길지 않은 이
소설의 줄거리를 먼저 단순하게 옮겨 쓰겠다.

열여섯 살이 되는 소년 미간척眉間尺**은 어머니에게 아버지
이야기를 듣는다. 아버지는 칼을 만드는 천하제일 명인이었는데

---

*   '쇠붙이를 녹여 칼을 만든다'는 뜻. 한국어판은 김시준 번역가가 「도공의 복수」라
     고 옮겼다.

**   메이젠츠. 번역에서는 한자를 음독했다. 여기서는 그에 따른다.

어느 날 왕이 왕비가 임신한 푸르고 투명한 쇳덩어리를 기이한 보물로 여겨 칼로 만들라는 명을 내리자 거기에 선발된다. 아버지는 꼬박 3년을 정진하여 칼 두 자루를 완성한다. 아버지가 어머니에게 왕은 의심이 많은 자라 자신이 세상에 둘도 없는 검을 바치면 틀림없이 그 검에 필적할 만한 또 다른 검을 만들지 못하게 자신을 죽일 것이니 한 자루를 어머니에게 맡겨 아이가 크거든 왕의 목을 베어 복수를 해달라고 말하고 한 자루만 가지고 떠난다. 아버지는 왕에게 목이 잘린다. 소년 미간척은 어머니의 말을 듣고 복수를 하기 위해 떠나지만, 길에서 만나는 사람들에게 업신여김을 당하고 시비까지 붙어 어찌할 바를 모르는데 "검은 수염, 검은 눈, 쇠같이 야윈 사내(흑의인)"가 나타나 그를 숲으로 데려간다. 그러면서 이미 너를 밀고한 자가 있어 왕의 부하들이 잡으러 쫓아온다고 알려준 다음 제안을 한다. "오직 두 가지 물건만 나에게 주면 된다. (…) 하나는 너의 검이고, 또 하나는 너의 목이다." 그러자 미간척이 묻는다. "무엇 때문에 나를 위해 원수를 갚아주시려는 겁니까?"(여기서부터 왕시린은 가사 일부로 사용하고 있다. 여기까지의 이야기를 모르면 이 가사를 따라갈 수가 없다. 왕시린은 이 노래를 루쉰의 소설을 이미 읽은 독자를 염두에 두고 부른다. 그래서 루쉰의 원래 문장을 건너뛰면서 부른다. 여기서는 이 구절 전부를 옮겨 썼다.) "나는 전부터 네 아버지를 알고 있다. 전부터 너를 알고 있는 것과 마찬가지로 말이야. 그러나 내가 원수를 갚으려는 것은 결코 그 때문은 아니다 총명한 아이야, 말해주마. 너는 아직 모르는가 보구나. 내가 얼마나 복수를 잘하는가를. 너의 것이 바로 나의 것이고, 그가 또한 바로 나이다. 내 영혼에는 그토록 많은 것이 있다. 남에게 내가 입힌 상처 때문에 나는 이미 나 자신을 증오하고 있단다." 그 말을 멈추자마자 미간척은 푸른 검을 꺼내 자기 목을 베어버린다. "검은 수염, 검은 눈, 쇠같이 야윈 사내"는 한 손에 칼을 다른 손에 미간척의 머리를 들고 노래를 부르며 왕성王城을 향해서 걸어간다.

이 소설에는 네 번 "검은 수염, 검은 눈, 쇠같이 야윈 사내"의 노래가 나온다. 왕시린은 이 네 번의 노래 가사를 뒤섞었다. 나는 네 번의 노래를 모두 차례로 옮긴 다음 주석을 달겠다. 이 사내는 유유히 걸어가며 첫 번째 노래를 부른다.

> 핫하하 사랑, 사랑, 사랑이여!
> 푸른 검을 사랑하는 원수 하나는 스스로 죽었네.
> 아아! 연이어 뒤집히네,
> 몇 명의 사나이가
> 한 사나이는 푸른 검을 사랑하였으니,
> 오호라, 외롭지 않도다.
> 머리로 머리를 바꾸니,
> 두 사람의 원수는 스스로 죽었도다.
> 한 사나이는 이제 없어졌나니,
> 사랑이여 오호라!
> 사랑이여 오호라, 오호라, 아호라,
> 아호라, 오호라, 오호, 오호라!

왕시린은 루쉰이 쓴 노래의 후렴구를 고통스럽게 따라 부른다. "검은 수염, 검은 눈, 쇠같이 야윈 사내"는 왕을 찾아가 여태껏 본 적이 없는 요술을 보여주겠다고 한다. 그 요술은 "한번 보고 나면 즉시 근심 걱정이 사라지고 천하가 태평해진다"고 호언장담한다. 대신 요술을 부리려면 금룡金龍과 금솥金鼎이 있어야 한다고 요구한다. 왕은 내가 금룡이고, 금솥은 자신이 갖고 있다며 그에게 놀아보라고 명한다. "검은 수염, 검은 눈, 쇠같이 야윈 사내"는 금솥에 물을 끓이면서 그 안에 잘린 미간척의 머리를 넣고 두 번째 노래를 부르기 시작한다.

핫하, 사랑 사랑 사랑이여!
사랑이여, 피여, 누군들 이것이 없으리.
백성은 어둠 속에서 방황하고, 한 사나이의 꿍꿍이속은 모르도다.
그에게는 백 개의 목, 천 개의 목, 만 개의 목이 있고,
내게는 오직 한 개의 목, 뭇사람은 없도다.
하나의 목을 사랑하노라, 피여, 오호라!
피여, 오호라, 오호 아호라,
아호라, 오호라, 오호라, 오호라!

그러자 솥 안에서 미간척의 머리가 노랫소리에 맞춰 "물을 따라 위로 올라갔다 아래로 내려갔다 하면서 원을 그리며 돌았고, 한편으로 또한 머리 자체도 빙글빙글 돌고 있었는데, 사람들은 그 머리가 재미있다는 듯 웃고 있는 모습을 어렴풋이 볼 수 있었다"고 한다. (그러더니) 잘린 미간척의 머리는 "물 가장자리를 따라 높아졌다 낮아졌다 하며 세 바퀴를 돌고 나서, 갑자기 눈을 부릅뜨니 새까만 눈동자가 유별나게 빛났다. 그와 동시에 입이 벌어지면서 노래를 부르기 시작했다." 세 번째 노래를 미간척의 입이 부른다.

왕의 은혜는 흐르네. 넓고 양양하게
원수를 무찌른다. 원수를 무찌름이여. 혁혁하고 굳세게!
우주는 다함이 있어도. 만수는 무강이라.
요행히도 나는 왔도다. 푸르른 그 빛!
푸르른 그 빛이여 영원히 서로 잊지 못하리.
자리를 달리 하도다, 자리를 달리 하도다, 당당하고 훌륭하게!
당당하고 훌륭함이여, 아이 아이,
아! 돌아오라, 아! 함께하리, 푸르른 그 빛이여!

"갑자기 머리는 물 꼭대기에 올라가 멈추더니 몇 번 재주넘기를 한 뒤 위아래로 오르내리기 시작했다. 좌우로 보내는 눈길은 몹시 아름다웠으며 입은 여전히 노래를 부르고 있었다." 그리고 미간척의 입이 네 번째 노래를 부른다.

아호라, 오호, 오호, 오호라.
사랑이여 오호라, 오호 아호라!
피 묻은 목 하나, 사랑이여 오호라,
나에게는 한 개의 목, 그러나 뭇사람은 없도다!
그에게는 백 개의 목, 천 개의 목…….

"머리는 여기까지 노래한 뒤 가라앉더니, 다시는 떠오르지 않았다. 노래 가사도 알아들을 수 없었다." 왕이 답답하여 어찌 된 일인지 묻자 "검은 수염, 검은 눈, 쇠같이 야윈 사내"는 "지금 머리는 솥바닥에서 지극히 신기한 단원무團圓舞를 추고"있지만 "가까이 다가가지 않으면 볼 수 없"다고 아뢴다. 그래서 왕이 금솥에 다가가 얼굴을 들이밀자 "검은 수염, 검은 눈, 쇠같이 야윈 사내"는 단숨에 왕의 목을 자른다. 그리고 금솥 안에서 왕의 머리와 미간척의 머리가 서로 물어뜯으면서 싸움이 난다. "검은 수염, 검은 눈, 쇠같이 야윈 사내"는 솥 안을 들여다보더니 자기 머리도 잘라 솥 안에 넣는다. 그리고 미간척의 머리와 힘을 합쳐 왕의 머리를 물어뜯는다. "왕의 머리가 확실히 숨이 끊어진 것을 알고 나자 네 개의 눈은 서로 마주 보며 씽긋 웃더니, 곧 눈을 감고 얼굴을 위로 하늘을 향한 채 물 밑으로 가라앉았다."

루쉰의 소설에 대해서는 서로 다른 해석이 있다. 여기서 해석에 관한 장황하고 끝없는 소개를 하는 건 내 관심이 아니다. 왕시린에게로 돌아와야 한다. 말할 필요도 없이 "검은 수염, 검은 눈, 쇠같이 야윈 사내"는 미간척의 그림자이다. 무능력하고, 소심하고, 재주도 없는 미간척의 복수를 대신해줄 수 있는 그림자. 미간척에 붙어 다니는 그림자. 그림자를 떼어낼 방법이 있을까. 이때 그림자는 미간척의 분노와 결심, 불안, 두려움, 긴장, 고통, 공포, 아버지에 대한 그리움, 원망, 어머니에 대한 사랑, 자책, 이 모든 것의 형상이지만 여기서 놓쳐서 안 되는 건 그림자의 배경에 왕이 있다는 사실이다. 이 말의 방점, 있다는 사실. 왕이 없었다면 "검은 수염, 검은 눈, 쇠같이 야윈 사내"는 나타나지 않았을 것이다. 왕시린은 "검은 수염, 검은 눈, 쇠같이 야윈 사내"를 만들어냈고, 평생을 함께 지냈다. 그 배경에 있는 문화혁명, 1966년 8월 8일, 「프롤레타리아 문화대혁명에 관한 결정」이 발표되었을 때 왕시린은 귀 기울이면서 즉시 이 문장에서 피 냄새를 맡았다. 하지만 아무도 이 '대혁명'이 그렇게 오랫동안 지속될 것이라곤 상상하지 못했다. 역사 속에 던져진 왕시린의 분노, 고난, 불안,

공포의 세월. 그 세월을 먹으면서 자라난 "검은 수염, 검은 눈, 쇠같이 야윈 사내". 왕시린의 마음으로 루쉰의 문장을 다시 한번 읽어보길 바란다. 왕시린의 제트기 자세를 하고 "검은 수염, 검은 눈, 쇠같이 야윈 사내"의 노래, 목 잘린 미간척의 시를 다시 한번

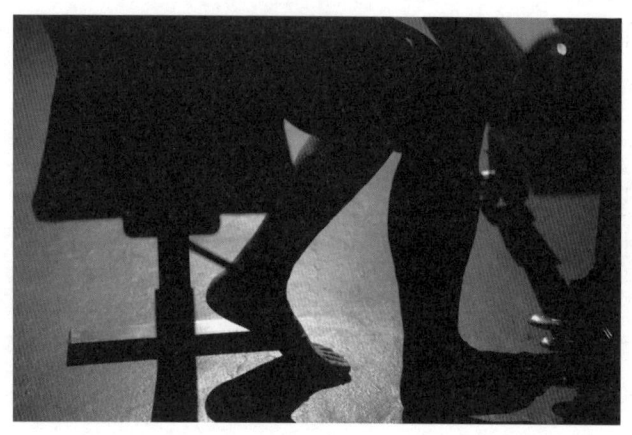

낭송해보기를 바란다. 왕시린은 노래를 부르면서 열여섯 살 미간척을 떠올린다. 복수하기 위해서라면 내 목을 잘라 내어줄 수 있어. "검은 수염, 검은 눈, 쇠같이 야윈 사내"가 귀신이 곡哭을 하듯이 울고 웃으며 노래를 부른다. 왕시린이 노래를 부를 때 후렴구가 마치 곡을 하는 것만 같다. 노래하는 왕시린은 웃는 것일까, 우는 것일까. 이 노래는 문화혁명이 끝나고 천안문의 지도자가 죽어 기뻐서 부르는 것일까, 아니면 비로소 안심되기 때문에 들려주는 안도의 한숨일까. 그도 아니면 지나간 세월 속에 고난이 떠오르며 참을 수 없는 분노에 차서 외치는 것일까. 어쩌면 주

변에 맞아 죽고 자살하고 미쳐버린 선생님과 여동생이 떠올라 슬픔을 참을 수 없어 울고 있는 것일까. 그걸 우리가 어떻게 헤아릴 수 있을까. 그걸 어떻게.*

11

왕시린은 증언을 마친 다음 객석에서 일어나 무대 위에 놓여 있는 피아노 앞에 앉는다. 그런 다음 자신이 작곡한 곡을 연주한다. 이 연주를 4분 30초 동안 (왕빙과) 카롤린 샹페티에는 지켜본다long_take. 역사는 음악이 될 수 있을까. 반대로 한 번 더 질문하고 싶다. 음악은 역사가 될 수 있을까. 두 질문의 차이를 생각해주기를 바란다. 아니, 그 둘은 전혀 다른 것이다. 왕시린은 평생 동안 싸웠다. 어디서? 한편으로는 그의 몸. 다른 한편으로는 그의 머릿속에서 벌어진 투쟁. 혁명 속에서의 혁명. 선율과 피비린내. 리듬과 비명. 음악과 역사가 서로를 마주 본다. 그리고 지금 왕시린은 여기에 있다. 하지만 투쟁이 전부였을까. 왕시린은 자신이 음악을 하는 예술가라는 걸 알고 있을 뿐만 아니라 배운다. 이 모든 증언을 투쟁이 아니라 소명이라고 말해버린다면 나는 비난받을까. 연주를 마친 다음 왕시린은 일어나서 공연을 마친 것처럼 무대를 어슬렁거리다가 극장 문 바깥으로 나간다. 그러면 카메라는 텅 빈 극장 객석을 바라본다. 그런데 저기 누가 있다 아무도 없는 줄 알았는데 거기 앉아서 내려다보고 있다. 2층 객석 자리에서 지켜보

* 여기서 인용한 문장은 모두 번역가 김시준이 옮긴 루쉰의 『루쉰 소설 전집』(을유문화사, 2008) 중 「도공의 복수」에서 가져온 것이다.

는 사람에게 다가가서 멈춘다. 왕시린이 내려다보고 있다. 마치 역사를 내려다보고 있는 것 같다. 마치 죽은 천안문의 지도자를 내려다보고 있는 것 같다. 마치 우리를 내려다보고 있는 것 같다. 마치 나를 내려다보고 있는 것 같다. 마치 왕시린, 그 자신을 내려다보고 있는 것 같다. 마지막 장면.

　　　　　　 같은 시간, 같은 공간에 있었다

우리는 오랫동안 만나지 못했다. 여러 가지 이유가 있었다. 왕빙은 〈사령혼〉을 편집하는 동안 누구도 만나지 않았다. 좀 더 정확하게는 이 영화를 편집하고 있다는 사실이 알려지길 원치 않았다. 〈사령혼〉이 2018년 칸영화제에서 기습적으로 첫 상영 되자마자 사태가 복잡해졌다. 한 가지 사실을 먼저 환기할 필요가 있다. 중국공산당은 문화혁명에 대해서는 공식적으로 자신의 오류를 인정하고 인민들에게 사과했지만 1957년에 개시한 대약진에 대해서는 아직 침묵을 지키고 있다. 무슨 뜻인가? 반복해서 말했듯이 대약진을 비판하는 행위는 사회주의 중화인민공화국을 부정하는 행위이다. 고작 5년 동안 (비공식 통계에 따르면, 왜냐하면 아직도 그때 무슨 일이 벌어졌는지 정확하게 아는 사람은 아무도 없기 때문이다. 역사학자들은 심지어 베이징에서도 모를 것이라고 말한다) 4700만 명이 굶어 죽거나, 맞아 죽거나, 병들어 죽거나, 하여튼 죽었다. 그런데도 지도자는 태연하게 대답했다. "인민 절반이 배불리 먹을 수 있다면 나머지 절반은 굶어 죽게 두어야 한다." 수많은 지식인, 학생들, 지도자들, 일부 당원들, 때로는 영문도 모르는 인민들이 대약진 시기에 우파 보수주의자로 자아비판을 하고 간쑤성 주변의 강제노동수용소에 보내졌다. 그런 다음 대약진이 끝나고 나서야 돌아왔다. 하지만 여기는 지도자에게 오류가 없는 나라이다. 지도자 마오쩌둥. 마오쩌둥은 우파분자들을 반혁명분자로 규정했고, 그들을 숙청하는 것은 적과 나의 모순으로 인한 투쟁, 이라고 불렀다. 지도자와의 투쟁에서 가까스로 살아남은 사람들. 그들은 집에 돌아와서도 침묵을 지키고 살아가야만 했다. 왕빙은 이들을 만나기 위해 카메라 한 대를 들고 중국을 돌아다녔다. 비합법적인 활동. 불법적인 촬영. 누군가는 자신의 집 안에서조차 거의 속삭이듯이 증언을 했고, 누군가는 증언한 다음 다시 찾아갔을 때 장례식을 마주한다. 그들은 강제노동수용소에서의 시간을 차례로 증언했다. 기아, 빈곤, 추위, 끝없는 자아비판. 그런 다음 누군가는 묻히고, 누군가는 다시 침묵 속으로 가라앉았다. 〈사령혼〉은 아직도 우파분자로 당의 명부에 기록이 남아 있는 증인들의 증언을 담은 영화이다. 왕빙은 칸영화제가 끝난 다음에도 중국으로 귀국하는 날짜를 계속 미루면서 파리에 머물렀다. 베이징은 〈사령혼〉에 대해서 침묵으로 일관했다. 마치 그 영화가 세상에 존재하지 않는다는 듯한 태도를 취했다. 왕빙은 자신의 영화와 함께 유럽의 영화제, 시네마테크, 미술관, 영화학교 강의실을 떠돌았다. 원래 계획은 그해 부산국제영화제에 〈사령혼〉과 함께 왕빙이 방문할 예정이었다. 하지만 영화만 도착하고 왕빙은 오지 못했다. 그러는 동안 팬데믹이 시작되었다. 간접적으로, 때로는 이메일로 소식을 주고받았다. 왕빙의 아내와 딸이 파리로 거주지를 옮겼다. 안부를 주고받았지만 자신들의 상황, 처지에 대해 말하기를 망설였다. 단지 기다리고 있다는 말만 되풀이하였다. 무엇을? 일시적인 망명처럼 보였지만, 왕빙은 주변의 만류에도 계속해서 다시 중국으로 돌아가는 비행기에 몸을 싣고 귀국한 다음 다시 파리로 돌아왔다. 왕빙과 잘 알고 있고 그의 영화 프로듀서를 한 프랑스인이(그는 이름을 밝히기를 원치 않았다) 자신도 궁금해서 물어보았다(고 내게 말해주었다). "왜 위험을 무릅쓰고 당신은 중국에 돌아가기를 반복합니까." 왕빙이 대답했다. "나는 영화감독입니다. 내가 찍어야 할 사람들이 거기에 있습니다. 그러므로 나는 여기가 아니라 거기 있어야 합니다. 그들 곁에 있을 때만 나는 영화감독입니다." 그 말을 전해 들었을 때 윈난에서 〈세 자매〉에 이어지는 다음 편을 보조 촬영 하기 위해 베이징에서 함께 윈난까지 온 황원하이가 내게 해준 말이 떠올랐다(두 사람은 베이징전영학원 촬영과에서 만난 친구 사이이다). "우리 세대는 대만 감독 허우샤오시엔의 영향을 받았어요. 모두들 존경한다고 말합니다. 그런데 왕빙은 허우샤오시엔에 대해서 말한 적이 없었어요. 그래서 너는 허우샤오시엔의 영화를 보지 않았냐고 물어보았습니다. 물론 보았다고 대답했습니다. 그러면서 내게 말했어요. '〈연연풍진戀戀風塵〉을 볼 시간에 〈안드레이 루블료프Andrey Rublyov〉를 보는 게 나을 거야. 어느 영화가 더 훌륭하다는 말을 하는 게 아니야. 우리는 〈연연풍진〉의 낭만적인 시간을 가져본 적이 없는 역사 속에서 살아왔고, 그리고 살고 있어. 나는 〈안드레이 루블료프〉에서 예술가가 살아가야 하는 잔인한 시대의 묘사, 그 속에서 머물며 겪어야 하는 좌절, 그 속에서 겪어야 하는 초조함, 작품을 만들어두 미친 여자 말고는 아무도 이해하지 못하는 고독함을 보면서 우리 자신을 마주 보고 있는 것 같았어.'" 나는 지금도 이 말을 생각한다. 영화를 본다는 문제. 영화에서 무엇을 볼 것인가, 라는 문제. 내 주변의 시네필, 동료들, 하여튼 영화를 보러 다니는 사람들은 영화의 형식, 개념, 이론, 미학에 대해서 장황하게 설명하려고 든다. 나는 그게 나쁘다고 생각하지 않는다. 하지만 영화를 본다는 문제가 자신과 마주하는 문제라고 말하는 사람은 왕빙밖에 없었다. 여기에 생각이 이르면 왕빙 곁에서 그해 겨울 윈난을 쏘다니던 날들이 떠오른다. 그리고 윈난 시솽반나 다이족 자치주 멍라이촌에서 다시 숲길을 따라 70킬로미터를 더 들어간 작은 마을에서 만난 소녀가 떠오른다. 아마 네 살 혹은 다섯 살이었을 것이다. 소녀는 내게 항상 자신의 강아지를 자랑하였다. 이 아이는 내가 예쁘다고 머리를 쓰다듬어주는 걸 좋아했다. 그래서 내게 자기 머리를 내밀기도 했다. 머리를 쓰다듬어주면 내 손에 이가 잡혔다. 하지만 나는 머리 쓰다듬어주는 걸 한 번도 거절한 적이 없다. 이 낯선 방문객이 떠나는 날 동네 아이들이 몰려와 손을 흔들어주었다. 소녀는 아이들에게 손을 흔들지 못하게 하면서 이 아저씨는 내 거야, 라고 소리쳤다. 그 소녀는 이제 아가씨가 되었을 것이다. 문득 다시 한번 왕빙을 따라 중국을 떠돌면서 그의 곁에서 견학을 하고 싶다. 이 대화는 이 마음에 시작된 것이다.

〈사령혼〉을 본 다음 내가 느낀 인상부터 이야기하겠습니다. 영화를 보고 충격을 받았습니다. 당신의 걸작일 뿐 아니라 이 영화가 당신 영화 세계의 중심에 있다는 것을 알게 되었습니다. 그리고 당신의 두 번째 영화 〈허펑밍〉이 〈사령혼〉의 (제작 과정에서 작업한) 일부라는 것도 알게 됐습니다. (간쑤성 자벤거우에 세워진) 강제노동수용소를 무대로 당신의 유일한 극영화를 만들기도 했습니다. 당신은 긴 시간 동안 자벤거우에서 돌아온 생존자들의 인터뷰를 담은 〈사령혼〉을 찍었습니다. 이렇게 질문을 시작해보겠습니다. (〈사령혼〉의 증인들이 강제노동수용소에 머물던) 1957년에서 시작

해 1962년에 끝난 대약진운동, 중국 바깥에서는 대기근이라 부르는 이 시기가 당신에게 어떤 의미가 있습니까.

공산당 집권 초기 30년간, 가장 눈에 띄는 사건은 10년간의 문화대혁명입니다. 중국이 해방되고 공산당 정부가 들어선 1949년 사실상 시작된 이 운동이 문화대혁명으로 이어졌습니다. 반우파, 그러니까 비공산주의 지식인 대거 숙청 운동은 문화대혁명 이전에 가장 중요한 운동이었습니다. 공산당 집권 초 30년을 3단계로 나누면 먼저 토지개혁을 들 수 있는데, 이미 1949년에 해방전쟁은 시작된 상황이었습니다. 두 번째가 바로 1957년의 반우파 운동. 세 번째가 문화대혁명입니다. 반우파 운동은 시기적으로 토지개혁과 문화대혁명의 중간이며, 그 운동에 참여한 사람들을 저는 잘 압니다. 그래서 잘 알려진 하나의 사건을 통해 중국의 전체 역사를 드러내고자 했습니다. '반우파 운동'은 중국에서 쓰는 말인데, 중국의 우파와 서구의 좌우파 개념은 다르고 때로 상반됩니다. 그러니 이 점을 짚어야 할 것입니다. 작품을 할 때마다 인연이랄까 누군가를 만나고 알게 되는 기회가 생깁니다. 나 역시도 자벤거우의 역사, 그리고 인물과 아주 우연히 만나게 되었고, 그 사람들이 처한 상황을 이 사건을 통해 영화에서 온전히 보여줄 알맞은 시기라고 생각했습니다. 자벤거우 사건은 1949년부터 1979년까지 30년간 중국인의 정치와 사회생활을 이야기할 때 어떤 면에서 하나의 대표성을 띠고 있습니다. 중국공산당 통치 초기 30년을 작품으로 묘사하면서 개인적으로는 역사와 영화를 비교하고, 영화와 실재 사이에서 균형을 이루고 싶었습니다. 이것이 바로 내가 하고 싶은 작업이고, 해내고 싶은 작업입니다. 그러므로 자벤거우 이야기가 내게 이런 영화를 만들 기회를 준 것입니다. 하지만 〈사령혼〉은 아직 완성되지 않은 작품입니다. 당시에는 경제적으로 아홉 시간짜리 영화를 제작할 만한 예산밖에 없었습니다(〈사령혼〉의 상영시간은 8시간 15분이다). 그래서 사실상 작품의 3분의 1만 완성했고, 앞으로 계속 투자받으면서 후반부 두 편을 더 완성할 것입니다.

〈사령혼〉을 보고 나서 알게 된 건, 내용으로 미루어보건대 이 영화의 장면 중에 두 번째로 만든 〈허펑밍〉보다 먼저 촬영된 부분이 있었다는 점입니다. 우리는 당신 영화에서 자벤거우에 관한 이야기로 〈허펑밍〉을 가장 먼저 보았습니다. 〈사령혼〉에도 포함된, 먼저 촬영된 부분이 있었음에도, 자벤거우 증인 중에서 허펑밍의 증언을 가장 먼저 영화로 보여준 이유가 있습니까?

이유는 없습니다. 자벤거우 관련 영화는 초기에 극영화로 작업하고 싶어서 그렇게 준비를 시작했습니다. 그런데 진행 과정에서 실존 인물과 접촉하면서 더 많은 소재를 촬영해야겠다고 생각하게 되었습니다. 그래서 처음에는 강제노동수용소에 관련된 어떤 영화가 될지 다 구상하지 않은 상태에서 매일같이 취재하고 또했습니다. 허펑밍이란 인물은 제작 과정 초기에 알게 되었고, 그래서 〈사령혼〉에는 넣지 않고 독립된 작품으로 만들게 되었습니다. 영화 작업을 시작한 지 얼마 안 된 시기라서 전시회나 다른 필요 때문에 먼저 〈허펑밍〉을 제작했습니다. 자벤거우에 관련된 영화를 만드는 과정에서 전체를 놓고 어떻게 구성할 것인지 영화 사이의 시간 관계를 계획하거나 설정해서 시작하지는 않았고, 그냥 자연스럽게 선후가 결정되었습니다. 이미 단독 작품이 있기도 하고, 허펑밍이 자벤거우에 머문 시간이 아주 짧았기도 해서 〈사령혼〉에는 허펑밍이라는 인물이 등장하지 않습니다(〈사령혼〉에 허펑밍이 나오지는 않는다. 하지만 강제노동수용소가 있던 자볜거우 밍수이 들판에 돌아오지 못하고, 거기서 망자들을 위한 제사를 지내기 위해 방문한 사람 중의 한 명이 돌을 가리키면서 "허펑밍과 함께 여기 왔을 때 이름을 발견했어"라고 말한다. 허펑밍도 여기에 방문한 적이 있다).

중국 바깥의 비평가들, 당신의 영화에 관심 있는 이론가들의 이야기를 들을 기회가 있었습니다. 내가 당신에 관한 다큐멘터리를 찍었고, 〈천당의 밤과 안개〉로 해외 영화제에 나갔을 때 유럽, 가끔은 미국의 비평가, 이론가들이 당신에 대해 많은 질문을 했습니다. 그런데 질문을 받으면서 그들이 방법론에만 관심을 기울이고 당신이 다루는 인물의 배경과 중국 역사에 대해 매우 무지하다는 사실을 알게 되었습니다. 물론 형식도 중요하지만 나는 당신의 영화에서 그 영화의 내용, 내용의 배경, 배경의 역사에 관심이 없는 것은 잘못이라고 생각합니다. 당신이 중국 역사와 마주한다는 것, 그중에서도 역사 속에서 살아남은 사람들, 생존자, 역사 속에서 살아 돌아온 사람을 기록한다는 것이 당신의 임무처럼 느껴지기도 하는데 이 작업이 당신에게 갖는 의미는 무엇입니까?

2000년대 들어 중국은 세계의 주목을 받기 시작했습니다. 전 세계는 중국의 변화를 바랐고 중국과 협력을 원했습니다. 중국도 개방적인 태도를 취했기 때문에 많은 이가 중국의 과거에 연연하지 않고 새로운 국가 이미지를 기대하게 되었습니다. 아마 그런 이유로 평론가들이 영화 속에 등장하는 중국 역사에 대해 크게 관심을 두지 않았던 것 같습니다. 물론 그때도 작품을 만들면서 세계 안에서의 국제적인 관계가 그렇게 변할 것이라는 건 이미 알았지만, 나는 주변 환경을 개의치 않았습니다. 이런 역사의 흐름을 보는 것은 기쁜 일입니다. 그러나 예술 작품을 만드는 데는 오랜 시간이 걸립니다. 그 과정에서 우리는 특정한 시기, 특정한 작품을 통해 스스로를 들여다볼 필요가 있습니다. 작품을 만들면서 나는 실시간으로 발생하는 일들을 깊이 생각하지 않는 편이 좋다고 여깁니다. 그러나 매우 중요한 이슈, 바로 1979년 이후 중국의 개혁과 개방이 있었습니다. 그럼에도 국가의 형태는 전혀 변하지 않았고 문화적으로 지식인들 역시 1980년에서 1990년 사이에 크게 노력한 것 같지 않습니다. 지난 30년의 역사적 사실을 드러내는 데에 노력이 매우 부족했습니다. 지식인들은 대부분 '미래를 지향한다', '미래를 고민한다'라고 말하면서 과거를 꽁꽁 묻어두고 더는 논하지 않았습니다. 그저 서양의 문화를 어떤 식으로 배우고 흡수할까만 이야기했습니다. 이것이 1979년 이후 중국 문화이데올로기의 주된 흐름입니다. 20세기에 일어난 모든 국가적 사안은 완전히 묻어두고 방치하였습니다. 그러다 보니 시간이 오래 지나면서 묻어두었던 과거의 일을 다시 밝혀내거나 바로 볼 수 없게 되어버렸습니다. 정치이데올로기적인 이유로 중국 전체가 20세기 중국의 역사를 반성하지 않았고 중국의 지식인들도 마찬가지였습니다. 저 개인의 주관적 생각이라기보다는 실제로 일어난 역사를 반성하는 작품을 찾아보기 어렵습니다. 인류 역사에 중대한 사건들이 수없이 일어났지만 이후 누구도 역사를 비판하거나 바로 세우려 노력하지 않았습니다. 역사를 직접 이야기하고 반성하는 중요한 작품은 거의 없고 산발적인 작품이 있을 뿐입니다. 비판이라기보다 역사를 성찰한 작품이 딱히 생각나지 않으니 그렇게 말할 수밖에 없습니다. 다만 굳이 찾아보면 나와 동시대에 등장한 소수의 문학작품들만이 있을 뿐 이전에는 거의 없습니다. 다른 사람들에 대해 이야기하고 싶지는 않지만, 역사적으로 문학작품이나 다른 작품들 속에서도 진실하게 역사를 대면하고 성찰한 작품들이 드뭅니다. 나와 동시대 작가인 양지성의 작품 중 『묘비墓碑』라는 아주 두꺼운 책이 있는데, 1960년대 전후 대기근 시대 전국 수천만 명의 사망자에 대해 중국 정부당국이 수집 분류한 공식 통계 발표 자료를 담고 있습니다. 그런데 책의 접근 방식은 직접적이라기보다 간접적으로 여지를 남기는 편입니다. 그의 작업은 훌륭하지만 여전히 이 사건을 대면하지 못하며, 누구나 받아들일 수 있는 정도로만 역사를 다루는 것으로 보입니다. 작가나 작품을 비판하고자 함이 아닙니다. 그들을 존중하고 높이 평가하지만, 또 다른 각도에서 중국의 지식인과 정치의 관계가 그들의 방식을 통해 매우 여실히 드러났다고 봅니다. 그럼에도 그들은 중국 지식인들 중에서도 용기 있게 책임지려 한 사람들입니다. 이런 이야기를 하는 것은 내가 남보다 뛰어나다고 자랑하려는 게 아니라 한 가지 사실을 설명하기 위해서입니다. 중국 전체 지식인들의 반응을 보면 이런 상황에서 바로 그들을 통해 역사가 서술됩니다. 역사서는 아니지만, 인물에 대한 역사적 서술이 그 지식인들을 통해 소설이니 다른 작품의 형태로 이루어집니다. 이런 상황 속에서 다른 작가들이라고 무엇을 어떻게 더 할 수 있었겠습니까. 자벤거우 이야기를 알게 되면서 나만의 다큐멘터리 방식으로 작품을 오롯이 완성하고자 했습니다. 주변 상황이나 실시간으로 벌어지는 정치 역사적 문제 등의 요소를 최대한 배제하고자 했습니다. 오직 작품과 촬영하고자 하는 인물, 그리고 당시 직면했던 역사, 세 요소에만 집중하고자 했습니다. 이 과정에서 자유롭게 작품을 완성할 수 있는가, 하는 것이 가장 중요했습니다. 마침 2017년부터 파리에 거주하면서 자유롭게 작업할 공간이 생겼고 그 덕분에 내가 가진 능력을 충분히 발휘할 수 있게 되었습니다. 그러나 제한적인 예산에 편집 기간이 매우 짧아 대략 5개월 만에 작품을 완성했습니다.

당신 영화를 둘로 나눌 수 있습니다. 하나는 역사에서 돌아온 사람, 생존자에 관한 영화. 그리고 한쪽에서는 역사로부터 떨어져 있는 사람의 영화도 꾸준히 만들었습니다. 예를 들어 〈세 자매〉는 윈난에 있는 해발 3200미터 산 위 세상에서 완전히 격리된 것처럼 살고 있는 어린 세 자매 이야기입니다. 〈이름 없는 남자〉는 자급자족하면서 동굴에서 살아가는 이름 없는 남자를 찍었습니다. 〈팡슈잉〉은 저장성 후저우시 근처 마이후이 마을에서 죽음을 앞둔 팡슈잉 할머니의 며칠을 찍었습니다. 〈광기가 우리를 갈라놓을 때까지〉는 윈난성 자오퉁시 정신병원에 입원한 환자들을 찍었습니다. 내 질문은 후자의 영화들, 역사로부터 격리된 사람들에 대한 당신의 관심은 어떻게 다르면서 같은가 하는 것입니다. 이 사람들의 영화는 역사로부터 돌아온 증인들의 이야기와 어떻게 연결되는 것입니까?

과거에 대해 정치적인 이야기를 많이 했습니다. 과거 중국은 정치적인 세계였고 사람들도 역시 정치이데올로기 안에서 생활해왔습니다. 당시 사회 전반이 정치의 영향을 받았습니다. 모든 이가 정치적 박해를 받은 건 아니지만 그 일부가 불행을 겪었습니다. 모든 이에게 각자 역할이 있는데, 어떤 사람은 운이 좋고 또 어떤 사람은 운이 나쁩니다. 이는 역사에 관한 것이며 동시에 현실에 관한 것입니다. 오늘날 현실에는 당신이 영화에서 만난 팡슈잉이나 세 자매, 〈광기가 우리를 갈라놓을 때까지〉에 나오는 인물들처럼 이 세상에서 주목받지 못하는 존재들이 세상의 절대다수를 차지합니다. 이들은 그 대다수 중 몇 가지 예입니다. 내 영화에서 이들의 이야기를 하는 이유는 내가 가진 작가 혹은 감독이라는 신분이 사회가 준 것도 전체주의하에서 부여된 것도 아니기 때문입니다. 감독이라는 신분은 개인의 작업 성격에 따라 온전히 개인적인 것일 뿐입니다. 내 신분을 그들이 부여한 것이 아니기 때문에 사회적 역할을 수행하거나 집단이 바라는 영화를 찍을 의무는 없습니다. 과거에 (중국에서) 영화는 대체로 정치적이거나 상업적 역할을 수행했습니다. 그래서 영화 속 이야기나 인물은 사회적으로 더 많은 사람이 주목할 수 있는 성질의 것이었습니다. 대부분의 영화가 그러했습니다. 그러나 난 그러한 영화산업의 일원도 아니고, 정치영화 집단이나 이데올로기에 속해 있는 감독도 아니며, 상업적인 영화를 제작하는 사람도 아니니 이 모든 일을 할 책임이나 의무가 없습니다. 내 일은 내게 온전히 속한 것이어야 하고, 촬영하고 싶은 대상이나 재미있는 사람이 있으면 찍고, 없으면 찍지 않습니다. 따라서 내 영화, 내 작품은 지극히 개인적인 것입니다. 한 사람의 삶이 역사 속에서 의미를 갖기 위해서는 기록으로 남아야 합니다. 과거에는 권력을 가진 자들만 문자로 기록을 남길 수 있었습니다. 역사에 기록된 인물 중 아주 보통의 인물은 거의 없습니다. 대부분 사회의 위정자나 특정한 집단의 일원이었으며 이런 사람들만이 역사적 기록으로 남을 가능성이 높았고, 보통의 백성들은 봄에 나고 가을에 시드는 들판의 풀처럼 살며 아무런 흔적도 남기지 못했습니다. 역사란 그런 것입니다. 그래서 내가 개인적으로 기록하고자 하는 대상, 인물은 내가 흥미를 느끼는 대상이어야 합니다. 다른 이에게는 전혀 특별하지 않다고 할지라도 나와 함께 부대끼고 살아가는, 내가 아는 사람들. 같은 시간, 삶 속에서 우연히 만난 사람들과의 이야기이기 때문에 그것을 기록합니다.

나는 개인으로서 감독이기를 선택했기에 주변 사람들을 찍으며, 그들 삶의 과정을 영화의 역사 속에 담는 것이 나의 일입니다.

질문이 다소 이상할 수 있는데, 언젠가부터 당신 영화의 첫 장면, 도입부로 들어가는 방법이 바뀐 것처럼 보입니다. 첫 번째 영화 〈철서구〉는 이제부터 내내 보게 될 도시 선양의 눈 덮인 전경을 보여주면서 시작합니다. 두 번째 영화 〈허펑밍〉은 카메라를 들고 허펑밍의 집을 찾아가는 장면으로 시작합니다. 그런데 언젠가부터 당신의 영화는 그런 설명 없이 바로 대상과 만납니다. 〈세 자매〉는 해발 3200미터 산 정상의 세 자매를 만나러 가는 장면 없이 이미 산 위에 살고 있는 세 자매의 집 안에서 시작합니다. 〈광기가 우리를 갈라놓을 때까지〉는 정신병원 안에 '수감'된 것처럼 보이는 한 환자의 작은 방(이라기보다는 감옥 같은 장소)에 환자의 가족이 찾아와서 대화를 나누는 장면으로 시작합니다. 그래서 처음 볼 때는 마치 영화 중간부터 보고 있는 것처럼 갑자기, 라는 인상이 있습니다. 당신이 만나는 대상과 우리를 시작하자마자 아무 준비 없이 대면시킨다는 느낌을 받았습니다. 이것이 당신의 영화에서 대상과 만나는 방법의 변화 혹은 관객과 영화의 대상, 장소가 조우하는 방법의 변화처럼 느껴졌습니다. 이건 당신이 대상과 만나는 방법의 변화를 반영한 것입니까?

요즘은 직접적으로 이야기를 시작하는 편입니다. 올해 나올 새 영화 두 편도 군더더기 없이 바로 도입부로 들어갑니다. 우회 없이 바로 이야기가 시작됩니다. 스토리도 매우 직접적입니다. 특별한 이유는 아니고 아마 프랑스영화에서 영향받은 것 같습니다. 거의 20여 년 동안 프랑스영화의 제작 시스템이나 스태프, 평론이라는 환경에서 작업하며 성장해왔습니다. 편집이나 촬영감독의 영향이 크지는 않았을지라도 부지불식간에 영향을 받아 제작이나 편집 방식에 변화가 생겼고 지금도 변하고 있는 것 같습니다.

2012년 당신의 자택을 방문한 적이 있습니다. 베이징의 자택을 방문했을 때 책상 위에 클로드 란츠만 감독의 다큐멘터리 〈쇼아〉가 놓여 있었습니다. 그때 그 DVD가 내게 어떤 대답 같은 느낌을 주었습니다. 〈철서구〉의 도입부에서 본 열차 장면에서 〈쇼아〉에서 본 열차 장면이 떠올랐고, 〈허펑밍〉에서 허펑밍과의 인터뷰를 보며 그 방법론이 〈쇼아〉에서 어떤 사진 자료나 영상에도 의지하지 않고 오로지 인터뷰로 진행하는 장면들을 연상시켰습니다. 하지만 클로드 란츠만이 영화에서 대상을 연출하고 개입하는 것과 달리 당신은 대상에 개입하지 않습니다. 당신의 영화에서 어떤 지점에는 〈쇼아〉의 그림자가 드리워져 있지만, 동시에 어떤 순간에는 〈쇼아〉에 저항하는 듯한 느낌이 있습니다. 당신은 〈쇼아〉로부터 어떤 점을 배우고 어떤 부분에서 친근감을 느끼며 어떤 방법론에 저항감을 느낍니까?

생각하는 관점이 다르기 때문인 것 같습니다. 사실 란츠만 감독의 영화는 내게 그다지 큰 영향을 주지 못했습니다. 〈철서구〉를 만들기 전에는 란츠만의 〈쇼아〉를 본 적이 없고 촬영을 끝낸 후에야 보게 되었습니다. 내 영화에 가장 크게 영향을 준 것은 타르콥스키 감독의 작품이고, 그다음이 안토니오니 감독이나 파솔리니 감독의 영화입니다. 물론 독일 파스빈더 감독의 작품도 좋아하지만 나와 파스빈더 감독의 영화에는 많은 차이가 있습니다. 허펑밍을 취재할 당시에 내게 영향을 준 사람은 〈엄마와 창녀〉를 만든 프랑스 감독 장 외스타슈였습니다. 후에 란츠만의 영화를 보았고, 또 감독과 만나 그의 작업실도 방문한 적이 있습니다. 당시에 나는 코민테른의 역사 속으로 어떻게 들어갈지 고민하고 있었습니다. 20세기 중국은 코민테른이라는 환경에 놓였었고 란츠만 감독도 마찬가지였습니다. 그래서 그의 작업실에서 20세기 코민테른이라는 배경에 대해 감독 대 감독으로 토론도 하고, 또 그 안에서 지식인의 관계에 대해 이야기하기도 했습니다. 후에 란츠만 감독이 무삭제판 DVD를 선물해줬는데 안타깝게도 베이징 공항에서 분실했습니다. 란츠만을 존중하지만, 그의 영화의 강제적인 접근 방식은 좋아하지 않고, 저는 비교적 부드럽고 자연스러운 편을 선호합니다. 란츠만 감독이 사유하는 방식에 대해 말하자면, 모든 영화인 가운데 특히 다큐멘터리 분야에서 장르와 언어를 최고의 경지로 끌어올렸다고 생각합니다. 그의 이러한 영화제작 방식을 넘어설 사람은 아마 이후로도 없을 것 같습니다. 같은 방식으로 영화를 제작한다면 더더욱 그렇습니다. 이런 부분 역시 내가 고려해야 할 요소인데, 나는 성격상 부드럽고 자연스러운 영화를 좋아하고, 내러티브에 있어서도 그렇습니다. 그래서 스스로 나만의 영화 공간, 영화적 가능성을 찾으려 합니다. 창작에 있어서도 그렇습니다. 모든 작가가 자기만의 스타일을 추구하듯 내 작업에서 나만의 언어를 찾고 나만의 스타일을 찾고자 합니다. 그래야 란츠만 감독 같은 위대한 감독의 언어와 나의 언어가 충돌하는 일이 없을 테니까요. 또 하나 차이점을 말하자면 란츠만 감독 영화의 강제성은 공정함과 감독 자신의 포지션에서 비롯된 것이라고 생각합니다. 서구에서 제2차 세계대전 승전국이라는 포지션은 사회적 정의를 대변하며 과거의 악행과 인류에 대한 잔혹한 살상에 대해 지극히 공정한 태도로 역사적 사실을 직면하게 하기 때문일 것입니다. 그래서 란츠만 감독은 영화 속에서 직접적이고 강경한 역할을 맡고는 합니다. 란츠만 감독의 스타일은 그가 처해 있던 당시 서구의 역사적 환경, 사회적 배경 속에서의 역할과도 관계가 있습니다. 그러나 나는 그와 다릅니다. 나는 한 개인으로서, 중국이라는 환경 속에서 온전히 하나의 개체로서 집단의 문제를 다룰 뿐입니다. 그래서 촬영에 참여하는 사람이나 취재 대상과 나와의 관계는 모두 개인적이고, 그 개인적 관계를 통해 집단과 집단 사이의 사건을 이야기할 뿐입니다. 그래서 나와 란츠만 감독의 역할은 전혀 다르며, 영화에서 개입의 방식도 란츠만에 비해 훨씬 더 부드럽습니다.

당신의 다른 인터뷰에서 러시아 작가 알렉산드르 솔제니친의 『이반 데니소비치의 하루』를 인상 깊게 읽었다고 대답한 대목을 읽었습니다. 그리고 그 인터뷰에는 긴 주석이 달려 있었습니다. 나도 그 소설은 읽었습니다. 소비에트 스탈린 시절의 강제노동수용소 굴라크에 관한 이야기인데, 이 소설을 읽으면서 아마 당신이 소비에트와 중국이라는 서로 다른 두 개의 거대한 사회주의국가가 이렇게 동일한 역사의 과정을 통과할 수 있구나, 독후감을 느꼈을 거라고 생각했습니다. 당연히 자본주의에서 이 소설을 읽는 나와는 완전히 다른 독서 경험이었을 것입니다. 이 소설을 읽으면서 1950년대 중국 대약진 시대의 자볜거우 강제노동수용소 시대를 접근하는 관점에 어떤 영향을 받았는지 궁금합니다.

솔제니친의 또 다른 장편소설 『수용소군도』를 아주 오래전부터 알고 있었는데 〈사령혼〉을 촬영할 때 그 책을 곁에 두고서도 읽지 않았습니다. 2008년 자볜거우에 관련한 모든 소재의 촬영을 마무리했지만 바로 편집에 들어가지는 않았습니다. 어떤 영화로 만들지 내내 고민하다 결정을 못 한 상황에서 〈허펑밍〉〈세 자매〉〈광기가 우리를 갈라놓을 때까지〉를 제작했습니다. 그런 다음 다시 〈사령혼)에 대해 고민하기 시작했습니다. 『수용소군도』를 가지고만 있다가 2014년이 되어서야 나는 어떻게 해야 할 것인지 생각하며 읽었습니다. 내용은 잊었지만 책 서문 네다섯 문장을 읽고 나자 무엇을 해야 할지 말아야 할지, 마땅히 어떻게 해야 할지 모든 것이 명확해졌습니다. 그가 무엇을 생각하는지도 느끼고 내가 무엇을 생각하는지도 알게 되었습니다. 정말 위대한 작품인 『수용소군도』 덕에 나는 내가 해야 할 일을 비로소 깨달았습니다.* 중국과 러시아는 같은 공산주의이데올로기를 신봉하는 국가입니다. 중국이라는 나라의 전반적 구조, 행정 시스템은 러시아를 그대로 따라 한 것입니다. 공업규격과 통계 시스템, 각 분야의 사회적 직위, 행정상 직책, 관리 감독 기구, 사회 프레임 모두 러시아를 모방한 것입니다. 국가의 전체적인 정책도 마찬가지입니다. 과거 중국은 현대 국가가 아니었고 청나라 시기의 중국은 봉건주의 국가로서 황제가 통치하는 정치체제였습니다. 국민당 집권 시기에는 국가를 통일하지 못했고, 사실상 군벌 체제를 유지했으므로 현대 국가로서의 면모를 갖추지 못했습니다. 그러다가 공산당이 집권한 1949년 이후 소련의 국가형태를 모방했고 거의 모든 국가관리 시스템 역시 소련을 모방했습니다. 그렇기에 정책의 방향성도 유사하고 과거 중국의 여러 부처 사람들도 러시아에서 공부하거나 일하다가 귀국한 경우가 많았습니다. 그래서 계획경제라든가 국가 행정관리 모델도 서로 비슷한 점이 많습니다. 문화적으로도 유사한 문제점이 있습니다. 과거 중국은 옛 소련의 회화나 문학 등의 영향을 크게 받았습니다. 그러면서 문화이

---

* 당시 우리가 대화를 나누던 책상 위에 『수용소군도』가 없었기 때문에 구체적인 구절을 물어볼 수 없었다. 다행히도 이 서문은 길지 않으니 읽어보길 권한다.

데올로기가 형성되었는데 1930년 이후로 루쉰을 문화이데올로기의 기수로 선택하면서 거의 100여 년 동안 루쉰 이외의 다른 유형의 문화를 모두 배제하게 되었습니다. 그 주체는 루쉰의 이름을 내건 정치적 문화 생태였습니다. 물론 루쉰은 공산주의자도 공산당도 아니지만, 루쉰의 이름으로 중국 현대 문화의 기틀을 마련했습니다. 그래서 나만의 새로운 예술의 언어를 탐색해야 했습니다. 10여 년 동안 노력하면서 과거의 문화 형태로부터 벗어나고자 했고, 독립적인, 새로운 문화적 분위기나 심리라고 할지 형태를 찾고 싶었습니다. 기존의 문화나 주류 문화 형태에 순응하고 싶지 않았습니다. 그래서 2000년대 이후로 작업을 줄곧 해왔지만, 그 작업은 창작이라기보다는 개인적으로 과거로부터 벗어나 주류에서 탈피하는 작업이라 할 수 있겠습니다.

디테일에 관한 이야기를 통해 방법론을 질문하고 싶습니다. 〈사령혼〉을 보면서 몹시 가슴 뭉클한 두 장면이 있었습니다. 하나는 당신이 자볜거우 들판에 서서 촬영하는 장면에 이상하리만치 가슴이 뭉클했습니다. 거센 바람을 맞아 화면이 흔들리기까지 하면서 거기에 가까스로 서 있는 카메라. 다른 하나는 마지막 장면입니다. 해가 막 저물기 시작하면서 저녁 그림자가 깔리는데 해골이 사방에서 나뒹구는 밍수이 들판을 당신이 카메라를 들고 허겁지겁 조금이라도 더 찍어야 한다는 듯이 돌아다니는 장면이 있습니다. 이때 당신이 가쁘게 헐떡이는 숨소리까지 녹음되고 있었습니다. 그걸 보면서 당신에게 장소는 조건이자 받아들여야 하는 상황이며, 문제이자 자기 자신에 던지는 방법론에 관한 질문처럼 느껴졌습니다. 당신 영화 중에서 그것을 극단까지 밀어붙인 영화가 〈타양〉이라는 생각을 했습니다. 당신에게 촬영에서 장소란 어떤 의미입니까?

영화를 준비할 때 외부 환경이 어떤 이미지로 구성될지 미리 생각합니다. 촬영 개시 전에 어떠한 시각적 영상이 드러날지는 영화마다 다를 테지만 대부분 현장에 가서 인물이나 장면 등 여러 가지를 고려하게 될 것입니다. 그렇다면 영화 속에 그것들을 어떻게 구축해낼 것인가 하는 부분은 영화 촬영 시작 전이나 촬영 과정에서라도 어느 정도 구상해둘 필요가 있습니다. 그런데 〈타양〉은 사전에 영화를 계획한 것이 아니고 내가 윈난에 있을 때 마침 사건이 발생해 갑작스레 촬영하게 되었기에 준비를 완벽하게 하지 못했습니다. 우리는 늘 윈난 남부에서 작품을 하고 싶었기 때문에 그전에도 수시로 이 지역을 여행하곤 했습니다. 그러면서 어떤 작품을 만들지 구상하곤 했으므로 잠재의식 속에서 준비가 되고 있었을지도 모르겠습니다. 〈타양〉은 이런 상황에서 완성되었습니다.

이 질문은 우리의 우정을 믿기 때문에 용기를 내서 하겠습니다. 오랫동안 마음에 담아왔던 질문입니다. 〈천당의 밤과 안개〉를 찍기 위해 당신의 촬영 현장을 방문했을 때 차오자현에 머물던 우리는 어느 날 시장에 갔습니다. 그리고 아이들 가방과 운동화, 공책, 색연필을 샀습니다. 산에 있는 세 자매에게 여기에 오면 이걸 사다 주겠다고 약속을 했기 때문에 그걸 지키기 위해 장을 보러 왔다고 말했습니다. 분명히 그때 나는 당신의 따뜻한 마음에 감동을 받았습니다. 하지만 의문이 들었습니다. 〈세 자매〉는 촬영이 끝난 영화가 아니었고, 당신은 계속해서 세 자매의 다음 이야기를 촬영할 것이라고 말했습니다. 그렇게 되면 이 선물은 다큐멘터리를 찍는 사람으로서 현장에 개입한다는 문제, 현장의 진실성에 대한 침입이라는 문제를 만들게 됩니다. 그러면 이 선물은 현장을 망치는 것이기도 하다는 생각이 따라왔습니다. 하지만 동시에 이 질문이 위험할 수 있다는 생각도 들었습니다. 그래서 질문을 미루었습니다. 그 후로도 돌아와서 계속 스스로 질문을 던졌지만 대답을 얻지 못했습니다. 이제 용기를 내서 질문을 합니다.

그 부분은 나도 잘 알고 있습니다. 답을 드리자면, 아무리 다큐멘터리라 할지라도 사람들, 즉 촬영하는 사람과 촬영의 대상을 물리적인 방식으로 분리할 수 없다고 생각합니다. 소위 개입이냐 아니냐의 문제에 있어서도 사람들 사이의 관계와 상호 간의 영향을 완벽히 단절시킬 수 있는 물리적 방법은 없다고 봅니다.

카메라가 어떤 환경에서 어떤 인물을 촬영하게 되든지 우리는 거기에서 이미 만나게 된 것입니다. 아무리 대상을 객관화, 객체화한다고 해도 같은 시공간에 함께 존재한다는 현장성의 문제에 부딪치게 됩니다. 같은 공간이란 경계는 그 현장에 있다는 것입니다. 우리 사이의 관계가 이미 우주 속에서 형성되어, 문화적 의미에서도 인위적 사유를 통한 단절은 의미가 없다고 봅니다.

다큐멘터리가 재미있는 것이, 우리는 서로 낯선 사람들이지만 영화를 통해 만나 같은 시간과 경험을 공유하게 됩니다. 그 시간이 곧 영화이고, 이것이 영화의 역할입니다. 부정하고 싶어도 이는 사실이고 영향을 주고받는 것의 문제는 더 이상 존재하지 않게 됩니다.

영화인이나 감독마다 성격이 다 다릅니다. 다큐멘터리의 작업 방식이나 기록 방식에도 모두 다른 캐릭터가 반영됩니다. 사람의 성격에 따라 누군가는 적극적으로 영상 속으로 들어와 개입하기도 하고 또 누군가는 그렇게 하지 않습니다. 또 어떤 사람은 촬영하는 사람들의 생활 속으로 직접 들어가기도 합니다. 이것은 개인의 선택, 개인의 행동입니다. 개인이 방식을 결정하는 것이지 영화의 절대적인 도덕적 우월성을 적용하는 것은 적절하지 않은 방식이라고 봅니다. 영화에서 가장 골치 아픈 점은 영화 자체가 강력한 정치적 선전 도구로서의 특성을 띤다는 것입니다. 상업적으로는 이익을 추구하고, 정치적으로는 선전성과 상업성을 동시에 띠니 완성된 영화의 목적이 무엇인가, 라는 문제에 직면하게 됩니다. 그래서 영화가 변질되기도 하고 다큐멘터리를 제작할 때 생각할 부분이 더 많아지기도 합니다. 그리고 영화의 행위, 영화에서 그 감독의 행위가 갖는 목적이 아주 복잡하게 변하기도 합니다. 정치와 상업이라는 두 가지 형태 중에서, 그러니까 이 사회적 환경과 영화적 환경을 완전히 한 가지로 단순화하기는 어렵습니다. 이는 범위의 문제이고 적절한 수위의 문제입니다. 모든 상업성을 배제하려고 하면 배급 자체가 불가능하게 되어버리고, 정치적 선전 도구로서 역할을 온전히 다 배제해도 역시 배급이 불가능해집니다. 예술 작품의 유통도 선정성과 상업성 등의 정보가 운영되는 루트를 통해 이루어지기 때문에 절대적 기준으로 접근하면 아무것도 할 수 없습니다. 그래서 주관적인 희망으로 보자면, 최대한 그런 부분을 컨트롤하려고 합니다. 촬영 과정에서 대상과의 관계가 형성되지만, 친구도 아니고 낯선 이도 아닌 그런 관계이며, 같은 시간 같은 공간에서 그들의 삶을 바라볼 뿐입니다. 다만 그들에게 물질적 도움을 준다기보다는 음식이나 옷처럼 일종의 간단한 증여를 할 뿐입니다. 이는 이익의 교환이 아니라 사람 관계에서 지극히 보편적인 일입니다. 그렇기 때문에 영화의 절대적 도덕 기준, 단순성을 침해하거나 영화와 사람의 관계성의 범주를 벗어나지 않았다고 생각합니다.

그날 윈난 차오자 시장에서 품었던 의문에 대한 대답에 감사합니다. 당신 영화에 대해 생각하는 만큼 당신 영화에 대한 다른 비평들을 읽었습니다. 당신 영화에 대해서 '촬영하는 쪽의 노동이 눈에 보이는 방법'이라는 설명을 많이 보았습니다. 나의 설명은 좀 다릅니다. 당신 영화를 본 다음, 그런 다음 당신 영화의 촬영 현장을 방문하면서, 견학을 하고 난 다음, 당신 영화의 특징은 당신 자신의 육체의 연장이라는 느낌을 매일매일 받았습니다. 제 방점은 연장延長, 쪽에 놓여 있습니다. 영화를 찍는 왕빙의 육체가 경험하는 것을 보는 쪽이 경험하게 되는 방법을 발명한 것 같다는 느낌, 그런 느낌을 받았습니다. 그래서 당신이 화면에 등장하지는 않지만, 자신의 그림자가 등장하는 것을 전혀 두려워하지 않고, 이를테면 세 자매를 쫓아 카메라를 들고 산을 걸어 올라가면서 본인 숨소리가 녹음되고 있는 것을 전혀 망설임 없이 후반 작업에서, 빼기는커녕, 그 순간의 사운드에 포함시키는 것을 보면서, 이 방법에 대한 믿음을 느꼈습니다. 영화 속에서 당신의 존재를 어떻게 정의 내리고 있습니까?

중국어로 이야기하자면, '같은 시간, 같은 공간에 있었다'라고 표현할 수 있겠습니다. 이것이 상대적으로 옳은 표현일 것입니다. 호흡 소리가 그대로 들어간 것은 개의치 않습니다. 중요한 것은 내가 그 영화의 현장에, 공간에 있었고 카메라와 촬영자와 피촬영자가 같은 생활을 했다는 점입니다. 내 작품은 촬영 기간이 긴 편이고, 사전에 모든 것을 계획해서 연출하지 않습니다. 완전히 자연스러운 상황에서 같은 시간을 함께 보내는 것입니다. 내가 찍고 있는 대상이 우리를 위해 복무하는 것도 아니고, 우리가 그를 위해 복무하는 관계도 아닌 병존하는 관계로, 상호 독립적이면서 동시에 같은 공간에 있는 것입니다.

그러니 건강하시기를. (웃음)

감사합니다.

벌써 10년 전인데, 당신을 찍기 위해 당신을 따라 윈난의 촬영 현장을 돌아다녔던 그 시간이 행복했을 뿐 아니라 많은 것을 배우는 시간이었습니다. 가끔 그 장면이, 풍경들이 꿈에도 나옵니다. 기회가 닿는다면 다시 한번 당신을, 중국의 인민을 찍는 당신을 따라다니고 싶습니다.

좋습니다. 올해 두 작품이 완성됩니다. 파리에서 한 편 촬영했고, 그전에 중국에서 촬영한 다큐멘터리도 완성될 예정입니다.

〈사령혼〉의 나머지 두 편도 보고 싶습니다.

문제없습니다. 그러나 서두르지 않을 것입니다. 제작자에게 충분한 여유를 주고 싶습니다. 프랑스에서 나머지 두 편 후반 작업 비용이 많이 들어서 천천히 마무리해야 합니다. 돈 문제만은 아니고 현재 작업하는 것을 마무리해야 〈사령혼〉 작업을 할 수 있습니다.

열심히 기다리겠습니다.

2022년 10월 12일 오전 부산, 날씨 화창함.

이 목록은 참조한 모든 문헌을 담은 것은 아니며, 아마 그러기도 힘들 것 같다. 왜냐하면 간접적인 참조뿐만 아니라 문헌을 통해 알고 있던 것을 왕빙에게 직접 정정을 받거나 왕빙의 스태프들, 그의 동료들(특히 아시안섀도스Asian Shadows 멤버의 친절한 설명), 베이징의 독립영화 감독들 혹은 왕빙과 친분이 있는 영화제 프로그래머들에게서 수정을 요청받은 대목들이 뒤섞여 있기 때문이다(내가 영어 문헌으로 읽은 중국 상황에 관한 정보를 이야기했을 때 몇몇은 크게 웃기까지 했다). 또한 여러 대목에서 나는 영어와 프랑스어 위키피디아, 바이두의 많은 도움을 받았다. 게다가 각 항목에서 레퍼런스와 외부링크를 따라 정처 없이 흘러가서 예기치 않은 곳에 이르기도 하였다. 내가 미처 알지 못하는 웹상의 백과사전을 작성한 모든 필자에게 감사한다. 여기서는 항목별로 문헌을 담는 대신 이 책 전체에 흩어져 있는 모든 글 여러 곳에 등장하는 저자와 저작을 밝혀두는 것으로passim 한정했다.

• 루쉰, 『루쉰 소설 전집』, 김시준 옮김, 을유문화사, 2013.

• 마오쩌둥, 『마오쩌둥: 실천론·모순론』, 슬라보예 지젝 엮음, 노승영 옮김, 프레시안북, 2009.

• 이폴리트 텐, 『예술철학』, 정재곤 옮김, 나남출판, 2013.

• 폴 서로, 『폴 써로우의 중국 기행』, 서계순 옮김, 푸른솔, 1998.

참고 문헌

- 프리모 레비, 『가라앉은 자와 구조된 자』, 이소영 옮김, 돌베개, 2017.

- 프리모 레비, 『이것이 인간인가』, 이현경 옮김, 돌베개, 2007.

- Anna Grimshaw and Amanda Ravetez, *Observational Cinema: Anthropology, Film, and the Exploration of Social Life*, Indiana University Press, 2009.

- Antony Fiant, *Wang Bing: Un Geste Documentaire de Notre Temps*, Lavel: Warm, 2019.

- Bruno Lessard, *The Cinema of Wang Bing*, Hong Kong University Press, 2023.

- Caroline Renard, Isabelle Anselme and François Amy de la Bretèque(eds.), *Wang Bing*, Presses Universitaires de Provence, 2014.

- Chris Berry, Lu Xinyu and Lisa Rofel(eds.), *The New Chinese Documentary Film Movement: For the Public Record*, Hong Kong University Press, 2010.

- Dan Edwards, *Independent Chinese Documentary: Alternative Visions, Alternative Publics*, Edinburgh University, 2015.

- Dominique Chateau and José Moure(eds.), *Post-Cinema: Cinema in the Post-art Area*, Amsterdam University Press, 2020.

참고 문헌

- Elena Pollacchi, *Wang Bing's Filmmaking of the China Dream: Narratives, Witnesses and Marginal Spaces*, Amsterdam University Press, 2021.

- Georges Didi-Huberman, *L'oeil de L'histoire 4: Peuples Exposés, Peuples Figurants*, Minuit, 2012.

- Jason McGrath, *Postsocialist Modernity: Chinese Cinema, Literature, and Criticism in the Market Age*, Stanford University Press, 2008.

- Leslie T. Chang, *Factory Girls*, Random House, 2008.

- Michael Guarneri, *Conversations with Wang Bing*, Piretti Editore, 2024.

- Yang Xianhui, *Jiabiangou shiji*, Huacheng Chubanshe, 2008.

필모그래피

이 필모그래피는 위키피디아(https://en.wikipedia.org), IMDb(https://www.imdb.com), 바이두(https://www.baidu.com) 데이터베이스의 도움을 받아 작성했다.

2003

철서구 · 鐵西區 · **West of the Tracks**(aka. Tie Xi Qu District)

  제1부: 공장 · 第一部: 工廠 · **Part One: Rust**

  제2부: 옌펀제 · 第二部: 艶粉街 · **Part Two: Remnants**

  제3부: 철로 · 第三部: 鐵路 · **Part Three: Rails**

상영시간: 9시간 11분

촬영: 왕빙

편집: 왕빙, 애덤 커비

내용: 랴오닝성 선양시에 있는 산업단지 철서구와 그 주변의 주택단지를 1999년 10월부터 2001년까지 인터뷰하고 촬영했다. 그사이에 철서구에서는 공장 폐쇄와 주거민 이주, 그리고 주택단지 철거가 이어진다.

2007

허펑밍 · 和鳳鳴 · **Feng Ming, A Chinese Memoir**(aka. Feng Ming, Chronicle of a Chinese Woman)

상영시간: 3시간 3분(3시간 48분 판본 존재)

촬영: 왕빙

편집: 애덤 커비

내용: 허펑밍의 남편은 1957년 반우파 숙청 운동으로 자볜거우 강제노

동수용소에 보내지고, 그곳에서 기아로 사망한다. 허펑밍은 간쑤성 란저우시로 귀향하여 남편의 명예 회복을 위해 애쓴다. 몇 년 후 문화혁명이 시작된다. 어머니가 돌아가시고, 허펑밍은 간난 티베트 자치구로 하방된다. 문화혁명이 끝난 후 명예 회복을 위한 책을 쓴다. 왕빙은 허펑밍을 찾아가 이야기를 청해 듣는다.

2007

폭력 공장 · 暴力工廠 · **Brutality Factory**

상영시간: 16분

촬영: 장세바스티앵 라예망, 장톄창

편집: 왕빙

주연: 왕훙웨이, 우강, 쉬닝

내용: 페드로 코스타, 샹탈 아케르만, 빈센테 페라즈, 아이샤 아브라함, 아피찻퐁 위라세타꾼 등의 영화감독과 함께한 〈세계의 상태State of the World〉라는 옴니버스영화 여섯 편 중 한 편. 철거를 앞둔 공장에서 과거 대약진 시대와 문화혁명 기간에 있었던 반우파 숙청 과정을 재연한다. 왕빙의 첫 번째 드라마 영화.

2008

원유 · 採油日記 · **Crude Oil**

상영시간: 14시간

촬영: 왕빙, 황원하이, 장웨둥

편집: 궈헝치

내용: 해발 3200미터에 위치한 고비사막 원유 지대 노동자들의 일상을 찍는 쪽에서 최소의 개입을 유지하면서 담는다.

2009

이름 없는 남자 · 無名者 · **Man with No Name**

상영시간: 1시간 32분(1시간 37분 판본 존재)

촬영: 왕빙, 루쑹예

편집: 왕빙, 애덤 커비

내용: 누구의 도움도 받지 않고, 누구도 만나지 않고, 토굴에 살면서 홀로 여름이 다가오면 경작하고 겨울이 다가오면 열매를 거두어 창고에 보관한다. 이 남자가 어디서 왔는지, 왜 이렇게 생활하는지, 그리고 이름이 무언지는 왕빙도 모른다. 이 남자의 봄, 여름, 가을, 겨울을 담는다.

2009

석탄, 돈 · 煤炭, 錢 · **Coal Money**

상영시간: 53분

촬영: 왕빙

편집: 캐서린 라스콘, 스테판 라라

내용: 내몽골에는 많은 석탄이 매장되어 있고, 이 석탄을 채굴하여 중국 전역으로 운송하기 위해 산시성, 허베이성에서 자영自營 트럭 운전사들이 모여든다. 그들은 흥정하고, 다투고, 고속도로를 따라 실어 나른다. 모래 먼지가 모두를 뒤덮을 것만 같다.

2009

시양탕 · 喜洋塘 · Happy Valley

상영시간: 18분

촬영: 왕빙

내용: 윈난성 차오자현 해발 3200미터 산 위에 있는 시양탕촌. 아버지는 산 아래로 돈을 벌기 위해 내려갔고, 어머니는 오래전에 집을 떠났다. 그 뒤에 남겨진 어린 세 자매의 일상을 담는다. 이 이야기는 〈세 자매〉가 되었다.

2010

자볜거우 · 夾辺溝 · The Ditch

(2010년 부산국제영화제에서 〈바람과 모래〉로 상영하였다.)

상영시간: 1시간 49분

각본: 왕빙(원작: 양셴후이의 『고별 자볜거우告別 夾辺溝』)

촬영: 루성

편집: 마리엘렌 도조

출연: 루예, 롄린쥔, 쉬천쯔, 양하오위, 정성우, 징녠쑹, 리샹녠, 완제러, 리다광

내용: 1960년 10월, 간쑤성 자볜거우 강제노동수용소에서 사상개조 교육을 위해 체포되어온 우파분자들의 일상이 담긴다. 매일 기아와 혹독한 환경에 수용자들이 죽는다. 탈주를 시도한 이들은 체포된다. 어둠 속에 사라지는 이들도 있지만, 생사는 알 수 없다. 배고픔에 배급 식량을 훔치기도 한다. 당에서 결정이 내려온다. "가까운 시일 내에 수용자들을

귀환시킨다." 귀환하는 수용자들. 침상에 두 남자가 누워 있다. 이 결정 명령을 듣지 못하고 죽은 시신이다.

2012

세 자매 · 三姉妹 · **Three Sisters**

상영시간: 2시간 33분

촬영: 왕빙, 황원하이, 리페이펑

편집: 왕빙, 애덤 커비

내용: 윈난성 차오자현 인근의 해발 3200미터 산 정상 마을 시양탕촌에 열 살 잉잉, 여섯 살 전전, 네 살 펀펀이 살고 있다. 아버지는 돈을 벌기 위해 산 아래로 내려갔고, 어머니는 집을 떠난 지 오래되었다. 풍경은 아름답지만, 환경은 가혹하다. 아버지가 유모를 구했으나, 둘 사이에 아이가 태어나자 유모의 집에 거주하면서 세 자매의 집은 가끔 들른다. 왕빙은 그 집을 찾아갔다가 다시 산으로 돌아온다. 잉잉이 먹을 것을 얻기 위해 이웃에 일하러 가면 두 동생은 산등성이에서 놀며 기다린다. 막내가 노래를 부른다. "세상에서 가장 행복한 아이는 엄마가 있는 아이지."

2012

고독 · 孤獨 · **Alone**

상영시간: 1시간 29분

내용: 〈세 자매〉를 프랑스 아르테 방송을 위해서 단축판으로 재편집하였다.

2013

광기가 우리를 갈라놓을 때까지 · 瘋愛 · 'Til Madness do Us Part

상영시간: 3시간 57분

촬영: 왕빙, 류셴후이

편집: 왕빙, 애덤 커비

내용: 윈난성 자오퉁시에 자리한 정신병원에서 2012년 겨울부터 2013년 봄이 될 무렵까지 병원에 수용된 환자들을 찍었다. 환자들은 각자의 방식으로 병원에서 매일을 살아간다. 누군가는 혼자서 종일 자기와 이야기하고, 다른 누군가는 가족이 방문하기도 한다. 밤에 누군가는 누군가와 함께 자고 누군가는 하루 내내 잠을 잔다. 어떤 환자는 퇴원하지만, 집에 갔다가 자발적으로 다시 병원으로 돌아온다.

2013

베니스 70: 미래 재장전 – 왕빙 · Venice 70: Future Reloaded – Wang Bing

(베니스영화제가 70주년을 맞아 70명의 영화감독에게 2분 미만 상영시간의 단편영화를 요청하였다. 그중 한 명이 왕빙이다. 각 단편의 제목은 감독 이름으로, 따로 제목이 붙은 단편도 있고 없는 단편도 있다.)

상영시간: 1분 32초

내용: 〈이름 없는 남자〉의 '이름 없는 남자'가 토굴에서 나와 들판을 걸어간다.

2014

아버지와 아들 · 父與子 · Father and Sons

상영시간: 1시간 37분

촬영: 왕빙, 류센후이

편집: 왕빙, 애덤 커비

내용: 윈난성 차오자현 시양탕촌에 사는 세 자매의 친척 차이순화의 두 아들 차이융가오와 차이융진 형제를 알게 되었고, 아버지와 함께 사는 모습을 찍는 것이 원래의 목표였다. 그런데 공장 부근의 작은 창고에서 사는 이들 모습을 찍는다는 사실을 알고 공장주가 촬영을 금지하였다. 촬영이 중단될 때까지 찍은 분량으로 편집하였다.

2014

흔적들 · 遺趾 · Traces

상영시간: 1시간 37분

촬영: 류센후이

편집: 왕빙, 애덤 커비

내용: 왕빙은 자볜거우 강제노동수용소가 있는 사막을 방문한다. 텅 빈 사막에서 흔적을 찾는다. 돌에 두 글자가 새겨져 있다. '자유自由'. 왕빙의 영화 중에 유일하게 흑백 35밀리미터 필름으로 찍었다.

2016

타앙 · 德昂 · Ta'ang

상영시간: 2시간 28분

촬영: 왕빙, 산샤오후이

편집: 왕빙, 애덤 커비

내용: 중국 윈난성과 미얀마 코간 지역 산악지대에 사는 소수민족이 있다. 이 지역에 무력분쟁이 일어나고 소수민족은 이동하면서 난민캠프를 세운다. 하지만 전쟁이 이어지고 그들은 계속해서 이동해야 한다. 왕빙은 이동하던 타앙족을 만나고, 이들과 함께 피난을 간다. 그리고 때로 머물면서 생활을 찍는다.

2016

비터 머니 · 苦錢 · **Bitter Money**

상영시간: 2시간 43분

촬영: 왕빙, 마에다 요시타카, 류셴후이, 산샤오후이

편집: 왕빙, 도미니크 오브레이

내용: 윈난성 자오퉁시에 사는 샤오민은 일자리를 구하기 위해 위안전과 함께 장거리 버스를 탄다. 거기서 같은 이유로 고향을 떠나는 천화를 만난다. 그리고 소년 샤오쑨을 알게 된다. 이들은 저장성 후저우시 즈리전에 있는 1만 8000개가 늘어선 의류 공장지대에 온다. 이 지역에는 같은 이유로 서로 다른 지역에서 온 민공들이 30만 명에 이른다.

2017

팡슈잉 · 方綉英 · **Mrs. Fang**

상영시간: 1시간 26분

촬영: 왕빙, 딩비한, 산샤오후이

필모그래피

편집: 왕빙, 도미니크 오브레이

내용: 저장성 후저우시 부근 마이후이 마을에 사는 팡슈잉 할머니는 9년 전에 알츠하이머 판정을 받고 2016년 7월 6일에 세상을 떠난다. 영화는 팡슈잉 할머니의 임종을 지켜보기 위해 모인 가족의 아흐레를 찍는다.

2017

15시간 · 十五個小時 · 15 Hours

상영시간: 16시간 30분(15시간 40분 판본 존재)

촬영: 왕빙, 산샤오후이, 쑹양, 류셴후이, 마에다 요시타카, 리요궁

편집: 왕빙, 도미니크 오브레이, 쉬빙위안

내용: 저장성 후저우시 즈리전에 있는 1만 8000개가 늘어선 의류 공장지대 중의 한 공장 작업장을 아침에 출근하는 민공과 함께 찾아간 다음 퇴근할 때까지 머문다. 중국 민공의 하루.

2018

미는 자유에 있다 · 美在自由 · Beauty Lives in Freedom

상영시간: 6시간(6시간 30분 판본 존재)

촬영: 왕빙, 쉬빙위안

편집: 리요궁

내용: 미국 네바다주에 사는 미술가 가오얼타이와 그의 부인 푸샤오위를 찾아간다. 가오얼타이는 대약진 시대에 우파분자로 고발당해 간쑤성 박물관에 보내졌다. 1962년 귀향 조치 되었지만 1966년 문화혁명 시기에 다시 고발되어 재무장을 위한 하방 명령을 받았다. 1977년 하방이 해제

되고 란저우대학교 철학과 교수로 부임했다. 1989년 '천안문사건'과 관련하여 '6·4사건'으로 반혁명 선전선동죄 판결을 받고 138일간 구금된 후 학교에서 해임되었다. 1992년 7월 11일 아내 푸샤오위와 함께 홍콩을 거쳐 1993년 미국으로 망명했다. 왕빙은 그들이 거주하는 네바다 저택을 찾아가 인터뷰한다.

2018

사령혼 · 死靈魂 · Dead Souls

상영시간: 8시간 15분

촬영: 왕빙, 산샤오후이, 쑹양, 류셴후이

편집: 캐서린 라스콘

내용: 대약진 시대에 우파분자 숙청으로 자볜거우 강제노동수용소에 보내진 생존자들을 만나 인터뷰한다. 이 영화는 자볜거우 3부작 중 첫 번째 영화이다.

2023

흑의인 · 黑衣人 · Man in Black

상영시간: 1시간

촬영: 카롤린 샹페티에

편집: 클레르 애서턴

내용: 문화혁명 시대에 하방당했던 음악가 왕시린이 2022년 5월 27일 프랑스 파리 10구 샤펠가 37번지에 있는 극장 테아트르 데 부프 뒤 노르의 텅 빈 무대에서 자신의 삶을 이야기하면서 피아노를 치고, 노래를 부른다.

필모그래피

2023

청춘: 봄 · 青春: 春 · Youth: Spring

상영시간: 3시간 35분

촬영: 왕빙, 산샤오후이, 쑹양, 류센후이, 마에다 요시타카, 리요궁

편집: 왕빙, 도미니크 오브레이, 쉬빙위안

내용: 저장성 후저우시 즈리전에 있는 1만 8000개가 늘어선 의류 공장지대 민공들의 생활을 담는다. 그들은 재봉틀 앞에서 아침부터 밤까지 옷을 만들고, 인형을 만든다. 저임금을 받고, 고향에 두고 온 아이와 짧은 통화를 하고, 또 일을 계속한다. 겨울이 끝나고 봄이 되자 고향을 찾아왔지만 아무도 보이지 않는다. 〈청춘〉 연작의 첫 번째 영화.

2024

청춘: 고생 · 青春: 苦 · Youth: Hard Times

상영시간: 3시간 47분

내용: 즈리전 노동자 3부작인 〈청춘: 봄〉에 이어지는 두 번째 영화이다. 이번에는 중심에 '돈 문제'가 있다. 임금지불장부를 잃어버린 청년은 사장에게 하소연하지만 귀 기울여주지 않는다. 어떤 공장에서는 사장이 일요일에 체불하고 휴일에 도망을 가 노동자들만 남는다. 그럴 때마다 누군가 말한다. "고향에 가서 농사를 지을까 봐." "여기 있는 사람 다 그래." 또 다른 공장에서는 잔업에 관한 초과수당 때문에 다툰다. 춘제를 맞아 고향 가는 버스에 탄 이들은 모두 선물 꾸러미를 끌어안고 지친 얼굴로 자고 있다. 한 청년이 기타를 들고 노래한다. "나는 알고 싶어, 네가 왜 슬퍼 보이는지."

필모그래피

청춘: 귀향 · 靑春: 歸 · Youth: Homecoming

상영시간: 2시간 32분

내용: 즈리전 노동자 3부작인 〈청춘: 봄〉 〈청춘: 고생〉에 이어지는 세 번째 영화이다. 2016년 노동자들은 춘제를 맞아 고향에 간다. 무페이와 둥밍옌은 험한 길을 따라 긴 여정을 거쳐 고향의 부모와 친척에게 선물을 하고 인사를 한다. 하지만 앞날이 걱정이다. 스웨이와 량샹롄은 산속 고향에 와서 전통 결혼식을 올린다. 천칭타오는 혼자 돌아와 부모와 묵묵히 밥을 먹는다. 팡링펑은 남편과 고향에 온다. 아이들이 소란스럽다. 각자의 고향. 그리고 모두 즈리전으로 돌아온다. 2018년 춘제. 린샤오와 천원팅은 결혼해서 아이를 낳고 고향에 간다. 모두 고향에 갔다. 늦은 밤텅 빈 공장에 한 남자가 남아서 일을 하고 있다. 오늘은 설날이다.